U0817162

中華古籍保護計劃

ZHONG HUA GU JI BAO HU JI HUA CHENG GUO

·成果·

首都師範大學圖書館古籍普查登記目録

全國古籍普查登記目録

國家圖書館出版社
National Library of China Publishing House

圖書在版編目(CIP)數據

首都師範大學圖書館古籍普查登記目録/首都師範大學圖書館編. —北京:國家圖書館出版社,2020.5

(全國古籍普查登記目録)

ISBN 978-7-5013-6924-9

Ⅰ.①首… Ⅱ.①首… Ⅲ.①首都師範大學—古籍—圖書館目録 Ⅳ.①Z838

中國版本圖書館 CIP 數據核字(2020)第 018076 號

書　　名 首都師範大學圖書館古籍普查登記目録
著　　者 首都師範大學圖書館 編
責任編輯 王 雷

出版發行 國家圖書館出版社(北京市西城區文津街 7 號 100034)
(原書目文獻出版社 北京圖書館出版社)
010-66114536 63802249 nlcpress@nlc.cn(郵購)
網　　址 http://www.nlcpress.com
排　　版 京荷(北京)科技有限公司
印　　裝 河北三河弘翰印務有限公司
版次印次 2020 年 5 月第 1 版 2020 年 5 月第 1 次印刷

開　　本 787×1092(毫米) 1/16
印　　張 22.25
字　　數 450 千字
書　　號 ISBN 978-7-5013-6924-9
定　　價 220.00 圓

版權所有 侵權必究

本書如有印裝質量問題,請與讀者服務部(010-66126156)聯繫調換。

《全國古籍普查登記目録》

工作委員會

主　任：周和平

副主任：張永新　詹福瑞　劉小琴　李致忠　張志清

委　員（按姓氏筆畫排序）：

于立仁	王水喬	王　沛	王紅蕾	王筱雯
方自今	尹壽松	包菊香	任　競	全　勤
李西寧	李　彤	李忠昊	李春來	李　培
李曉秋	吴建中	宋志英	努　木	林世田
易向軍	周建文	洪　琰	倪曉建	徐欣禄
徐　蜀	高文華	郭向東	陳荔京	陳紅彦
張　勇	湯旭岩	楊　揚	賈貴榮	趙　嫄
鄭智明	劉洪輝	歷　力	鮑盛華	韓　彬
魏存慶	鍾海珍	謝冬榮	謝　林	應長興

《全國古籍普查登記目録》

序　言

全國古籍普查登記工作是"中華古籍保護計劃"的首要任務,是全面開展古籍搶救、保護和利用工作的基礎,也是有史以來第一次由政府組織、參加收藏單位最多的全國性古籍普查登記工作。

2007年國務院辦公廳發布《關於進一步加强古籍保護工作的意見》(國辦發[2007]6號),明確了古籍保護工作的首要任務是對全國公共圖書館、博物館和教育、宗教、民族、文物等系統的古籍收藏和保護狀況進行全面普查,建立中華古籍聯合目録和古籍數字資源庫。2011年12月,文化部下發《文化部辦公廳關於加快推進全國古籍普查登記工作的通知》(文辦發[2011]518號),進一步落實了全國古籍普查登記工作。根據文化部2011年518號文件精神,國家古籍保護中心擬訂了《全國古籍普查登記工作方案》,進一步規範了古籍普查登記工作的範圍、内容、原則、步驟、辦法、成果和經費。目前進行的全國古籍普查登記工作的中心任務是通過每部古籍的身份證——"古籍普查登記編號"和相關信息,建立古籍總臺賬,全面瞭解全國古籍存藏情况,開展全國古籍保護的基礎性工作,加强各級政府對古籍的管理、保護和利用。

《全國古籍普查登記工作方案》規定了全國古籍普查登記工作的三個主要步驟:一、開展古籍普查登記工作;二、在古籍普查登記基礎上,編纂出版館藏古籍普查登記目録,形成《全國古籍普查登記目録》;三、在古籍普查登記工作基本完成的前提下,由省級古籍保護中心負責編纂出版本省古籍分類聯合目録《中華古籍總目》分省卷,由國家古籍保護中心負責編纂出版《中華古籍總目》統編卷。

在黨和政府領導下,在各地區、各有關部門和全社會共同努力下,古籍普查登記工作得以扎實推進。古籍普查已在除臺、港、澳之外的全國各省級行政區域開展,普查内容除漢文古籍外,還包括各少數民族文字古籍,特别是於2010年分别啓動了新疆古籍保護和西藏古籍保護專項,因地制宜,開展古籍普查登記工作;國家古籍保護中心研製的"全國古籍普查登記平臺"已覆蓋到全國各省級古籍保護中心,并進一步研發了"中華古籍索引庫",爲及時展現古籍普查成果提供有力支持;截至目前,已有11375部古籍進入《國家珍貴古籍名録》,浙江、江蘇、山東、河北等省公布了省級《珍貴古籍名録》,古籍分級保護機制初步形成。

《全國古籍普查登記目録》是古籍普查工作的階段性成果,旨在摸清家底,揭示館藏,反映古籍的基本信息。原則上每申報單位獨立成册,館藏量少不能獨立成册者,則在本省範圍内幾個館目合并成册。無論獨立成册還是合并成册,均編製獨立的書名筆畫索引附於書後。著録的必填基本項目有:古籍普查登記編號、索書號、題名卷數、著者(含著作方式)、版本、册數及存缺卷數。其他擴展項目有:分類、批校題跋、版式、裝幀形式、叢書子目、書影、破損狀況等。有條件的收藏單位多著録的一些擴展項目,也反映在《全國古籍普查登記目録》上。目録編排按古籍普查登記編號排序,内在順序給予各古籍收藏單位較大自由度,可按分類排列古籍普查登記編號,也可按排架號、按同書名等排列古籍普查登記編號,以反映各館特色。

此次全國古籍普查登記工作,克服了古籍數量多、普查人員少、普查難度大等各種困難,也得到了全國古籍保護工作者的極大支持。在古籍普查登記過程中,國家古籍保護中心、各省古籍保護中心爲此舉辦了多期古籍普查、古籍鑒定、古籍普查目録審校等培訓班,全國共1600餘家單位參加了培訓,爲古籍普查登記工作培養了大量人才。同時在古籍普查登記工作中,也鍛煉了普查員的實踐能力,爲將來古籍保護事業發展奠定了良好的基礎。

《全國古籍普查登記目録》的出版,將摸清我國古籍家底,爲古籍保護和利用工作提供依據,也將是古籍保護長期工作的一個里程碑。

國家古籍保護中心
2013年10月

《全國古籍普查登記目録》

編纂凡例

一、收録範圍爲我國境内各收藏機構或個人所藏，産生於 1912 年以前，具有文物價值、學術價值和藝術價值的文獻典籍，包括漢文古籍和少數民族文字古籍以及甲骨、簡帛、敦煌遺書、碑帖拓本、古地圖等文獻。其中，部分文獻的收録年限適當延伸。

二、以各收藏機構爲分册依據，篇幅較小者，適當合并出版。

三、一部古籍一條款目，複本亦單獨著録。

四、著録基本要求爲客觀登記、規範描述。

五、著録款目包括古籍普查登記編號、索書號、題名卷數、著者、版本、册數、存缺卷等。古籍普查登記編號的組成方式是：省級行政區劃代碼—單位代碼—古籍普查登記順序號。

六、以古籍普查登記編號順序排序。

《首都師範大學圖書館古籍普查登記目録》

編委會

主　任：石長地

副主任：屈　南

主　編：吴雪梅

副主編：蘆婷婷　蘇金玲

編　委（按姓氏筆畫排序）：

朱　紅　吴雪芝　李　瓊　孫書霞　湯谷香　龔連英

編　務（按姓氏筆畫排序）：

于文濤　巨正興　田語桐　左曙晴　沈興剛　李騰飛

秦　宇　張　璇　黄玉霞　鄭春超　劉偉偉　鞏詩晨

《首都師範大學圖書館古籍普查登記目録》

前　言

首都師範大學建於1954年，辦學歷史可追溯至1905年成立的通州師範，是國家"雙一流"建設高校、北京市與教育部"省部共建"高校。

一、館藏建設

首都師範大學圖書館亦建於1954年。自建館以來，歷任領導就比較重視古籍文獻的收集采購，所藏綫裝古籍多數是采購而得。前輩同仁每年都從北京琉璃廠、中國書店等古舊書店選購一定數量的具有學術價值的古籍。此外，建校初期由其他館調撥入藏數千册古舊書；另有少量古籍是接受捐贈入藏，如本校原校長倉孝和將收藏的近千幅碑帖拓片捐贈本館，中文系教師劉體仁之子將其父大量個人藏書捐送圖書館。

經過60餘年的發展，館藏古籍達5000餘部6.9萬餘册（1912年以前），内容以史部、集部、類叢部見長。史部約1500部，其中方志類典籍居多，約1044部，涵蓋範圍廣，包括中國大部分省區的省志、縣志等；集部以歷代别集居多，清人文集1000餘部；類叢部重要的綜合叢書及專類叢書，基本上都有收藏。目前善本約770部10000册，善本古籍以唐寫宋刻、明槧清抄爲主；收藏中不乏珍本佳槧，如唐寫本《金光明最勝王經卷第六》（殘）、宋淳熙二年（1175）嚴陵郡庠刻遞修本《通鑑紀事本末》、宋開慶元年（1259）福州福清縣學刻元明遞修本《西山讀書記乙》、明閔爾容刻三色套印本《蘇文》、清抄本《滿漢列臣三傳》等。除此，館藏不乏稀見拓本、泥金寫本、活字印本、名人手札，如清拓本《魯郡太守張猛龍碑》、明泥金寫本《妙法蓮華經》、明正德八年（1513）華堅蘭雪堂銅活字印本《白氏長慶集》、稿本《王秉恩藏清末民初名人信札》等；另還藏有少量海外刻本古籍，如朝鮮刻本《四書大全》、和刻本《墨子》等。目前已有17部古籍先後入選第二批至第五批《國家珍貴古籍名録》。

二、不斷提升古籍保護水平

十餘年來，首都師範大學圖書館不斷提升本館古籍保護水平。2002年，首都師範大學圖書館借新館建設之機，籌建專門的古籍書庫，改善古籍存藏條件，建設之初就配置了氣體滅火設備、樟木櫃等。2007年，國務院辦公廳發布《關於進一步加强古籍保護工作的意見》（國辦發［2007］6號），爲落實國家"保護爲主、搶救第一、合理利用、加强管理”的方針,首都師範大學圖書館爲古籍書庫增加恒温恒濕設備,爲綫裝古籍訂製函套,不斷完善古籍保存條件。自2014年12月《圖書館古籍書庫基本要求》(GB/T 30227—2013)實施以來,本館對照標準更换書架,加裝温濕度實時監控模塊,添置空氣潔净屏7臺,更换雙鎖四防門4樘,更换窗簾、燈具,更换地板等,推動本館古籍書庫標準化建設。

同時加强軟環境建設,重視古籍管理與保護規章制度建設,定期進行修訂。近期修訂和起草了相關制度5項,規範了本館業務流程,爲後續古籍保護和管理工作提供保障。目前正在論證本館古籍數字化,开展本館珍貴古籍再生性保護。今後會加强古籍修復工作。

三、引進、培養專業人才

本館古籍工作曾一直面臨專業人員匱乏、整體人力不足的困境。2006年本館從首都圖書館歷史文獻中心調入人員1名,2017年新進國家圖書館古典文獻學專業博士後、歷史學博士1名,優化了古籍工作人員結構。本館歷年來注重古籍工作人員培養,保證古籍工作人員參加相關專業培訓,保證每年參加京外相關行業學術交流1次,開展業内古籍館參觀交流2—3次。

四、館藏編目整理

20世紀90年代本館工作人員以卡片著録的形式完成古籍編目工作,并分别於1994年、1999年内部發行《首都師範大學圖書館普通古籍目録》《首都師範大學圖書館古籍善本書目》。2007年,本館籌備古籍目録的數字化工作。2010年正式在ALEPH系統中進行古籍書目數據庫的建庫工作,按劉國鈞《中國圖書分類法》編目著録。工作自2010年1月开始,歷時五年。由北京人天書店有限公司承擔編目加工,本館古籍工作人員吴雪梅副研究館員負責審校。2015年1月,古籍書目數據庫建設完成,包括古籍書目10390種14.5萬册(含1912—1999年間出版綫裝書)。2015年更新之前目録,印刷新版《首都師範大學圖書館普通古籍目録》、《首都師範大學圖書館古籍善本書目》(内部交流)。

五、參與“中華古籍保護計劃”

自國家“十一五”開展“中華古籍保護計劃”以來,本館積極響應,於2011年開始參加全國古籍普查登記工作,與本館的古籍編目工作同步進行。即將本館系統中的古籍編目數據成批導入“全國古籍普查登記平臺”,再按平臺的格式要求進行修改。在這個過程中,也對編目數據進行了復核。由於人員不足,前期普查登記工作歷時五年，後續上傳書影及核查工作又歷時四年，2019 年 5 月基本完成。

在編目和普查登記過程中，爲了盡可能地描述古籍的原貌特徵，工作人員按照古籍著録規則進行詳備的編目著録，突破了六項基本要求，在載體形態、版本附注、藏書章、四部分類附注等項均有著録。在後續上傳書影和核查過程中，工作人員對編目數據進行再次核查，修正了部分錯誤。歷經一年零三個月的時間，經本館古籍工作人員和北京市古籍保護中心工作人員分别三次審校，2019 年 5 月本館古籍普查登記目録電子版數據審校完畢。在審校過程中，工作人員一絲不苟，最大限度地保證本館古籍的普查質量。

按照《全國古籍普查登記手册》的要求，本目録收録 1912 年以前古籍 5290 部 6.9 萬册，含少量少數民族文字的古籍。碑帖拓片暫未收録。每一部古籍列爲一個條目，著録項包括：普查編號、索書號、題名卷數、著者、版本、册數、存卷等。目録的編排按普查號的順序排列。索書號中前綴 PG 代表普通古籍，SG 代表善本古籍。

本目録係在古籍普查平臺登記完成的結果上纂成，目録凝結了本館建館以來所有古籍工作人員的心血和汗水，也體現了工作人员爲古籍整理事業所付出的勤奮和熱忱。點滴匯聚終成大海，本館古籍工作人員懷着爲“中華古籍保護計劃”貢獻力量的熱情，克服一切困難，爲傳承中華優秀傳統文化發出光和熱。

首都師範大學圖書館

2019 年 5 月

目　録

110000－0146－0000001　SG/193/198
萃古名言四卷　(明)趙民獻輯　明崇禎元年(1628)刻本　四冊

110000－0146－0000002　SG/196.3/526
臣鑒録二十卷　(清)蔣伊編輯　清康熙蔣陳錫刻本　二十冊

110000－0146－0000003　SG/190/665
畜德録二十卷　(清)席啟圖纂輯　清康熙二十六年(1687)繩武堂刻本　二十冊

110000－0146－0000004　SG/121.87/645
吕氏春秋二十六卷　(漢)高誘注　明刻本　六冊

110000－0146－0000005　SG/121.67/456
韓子二十卷　(戰國)韓非撰　明刻朱墨印本　八冊

110000－0146－0000006　SG/121.2/220
性理大全書七十卷　(明)胡廣等輯　明刻本　四十冊

110000－0146－0000007　SG/121.31/917
老子翼三卷　(明)焦竑輯　(明)王元貞校　明刻本　三冊

110000－0146－0000008　SG/121.3/754
老莊郭注會解九卷　(春秋)李耳撰　(戰國)莊周撰　(明)潘基慶集注　明刻本　八冊

110000－0146－0000009　SG/192.078/828
韋弦自佩録十二卷　(清)朱輔輯　清康熙四十一年(1702)遂初堂刻本　四冊

110000－0146－0000010　SG/190/383
四種遺規十二卷　(清)陳弘謀輯　清乾隆五十四年至五十五年(1789－1790)刻本　八冊

110000－0146－0000011　SG/121.126/344
周易集註十六卷易注雜説一卷易學六十四卦啓蒙一卷　(明)來知德撰　明萬曆三十八年(1610)張惟任浙江刻本　十冊

110000－0146－0000012　SG/121.3/917
老子翼三卷莊子翼八卷　(明)焦竑輯　(明)王元貞校　明萬曆十六年(1588)王元貞刻本　十一冊

110000－0146－0000013　SG/121.36/916
文子二卷　(春秋)辛鈃撰　(明)彭好古輯　(明)吳勉學校　明萬曆新安吳勉學刻二十子本　二冊

110000－0146－0000014　SG/121.126/384
周易傳義大全二十四卷上下篇義一卷周易朱子圖説一卷易五贊一卷巫儀一卷　(明)胡廣輯　明崇禎十二年(1639)陳仁錫刻本　十二冊

110000－0146－0000015　SG/121.127/976
讀易蒐十二卷　(清)鄭賡唐撰　清康熙劉汝潔刻本　六冊

110000－0146－0000016　SG/121.177/217
周易函書別集十六卷　(清)胡煦撰　清乾隆胡氏葆璞堂刻本　六冊

110000－0146－0000017　SG/121.177/216
周易函書約註十八卷　(清)胡煦撰　清乾隆胡氏葆璞堂刻本　十冊

110000－0146－0000018　SG/121.177/218
周易函書約存十五卷首三卷　(清)胡煦撰　清乾隆胡氏葆璞堂刻本　八冊

110000－0146－0000019　SG/121.127/915
周易洗心十卷　(清)任啟運撰　清乾隆三十四年(1769)任氏清芬堂刻本　十冊

110000－0146－0000020　SG/121.132/976
鄭氏周易三卷　(元)王應麟輯　(清)惠棟補　清光緒丁氏八千卷樓抄本　一冊

110000－0146－0000021　SG/120.81/746
百家類纂四十卷　(明)沈津輯　明刻本　四十冊

110000－0146－0000022　SG/121.08/271
[楊升庵先生批點子書]　(明)楊慎批點　明末刻本　二冊

110000－0146－0000023　SG/121.08/384
諸子奇賞前集五十一卷　(明)陳仁錫輯　明天啓六年(1626)刻本　十冊

110000－0146－0000024　SG/121.33/558
南華經批評六卷　(戰國)莊周撰　(明)蔡大節輯　明萬曆六年(1578)刻本　三冊

110000－0146－0000025　SG/121.33/387
南華真經副墨八卷　(戰國)莊周撰　(明)陸西星述　(明)淩菾初等校　明萬曆六年(1578)刻本　十冊

110000－0146－0000026　SG/121.67/226
韓非子二十卷　(戰國)韓非撰　明萬曆十年(1582)趙用賢刻本　八冊

110000－0146－0000027　SG/121.21/562
重刊蔡虛齋先生四書蒙引十五卷　(明)蔡清撰　明萬曆十五年(1587)吳同春刻本　六冊　存五卷(大學一至二、中庸三至四、論語上)

110000－0146－0000028　SG/121.33/895
南華經十六卷　(晉)郭象注　(宋)林希逸口義　(宋)劉辰翁點校　(明)王世貞評點　明萬曆三十三年(1605)淩氏刻四色套印本　六冊

110000－0146－0000029　SG/121.33/894
南華經十六卷　(晉)郭象注　(宋)林希逸口義　(宋)劉辰翁點校　(明)王世貞評點　明萬曆三十三年(1605)淩氏刻四色套印本　八冊

110000－0146－0000030　SG/122.4/893
劉向說苑二十卷　(漢)劉向撰　明刻本　十冊

110000－0146－0000031　SG/121.33/440
古蒙莊子四卷　(明)吳宗儀校釋　明萬曆三十九年(1611)王繼賢蒙城縣學刻本　四冊

110000－0146－0000032　SG/121.87/392
呂氏春秋二十六卷　(宋)陸游評　(明)淩稚隆批　明萬曆四十八年(1620)淩毓枏刻朱墨印本　八冊

110000－0146－0000033　SG/122.2/645
淮南鴻烈解二十一卷　(漢)劉安撰　(漢)高誘注　(明)茅坤批評　明萬曆刻本　六冊

110000－0146－0000034　SG/125/313
濂洛關閩書十九卷　(清)張伯行集解　清康熙四十八年(1709)正誼堂刻本　五冊

110000－0146－0000035　SG/121.217/988
四書宗旨要言六卷　(明)余之祥撰　清順治十七年(1660)刻本　六冊

110000－0146－0000036　SG/125.5/820
淵鑒齋御纂朱子全書六十六卷　(清)李光地等纂修　清康熙五十三年(1714)武英殿刻本　三十二冊

110000－0146－0000037　SG/121.24/363
檀弓二卷　(清)孫濩孫評訂　(清)林中枏參閱　清康熙六十年(1721)安徽泗縣林居仁刻本　二冊

110000－0146－0000038　SG/125.5/821
淵鑒齋御纂朱子全書六十六卷　(清)李光地等纂修　清康熙五十三年(1714)武英殿刻本　二十五冊

110000－0146－0000039　SG/126.9/119
慎言十三卷　(明)王廷相撰　明嘉靖刻本　四冊

110000－0146－0000040　SG/126.9/842
南皋鄒先生會語合編二卷講義合編二卷　(明)鄒元標撰　明萬曆四十七年(1619)龍遇奇刻本　二冊

110000－0146－0000041　SG/015.9/100
浙江採集遺書總錄十一卷　(清)沈初編　清乾隆三十九年(1774)刻本　六冊

110000－0146－0000042　SG/072.7/313
篤素堂文集二卷　(清)張英撰　**澄懷園語四卷**　(清)張廷玉撰　清木活字印本　四冊

110000－0146－0000043　SG/126.9/965
東林商語二卷　(明)顧憲成撰　清康熙刻本　二冊

110000－0146－0000044　SG/121.217/327
四書考異七十二卷　(清)翟灝撰　清乾隆三十四年(1769)無不宜齋刻本　六冊

110000－0146－0000045　SG/601.1/893
史通通釋二十卷附錄一卷　(清)浦起龍撰　清乾隆十七年(1752)梁溪浦氏求放心齋刻本　八册

110000－0146－0000046　SG/127.1/312
溯流史學鈔十九卷附游梁書院講語一卷　(清)張沐撰　(清)王渭条證　(清)侯重喜校閲　清康熙侯重喜等刻本　八册

110000－0146－0000047　SG/127.1/451
呂子評語正編四十二卷首一卷附刻一卷餘編八卷　(清)呂留良撰　(清)車鼎豐輯　清康熙五十五年(1716)金陵顧麟趾刻本　二十四册

110000－0146－0000048　SG/127.1/313
困學錄集粹八卷　(清)張伯行撰　清雍正四年(1726)張氏正誼堂刻本　四册

110000－0146－0000049　SG/221.5/854
妙法蓮華經七卷　(後秦)釋鳩摩羅什譯　明泥金寫本　一册　存六品(卷二信解品第四,卷四授學無學人記品第九、法師品第十、見寶塔品第十一、提婆達多品第十二、勸持品第十三)

110000－0146－0000050　SG/229.3/339
神僧傳九卷　(明)成祖朱棣撰　明永樂十五年(1417)内府刻本　九册

110000－0146－0000051　SG/230/404
真誥二十卷　(南朝梁)陶弘景撰　(明)俞安期校　明萬曆俞安期刻本　八册

110000－0146－0000052　SG/222.1/957
肇論三卷　(後秦)釋僧肇撰　明萬曆十三年(1585)周祝刻本　一册

110000－0146－0000053　SG/222.071/176
御選語錄十九卷　(清)世宗胤禛輯　清雍正十一年(1733)武英殿刻本　二十册

110000－0146－0000054　SG/221/922
宗鏡錄一百卷　(宋)釋延壽集　清雍正十三年(1735)武英殿刻本　二十册

110000－0146－0000055　SG/320/167
管窺輯要八十卷　(清)黄鼎纂　清順治十二年(1655)刻本　三十册

110000－0146－0000056　SG/327.1/441
月令輯要二十四卷首一卷　(清)吳廷楨等撰　清康熙五十五年(1716)内府刻本　十二册

110000－0146－0000057　SG/443.68/754
河防一覽榷十二卷　(明)潘季馴撰　(明)潘大復榷　明萬曆十九年(1591)刻本　十二册

110000－0146－0000058　SG/082.2/140
楝亭藏書十二種　(清)曹寅輯　清康熙四十五年(1706)揚州詩局刻本　二册　存四種(墨經一卷、都城紀勝一卷、頤堂先生糖霜譜一卷、硯箋四卷)

110000－0146－0000059　SG/430/713
佩文齋廣群芳譜一百卷目錄二卷　(清)汪灝編　清康熙四十七年(1708)刻本　三十四册

110000－0146－0000060　SG/443.68/377
河防述言不分卷　(清)張靄生撰　清道光抄本　三册

110000－0146－0000061　SG/590/146
握機經三卷握機緯十五卷　(明)曹胤儒集注　明刻本　十二册

110000－0146－0000062　SG/571.35/384
皇明名臣經濟錄十八卷　(明)陳九德刪次　(明)嚴訥校正　明嘉靖二十八年(1549)羅鴻刻本　十册

110000－0146－0000063　SG/573.16/473
大明會典二百二十八卷首一卷目錄一卷　(明)申時行纂修　明萬曆刻本　九十六册

110000－0146－0000064　SG/532.9/828
文公家禮儀節八卷　(宋)朱熹編　(明)邱濬輯　明天啓、崇禎梅園息六垒翻刻本　四册

110000－0146－0000065　SG/554.28/522
萬曆九年叁拾陸都五圖丈量魚鱗清册一卷　(明)□□撰　明萬曆九年(1581)刻本暨寫本　一册

110000－0146－0000066　SG/573.4/445
實政錄九卷　(明)呂坤撰　明萬曆二十六年(1598)趙文炳刻本　八册　存六卷(一至六)

110000－0146－0000067　SG/590/667
唐荊川先生纂輯武編十二卷　(明)唐順之撰　明萬曆徐象橒曼山館刻本　六册

110000－0146－0000068　SG/532/169
禮樂合編三十卷　(明)黄廣撰　明崇禎六年(1633)玉磬齋刻本　十六册

110000－0146－0000069　SG/578.89/100
迎勅書儀不分卷　(清)□□編　清抄本　一册

110000－0146－0000070　SG/571.4/104
御製資政要覽三卷後序一卷　(清)世祖福臨撰　清順治十二年(1655)內府刻本　三册

110000－0146－0000071　SG/531.85/157
新定三禮圖二十卷　(宋)聶崇義注　清康熙十九年(1680)通志堂刻本　一册

110000－0146－0000072　SG/554.28/668
康熙三年丈量魚鱗清册　(清)□□撰　清康熙三年(1664)抄本　一册

110000－0146－0000073　SG/121.251/947
大學衍義補纂要六卷　(明)徐栻撰　明隆慶六年(1572)刻本　六册

110000－0146－0000074　SG/531.17/947
讀禮通考一百二十卷　(清)徐乾學撰　清康熙三十五年(1696)徐樹穀刻本　三十册

110000－0146－0000075　SG/533.24/987
幸魯盛典四十卷　(清)孔毓圻纂　清康熙五十年(1711)曲阜孔毓圻刻本　十二册

110000－0146－0000076　SG/567.4/515
山東鹽法志十四卷　(清)莽鵠立纂修　清雍正山東都轉運鹽使司刻本　八册

110000－0146－0000077　SG/567.4/880
敕修河東鹽法志十二卷　(清)覺羅石麟等修　(清)朱一鳳等纂　清雍正八年(1730)刻本　十二册

110000－0146－0000078　SG/552.2/523
九卿議定物料價值八卷　(清)邁柱等編　清乾隆元年(1736)工部刻本　八册

110000－0146－0000079　SG/573.142/118
五代會要三十卷　(宋)王溥撰　清乾隆武英殿木活字印本　八册

110000－0146－0000080　SG/221/758
金光明最勝王經卷第六　(唐)釋義淨譯　唐寫本　一件　首殘

110000－0146－0000081　SG/582.026/745
增訂刑錢指掌二種四卷　(清)李天衢輯　清乾隆九年(1744)京都榮錦堂刻本　四册

110000－0146－0000082　SG/573.115/747
周官禄田考三卷　(清)沈彤撰　清乾隆十六年(1751)沈彤刻本　一册

110000－0146－0000083　SG/548.17/626
養局案記不分卷　(清)方觀承輯　清乾隆二十四年(1759)刻本　二册

110000－0146－0000084　SG/526.029/125
欽定學政全書八十卷　(清)素爾訥等纂　清乾隆三十九年(1774)禮部刻本　八册

110000－0146－0000085　SG/567.4/526
課歸地丁全案四卷　(清)蔣兆奎撰　清乾隆五十八年(1793)蔣兆奎刻本　四册

110000－0146－0000086　SG/555.9/987
[金陵機器製造局表册十種]　(清)□□撰　清光緒二十五年至宣統三年(1899－1911)抄本　十册

110000－0146－0000087　SG/589.91/947
大清律例四十七卷督捕則例二卷續纂條例二卷續纂條例總類二卷三流道里表不分卷　(清)徐本修　(清)唐紹祖等纂　清乾隆六年(1741)武英殿刻三十三年(1768)增修本　三十八册

110000－0146－0000088　SG/621.75/310
三傳折諸四十四卷　(清)張尚瑗撰　清雍正元年(1723)刻本　十四册

110000－0146－0000089　SG/625.104/304
涑水記聞十六卷　(宋)司馬光撰　清乾隆四十二年(1777)武英殿木活字印本　二册

110000－0146－0000090　SG/626.404/416
西征石城記一卷興復哈密記一卷撫安東夷記一卷　(明)馬文昇撰　清抄本　一册

110000－0146－0000091　SG/669.1/873
太平寰宇記二百卷補闕八卷目録二卷　(宋)樂史撰　清乾隆五十八年(1793)刻本　三十册

110000－0146－0000092　SG/683.13/468
説嵩三十二卷例目一卷　(清)景日昣撰　清康熙刻本　十册

110000－0146－0000093　SG/683.31/120
武夷九曲志十六卷首一卷　(清)王復禮撰　清康熙五十七年(1718)刻本　四册

110000－0146－0000094　SG/610.3/188
通鑑紀事本末四十二卷　(宋)袁樞撰　宋淳熙二年(1175)嚴陵郡庠刻遞修本　一册　存一卷(十八)

110000－0146－0000095　SG/610.29/660
續資治通鑑綱目二十七卷　(明)商輅等纂修　明成化十二年(1476)内府刻本　十四册

110000－0146－0000096　SG/610.02/571
甲子會紀五卷　(明)薛應旂輯　(明)陳仁錫評　明末陳仁錫刻本　四册

110000－0146－0000097　SG/610.11/765
史記評林一百三十卷首一卷　(明)淩稚隆輯　明萬曆五年(1577)刻本　二十册

110000－0146－0000098　SG/610.71/981
澹東山房批校廬陵曾氏十八史略八卷　(元)曾先之編　明萬曆十二年(1584)趙慎修刻本　八册

110000－0146－0000099　SG/610.7/741
通鑑總類二十卷　(宋)沈樞輯　明萬曆二十三年(1595)孫隆刻四十五年(1617)吕貴重修本　二十册

110000－0146－0000100　SG/610.6/287
藏書六十八卷　(明)李贄撰　明萬曆二十七年(1599)焦竑金陵刻本　三十二册

110000－0146－0000101　SG/610.29/113
新刻世史類編四十五卷首一卷　(明)李純卿草創　(明)謝遷補遺　(明)王守仁覆詳　(明)王世貞會纂　(明)李槃增修　明萬曆三十四年(1606)書林張起鵬刻本　二十四册

110000－0146－0000102　SG/610.6/288
續藏書二十七卷目録一卷　(明)李贄撰　明汪修能刻本　十六册

110000－0146－0000103　SG/610.81/111
讀史漫録十四卷　(明)于慎行撰　(明)郭應寵編　明萬曆四十二年(1614)于緯刻清補印本　八册

110000－0146－0000104　SG/610.23/719
少微通鑑節要五十卷外紀四卷　(宋)江贄撰　明正德九年(1514)司禮監刻本　二十册

110000－0146－0000105　SG/610.29/571
宋元通鑑一百五十七卷　(明)薛應旂輯　(明)陳仁錫評　明天啓刻本　二十册

110000－0146－0000106　SG/610.13/372
函史上編八十一卷下編二十一卷　(明)鄧元錫撰　明崇禎刻清順治十五年(1658)鄧應琚補刻本　六十册

110000－0146－0000107　SG/610.29/307
通鑑直解二十八卷　(明)張居正輯　(明)高兆麟訂　明崇禎四年(1631)高兆麟刻本　十四册

110000－0146－0000108　SG/610.5/786
歷代帝王曆祚考八卷首一卷音釋一卷　(明)程揚編輯　(明)程至善考正　明崇禎十二年(1639)刻本　四册

110000－0146－0000109　SG/610.3/412
繹史一百六十卷世系圖一卷目録一卷年表一卷　(清)馬驌撰　清康熙九年(1670)刻本　四十八册

110000－0146－0000110　SG/610.3/413
繹史一百六十卷世系圖一卷目錄一卷年表一卷　(清)馬驌撰　清康熙九年(1670)刻本　四十四冊

110000－0146－0000111　SG/610.24/324
資治通鑑綱目發明五十九卷　(宋)尹起莘撰　清雍正十一年(1733)刻本　五冊

110000－0146－0000112　SG/610.83/116
十七史商榷一百卷　(清)王鳴盛撰　清乾隆五十二年(1787)洞涇草堂刻本　十六冊

110000－0146－0000113　SG/610.83/115
十七史商榷一百卷　(清)王鳴盛撰　清乾隆五十二年(1787)洞經草堂刻本　十六冊

110000－0146－0000114　SG/610.7/640
高梅亭讀書叢鈔十一種四十二卷　(清)高塘集評　清乾隆五十三年(1788)刻本　六冊　存四種六卷(公羊傳鈔一卷、穀梁傳鈔一卷、國語鈔二卷、國策鈔二卷)

110000－0146－0000115　SG/621.73/352
春秋經傳集解三十卷　(晉)杜預注　明刻本　十六冊

110000－0146－0000116　SG/624.1/530
東萊先生音注唐鑑二十四卷　(宋)范祖禹撰　(宋)呂祖謙注　明刻本　四冊

110000－0146－0000117　SG/621.76/220
春秋集傳大全三十七卷序論一卷二十國年表一卷諸國興廢說一卷　(明)胡廣輯　明刻本　十八冊

110000－0146－0000118　SG/625.104/329
河南邵氏聞見錄前二十卷後三十卷　(宋)邵伯溫　(宋)邵博撰　(明)毛晉訂　明毛晉汲古閣刻津逮秘書本　四冊　缺八卷(後二十三至三十)

110000－0146－0000119　SG/621.75/221
春秋三十卷　(宋)胡安國撰　明刻本　十二冊

110000－0146－0000120　SG/624.82/419
南唐書三十卷　(宋)馬令撰　明嘉靖二十九年(1550)顧汝達刻本　八冊

110000－0146－0000121　SG/622.073/273
兩漢博聞十二卷　(宋)楊侃撰　明嘉靖三十七年(1558)黃魯曾刻本　六冊

110000－0146－0000122　SG/621.737/667
唐荊川先生編纂左氏始末十二卷　(明)唐順之撰　明嘉靖四十一年(1562)唐正之刻本　六冊

110000－0146－0000123　SG/621.81/798
戰國策十卷　(宋)鮑彪校注　(元)吳師道注　(明)穆文熙編纂　明萬曆劉懷恕刻本　十一冊

110000－0146－0000124　SG/621.77/384
太史陳明卿批點國策四卷國語四卷　(明)陳仁錫選評　明末芸香閣刻本　十冊

110000－0146－0000125　SG/621.81/384
戰國策十二卷　(明)陳仁錫　(明)鍾惺評　明萬曆刻本　四冊

110000－0146－0000126　SG/621.77/578
國語評苑六卷　(明)穆文熙編纂　明萬曆刻本　二冊

110000－0146－0000127　SG/621.77/576
國語二十一卷　(三國吳)韋昭解　(宋)宋庠補音　明萬曆張一鯤刻本　六冊

110000－0146－0000128　SG/621.7/802
列國史補十八卷　(明)魏顯國輯　明萬曆刻本　十六冊

110000－0146－0000129　SG/626.04/504
寶顏堂訂正四夷考八卷　(明)葉向高撰　明萬曆刻寶顏堂秘笈續集本　二冊

110000－0146－0000130　SG/621.81/893
張陸二先生批評戰國策抄四卷　(明)張居正　(明)陸深評　(明)王篆校刊　(明)阮宗孔刪注　明萬曆七年(1579)錢普刻本　四冊

110000－0146－0000131　SG/621.81/852
戰國策十卷　(宋)鮑彪校注　(元)吳師道重

校　明萬曆九年(1581)張一鯤刻本(書末有抄配)　八册

110000－0146－0000132　SG/622.101/765

漢書評林一百卷　(明)淩稚隆輯校　明萬曆九年(1581)淩稚隆刻本　四十册

110000－0146－0000133　SG/622.101/766

漢書評林一百卷　(明)淩稚隆輯校　明萬曆十一年(1583)淩稚隆刻本　二十册

110000－0146－0000134　SG/621.737/627

左粹類纂十二卷首一卷　(明)施仁輯　(明)孫應鼇批點　明萬曆十一年(1583)任養心刻本　十二册

110000－0146－0000135　SG/621.77/798

國語鈔評八卷　(明)穆文熙批輯　明萬曆十二年(1584)傅光宅曾鳳儀刻本　四册

110000－0146－0000136　SG/621.81/851

戰國策譚棷十卷附録一卷　(宋)鮑彪校注　(元)吴師道重校　(明)張文爟校輯　明萬曆十五年(1587)刻本　六册

110000－0146－0000137　SG/621.73/798

春秋經傳集解三十卷首一卷名號歸一圖二卷　(晉)杜預注　(明)穆文熙編纂　明萬曆十五年(1587)刻本　十册

110000－0146－0000138　SG/621.25/553

東坡先生書傳二十卷　(宋)蘇軾撰　明萬曆二十五年(1597)刻兩蘇經解本　二册

110000－0146－0000139　SG/621.25/554

東坡書傳二十卷　(宋)蘇軾撰　明末淩濛初刻朱墨印本　八册

110000－0146－0000140　SG/626.7/119

郢事紀略一卷　(明)王禹聲撰　明萬曆刻本　一册

110000－0146－0000141　SG/621.81/307

戰國策纂四卷　(明)張榜撰　(明)朱士泰訂　明萬曆三十九年(1611)刻本　二册

110000－0146－0000142　SG/626.04/113

弇州史料前集三十卷後集七十卷　(明)王世貞撰　(明)董復表輯　明萬曆四十二年(1614)楊鶴刻本(後集卷六十七至七十配抄本,卷首序第一至二葉、目録第三至四葉爲抄配)　二十二册

110000－0146－0000143　SG/621.737/352

春秋左傳十五卷　(明)孫鑛批點　明萬曆四十四年(1616)閔齊伋刻朱墨印本　十册

110000－0146－0000144　SG/621.77/352

國語九卷　(明)閔齊伋裁注　明萬曆四十七年(1619)閔齊伋刻三色套印本　十册

110000－0146－0000145　SG/621.77/458

國語九卷　(明)閔齊伋裁注　明萬曆四十七年(1619)刻本(卷五第一至二葉抄配)　二册

110000－0146－0000146　SG/621.81/458

戰國策十二卷　(明)閔齊伋裁注　明萬曆四十八年(1620)閔齊伋刻朱墨印本　四册

110000－0146－0000147　SG/621.711/982

春秋公羊傳十二卷考一卷　(明)閔齊伋裁注並撰　明天啓元年(1621)閔齊伋刻三色套印本　四册

110000－0146－0000148　SG/621.81/850

戰國策十卷　(宋)鮑彪校注　(明)鍾人傑重校　明天啓三年(1623)鍾人傑刻本　六册

110000－0146－0000149　SG/621.176/113

尚書日記十六卷　(明)王樵撰　(明)王肯堂編　明萬曆二十三年(1595)莊繼光刻崇禎補刻本　八册

110000－0146－0000150　SG/621.79/655

左記十二卷　(明)章大吉纂　明崇禎刻本　六册

110000－0146－0000151　SG/626.02/831

皇明大政記三十六卷　(明)朱國楨輯　明崇禎刻皇明史概本　八册

110000－0146－0000152　SG/626.02/830

皇明大訓記十六卷　(明)朱國楨輯　明崇禎刻皇明史概本　六册

110000－0146－0000153　SG/622.101/382

漢書雋不分卷　(明)陳許廷選評　明崇禎刻本　十二册

110000－0146－0000154　SG/626.06/903
名山藏一百九卷　(明)何喬遠輯　明崇禎十三年(1640)沈猶龍等刻本　十二册　存三十卷(典謨記一至十四、四十二至四十五,輿地記二卷,刑法記一卷,河漕記一卷,漕運記一卷,臣林記洪武二至三,天順二,成化一,嘉靖一、五、八)

110000－0146－0000155　SG/625.16/293
靖康傳信録不分卷　(宋)李綱撰　清馬瑞辰種松書屋抄本　二册

110000－0146－0000156　SG/627.304/176
大義覺迷録四卷　(清)世宗胤禛撰　清乾隆抄本　四册

110000－0146－0000157　SG/625.601/685
大金國志四十卷　(宋)宇文懋昭撰　清抄本　四册　存十六卷(一至十六)

110000－0146－0000158　SG/626.02/463
新刻明朝通紀會纂七卷　(明)王世貞纂　(明)王政敏訂　(明)王汝南補　清初陳長卿刻本　二册　存四卷(一至四)

110000－0146－0000159　SG/621.275/172
尚書通考十卷　(元)黄鎮成編輯　清康熙通志堂刻本　四册

110000－0146－0000160　SG/621.76/914
春秋指掌三十卷首二卷附二卷　(清)儲欣　(清)蔣景祁撰輯　(清)楊大鶴參閲　清康熙二十七年(1688)天藜閣刻本　四册

110000－0146－0000161　SG/626.06/736
潛菴先生擬明史稿二十卷　(清)湯斌撰　(清)田蘭芳評　清康熙二十七年(1688)刻本　十册

110000－0146－0000162　SG/626.01/827
重鐫朱青巖先生擬編明紀輯略十六卷　(清)朱璘撰　清康熙三十五年(1696)聚錦堂刻本　十六册

110000－0146－0000163　SG/626.01/828
重鐫朱青巖先生擬編明紀輯略十六卷　(清)朱璘撰　清康熙三十五年(1696)聚錦堂刻本　八册

110000－0146－0000164　SG/625.104/981
隆平集二十卷　(宋)曾鞏編　清康熙四十七年(1708)彭期七業堂刻本　六册

110000－0146－0000165　SG/626.903/268
三藩紀事本末四卷　(清)楊陸榮編　清康熙刻本　四册

110000－0146－0000166　SG/621.727/113
欽定春秋傳説彙纂三十八卷首二卷　(清)王掞等纂　清康熙六十年(1721)刻本　二十四册

110000－0146－0000167　SG/621.75/532
春秋札記五卷　(清)范爾梅撰　清雍正敬恕堂刻讀書小記本　二册

110000－0146－0000168　SG/621.75/379
春秋世族譜不分卷　(清)陳厚耀撰　清雍正三年(1725)刻本　一册

110000－0146－0000169　SG/627.204/517
平臺紀略一卷　(清)藍鼎元撰　(清)王者輔評　清雍正十年(1732)王者輔刻鹿洲全集本　一册

110000－0146－0000170　SG/625.113/293
宋朝事實二十卷　(宋)李攸撰　清乾隆武英殿木活字印本　四册

110000－0146－0000171　SG/621.75/504
春秋考十六卷　(宋)葉夢得撰　清乾隆武英殿木活字印本　四册

110000－0146－0000172　SG/621.76/155
日講春秋解義六十四卷　(清)李光地等講稿　(清)張廷玉等撰　清乾隆二年(1737)内府刻本　三十二册

110000－0146－0000173　SG/621.75/309
四傳管窺不分卷　(清)張星徽撰　清乾隆四年(1739)張氏藏書堂刻本　二册

110000－0146－0000174　SG/621.75/960
春秋大事表五十卷輿圖一卷附錄一卷　(清)顧棟高輯　清乾隆萬卷樓刻本　二十册

110000－0146－0000175　SG/621.81/158
國策注釋新編四卷　(清)丁序賢注釋　清乾隆二十年(1755)刻本　四册

110000－0146－0000176　SG/621.81/643
戰國策三十三卷　(漢)高誘注　清乾隆二十一年(1756)德州盧見曾雅雨堂刻本　六册

110000－0146－0000177　SG/621.81/644
戰國策三十三卷　(漢)高誘注　清乾隆二十一年(1756)德州盧見曾雅雨堂刻本　四册

110000－0146－0000178　SG/621.75/505
春秋究遺十六卷　(清)葉酉撰　清乾隆刻本　六册

110000－0146－0000179　SG/782.21/441
安危注四卷　(明)吳甡輯　清康熙吳元復刻本　八册

110000－0146－0000180　SG/627.404/642
南巡盛典一百二十卷　(清)高晉等纂　清乾隆三十六年(1771)内府刻本　八十册

110000－0146－0000181　SG/621.227/115
尚書後案三十卷附尚書後辨一卷　(清)王鳴盛撰　清乾隆四十五年(1780)禮堂刻本　八册

110000－0146－0000182　SG/627.102/375
皇清開國方略三十二卷首一卷　(清)阿桂等撰　清乾隆五十一年(1786)武英殿刻本　十六册

110000－0146－0000183　SG/627.102/376
皇清開國方略三十二卷首一卷　(清)阿桂撰　清乾隆五十一年(1786)武英殿刻本　八册

110000－0146－0000184　SG/621.504/370
逸周書十卷附校正補遺一卷　(晉)孔晁注　清乾隆五十一年(1786)盧氏抱經堂刻本　四册

110000－0146－0000185　SG/621.722/428
春秋内傳古注輯存三卷　(清)嚴蔚輯　清乾隆五十二年(1787)二酉齋刻本　三册

110000－0146－0000186　SG/626.02/220
欽定明鑑二十四卷首一卷　(清)胡敬編纂　清嘉慶二十三年(1818)揚州詩局刻本　二十四册

110000－0146－0000187　SG/651.73/427
硃批諭旨不分卷　(清)世宗胤禛批　(清)鄂爾泰　(清)張廷玉編　清乾隆三年(1738)内府刻朱墨印本　一百十二册

110000－0146－0000188　SG/661/631
山海經釋義十八卷　(晉)郭璞撰　(明)王崇慶釋義　(明)董漢儒校訂　明大業堂刻本　四册

110000－0146－0000189　SG/802.21/953
説文解字韻譜五卷部首一卷　(五代)徐鍇撰　清抄本　六册

110000－0146－0000190　SG/666/289
大明一統志九十卷　(明)李賢撰　明萬壽堂刻本　三十册　存六十四卷(一至六十四)

110000－0146－0000191　SG/652.51/840
孝肅奏議十卷　(宋)包拯撰　明嘉靖三十四年(1555)雷逵刻本　六册

110000－0146－0000192　SG/652.21/894
刻兩漢書疏選八卷　(明)劉如寵選　明萬曆二十四年(1596)梁敘等刻本　二册　存四卷(西漢一至四)

110000－0146－0000193　SG/652.2/401
兩漢策要十二卷　(宋)陶叔獻編　清乾隆五十六年(1791)張朝樂刻本　六册

110000－0146－0000194　SG/652/170
歷代名臣奏議三百五十卷　(明)黄淮　(明)楊士奇輯　(明)張溥刪正　明崇禎八年(1635)金閶東觀閣刻本　四十八册

110000－0146－0000195　SG/652/171
歷代名臣奏議三百十九卷　(明)張溥刪正　(清)張永錫等重校　清初張永錫刻本　八

十冊

110000－0146－0000196　SG/652.21/437
秦漢書疏十八卷　（明）徐紳輯　明嘉靖三十七年（1558）吳國倫刻本　十二冊

110000－0146－0000197　SG/782.99/413
宋本韓柳二先生年譜　（清）馬日璐編　清雍正七年（1729）馬氏小玲瓏山館刻本　四冊

110000－0146－0000198　SG/653.71/111
于清端公政書八卷首編一卷續集一卷外集一卷　（清）于成龍撰　（清）蔡方炳　（清）諸匡鼎編次　清乾隆二十六年（1761）刻本　十冊

110000－0146－0000199　SG/653.71/478
撫豫宣化錄四卷　（清）田文鏡編　清雍正五年（1727）田文鏡河南刻本　九冊

110000－0146－0000200　SG/683.24/829
懷玉山志八卷首一卷末一卷　（清）朱承煦編輯　清乾隆四十年（1775）刻本　四冊

110000－0146－0000201　SG/689.23/113
會稽三賦四卷　（宋）王十朋撰　（明）南逢吉注　（明）尹壇補注　（明）胡大臣訂正　明萬曆文煥堂刻本　四冊

110000－0146－0000202　SG/684.8/271
洛陽伽藍記五卷　（北魏）楊衒之撰　明萬曆刻古今逸史本　二冊

110000－0146－0000203　SG/683.12/194
泰山蒐玉集二卷　（明）袁稍輯　（明）王化校正　（明）張重光編次　明萬曆七年（1579）刻本　二冊

110000－0146－0000204　SG/681.57/221
籌海圖編十三卷　（明）鄭若曾撰　明天啓四年（1624）胡維極刻本　八冊

110000－0146－0000205　SG/683/903
名山勝槩記四十八卷名山圖一卷　（明）何鏜輯　明崇禎墨繪齋刻本（卷二十上、二十九、四十四配抄本）　九十六冊

110000－0146－0000206　SG/684.11/893
帝京景物略八卷　（明）劉侗　（明）于奕正修　明末抄本　六冊　存六卷（一至六）

110000－0146－0000207　SG/683.12/295
岱史十八卷　（明）查志隆輯　（清）張縉彥刪補　清順治十一年（1654）傅應星刻康熙三十八年（1699）山東都轉運鹽使司重修本　七冊

110000－0146－0000208　SG/689.12/478
長河志籍考十卷　（清）田雯編　清康熙刻本　二冊

110000－0146－0000209　SG/684.01/828
日下舊聞四十二卷　（清）朱彝尊輯　（清）朱昆田補遺　清康熙二十七年（1688）六峯閣刻本　二十四冊

110000－0146－0000210　SG/683.23/307
天台山全志十八卷　（清）張聯元輯　清康熙五十六年（1717）刻本　八冊

110000－0146－0000211　SG/684.4/785
二樓小志四卷　（清）程元愈輯　（清）汪越（清）沈廷璐補輯　清康熙五十九年（1720）刻本　四冊

110000－0146－0000212　SG/689.23/952
四明談助四十六卷　（清）徐兆昺撰　清道光八年（1828）浣江教學半齋木活字印本　二十冊

110000－0146－0000213　SG/782.96/669
鹿忠節公[善繼]年譜二卷　（清）陳鋐編次　清康熙六年（1667）尋樂堂刻本　二冊

110000－0146－0000214　SG/041.6/606
說略三十二卷　（明）顧起元撰　明末雲山書院刻本　五冊

110000－0146－0000215　SG/682.88/987
太湖備考十六卷首一卷　（清）金友理纂述
湖程紀略一卷　（清）吳曾撰　清乾隆十五年（1750）吳門藝蘭圃刻本　八冊

110000－0146－0000216　SG/683.26/647
南嶽志八卷　（清）高自位編　（清）曠敏本輯

清乾隆十八年(1753)開雲樓刻本　四冊

110000-0146-0000217　SG/683.21/493
金山志十卷　(清)盧見曾纂　清乾隆二十七年(1762)德州盧見曾雅雨堂刻本　四冊

110000-0146-0000218　SG/683.12/157
泰山道里記一卷　(清)聶鈫撰　清乾隆三十八年(1773)泰安聶鈫杏雨山堂刻本　一冊

110000-0146-0000219　SG/682.8/661
水道提綱二十八卷　(清)齊召南編　清乾隆四十一年(1776)杭州刻本　八冊

110000-0146-0000220　SG/682.8/197
水經注釋四十卷首一卷附錄二卷水經注箋刊誤十二卷　(漢)桑欽撰　(北魏)酈道元注　(清)趙一清釋　清乾隆五十九年(1794)趙氏小山堂刻本　十六冊

110000-0146-0000221　SG/690/120
名山記選二十卷　(明)王微編　明刻本　十冊

110000-0146-0000222　SG/690/669
鴻雪因緣圖記三集　(清)麟慶撰　(清)汪春泉繪　清道光二十七年至二十九年(1847-1849)崇厚揚州刻本　六冊

110000-0146-0000223　SG/802.119/482
爾雅翼三十二卷　(宋)羅願撰　明正德十四年(1519)羅文殊刻本　十冊

110000-0146-0000224　SG/782.21/975
皇明名臣記三十卷　(明)鄭曉撰　明嘉靖四十五年(1566)刻本　八冊

110000-0146-0000225　SG/789/765
古今萬姓統譜一百四十卷　(明)淩迪知編　明萬曆刻本　二十八冊

110000-0146-0000226　SG/793.67/482
秦漢印統八卷　(明)羅王常編　明萬曆三十六年(1608)吳元維樹滋堂刻朱印本　六冊　存六卷(一至六)

110000-0146-0000227　SG/782.82/269
諸葛忠武書十卷　(明)楊時偉編次　明萬曆四十七年(1619)刻合刻忠武靖節二編本　四冊

110000-0146-0000228　SG/789.2/289
姓氏譜纂七卷　(明)李日華輯　(明)魯重民補訂　明崇禎刻本　四冊

110000-0146-0000229　SG/782.21/974
宋三大臣彙志三種二十一卷　(明)鄭鄤評點　明崇禎元年(1628)刻本　六冊　存二種十四卷(宋忠獻韓魏王君臣相遇傳一至十二、宋丞相李忠定公別集一至二)

110000-0146-0000230　SG/782.26/170
新鐫旁批詳註總斷廣名將譜二十卷　(明)黃道周註斷　明崇禎刻本　十冊

110000-0146-0000231　SG/802.16/396
埤雅二十卷　(宋)陸佃撰　清康熙顧棫刻本　二冊

110000-0146-0000232　SG/782.17/916
滿漢列臣三傳二十四卷　(清)□□撰　清抄本　十二冊

110000-0146-0000233　SG/782.97/388
陸子[隴其]年譜二卷　(清)張師載編　清抄本　二冊

110000-0146-0000234　SG/782.22/916
宮閨將錄十九卷　(清)□□撰　清稿本　六冊

110000-0146-0000235　SG/802.28/313
五經文字三卷附新加九經字樣一卷　(唐)張參撰　清乾隆馬氏叢書樓刻本　四冊

110000-0146-0000236　SG/782.26/114
古懽錄八卷　(清)王士禛撰　清康熙三十九年(1700)快宜堂刻本　二冊

110000-0146-0000237　SG/782.26/113
古懽錄八卷　(清)王士禛撰　清康熙三十九年(1700)快宜堂刻本　二冊

110000-0146-0000238　SG/782.82/313
忠武志八卷　(清)張鵬翮輯　清康熙冰雪堂刻本　十二冊

110000－0146－0000239　SG/782.16/380
東林列傳二十四卷末二卷　(清)陳鼎撰　清康熙五十年(1711)售山山壽堂刻本　十册

110000－0146－0000240　SG/684.69/483
臥龍崗志二卷　(清)羅景輯　清康熙五十一年(1712)羅景刻本　四册

110000－0146－0000241　SG/782.87/705
尋樂堂日錄二十五卷　(清)竇克勤撰　(清)竇容莊　(清)竇容邃編　清康熙六十一年(1722)刻本　十六册

110000－0146－0000242　SG/782.99/414
韓柳二先生年譜八卷　(清)馬日琯輯　清雍正七年(1729)馬氏小玲瓏山館刻本　四册

110000－0146－0000243　SG/782.21/830
歷代名臣傳三十五卷續編五卷　(清)朱軾　(清)蔡世遠訂　(清)張江纂　清雍正七年(1729)刻本　二十册

110000－0146－0000244　SG/782.97/318
張清恪公[伯行]年譜二卷　(清)張師載　(清)張師栻編　清乾隆四年(1739)刻本　四册

110000－0146－0000245　SG/789.2/427
八旗滿洲氏族通譜八十卷　(清)鄂爾泰撰　清乾隆九年(1744)内府刻本　二十六册

110000－0146－0000246　SG/793.1/116
亦政堂重修宣和博古圖錄三十卷　(宋)王黼撰　(清)黄晟輯　明萬曆三十一年(1603)寶古堂刻清乾隆十七年(1752)黄晟亦政堂重修本　三十册

110000－0146－0000247　SG/794.4/658
古玉圖譜三十二卷　(宋)龍大淵撰　清乾隆三十七年(1772)余文儀刻本　十二册

110000－0146－0000248　SG/802.44/290
音韻闡微十八卷韻譜一卷　(清)李光地撰　清雍正六年(1728)武英殿刻本　六册

110000－0146－0000249　SG/794.2/211
金薤琳琅二十卷　(明)都穆撰　清乾隆四十三年(1778)汪荻洲刻本　六册

110000－0146－0000250　SG/791.7/118
竹雲題跋四卷虛舟題跋十卷虛舟題跋原三卷　(清)王澍撰　(清)溫純訂　清乾隆五十三年(1788)吳興溫氏刻本　十二册

110000－0146－0000251　SG/791.7/983
兩漢金石記二十二卷　(清)翁方綱撰　清乾隆五十四年(1789)翁方綱南昌使院刻本　六册

110000－0146－0000252　SG/831.41/641
唐詩品彙九十卷首一卷拾遺十卷　(明)高棅編　明刻本　四十册

110000－0146－0000253　SG/831/633
樂府詩集一百卷目錄二卷　(宋)郭茂倩編次　明毛氏汲古閣刻本　十六册

110000－0146－0000254　SG/831.1/220
詩傳大全二十卷綱領一卷圖一卷詩序辨説一卷　(明)胡廣撰　明内府刻本　十二册

110000－0146－0000255　SG/802.29/216
千文六書統要二卷　(清)胡正言輯　清康熙胡氏十竹齋刻本　四册

110000－0146－0000256　SG/802.15/651
五雅全書五種四十一卷　(明)郎奎金輯　明天啓六年(1626)郎氏堂策檻刻本　八册　缺一種二卷(爾雅二卷)

110000－0146－0000257　SG/802.24/286
重刊許氏説文解字五音韻譜十二卷　(宋)李燾撰　明刻本　十二册

110000－0146－0000258　SG/802.295/480
漢隸字源五卷碑目一卷　(宋)婁機撰　明末汲古閣刻本　六册

110000－0146－0000259　SG/802.16/395
埤雅二十卷　(宋)陸佃撰　明刻本　六册

110000－0146－0000260　SG/802.16/393
新刻埤雅二十卷　(宋)陸佃撰　清初刻本　三册

110000－0146－0000261　SG/831.1/386
毛詩草木鳥獸蟲魚疏廣要二卷　(唐)陸機撰　(明)毛晉參　明汲古閣刻津逮秘書本　四冊

110000－0146－0000262　SG/835.51/444
校正重刊官板宋朝文鑑一百五十卷目錄三卷　(宋)呂祖謙編　明刻本　二十冊

110000－0146－0000263　SG/802.43/697
洪武正韻十六卷　(明)樂韶鳳　(明)宋濂撰　明刻藍印本(卷一至三配明刻墨印本)　五冊

110000－0146－0000264　SG/830.5/554
元文類七十卷目錄三卷　(元)蘇天爵編次　(元)王守誠較訂　明末修德堂刻本　十四冊

110000－0146－0000265　SG/825/710
舉業要語不分卷　(明)汪時躍撰　明刻本　二冊

110000－0146－0000266　SG/802.42/435
韻補五卷　(宋)吳棫撰　明刻本　五冊

110000－0146－0000267　SG/830/951
古文奇艷八卷　(明)徐應秋輯　明刻本　四冊

110000－0146－0000268　SG/830/312
漢魏六朝一百三家集　(明)張溥輯　明婁東張氏刻本　六十冊

110000－0146－0000269　SG/802.15/307
新刻廣雅十卷　(三國魏)張揖撰　(隋)曹憲音解　明刻格致叢書本　一冊

110000－0146－0000270　SG/831/937
古詩歸十五卷　(明)鍾惺　(明)譚元春選　明萬曆四十五年(1617)閔振業刻三色套印本　八冊

110000－0146－0000271　SG/831.1/937
詩經五卷　(明)鍾惺批點　明凌杜若刻朱墨印本　四冊

110000－0146－0000272　SG/832.125/802
楚辭八卷辨證二卷後語六卷　(宋)朱熹集注　明楊鶴刻本　四冊

110000－0146－0000273　SG/832.125/803
楚辭八卷辨證二卷後語六卷　(宋)朱熹集注　明楊鶴刻本　六冊

110000－0146－0000274　SG/832.2/106
古賦辨體十卷　(元)祝堯編　明刻本　十冊

110000－0146－0000275　SG/802.43/720
洪武正韻玉鍵一卷　(明)張士佩撰　明末刻本(目次系抄配)　一冊

110000－0146－0000276　SG/802.42/227
大明正德乙亥重刊改併五音集韻十五卷新編篇韻貫珠集一卷　(金)韓道昭改並重編　明正德十年(1515)刻萬曆十七年(1589)補刻本(卷四至十二明萬曆十七年重刻,篇韻貫珠集明萬曆刻)　六冊

110000－0146－0000277　SG/835.41/234
唐四家文十三卷　(清)呂留良選　(清)董采評　清康熙四十三年(1704)困學闇刻本　十冊

110000－0146－0000278　SG/802.16/394
重刊埤雅二十卷　(宋)陸佃撰　明嘉靖畢效欽刻五雅本　六冊

110000－0146－0000279　SG/831.41/267
批點唐詩始音十五卷　(元)楊士弘編次　(明)顧鏻批點　明嘉靖刻本　四冊

110000－0146－0000280　SG/830/893
廣文選八十二卷　(明)劉節輯　明嘉靖刻本(卷一至四配明陳蕙校刻本)　十冊　缺五卷(七十八至八十二)

110000－0146－0000281　SG/839.8/554
三蘇先生文粹七十卷　(宋)蘇洵等撰　明嘉靖陸粲刻本　十八冊

110000－0146－0000282　SG/830/511
六家文選六十卷　(南朝梁)蕭統輯　(唐)李善等注　明嘉靖十三年至二十八年(1534－1549)袁褧嘉趣堂刻本　六十冊

110000－0146－0000283　SG/831.41/642

唐詩品彙九十卷首一卷拾遺十卷 （明）高棅編 明嘉靖十六年(1537)姚芹泉刻本 三十六册

110000－0146－0000284 SG/802.29/800
六書精蘊六卷附音釋舉要一卷 （明）魏校撰 明嘉靖十九年(1540)魏希明刻本 六册

110000－0146－0000285 SG/821.84/602
唐詩紀事八十一卷 （宋）計有功撰 明嘉靖二十四年(1545)張子立刻本 二十册

110000－0146－0000286 SG/830/509
六臣注文選六十卷 （南朝梁）蕭統撰 （唐）李善等注 明嘉靖二十八年(1549)洪楩刻項篤壽萬卷堂重修本(卷三十至四十四配明刻本) 二十四册

110000－0146－0000287 SG/835/260
新刊批點古文類抄十二卷 （明）林希元批點 明嘉靖三十年(1551)陳堂刻本 十二册

110000－0146－0000288 SG/835/308
文則四卷 （明）張雲路編 明嘉靖三十四年(1555)張雲路刻本 八册

110000－0146－0000289 SG/842.1/299
揚子雲集三卷 （漢）揚雄撰 明萬曆汪士賢刻漢魏諸名家集本 二册

110000－0146－0000290 SG/831/840
苑詩類選二十二卷 （明）包節輯 明嘉靖三十八年(1559)包檉芳刻本 十册

110000－0146－0000291 SG/835/235
西山先生真文忠公文章正宗二十四卷 （宋）真德秀輯 明嘉靖四十三年(1564)刻本 二十四册

110000－0146－0000292 SG/830/289
文苑英華一千卷 （宋）李昉輯 明隆慶元年(1567)胡維新、戚繼光刻本 一百一册

110000－0146－0000293 SG/835/384
鐫陳眉公評選秦漢文雋四卷 （明）陳繼儒評選 明天啓七年(1627)蕭少衢師儉堂刻本 八册

110000－0146－0000294 SG/835/385
古文品外錄二十四卷 （明）陳繼儒選評 明萬曆刻本 八册

110000－0146－0000295 SG/831.1/222
新刻胡氏詩識三卷 （明）胡纘宗撰 （明）鍾惺校閱 明萬曆鍾惺擁萬堂刻古名儒毛詩解十六種本 三册

110000－0146－0000296 SG/832.2/916
賦苑八卷 （明）李鴻輯 明萬曆刻本 二十册

110000－0146－0000297 SG/802.4/222
新刻韻學事類十二卷 （明）李攀龍編輯 明萬曆胡文煥刻本 四册

110000－0146－0000298 SG/802.4/221
新刻韻學事類十二卷 （明）李攀龍編輯 明萬曆胡文煥刻本 十册

110000－0146－0000299 SG/802.4/287
新刻韻學大成十二卷 （明）李攀龍輯 明萬曆胡文煥刻本 八册

110000－0146－0000300 SG/832.122/110
楚辭句解評林十七卷 （漢）劉向編集 （漢）王逸章句 （明）馮紹祖校正 明萬曆馮紹祖刻本 六册

110000－0146－0000301 SG/830/313
文選十二卷 （南朝梁）蕭統編 （明）張鳳翼纂注 明萬曆刻本 十二册

110000－0146－0000302 SG/831.41/311
唐詩類苑二百卷首一卷 （明）張之象輯 （清）吳榮芝重輯 明萬曆刻清康熙重修本 六十四册

110000－0146－0000303 SG/832.17/311
楚騷綺語六卷 （明）張之象輯 明萬曆四年(1576)淩迪知刻文林綺繡本 六册

110000－0146－0000304 SG/830/510
六臣注文選六十卷 （南朝梁）蕭統編 （唐）李善等注 明萬曆二年(1574)崔孔昕刻六年(1578)徐成位重修本 三十册

110000－0146－0000305　SG/835/219
新刊名世文宗三十卷　(明)胡時化輯　明萬曆七年(1579)李氏刻本　四十册

110000－0146－0000306　SG/835/220
新刊名世文宗三十卷　(明)胡時化輯　明萬曆八年(1580)李氏刻本　四十八册

110000－0146－0000307　SG/831.41/916
唐十二名家詩十二卷　(明)楊一統輯　明萬曆十二年(1584)刻本　八册　存五種五卷(王維集一卷、沈佺期集一卷、宋之問集一卷、孟浩然集一卷、岑參集一卷)

110000－0146－0000308　SG/830/917
新鍥焦太史彙選百家評林古文珠璣十九卷附錄二卷　(明)焦竑選　明萬曆刻本　十七册　缺三卷(九至十、十八)

110000－0146－0000309　SG/831.1/554
潁濱先生詩集傳十九卷　(宋)蘇轍撰　明萬曆二十五年(1597)刻兩蘇經解本　四册

110000－0146－0000310　SG/832.11/321
楚辭十七卷附錄一卷　(漢)王逸輯　(明)陳深批點　明萬曆二十八年(1600)淩毓枏刻朱墨印本　四册

110000－0146－0000311　SG/835.9/289
古今濡削選章四十卷　(明)李國祥輯　明萬曆二十九年(1601)刻本　四十八册

110000－0146－0000312　SG/835.6/368
今文選十二卷　(明)孫鑛輯　(明)余寅(明)唐鶴徵訂　明萬曆三十一年(1603)刻本　十二册

110000－0146－0000313　SG/802.43/626
古今韻會舉要小補三十卷　(明)方日升輯　明萬曆三十四年(1606)周士顯建陽刻本　十册

110000－0146－0000314　SG/831.2/279
漢魏詩乘二十卷總錄一卷附吴詩一卷補遺一卷　(明)梅鼎祚編　明萬曆三十四年(1606)刻八代詩乘本　四册

110000－0146－0000315　SG/831.41/923
唐詩所四十七卷　(明)臧懋循輯　明萬曆三十四年(1606)刻本　十六册

110000－0146－0000316　SG/831/938
古詩歸十五卷　(明)鍾惺　(明)譚元春選　明末劉敦刻本　四册

110000－0146－0000317　SG/831.17/213
讀風臆評一卷　(明)戴君恩撰　明萬曆四十八年(1620)閔齊伋刻朱墨印本　一册

110000－0146－0000318　SG/832.1/458
楚辭二卷　(戰國)屈原等撰　明萬曆四十八年(1620)閔齊伋刻三色套印本　二册

110000－0146－0000319　SG/831.41/765
李于鱗唐詩廣選七卷　(明)李攀龍輯　明末淩氏刻朱墨印本　六册

110000－0146－0000320　SG/830/887
文致不分卷　(明)劉士鏻輯　(明)閔無頗等評　明天啓元年(1621)閔元衢刻朱墨印本　八册

110000－0146－0000321　SG/831/781
詩詞雜俎十二種　(明)毛晉輯　明末海虞毛氏汲古閣刻本　六册

110000－0146－0000322　SG/833.15/780
宋名家詞六十六種　(明)毛晉輯　明末汲古閣刻本　二十册

110000－0146－0000323　SG/831.56/129
中州集十卷附中州樂府一卷　(金)元好問輯　明末汲古閣刻本　六册

110000－0146－0000324　SG/831.56/128
中州集十卷附中州樂府一卷　(金)元好問輯　明末汲古閣刻本　十册

110000－0146－0000325　SG/831.6/293
皇明詩選十三卷　(明)陳子龍等選輯　明崇禎刻本　四册

110000－0146－0000326　SG/832.122/111
楚辭十七卷　(漢)王逸注　(宋)洪興祖補注　清初寶翰樓刻本　四册

110000－0146－0000327　SG/820/887
楊升庵先生批點文心雕龍十卷　(南朝梁)劉勰撰　(明)楊慎批點　(明)梅慶生音注　明萬曆三十七年(1609)豫章梅氏刻天啓二年(1622)重修本　四冊

110000－0146－0000328　SG/830/616
孫月峰先生評文選三十卷　(南朝梁)蕭統輯　(明)孫鑛評　(明)閔齊華注　明天啓二年(1622)閔氏刻本　二十四冊

110000－0146－0000329　SG/839.8/272
嘉樂齋三蘇文範十八卷　(宋)蘇洵等撰　(明)楊慎輯　明天啓二年(1622)刻本　二十冊

110000－0146－0000330　SG/830/600
文選尤十四卷　(南朝梁)蕭統撰　(明)鄒思明刪訂　明天啓二年(1622)刻三色套印本　十四冊

110000－0146－0000331　SG/835.6/384
明文奇賞四十卷　(明)陳仁錫輯評　明天啓三年(1623)刻本　三十冊

110000－0146－0000332　SG/831/626
瀛奎律髓四十九卷　(元)方回輯　清康熙五十二年(1713)吳寶芝黄葉邨莊刻本　八冊

110000－0146－0000333　SG/832.125/800
楚辭八卷辨證二卷後語八卷　(宋)朱熹集注　(明)蔣之翹輯校　明天啓六年(1626)蔣之翹刻本　六冊

110000－0146－0000334　SG/835/626
歷代古文國瑋集一百四十一卷　(明)方岳貢評選　明崇禎刻本　五十六冊

110000－0146－0000335　SG/831.41/781
唐人選唐詩八種二十三卷　(明)毛晉輯　明崇禎元年(1628)汲古閣刻本　二冊

110000－0146－0000336　SG/835.22/279
東漢文紀三十二卷　(明)梅鼎祚輯　明崇禎刻本　十二冊

110000－0146－0000337　SG/835.31/280
晉文紀二十卷　(明)梅鼎祚輯　明崇禎三年(1630)梅氏刻本　七冊

110000－0146－0000338　SG/802.43/696
洪武正韻不分卷　(明)宋濂編　(明)楊時偉補箋　明崇禎四年(1631)刻本　五冊

110000－0146－0000339　SG/802.221/203
說文長箋一百卷六書長箋七卷首二卷　(明)趙宧光撰　明崇禎四年(1631)趙均小宛堂刻本　三十冊

110000－0146－0000340　SG/835/937
秦漢文懷二十卷　(明)鍾惺輯　明崇禎六年(1633)刻本　二十冊

110000－0146－0000341　SG/823.13/313
詩餘圖譜三卷　(明)張綖輯　明崇禎八年(1635)王象晉刻本　四冊

110000－0146－0000342　SG/802.42/232
大明萬曆己丑重刊改併五音集韻十五卷附經史正音切韻指南一卷新編篇韻貫珠集一卷重刊改併五音類聚四聲篇海集韻十五卷　(金)韓道昭重編　明崇禎十年(1637)釋新仁金陵刻本　十二冊

110000－0146－0000343　SG/626.01/310
明史三百三十二卷目錄四卷　(清)張廷玉等修　清乾隆四年(1739)内府刻本　一百十二冊

110000－0146－0000344　SG/802.294/213
篆書正四卷　(清)戴明說撰　(清)馬鳴蕭編　清抄本　八冊

110000－0146－0000345　SG/821.84/217
唐音癸籤三十三卷　(明)胡震亨撰　清順治十五年(1658)雙與堂刻本　二冊

110000－0146－0000346　SG/831/537
詩苑天聲二十二卷　(清)范與良評選　清順治十六年(1659)刻本　六冊

110000－0146－0000347　SG/802.23/769
六書準不分卷　(清)馮鼎調撰　清康熙刻本　二冊

110000－0146－0000348　SG/831/298
歷朝閨雅十二卷　（清）揆敘輯　清康熙刻本　四册

110000－0146－0000349　SG/831.41/887
唐宫閨詩二卷　（清）劉雲份輯　清康熙夢香閣刻本　二册

110000－0146－0000350　SG/831.6/834
明詩綜一百卷　（清）朱彝尊輯　清康熙刻本（第一册配抄本）　二十八册

110000－0146－0000351　SG/802.43/655
重訂併音連聲韻學集成十三卷　（明）章黼撰　（清）余敏補輯　明萬曆三十四年（1606）刻清康熙四年（1665）補修本　二十四册

110000－0146－0000352　SG/835.9/172
聽嚶堂四六新書六卷　（清）黄始選評　（清）何棟輯　清康熙八年（1669）刻本　五册

110000－0146－0000353　SG/802.294/384
篆文纂要全宗四卷目録二卷　（清）陳策撰　清康熙十一年（1672）刻本　五册

110000－0146－0000354　SG/831/441
宋金元詩永二十卷補遺二卷　（清）吴綺輯　清康熙十七年（1678）濂溪書屋刻本　十二册

110000－0146－0000355　SG/835/675
古文淵鑒六十四卷　（清）徐乾學等編注　清康熙二十四年（1685）内府刻四色套印本　二十四册

110000－0146－0000356　SG/835/676
古文淵鑒六十四卷　（清）徐乾學等編注　清康熙二十四年（1685）内府刻四色套印本　二十四册

110000－0146－0000357　SG/831.5/382
宋十五家詩選十六卷　（清）陳訏輯　清康熙三十二年（1693）刻本　六册

110000－0146－0000358　SG/830.6/567
明文在一百卷　（清）薛熙纂　（清）何棨輯　清康熙三十二年（1693）錢大鏞刻本　六册

110000－0146－0000359　SG/835.7/696
國朝三家文鈔三十二卷　（清）許汝霖　（清）宋犖輯　清康熙三十三年（1694）刻本　十册

110000－0146－0000360　SG/831.7/378
篋衍集十二卷　（清）陳維崧輯　清康熙三十六年（1697）蔣國祥刻本　四册

110000－0146－0000361　SG/831.41/667
刪訂唐詩解二十四卷　（明）唐汝詢選釋　（清）吴昌祺評定　清康熙四十一年（1702）誦懿堂刻本　十册

110000－0146－0000362　SG/831.41/886
八劉唐人詩集八卷　（明）劉雲份輯　清康熙四十二年（1703）野香堂刻本　四册

110000－0146－0000363　SG/802.42/378
大宋重修廣韻五卷　（宋）陳彭年等修　清康熙四十三年（1704）張士俊刻澤存堂五種本　五册

110000－0146－0000364　SG/802.42/379
大宋重修廣韻五卷　（宋）陳彭年等修　清康熙四十三年（1704）張士俊刻澤存堂五種本　十册

110000－0146－0000365　SG/831.41/119
王荆公唐百家詩選二十卷　（宋）王安石編　清康熙四十三年（1704）宋犖、丘迥刻本　六册

110000－0146－0000366　SG/831.41/118
王荆公唐百家詩選二十卷　（宋）王安石編　清康熙四十三年（1704）宋犖、丘迥刻本　四册

110000－0146－0000367　SG/839.13/202
梁園風雅二十七卷　（明）趙彦復選　清康熙四十三年（1704）陸廷燦刻本　六册

110000－0146－0000368　SG/831.41/156
全唐詩九百卷　（清）曹寅等輯　清康熙四十六年（1707）揚州詩局刻本　一百二十册

110000－0146－0000369　SG/831.41/155
全唐詩九百卷　（清）曹寅等輯　清康熙四十六年（1707）揚州詩局刻本　一百十八册　缺

十一卷(一百九十六至二百一、二百十一至二百十五)

110000－0146－0000370　SG/832.2/377
御定歷代賦彙正集一百四十卷外集二十卷附逸句二卷補遺二十二卷　(清)陳元龍編　清康熙四十五年(1706)內府刻本　七十四册

110000－0146－0000371　SG/802.28/303
類篇十五卷　(宋)司馬光撰　清康熙四十五年(1706)揚州使院刻本　十四册

110000－0146－0000372　SG/802.44/380
五車韻府十卷　(明)陳藎謨訂　(清)胡邵瑛纂　清康熙四十七年(1708)范廷瑚慎思堂刻本　十册

110000－0146－0000373　SG/839.21/915
吴中女士詩鈔十二卷　(清)任兆麟輯　清乾隆五十四年(1789)刻本　八册

110000－0146－0000374　SG/072.7/113
分甘餘話四卷　(清)王士禛撰　清康熙四十八年(1709)刻本　二册

110000－0146－0000375　SG/839.23/747
沈南疑先生檇李詩繫四十二卷　(清)沈季友輯　清康熙四十九年(1710)敦素堂刻本　四十册

110000－0146－0000376　SG/802.295/962
隸辨八卷　(清)顧藹吉撰　清康熙五十七年(1718)項氏玉淵堂刻本　十六册

110000－0146－0000377　SG/831.57/974
元詩選初集十卷二集八卷三集八卷癸集十卷　(清)顧嗣立輯　清康熙顧氏秀野草堂刻嘉慶三年(1798)席氏補刻本　五十册

110000－0146－0000378　SG/802.3/306
康熙字典十二卷　(清)張玉書等纂　清康熙五十五年(1716)內府刻本　四十册

110000－0146－0000379　SG/802.23/471
六書通十卷　(明)閔齊伋撰　(清)畢弘述篆訂　清乾隆六十年(1795)刻本　十册

110000－0146－0000380　SG/839.34/427
南邦黎獻集十六卷　(清)鄂爾泰選　清雍正刻本　八册

110000－0146－0000381　SG/802.17/746
經玩二十卷　(清)沈淑撰　清雍正三年(1725)刻本　六册

110000－0146－0000382　SG/830/176
悦心集四卷　(清)世宗胤禛輯　清雍正四年(1726)內府刻本　二册

110000－0146－0000383　SG/832.127/526
山帶閣註楚辭六卷首一卷餘論二卷説韻一卷　(戰國)屈原等撰　(清)蔣驥注　清雍正五年(1727)蔣氏山帶閣刻本　四册

110000－0146－0000384　SG/832.127/527
山帶閣註楚辭六卷首一卷餘論二卷説韻一卷　(戰國)屈原撰　(清)蔣驥注　清雍正五年(1727)蔣氏山帶閣刻本　一册　存四卷(山帶閣註楚辭一至四)

110000－0146－0000385　SG/831.1/121
欽定詩經傳説彙纂二十一卷首二卷　(清)王鴻緒等纂　清雍正刻本　二十四册

110000－0146－0000386　SG/831.1/290
詩所八卷　(清)李光地注　清雍正六年(1728)李清植、魏君璧刻本　五册

110000－0146－0000387　SG/802.44/291
音韻闡微十八卷韻譜一卷　(清)李光地撰　清雍正六年(1728)武英殿刻本　六册

110000－0146－0000388　SG/831/290
榕村詩選八卷首一卷　(清)李光地輯　清雍正八年(1730)江都方氏杭州刻本　四册

110000－0146－0000389　SG/835/315
御選唐宋文醇五十八卷　(清)高宗弘曆選　清乾隆三年(1738)內府刻四色套印本　四十册

110000－0146－0000390　SG/831.1/894
詩經叶音辨譌八卷首一卷　(清)劉維謙撰　清乾隆三年(1738)壽峰書屋刻本　四册　缺二卷(一至二)

110000－0146－0000391　SG/831.1/893
詩經叶音辨譌八卷首一卷　（清）劉維謙撰　清乾隆三年（1738）壽峰書屋刻本　三冊

110000－0146－0000392　SG/821.8/223
漁隱叢話前集六十卷後集四十卷　（宋）胡仔撰　清乾隆五年至六年（1740－1741）楊佑啓耘經樓刻本　二十冊

110000－0146－0000393　SG/831.5/144
宋百家詩存二十卷　（清）曹庭棟輯　清乾隆五年至六年（1740－1741）嘉善曹氏二六書堂刻本　四十冊

110000－0146－0000394　SG/831/267
詩岑二十二卷　（清）楊梓　（清）蕭殿颺輯　清乾隆十四年（1749）積風樓刻本　八冊

110000－0146－0000395　SG/833.1/348
清綺軒詞選十三卷　（清）夏秉衡輯　清乾隆十六年（1751）刻本　六冊

110000－0146－0000396　SG/835/718
古文眉詮七十九卷首一卷　（清）浦起龍評選　清乾隆九年（1744）三吳書院刻本　二十四冊

110000－0146－0000397　SG/839.23/637
越中三子詩三卷　（清）郭毓編　清乾隆二十一年（1756）刻本　八冊

110000－0146－0000398　SG/830/914
唐宋大家全集十種五十二卷首一卷　（清）儲欣輯　清康熙四十四年（1705）刻本　三十五冊　缺二種六卷（南豐先生全集錄二卷、臨川先生全集錄四卷）

110000－0146－0000399　SG/831.41/289
唐詩觀瀾集二十四卷　（清）李因培選評　（清）淩應曾編注　清乾隆二十四年（1759）刻本　四冊

110000－0146－0000400　SG/831.7/748
國朝詩別裁集三十六卷　（清）沈德潛纂　清乾隆二十四年（1759）刻本　十六冊

110000－0146－0000401　SG/802.44/719
韻歧五卷　（清）江昱輯　清乾隆二十六年（1761）刻本　二冊

110000－0146－0000402　SG/833.17/526
昭代詞選三十八卷　（清）蔣重光輯　清乾隆三十二年（1767）經鉏堂刻本　十六冊

110000－0146－0000403　SG/802.23/214
六書故三十三卷六書通釋一卷　（宋）戴侗撰　清乾隆四十九年（1784）李鼎元刻本　十六冊

110000－0146－0000404　SG/831/948
玉臺新詠十卷　（南朝陈）徐陵輯　（清）吳兆宜原注　（清）程琰刪補　清乾隆三十九年（1774）刻本　四冊

110000－0146－0000405　SG/802.24/348
新集古文四聲韻五卷　（宋）夏竦撰　清乾隆四十四年（1779）汪啟淑刻本　五冊

110000－0146－0000406　SG/831/983
七言律詩鈔十八卷凡例一卷目錄一卷　（清）翁方綱輯　清乾隆四十七年（1782）復初齋刻本　二冊

110000－0146－0000407　SG/802.23/213
六書故三十三卷六書通釋一卷　（宋）戴侗撰　清乾隆四十九年（1784）李鼎元刻本　十六冊

110000－0146－0000408　SG/831.41/247
中晚唐詩叩彈集十二卷續集三卷　（清）杜詔　（清）杜庭珠輯注　清康熙四十三年（1704）采山亭刻本　十五冊

110000－0146－0000409　SG/802.224/526
說文字原集註十六卷原表一卷表說一卷　（清）蔣和撰　清乾隆五十三年（1788）刻本　四冊

110000－0146－0000410　SG/802.28/307
玉篇三十卷　（南朝梁）顧野王撰　清康熙四十三年（1704）張士俊刻澤存堂五種本　八冊

110000－0146－0000411　SG/802.23/905
六書分類十二卷首一卷　（清）傅世垚撰　清

乾隆五十四年(1789)聽松閣刻嘉慶元年(1796)印本　十三册

110000－0146－0000412　SG/831/435
宋金元詩選六卷　(清)吴翌鳳輯　清乾隆五十八年(1793)長洲吴氏古歡堂刻本　六册

110000－0146－0000413　SG/833.17/383
迦陵先生填詞圖題詞不分卷　(清)陳蘗洲輯　清乾隆五十九年(1794)陳氏家刻本　四册

110000－0146－0000414　SG/839.21/928
吴都文粹續集五十六卷補遺二卷　(明)錢穀編　清光緒三十一年(1905)周氏鴿峰草堂抄本　二十六册

110000－0146－0000415　SG/830/765
陶韋合集二十一卷　(明)淩濛初編　明萬曆淩濛初刻朱墨印本　六册

110000－0146－0000416　SG/843.53/747
沈休文集四卷　(南朝梁)沈約撰　明萬曆楊鶴刻本　四册

110000－0146－0000417　SG/844.14/250
杜子美詩集二十卷附總論一卷　(唐)杜甫撰　(宋)劉辰翁評點　明刻本　十册

110000－0146－0000418　SG/847.2/156
御製避暑山莊詩二卷[滿文]御製避暑山莊詩二卷　(清)聖祖玄燁撰　清康熙五十一年(1712)内府刻朱墨印本　二册

110000－0146－0000419　SG/844.17/868
白氏長慶集七十一卷目錄二卷　(唐)白居易撰　明正德八年(1513)華堅蘭雪堂銅活字印本　五册　存二十八卷(一至二十六、目錄二卷)

110000－0146－0000420　SG/844.16/246
韓文四十卷外集十卷集傳一卷遺集一卷　(唐)韓愈撰　明嘉靖十六年(1537)游居敬刻韓柳文本　六册

110000－0146－0000421　SG/844.16/245
韓文四十卷外集十卷集傳一卷遺集一卷　(唐)韓愈撰　明嘉靖十六年(1537)游居敬刻韓柳文本　十六册

110000－0146－0000422　SG/844.14/246
集千家注杜工部詩集二十卷文集二卷　(唐)杜甫撰　(元)高楚芳編　明萬曆許自昌刻李杜合刊本(卷十八配抄本)　十二册

110000－0146－0000423　SG/844.14/245
集千家注杜工部詩集二十卷文集二卷　(唐)杜甫撰　(元)高楚芳編　明萬曆許自昌刻李杜合刊本　十二册

110000－0146－0000424　SG/835/500
唐宋八大家文鈔一百六十六卷　(明)茅坤輯　明萬曆七年(1579)茅一桂刻本　八册　存二種四十八卷(唐大家韓文公文抄十六卷、宋大家歐陽文忠公文抄三十二卷)

110000－0146－0000425　SG/844.16/250
唐大家韓文公文抄十六卷　(唐)韓愈撰　(明)茅坤批評　明萬曆七年(1579)茅一桂刻唐宋八大家文鈔本　八册

110000－0146－0000426　SG/844.16/243
昌黎先生外集十卷　(唐)韓愈撰　明萬曆徐氏東雅堂刻本　二册

110000－0146－0000427　SG/844.16/251
唐大家柳柳州文抄十二卷　(唐)柳宗元撰　(明)茅坤批評　明萬曆七年(1579)茅一桂刻唐宋八大家文鈔本　六册

110000－0146－0000428　SG/844.14/290
分類補註李太白詩二十四卷　(唐)李白撰　(宋)楊齋賢注　(元)蕭士贇補注　**唐翰林李太白年譜一卷**　(宋)薛仲邕撰　明萬曆許自昌刻李杜合刊本　十六册

110000－0146－0000429　SG/844.14/313
唐丞相曲江張先生文集十二卷附錄一卷　(唐)張九齡撰　明萬曆刻本　十册

110000－0146－0000430　SG/844.16/679
魯公文集十五卷　(唐)顏真卿撰　明萬曆二十四年(1596)顏胤祚刻本　四册

110000－0146－0000431　SG/844.16/387

唐陸宣公翰苑集二十四卷　(唐)陸贄撰　明萬曆三十五年(1607)陸基忠刻本　十冊

110000－0146－0000432　SG/844.16/871
杼山集十卷　(唐)釋皎然撰　明崇禎毛氏汲古閣刻唐三高僧詩集本　二冊

110000－0146－0000433　SG/844.17/358
孟東野集十卷　(唐)孟郊撰　明崇禎毛氏汲古閣刻五唐人集本　一冊　存六卷(一至六)

110000－0146－0000434　SG/844.16/241
顧瑞屏太史評閱韓昌黎先生全集四十卷　(唐)韓愈撰　(明)顧錫疇評　明崇禎明德堂刻本(卷四至六配抄本)　十冊

110000－0146－0000435　SG/844.16/260
唐韓昌黎集四十卷外集十卷遺文一卷附錄一卷　(唐)韓愈撰　(明)蔣之翹注　明崇禎六年(1633)刻韓柳全集本　十二冊

110000－0146－0000436　SG/844.16/235
昌黎先生集四十卷外集十卷遺文一卷　(唐)韓愈撰　**朱子校昌黎先生集傳一卷**　(宋)朱熹撰　明萬曆徐氏東雅堂刻清印本　六冊

110000－0146－0000437　SG/844.16/680
魯公文集十五卷　(唐)顏真卿撰　明萬曆二十四年(1596)顏胤祚刻清印本　四冊

110000－0146－0000438　SG/844.14/244
杜工部集二十卷　(唐)杜甫撰　(清)錢謙益箋注　**附錄一卷年譜一卷**　(清)錢謙益撰　清康熙六年(1667)季振宜刻本　八冊

110000－0146－0000439　SG/844.14/234
杜詩會粹二十四卷　(唐)杜甫撰　(清)張遠注　清康熙二十七年(1688)有文堂刻本　十六冊

110000－0146－0000440　SG/844.16/248
韓文起十二卷　(唐)韓愈撰　(清)林雲銘評注　**年譜一卷**　(清)林雲銘編　清康熙三十二年(1693)挹奎樓刻本　四冊

110000－0146－0000441　SG/844.16/237
昌黎先生詩集注十一卷附錄一卷　(唐)韓愈撰　(清)顧嗣立刪補　清康熙三十八年(1699)顧嗣立秀野草堂刻本　四冊

110000－0146－0000442　SG/844.16/249
韓子粹言一卷　(唐)韓愈撰　(清)李光地輯　清康熙五十二年(1713)刻本　一冊

110000－0146－0000443　SG/844.14/251
杜工部五言詩選直解三卷七言近體詩選直解二卷　(唐)杜甫撰　(清)范廷謀注釋　**年譜一卷**　(清)范廷謀訂　清雍正稼石堂刻本　二冊

110000－0146－0000444　SG/844.14/235
杜詩會粹二十四卷　(唐)杜甫撰　(清)張遠注　清康熙二十七年(1688)有文堂刻本　十六冊

110000－0146－0000445　SG/844.16/242
韓筆酌蠡三十卷　(清)盧軒撰　清雍正八年(1730)刻本　十二冊

110000－0146－0000446　SG/844.14/255
杜詩偶評四卷　(清)沈德潛撰　清乾隆十二年(1747)潘承松賦閒草堂刻本　四冊

110000－0146－0000447　SG/845.16/781
東堂詞一卷　(宋)毛滂撰　明汲古閣刻宋名家詞本　二冊

110000－0146－0000448　SG/845.14/423
歐陽文忠公集一百五十三卷　(宋)歐陽修撰　明刻本　十冊　存七十五卷(一至七十五)

110000－0146－0000449　SG/845.15/553
蘇文六卷　(宋)蘇軾撰　(明)茅坤等評　明閔爾容刻三色套印本　七冊

110000－0146－0000450　SG/845.15/540
東坡全集一百十五卷目錄七卷　(宋)蘇軾撰　**年譜一卷**　(宋)王宗稷撰　明刻本　二十冊

110000－0146－0000451　SG/845.15/544
東坡先生詩集註三十二卷　(宋)蘇軾撰　(宋)王十朋輯　明茅維刻本　十六冊

110000－0146－0000452　SG/845.15/552

蘇長公小品四卷　（宋）蘇軾撰　（明）王納諫評選　明淩啟康刻朱墨印本　四冊

110000－0146－0000453　SG/845.22/113
梅溪先生廷試策一卷奏議四卷文集二十卷後集二十九卷附錄一卷　（宋）王十朋撰　明正統五年（1440）劉謙等刻天順六年（1462）重修本　二十冊

110000－0146－0000454　SG/845.23/273
慈湖先生遺書十八卷　（宋）楊簡撰　明刻本　十六冊

110000－0146－0000455　SG/845.79/247
鐵崖先生復古詩集六卷　（元）楊維楨撰　（元）章琬輯　明末毛氏汲古閣刻本　二冊

110000－0146－0000456　SG/845.72/440
吳艸廬先生文集八卷　（元）吳澄撰　清木活字印本　四冊

110000－0146－0000457　SG/845.14/108
司馬文正公集略三十一卷詩集七卷　（宋）司馬光撰　明嘉靖四年（1525）呂柟刻本　二十四冊

110000－0146－0000458　SG/845.15/982
南豐曾先生文粹十卷補遺一卷　（宋）曾鞏撰　（明）張光啟校　明嘉靖二十八年（1549）安如石刻本　四冊

110000－0146－0000459　SG/845.15/118
臨川先生文集一百卷目錄二卷附錄一卷　（宋）王安石撰　明嘉靖三十九年（1560）何遷江西撫州刻本　三十二冊

110000－0146－0000460　SG/845.15/198
趙清獻公文集十卷附錄一卷　（宋）趙抃撰　明嘉靖四十一年（1562）汪旦刻本　八冊

110000－0146－0000461　SG/845.23/293
校注橘山四六二十卷　（宋）李廷忠撰　（明）孫雲翼注　明萬曆孫雲翼刻本　四冊　存十二卷（一至十二）

110000－0146－0000462　SG/845.15/548
宋大家蘇文忠公文抄二十八卷　（宋）蘇軾撰　（明）茅坤輯　明萬曆七年（1579）茅一桂刻唐宋八大家文鈔本　二十四冊

110000－0146－0000463　SG/845.73/889
靜修先生文集十卷　（元）劉因撰　明萬曆十六年（1588）刻本　八冊

110000－0146－0000464　SG/845.15/546
坡仙集十六卷　（宋）蘇軾撰　（明）李贄輯　明萬曆二十八年（1600）焦竑刻本　十冊

110000－0146－0000465　SG/845.15/551
蘇長公合作內外篇不分卷　（宋）蘇軾撰　（明）鄭之惠輯　明萬曆三十年（1602）刻本　十二冊

110000－0146－0000466　SG/845.15/746
范忠宣公集十卷　（宋）范純仁撰　明萬曆三十六年（1608）毛一鷺刻本　十二冊

110000－0146－0000467　SG/845.23/382
江湖長翁文集四十卷　（宋）陳造撰　明萬曆四十六年（1618）李之藻刻本　十二冊

110000－0146－0000468　SG/845.15/102
淮海集四十卷後集九卷　（宋）秦觀撰　明萬曆四十六年（1618）李之藻刻本　六冊

110000－0146－0000469　SG/845.15/539
東坡文選二十卷　（宋）蘇軾撰　（明）鍾惺評選　明末刻朱墨印本　八冊

110000－0146－0000470　SG/845.15/550
蘇長公合作八卷補二卷附一卷　（宋）蘇軾撰　（明）鄭之惠輯　明萬曆四十八年（1620）淩氏刻三色套印本　十二冊

110000－0146－0000471　SG/845.15/549
蘇長公二妙集二十二卷　（宋）蘇軾撰　明天啓元年（1621）徐象枟曼山館刻本　十冊

110000－0146－0000472　SG/845.16/470
濟北晁先生雞肋集七十卷　（宋）晁補之撰　明崇禎八年（1635）詩瘦閣刻本　十冊

110000－0146－0000473　SG/845.79/919
倪雲林先生詩集六卷外詩一卷附錄一卷　（元）倪瓚撰　明崇禎十一年（1638）毛氏汲古

閣刻元人十種詩本　四册　缺一卷(外詩一卷)

110000－0146－0000474　SG/845.77/516
薩天錫詩集三卷集外詩一卷　(元)薩都剌撰　明崇禎十一年(1638)毛氏汲古閣刻元人十種詩本　四册　存三卷(詩集三卷)

110000－0146－0000475　SG/845.77/691
噲囈集一卷　(元)宋旡撰　明崇禎十一年(1638)毛氏汲古閣刻元人十種詩本　二册

110000－0146－0000476　SG/845.26/974
心史二卷　(宋)鄭思肖撰　明崇禎十二年(1639)刻本　二册

110000－0146－0000477　SG/845.24/626
秋崖先生小藁詩三十八卷文四十五卷　(宋)方岳撰　明嘉靖六年(1527)刻清印本　八册

110000－0146－0000478　SG/089.52/391
陸放翁全集六種一百五十七卷　(宋)陸遊撰　明毛氏汲古閣刻清印本　六十四册

110000－0146－0000479　SG/847.4/280
道古堂文集四十六卷詩集二十六卷　(清)杭世駿撰　清乾隆五十五年(1790)杭賓仁刻本　十六册

110000－0146－0000480　SG/089.52/392
陸放翁全集六種一百五十七卷　(宋)陸遊撰　明毛氏汲古閣刻清印本　四十八册

110000－0146－0000481　SG/845.15/940
倚松老人詩集三卷　(宋)饒節撰　清抄本　二册

110000－0146－0000482　SG/845.73/117
秋澗先生集一百卷　(元)王惲撰　清抄本　二十四册

110000－0146－0000483　SG/845.73/615
魯齋遺書十四卷　(元)許衡撰　明萬曆二十四年(1596)江學詩、怡愉刻清補修本　八册

110000－0146－0000484　SG/845.13/273
楊大年先生武夷新集二十卷　(宋)楊億撰　明刻清宛委堂印本　十二册

110000－0146－0000485　SG/845.76/282
柳待制文集二十卷附録一卷　(元)柳貫撰　清順治十一年(1654)馮如京刻本　六册

110000－0146－0000486　SG/845.15/953
節孝先生文集三十卷事實一卷附載一卷語録一卷　(宋)徐積撰　清康熙六十年(1721)王邦采刻本　十册

110000－0146－0000487　SG/845.79/203
趙徵君東山先生存稿七卷附録一卷　(元)趙汸撰　清康熙二十年(1681)趙吉士刻本　四册

110000－0146－0000488　SG/845.74/987
仁山金先生文集四卷首一卷附録一卷　(元)金履祥撰　清雍正三年(1725)金弘勳春暉堂刻本　二册

110000－0146－0000489　SG/845.15/446
淨德集三十八卷　(宋)吕陶撰　清乾隆武英殿木活字印聚珍版叢書本　四册

110000－0146－0000490　SG/845.13/119
宋王黃州小畜集三十卷　(宋)王禹偁撰　清乾隆二十五年(1760)趙熟典愛日堂刻本　十二册

110000－0146－0000491　SG/845.14/109
洛陽九老祖龍學文集十六卷　(宋)祖無擇撰　清乾隆三十四年(1769)李文藻抄本　二册

110000－0146－0000492　SG/845.6/118
拙軒集六卷　(金)王寂撰　清乾隆四十一年(1776)武英殿木活字印本　二册

110000－0146－0000493　SG/018.87/934
讀書敏求記四卷　(清)錢曾撰　清雍正四年(1726)趙孟升刻乾隆十年(1745)沈尚傑雙桂草堂重修乾隆六十年(1795)沈炎耆英堂補刻本　四册

110000－0146－0000494　SG/018.87/933
讀書敏求記四卷　(清)錢曾撰　清雍正四年(1726)趙孟升刻乾隆十年(1745)沈尚傑雙桂草堂重修本　四册

110000－0146－0000495　SG/831.41/577
才調集十卷　（五代）韋縠編　（清）馮舒（清）馮班評點　清康熙四十三年（1704）垂雲堂刻本　四冊

110000－0146－0000496　SG/831.41/578
才調集十卷　（五代）韋縠編　（清）馮舒（清）馮班評點　清康熙四十三年（1704）垂雲堂刻本　四冊

110000－0146－0000497　SG/846.5/898
何大復先生集三十八卷　（明）何景明撰　明刻本（卷十一至十四、二十六至二十九配明嘉靖袁璨刻本）　八冊　缺二卷（三十七至三十八）

110000－0146－0000498　SG/846.6/289
滄溟先生集三十卷附錄一卷　（明）李攀龍撰　明刻本　十六冊

110000－0146－0000499　SG/846.6/313
小山類稿選二十卷　（明）張岳撰　明刻清補修本　六冊

110000－0146－0000500　SG/846.5/592
洹詞十二卷　（明）崔銑撰　明嘉靖趙府味經堂刻本　十二冊

110000－0146－0000501　SG/846.5/482
翰林羅圭峯先生文集十八卷續集十五卷　（明）羅玘撰　明嘉靖五年（1526）余載仕刻本　八冊

110000－0146－0000502　SG/846.6/291
空同先生集六十三卷　（明）李夢陽撰　明嘉靖刻本　十六冊

110000－0146－0000503　SG/846.5/525
定山先生集十卷　（明）莊昶撰　明嘉靖十四年（1535）劉縉刻蕭惟馨等增修本　十二冊

110000－0146－0000504　SG/846.2/267
東里別集二卷東里附錄四卷　（明）楊士奇撰　明嘉靖二十八年（1549）黄如桂刻本　四冊

110000－0146－0000505　SG/846.6/820
周恭肅公集十六卷　（明）周用撰　明嘉靖二十八年（1549）川上草堂刻清印本　六冊

110000－0146－0000506　SG/846.1/698
新刊宋學士全集三十三卷　（明）宋濂撰（明）韓叔陽彙集　（明）張元中編次　明嘉靖三十年（1551）韓叔陽刻本　二十四冊

110000－0146－0000507　SG/846.6/118
陽明先生文錄續編八卷　（明）王守仁撰（明）錢德洪編述　明嘉靖四十五年（1566）徐必進刻本　八冊

110000－0146－0000508　SG/846.6/286
李文定公貽安堂集十卷　（明）李春芳撰　明萬曆刻本　八冊

110000－0146－0000509　SG/846.7/482
紫原文集十二卷　（明）羅大紘撰　明末刻本　十二冊

110000－0146－0000510　SG/846.1/367
滄螺集六卷　（明）孫大雅撰　明末毛氏汲古閣刻本　二冊

110000－0146－0000511　SG/846.6/667
唐荊川先生文集十二卷　（明）唐順之撰　明末唐國達刻本　八冊

110000－0146－0000512　SG/846.6/112
王文恪公集三十六卷　（明）王鏊撰　**鵑音一卷白社詩草一卷**　（明）王禹聲撰　**名公筆記一卷**　（明）□□撰　明萬曆王氏三槐堂刻本　八冊

110000－0146－0000513　SG/846.6/115
弇州山人四部稿選十六卷　（明）王世貞撰（明）沈一貫選　明萬曆九苞山房刻本　十六冊

110000－0146－0000514　SG/846.6/117
弇州山人續稿選三十八卷　（明）王世貞撰（明）顧起元選　明萬曆刻本　十二冊

110000－0146－0000515　SG/846.6/437
甔甀洞稿五十四卷目錄二卷　（明）吳國倫撰　明萬曆刻本　三十二冊

110000－0146－0000516　SG/846.7/193

袁中郎十集十六卷 （明）袁宏道撰 （明）周應麐校 明萬曆周氏刻本 四冊 存八集十四卷(廣莊一卷、敝篋集二卷、桃源泳一卷、廣陵集一卷、華嵩遊草二卷、狂言二卷、狂言別集二卷、破研齋集三卷)

110000－0146－0000517 SG/846.7/120
王文肅公文集五十五卷 （明）王錫爵撰 明萬曆王時敏刻本 二十四冊

110000－0146－0000518 SG/846.5/896
何文定公文集十一卷 （明）何瑭撰 明萬曆四年(1576)賈待問刻本 四冊

110000－0146－0000519 SG/846.6/270
太史升菴文集八十一卷 （明）楊慎撰 （明）楊有仁編輯 明萬曆十年(1582)張士佩刻本 十二冊

110000－0146－0000520 SG/846.5/480
白沙先生文編六卷[陳獻章]年譜一卷 （明）陳獻章撰 （明）唐伯元編次 明萬曆十一年(1583)郭惟賢、汪應蛟刻本 四冊

110000－0146－0000521 SG/846.6/287
滄溟先生集三十卷附錄一卷 （明）李攀龍撰 明萬曆二十八年(1600)吳用光刻本 十六冊

110000－0146－0000522 SG/846.6/292
空同子集六十八卷目錄三卷 （明）李夢陽撰 （明）潘之恒 （明）鄧雲霄校 明萬曆三十年(1602)鄧雲霄刻本 二十八冊

110000－0146－0000523 SG/846.6/491
蠛蠓集五卷 （明）盧柟撰 明萬曆三十年(1602)張其忠刻本 五冊

110000－0146－0000524 SG/846.7/766
馮琢庵先生北海集十八卷 （明）馮琦撰 明萬曆三十三年(1605)刻本 十冊

110000－0146－0000525 SG/846.6/288
滄溟先生集三十卷附錄一卷 （明）李攀龍撰 明萬曆三十四年(1606)陳陞刻本 十六冊

110000－0146－0000526 SG/846.7/195
解脫集四卷錦帆集四卷 （明）袁宏道撰 明萬曆三十八年(1610)袁氏書種堂刻本 四冊

110000－0146－0000527 SG/846.7/403
歇菴先生集選四卷 （明）陶望齡撰 （明）陸夢龍選 明萬曆四十七年(1619)刻本 四冊

110000－0146－0000528 SG/846.7/952
徐文長文集三十卷 （明）徐渭撰 （明）袁宏道評點 明萬曆四十二年(1614)刻本 六冊

110000－0146－0000529 SG/846.7/953
徐文長文集三十卷 （明）徐渭撰 （明）袁宏道評點 明萬曆四十二年(1614)刻本 七冊

110000－0146－0000530 SG/846.6/116
王元美先生文選二十六卷 （明）王世貞撰 （明）喬時敏輯 明萬曆四十三年(1615)喬時敏刻本 十二冊

110000－0146－0000531 SG/846.1/834
朱楓林集十卷 （明）朱升撰 （明）朱時新輯 明萬曆四十四年(1616)刻本(卷二配抄本) 二冊

110000－0146－0000532 SG/846.7/774
馮少墟集二十二卷 （明）馮從吾撰 明萬曆四十五年(1617)刻本 十四冊

110000－0146－0000533 SG/846.2/268
東里文集二十五卷 （明）楊士奇撰 明萬曆四十六年(1618)刻本 八冊

110000－0146－0000534 SG/846.6/962
顧文康公集十七卷 （明）顧鼎臣撰 明崇禎顧氏刻本 二十冊

110000－0146－0000535 SG/846.5/119
陽明先生集十五卷附錄一卷 （明）王守仁撰 （明）施邦耀重編 （明）曾櫻參訂 明崇禎八年(1635)刻本 十二冊

110000－0146－0000536 SG/846.6/348
夏桂洲先生文集十八卷首一卷 （明）夏言撰 （明）林廷輯彙編 明崇禎十一年(1638)吳一璘刻清印本 十二冊

110000－0146－0000537 SG/846.8/140

博望山人稿二十卷　(明)曹履吉撰　明崇禎十七年(1644)刻本　八冊

110000－0146－0000538　SG/846.8/641
高子遺書十二卷附錄一卷　(明)高攀龍撰　(明)陳龍正編　清抄本　八冊

110000－0146－0000539　SG/846.8/412
澹寧居詩集三卷　(明)馬世奇撰　(清)王永積校　清順治十一年(1654)刻本　三冊

110000－0146－0000540　SG/846.8/362
高陽集二十卷　(明)孫承宗撰　清順治十二年(1655)刻本　二十四冊

110000－0146－0000541　SG/846.7/445
呂新吾先生去偽齋文集十卷　(明)呂坤撰　清康熙十三年(1674)呂慎多刻本　十冊

110000－0146－0000542　SG/846.6/516
茅鹿門集四卷　(明)茅坤撰　(清)張汝瑚選　清康熙二十一年(1682)刻本　四冊

110000－0146－0000543　SG/846.8/292
檀園集十二卷　(明)李流芳撰　清康熙二十八年(1689)陸氏刻嘉定四先生集本　六冊

110000－0146－0000544　SG/846.8/480
吳歈小草十卷　(明)婁堅撰　清康熙二十八年(1689)陸廷燦刻嘉定四先生集本　十冊

110000－0146－0000545　SG/846.7/736
玉茗堂全集二十八卷　(明)湯顯祖撰　清康熙三十三年(1694)阮峴、阮嵩竹林堂刻本　六冊

110000－0146－0000546　SG/846.4/307
張東海全集八卷　(明)張弼撰　清康熙三十三年(1694)嘉會堂刻本　四冊

110000－0146－0000547　SG/846.8/272
楊椒山先生集四卷附年譜一卷　(明)楊繼盛撰　清康熙三十七年(1698)胡范刻本　三冊

110000－0146－0000548　SG/846.6/919
倪小野先生全集八卷　(明)倪宗正撰　(清)倪繼宗編次　清康熙四十九年(1710)倪繼宗刻本　六冊

110000－0146－0000549　SG/846.6/119
蒼谷全集十二卷附錄一卷　(明)王尚絅撰　(明)王綖輯　清乾隆二十三年(1758)王純密止堂刻本　六冊

110000－0146－0000550　SG/847.4/850
海門二集四卷　(清)鮑皋撰　(清)錢為光輯　清刻本(卷二至四配抄本)　一冊

110000－0146－0000551　SG/847.6/307
積石文稿十八卷詩存四卷南池唱和詩存一卷　(清)張履撰　(清)張海珊輯　清稿本　十六冊

110000－0146－0000552　SG/847.2/304
篤素堂文集十六卷　(清)張英撰　清抄本　二冊　存四卷(聰訓齋話二卷、恒產瑣言一卷、飯有十二合說一卷)

110000－0146－0000553　SG/847.2/790
程崑崙先生詩文合集二卷　(清)程康莊撰　清康熙四年(1665)刻本　四冊

110000－0146－0000554　SG/847.2/309
庸書二十卷　(清)張貞生撰　清康熙二十七年(1688)講學山房刻本　十冊

110000－0146－0000555　SG/847.2/816
鶴靜堂集十九卷　(清)周茂源撰　清康熙二十年(1681)刻本　六冊

110000－0146－0000556　SG/853.66/279
長命縷二卷　(明)梅鼎祚編　明末刻本　一冊

110000－0146－0000557　SG/847.2/440
秋笳集八卷　(清)吳兆騫撰　清雍正四年(1726)吳棖臣刻本　四冊

110000－0146－0000558　SG/847.3/287
藤笈藏稿不分卷　(清)李其永撰　清雍正十年(1732)至乾隆初年稿本　四冊

110000－0146－0000559　SG/847.2/155
御製文集四十卷總目五卷二集五十卷總目六卷三集五十卷總目六卷四集三十六卷總目四卷　(清)聖祖玄燁撰　清康熙五十年至雍正

十年(1711－1732)内府刻本　九十册

110000－0146－0000560　SG/847.4/116
遊梁集不分卷　(清)王嵩高撰　清乾隆抄本　二册

110000－0146－0000561　SG/847.4/442
松花菴全集二十六卷　(清)吳鎮撰　清乾隆刻本　十六册　存十九種二十卷(松匡文稿一卷、次編一卷、詩草二卷、遊草一卷、逸草一卷、詩餘一卷、蘭山詩草一卷、律古一卷、律古續稿一卷、集古古詩一卷、集古絕句一卷、聲調譜一卷、八病說一卷、集唐一卷、集唐絕句一卷、韻史一卷、四書六韻詩一卷、元州雜詠一卷、瀟湘八景一卷)

110000－0146－0000562　SG/847.4/189
小倉山房文集三十一卷　(清)袁枚撰　清乾隆刻本　八册

110000－0146－0000563　SG/847.4/950
綠杉野屋集四卷　(清)徐以泰撰　清乾隆十一年(1746)陳聖如刻本　二册

110000－0146－0000564　SG/847.4/293
西征路紀一卷　(清)李旭撰　清乾隆十四年(1749)刻本　一册

110000－0146－0000565　SG/847.2/754
潘中丞文集四卷　(清)潘宗洛撰　清乾隆二十二年(1757)刻本　四册

110000－0146－0000566　SG/847.4/115
西莊始存稿四十卷　(清)王鳴盛撰　清乾隆三十一年(1766)三槐堂刻本　四册　存十八卷(一至十八)

110000－0146－0000567　SG/847.4/218
葆璞堂詩集四卷　(清)胡煦撰　清乾隆三十七年(1772)胡氏葆璞堂刻本　二册

110000－0146－0000568　SG/847.4/526
西原草堂文集四卷　(清)蔣恭棐撰　清乾隆四十三年(1778)刻本　四册

110000－0146－0000569　SG/847.2/682
南田詩五卷　(清)惲格撰　清道光十年(1830)信芳閣木活字印國初十家詩鈔本　一册

110000－0146－0000570　SG/853.66/375
雪韻堂批點燕子箋記二卷　(明)阮大鋮撰　明刻本　四册

110000－0146－0000571　SG/853.43/627
秋水菴花影集五卷　(明)施紹莘撰　明末刻本　四册

110000－0146－0000572　SG/857.15/553
東坡先生志林十二卷　(宋)蘇軾撰　明萬曆會稽商氏半埜堂刻稗海本　二册

110000－0146－0000573　SG/856.1/952
古今振雅雲箋十卷　(明)徐渭輯　明末刻本　二十册

110000－0146－0000574　SG/082.4/494
雅雨堂叢書十二種一百二十卷　(清)盧見曾輯　清乾隆二十一年(1756)德州盧見曾雅雨堂刻本　二十八册

110000－0146－0000575　SG/857.15/884
桯史十五卷　(宋)岳珂撰　明嘉靖四年(1525)錢如京刻本　八册

110000－0146－0000576　SG/857.16/901
何氏語林三十卷　(明)何良俊撰并註　明嘉靖二十九年(1550)何氏清森閣刻本　十五册

110000－0146－0000577　SG/856.16/113
尺牘清裁六十卷補遺一卷　(明)王世貞編　明隆慶五年(1571)王世貞刻本　八册

110000－0146－0000578　SG/857.15/138
冷齋夜話十卷　(宋)釋惠洪輯　明末毛氏汲古閣刻本　二册

110000－0146－0000579　SG/856.16/319
國朝七名公尺牘八卷　(明)屠隆輯　明萬曆文斐堂刻本　十六册

110000－0146－0000580　SG/856.16/765
國朝名公翰藻五十二卷　(明)凌迪知選　明萬曆十年(1582)刻本　六册　存七卷(一、六至七、九至十二)

110000－0146－0000581　SG/857.13/894
李卓吾批點世説新語補二十卷　(南朝宋)劉義慶撰　(南朝梁)劉孝標注　(宋)劉辰翁批　(明)何良俊增　(明)李贄批點　明萬曆十四年(1586)張文柱刻本　十册

110000－0146－0000582　SG/856.1/279
書記洞詮一百十六卷目録十卷　(明)梅鼎祚輯　明萬曆二十五年至二十七年(1597－1599)梅氏玄白堂汝南郡刻本　二十八册

110000－0146－0000583　SG/857.15/482
鶴林玉露二十四卷　(宋)羅大經撰　(明)謝天瑞校　明萬曆二十九年(1601)刻本　八册

110000－0146－0000584　SG/857.16/385
金罍子四十四卷　(明)陳絳撰　明萬曆三十四年(1606)刻本　十册

110000－0146－0000585　SG/857.1/348
酒顛五卷茶董四卷　(明)夏樹芳輯　(明)陳繼儒增正　明萬曆四十年(1612)刻本　二册

110000－0146－0000586　SG/041.6/991
啟雋類函一百卷目録九卷　(明)俞安期輯　明萬曆四十六年(1618)刻本　六十册

110000－0146－0000587　SG/856.9/554
東坡禪喜集十四卷　(宋)蘇軾撰　(明)馮夢禎批點　明天啓元年(1621)淩氏刻朱墨印本　四册

110000－0146－0000588　SG/857.36/830
湧幢小品三十二卷　(明)朱國禎輯　明天啓二年(1622)朱國禎刻本　二十册

110000－0146－0000589　SG/856.16/611
車書樓彙輯各名公四六爭奇八卷　(明)許以忠輯　明天啓三年(1623)秣陵程氏刻本(序及卷八有抄配)　八册

110000－0146－0000590　SG/857.17/112
居易録三十四卷　(清)王士禛撰　清康熙四十年(1701)刻雍正後印本　八册

110000－0146－0000591　SG/858.51/169
廿一史彈詞註十一卷　(明)楊慎撰　(清)張三異增定　(清)張仲璜注　清雍正五年(1727)刻本　八册

110000－0146－0000592　SG/941.7/541
容台别集四卷　(明)董其昌撰　明末刻本　四册

110000－0146－0000593　SG/916/266
重修正文對音捷要真傳琴譜大全十卷　(明)楊表正撰　明萬曆十三年(1585)金陵唐富春對溪書坊刻本(卷二配抄本)　十册

110000－0146－0000594　SG/911/857
御製律吕正義上編二卷下編二卷續編二卷　(清)聖祖玄燁撰　清康熙内府銅活字印本　五册

110000－0146－0000595　SG/942.1/828
墨池編二十卷　(清)朱長文撰　**印典八卷**　(清)朱象賢撰　清雍正刻乾隆、嘉慶後印本　十册

110000－0146－0000596　SG/931.7/715
飛鴻堂印譜四十卷　(清)汪啟淑鉴藏　清乾隆十一年(1746)刻鈐印本　十六册　存三十二卷(一至三十二)

110000－0146－0000597　SG/911/859
御製律吕正義後編一百二十卷上諭奏議二卷　(清)允祿撰　清乾隆十一年(1746)武英殿刻朱墨印本　四十八册

110000－0146－0000598　SG/041.7/676
御定駢字類編二百四十卷　(清)張廷玉等編　清雍正四年(1726)刻本　一百二十册

110000－0146－0000599　SG/075.52/235
西山讀書記乙二十二卷　(宋)真德秀撰　宋開慶元年(1259)福州福清縣學刻元明遞修本　四十册

110000－0146－0000600　SG/041.41/869
唐宋白孔六帖一百卷目録二卷　(唐)白居易輯　(宋)孔傳續輯　明刻本　一百册

110000－0146－0000601　SG/041.6/385
四六採腴二十卷　(明)陳鍾盛撰　明刻本

十六册

110000－0146－0000602　SG/075.6/898
燕泉何先生餘冬序録六十卷　（明）何孟春撰　明黄齊賢張汝賢刻本（卷六至十、五十六至六十配抄本）　十二册

110000－0146－0000603　SG/072.22/170
秘傳天録閣寓言外史八卷　（漢）黄憲撰　（宋）韓泊贊　明隆慶四年（1570）沈松石留春書館刻本　一册

110000－0146－0000604　SG/071.41/292
新刻李氏刊誤二卷　（唐）李涪撰　明末刻本　二册

110000－0146－0000605　SG/071.31/309
博物志十卷　（晋）張華撰　明刻古今逸史本　二册

110000－0146－0000606　SG/043.57/407
韻府羣玉二十卷　（元）陰時夫輯　（元）陰中夫注　明正統二年（1437）安定書堂刻本　二十册

110000－0146－0000607　SG/089.6/222
胡可泉集七種　（明）胡纘宗撰　明嘉靖刻清補修本　二十一册

110000－0146－0000608　SG/072.22/172
天禄閣外史八卷　（漢）黄憲撰　（宋）韓泊贊　明末刻本　四册

110000－0146－0000609　SG/041.41/949
初學記三十卷　（唐）徐堅等輯　明嘉靖十年（1531）安國刻本（卷十六至十七、二十五至二十六配明楊氏九洲書屋刻本）　二十册

110000－0146－0000610　SG/121.08/176
六子書六十卷　（明）顧春輯　明嘉靖十二年（1533）顧氏世德堂刻本　二十四册

110000－0146－0000611　SG/041.51/623
古今合璧事類備要前集六十九卷續集五十六卷後集八十一卷　（宋）謝維新輯　别集九十四卷外集六十六卷　（宋）虞載輯　明嘉靖三十五年（1556）三衢夏相刻本　三十册

110000－0146－0000612　SG/081.3/385
尚白齋鎸陳眉公訂正秘笈二十種四十八卷　（明）陳繼儒輯　明萬曆尚白齋刻本　二十册

110000－0146－0000613　SG/041.67/916
新選古今類腴十八卷　（明）陳世寶編　明萬曆十九年（1591）舒石泉集賢書舍刻本　十六册

110000－0146－0000614　SG/041.6/381
天中記六十卷　（明）陳耀文撰　明萬曆刻本　六十册

110000－0146－0000615　SG/041.6/541
廣博物志五十卷　（明）董斯張撰　明萬曆高暉堂刻本　三十二册

110000－0146－0000616　SG/081.3/220
格致叢書　（明）胡文焕輯　明萬曆胡文焕刻本　五册　存十三種三十三卷（新刻格古論要五卷、新刻絕代語釋别國方言十三卷、新刻物原一卷、新刻師曠禽經一卷、新刻獸經一卷、新刻新異經一卷、新刻述異記二卷、新刻溪蠻叢笑一卷、新刻洞天清録一卷、新刻寶貨辯疑一卷、新刻袖中錦一卷、新刻香譜二卷、新刻南方草木狀三卷）

110000－0146－0000617　SG/839.8/626
述本堂詩集十八卷　（清）方登嶧等撰　清乾隆二十年（1755）刻本　十二册

110000－0146－0000618　SG/089.6/445
吕新吾全集二十一種　（明）吕坤撰　明萬曆刻清補修本　十一册　存十五種（交泰韻一卷、宗約歌一卷、好人歌一卷、閨戒一卷、黄帝陰符經一卷、千古留題（反挽歌）、墓誌銘一卷、救命書一卷、省心紀一卷、河工書一卷、天日語一卷、展城或問一卷、修城書一卷、疾苦條陳一卷、疹科一卷）

110000－0146－0000619　SG/072.6/442
小窗清紀五卷　（明）吴從先輯　明萬曆刻本　八册

110000－0146－0000620　SG/072.6/443
小窗别紀四卷　（明）吴從先輯　明萬曆刻本

四冊

110000－0146－0000621　SG/042.66/434
四六正始四卷　(明)吳瑞登撰　明萬曆刻本　四冊

110000－0146－0000622　SG/041.6/611
新刻註釋故事白眉十卷　(明)許以忠集　明末崇文堂刻本　十冊

110000－0146－0000623　SG/071.6/271
秇林伐山二十卷　(明)楊慎撰　明萬曆三年(1575)蒼梧許氏刻本　四冊

110000－0146－0000624　SG/075.6/917
焦氏類林八卷　(明)焦竑輯　明萬曆十五年(1587)王元貞刻本　六冊

110000－0146－0000625　SG/041.41/489
北堂書鈔一百六十卷　(唐)虞世南輯　(明)陳禹謨注　明萬曆二十八年(1600)陳禹謨刻本　二十冊

110000－0146－0000626　SG/072.6/112
震澤紀聞二卷震澤長語二卷　(明)王鏊撰　明嘉靖三十年(1551)怡老園刻清印本　二冊

110000－0146－0000627　SG/041.6/990
唐類函二百卷目錄二卷　(明)俞安期撰　明萬曆三十一年(1603)刻四十六年(1618)重修本　六十冊

110000－0146－0000628　SG/081.3/386
尚白齋鐫陳眉公寶顏堂秘笈十六種四十六卷　(明)陳繼儒撰　明萬曆三十四年(1606)尚白齋刻本　二十四冊

110000－0146－0000629　SG/072.6/220
筆叢正集三十二卷續集十六卷　(明)胡應麟撰　明萬曆三十四年(1606)吳勉學刻本　八冊

110000－0146－0000630　SG/072.6/791
千一疏二十二卷　(明)程涓撰　明萬曆三十七年(1609)范氏刻本　十二冊

110000－0146－0000631　SG/072.6/344
重刻來瞿唐先生日錄内篇七卷外篇五卷　(明)來知德撰　明萬曆三十九年(1611)張惟任刻本　八冊

110000－0146－0000632　SG/041.6/893
劉氏鴻書一百八卷　(明)劉仲達輯　(明)湯賓尹刪正　明萬曆三十九年(1611)刻本(卷三十一至三十六配抄本)　二十冊

110000－0146－0000633　SG/075.6/142
舌華錄九卷　(明)曹臣撰　明萬曆四十三年(1615)刻本　四冊

110000－0146－0000634　SG/041.6/185
山堂肆考二百四十卷　(明)彭大翼撰　(明)張幼學輯　明萬曆四十七年(1619)石渠閣刻本　四十冊

110000－0146－0000635　SG/846.6/925
梓溪文鈔外集十卷内集八卷　(明)舒芬撰　(明)舒琛　(明)舒瑮輯　明萬曆四十八年(1620)舒瑮刻本　十二冊

110000－0146－0000636　SG/075.6/262
古今議論參五十五卷　(明)林德謀輯　明崇禎刻本　十二冊

110000－0146－0000637　SG/042.68/916
西郭類語三卷　(明)裕湖輯　明崇禎稿本　十冊

110000－0146－0000638　SG/072.51/741
夢溪筆談二十六卷補筆談三卷續筆談一卷　(宋)沈括撰　明崇禎四年(1631)馬元調刻本　四冊

110000－0146－0000639　SG/041.6/152
新鐫雅俗通用珠璣藪八卷　(明)西湖散人輯　明崇禎四年(1631)刻本　四冊

110000－0146－0000640　SG/071.52/801
古今攷三十八卷　(宋)魏了翁撰　(元)方回續　明崇禎九年(1636)謝三賓刻本　十冊

110000－0146－0000641　SG/075.6/188
增訂二三場羣書備考四卷　(明)袁黄撰　(明)袁儼注　明崇禎十五年(1642)刻本　四冊

110000－0146－0000642　SG/072.52/113
野客叢書三十卷附野老紀聞一卷　(宋)王楙撰　明刻清補修本　六册

110000－0146－0000643　SG/844.14/239
讀書堂杜工部詩集註解二十卷文集註解二卷　(唐)杜甫撰　(清)張溍評注　清康熙三十六年(1697)溢陽張氏讀書堂刻本　十二册

110000－0146－0000644　SG/072.51/624
密齋筆記五卷續筆記一卷　(宋)謝采伯撰　清中期抄本　一册

110000－0146－0000645　SG/041.41/488
大唐類要一百六十卷　(唐)虞世南輯　清抄本　十册

110000－0146－0000646　SG/089.7/312
張汝楝所著書十三種　(清)張汝楝輯　清稿本　三十册

110000－0146－0000647　SG/671.4301/600
[乾隆]解州安邑縣運城志十六卷　(清)言如泗修　(清)熊名相纂　清乾隆二十九年(1764)刻本　四册

110000－0146－0000648　SG/041.57/117
玉海纂二十二卷　(元)王應麟輯　(明)劉鴻訓纂　清順治四年(1647)金閶王允明刻本　十六册

110000－0146－0000649　SG/071.7/626
古今釋疑十八卷　(清)方中履撰　清康熙汗青閣刻本　十二册

110000－0146－0000650　SG/072.6/917
焦氏類選戛金苔四卷　(明)焦竑輯　清康熙抄本　一册

110000－0146－0000651　SG/071.51/399
清異錄二卷　(宋)陶穀撰　清康熙陳世修漱六閣刻本　一册

110000－0146－0000652　SG/098.55/269
六經圖考不分卷　(宋)楊甲撰　清康熙六十一年(1722)禮耕堂刻本　六册

110000－0146－0000653　SG/072.7/310
唾居隨錄四卷崇祀錄一卷玉山遺響六卷　(清)張貞生撰　清康熙刻本　六册

110000－0146－0000654　SG/082.2/976
二老閣叢書四十四種　(清)鄭性等輯　清康熙至乾隆刻本　四十八册　存三十八種(寒村見黄稿詩删五卷、詩文選三十六卷,五丁詩稿五卷、安庸集一卷、玉堂集一卷、歸省偶錄一卷、還朝詩存一卷、玉堂後集一卷、賓善堂集二卷、白雲軒集二卷、南行雜錄一卷、高州詩集二卷、見黄稿二卷、五丁集二卷、安庸集二卷、雜錄二卷、補一卷,半生亭集一卷、息尚編四卷、四明四友詩、天益山堂遺集十卷、續刊一卷,楊慈湖先生石魚偶記一卷、南谿夢寐一卷、南谿寤歌二卷、南谿不文一卷、勉齋先生遺稿三卷、守高贈言一卷、雪竇倡和記一卷、雪竇倡和詩一卷、初夏倡和一卷、江亭倡和一卷、秦川八十祝辭一卷、寒村七十祝辭一卷、寒村舉業偶存一卷、南雷文約四卷、南雷詩曆五卷、明夷待訪錄、思舊錄、潘子求仁錄十卷、野雲居詩稿二卷)

110000－0146－0000655　SG/075.7/561
廣治平略四十四卷　(清)蔡方炳撰　清康熙三年(1664)刻本　二十册

110000－0146－0000656　SG/041.7/292
宋稗類鈔八卷　(清)李宗孔輯　清康熙八年(1669)刻本　十六册

110000－0146－0000657　SG/098.1/947
通志堂經解一百三十九種　(清)納蘭成德編　清康熙十九年(1680)通志堂刻本　四百八十册　存一百三十二種

110000－0146－0000658　SG/044/540
古今類傳四卷　(清)董炳文　(清)董穀士輯　清康熙三十一年(1692)未學齋刻本　四册

110000－0146－0000659　SG/082.2/115
檀几叢書一百五十七種　(清)王晫　(清)張潮輯　清康熙三十四年(1695)刻本　十二册

110000－0146－0000660　SG/041.6/113
名句文身表異錄二十卷　(明)王志堅輯　清

康熙四十七年(1708)漱六閣刻本　一册

110000－0146－0000661　SG/043.7/563
佩文韻府一百六卷　(清)蔡升元編　清康熙五十年(1711)内府刻本　九十五册

110000－0146－0000662　SG/071.7/116
燕在閣知新錄三十二卷　(清)王棠撰　清康熙五十六年(1717)刻本(卷六至八配抄本)　十六册

110000－0146－0000663　SG/041.7/902
分類字錦六十四卷　(清)何焯等纂　清雍正刻本　四十册

110000－0146－0000664　SG/041.7/309
淵鑑類函四百五十卷目錄四卷　(清)張英等纂　清康熙刻本　一百六十册

110000－0146－0000665　SG/041.7/501
省軒考古類編十二卷　(清)柴紹炳編　清雍正四年(1726)刻本　四册

110000－0146－0000666　SG/041.7/820
五經類編二十八卷　(清)周世樟輯　清雍正二年(1724)谷詒堂刻本　十册

110000－0146－0000667　SG/041.7/313
子史精華一百六十卷　(清)張廷玉撰　清雍正五年(1727)武英殿刻本　三十二册

110000－0146－0000668　SG/072.7/315
日知薈説四卷　(清)高宗弘曆撰　清乾隆刻本　四册

110000－0146－0000669　SG/071.57/292
敬齋古今黈四卷　(元)李冶撰　清乾隆武英殿木活字印武英殿聚珍版叢書本　三册

110000－0146－0000670　SG/843.2/401
陶靖節詩集四卷　(晉)陶潛撰　(清)蔣薰評　清康熙二十九年(1690)貴文堂刻本　三册

110000－0146－0000671　PG/072.52/312
雲谷雜紀四卷首一卷末一卷　(宋)張淏撰　清同治十三年(1874)江西書局刻本　二册

110000－0146－0000672　SG/098.57/976
六經圖十二卷　(清)鄭之橋輯　清乾隆八年(1743)述堂刻本　六册

110000－0146－0000673　SG/072.7/696
巾經纂二十卷　(清)宋宗元撰　清乾隆十六年(1751)綱師園刻本　十册

110000－0146－0000674　SG/041.7/293
宋稗類鈔八卷　(清)潘永因輯　清康熙八年(1669)刻本　十六册

110000－0146－0000675　SG/126.1/562
薛文清公要語内篇一卷外篇一卷[滿漢合璧]　(明)薛瑄撰　(明)谷中虚輯　(清)富達禮譯　清康熙五十三年(1714)富達禮刻本　四册

110000－0146－0000676　SG/072.4/181
封氏聞見記十卷　(唐)封演撰　清乾隆二十一年(1756)雅雨堂刻本　一册

110000－0146－0000677　SG/071.41/679
匡謬正俗八卷　(唐)顔師古撰　清乾隆二十一年(1756)雅雨堂刻本　二册

110000－0146－0000678　SG/071.52/166
慈溪黄氏日抄分類九十七卷古今紀要十九卷　(宋)黄震編輯　清乾隆三十二年(1767)新安汪佩锷芸晖阁刻本　二十册

110000－0146－0000679　SG/044/378
日涉編十二卷　(明)陳階編輯　(清)白輝補輯　清康熙二十七年(1688)文安紀元刻乾隆三十四年(1769)遞修本　十二册

110000－0146－0000680　SG/071.7/667
文房肆考圖説八卷　(清)唐秉鈞纂　(清)康愷繪圖　清乾隆四十三年(1778)唐秉鈞刻本　六册

110000－0146－0000681　SG/071.7/981
香墅漫鈔四卷續四卷又續四卷　(清)曾廷枚輯　清乾隆五十二年(1787)南城曾氏家塾刻五十九年(1794)續刻本　八册

110000－0146－0000682　SG/072.52/720
容齋隨筆十六卷續筆十六卷三筆十六卷四筆

十六卷五筆十卷 (宋)洪邁撰 清乾隆五十九年(1794)掃葉山房刻本 十四册

110000－0146－0000683 SG/075.7/947
如不及齋雜鈔不分卷 (清)徐展青鈔 清光緒徐展青紅格抄本 二十册

110000－0146－0000684 PG/230.81/331
道藏輯要 (清)彭定求輯 (清)閻永和增 清光緒三十二年(1906)成都二仙庵刻本 二百四十四册

110000－0146－0000685 PG/121.156/892
周易圖釋十二卷 (明)劉定之撰 清乾隆至咸豐永新劉氏刻本 三册

110000－0146－0000686 PG/121.127/363
易經集解二卷易傳集解十卷 (清)孫星衍撰 (清)潘泉輯 清光緒二年(1876)廣陵雙梧書屋刻本 六册

110000－0146－0000687 PG/121.127/332
易酌十四卷周易雜卦圖一卷 (清)刁包撰 清雍正十年(1732)祁州包氏刻道光五年(1825)重印本 十四册

110000－0146－0000688 PG/120.9/522
儒林宗派十六卷 (清)萬斯同撰 清宣統三年(1911)浙江圖書館刻本 二册

110000－0146－0000689 PG/311.9/102
數學九章九卷 (宋)秦九韶撰 清抄本 六册

110000－0146－0000690 PG/193/314
課子隨筆節鈔六卷續編一卷 (清)張師載輯 (清)徐桐節鈔 清同治十二年(1873)刻本 四册

110000－0146－0000691 PG/126.1/504
草木子四卷 (明)葉子奇著 清光緒元年(1875)處州府署刻本 二册

110000－0146－0000692 PG/126.9/287
李氏焚書六卷 (明)李贄撰 清光緒三十四年(1908)國學保存會鉛印國粹叢書本 一册 存二卷(二至三)

110000－0146－0000693 PG/193/648
小學六卷附文公朱子年譜一卷忠經一卷孝經一卷 (清)高愈纂注 清光緒善成堂刻本 五册

110000－0146－0000694 PG/193/981
曾文正公家訓二卷 (清)曾國藩撰 清光緒五年(1879)傳忠書局刻本 二册

110000－0146－0000695 PG/122.3/241
鹽鐵論十卷 (漢)桓寬撰 清光緒十七年(1891)思賢講舍刻本 二册

110000－0146－0000696 PG/122.3/240
鹽鐵論十卷 (漢)桓寬撰 清光緒十七年(1891)思賢講舍刻本 二册

110000－0146－0000697 PG/144.4/100
原富甲二卷乙一卷丙一卷丁二卷戊二卷 (英國)斯密亞丹撰 嚴復譯 清光緒二十八年(1902)南洋公學譯書院鉛印本 八册

110000－0146－0000698 PG/127.6/171
止齋遺書十六卷 (清)黃俊苑撰 清光緒元年(1875)福州刻六年(1880)補刻本 八册

110000－0146－0000699 PG/192.1/827
小學六卷 (宋)朱熹輯 清道光十九年(1839)祁寯藻刻本 二册

110000－0146－0000700 PG/193.2/990
百孝圖四卷詩一卷 (清)俞葆真輯 (清)俞泰繪 清同治十二年(1873)河間俞氏刻本 二册

110000－0146－0000701 PG/127.6/736
浮邱子十二卷 (清)湯鵬著 清同治四年(1865)刻本 四册

110000－0146－0000702 PG/127.1/387
思辨錄輯要二十二卷 (清)陸世儀著 (清)盛靜輯 (清)江士詔節輯 清道光十七年(1837)檇李沈維鐈刻本 四册

110000－0146－0000703 PG/127.2/213
顏氏學記十卷 (清)戴望述 清光緒蛻廬朱氏鉛印本 四册

110000－0146－0000704　PG/127.2/792

顏學辯八卷　(清)程仲威撰　清光緒安徽官紙印刷局鉛印本　四册

110000－0146－0000705　PG/127.1/170

明夷待訪錄一卷　(清)黄宗羲著　清光緒二十八年(1902)正文齋刻本　一册

110000－0146－0000706　PG/127.2/607

天中許子政學合一集四卷續篇二卷讀禮偶見二卷　(清)許三禮撰　清康熙刻光緒二十三年(1897)、三十年(1904)重修本　六册

110000－0146－0000707　PG/127.6/482

姚江學辨二卷　(清)羅澤南撰　清咸豐九年(1859)長沙刻本　一册

110000－0146－0000708　PG/126/171

明儒學案六十二卷　(清)黄宗羲著　清乾隆四年(1739)慈谿鄭氏二老閣刻本　三十二册

110000－0146－0000709　PG/127/667

學案小識十四卷末一卷　(清)唐鑑撰　清光緒十年(1884)刻本　十二册

110000－0146－0000710　PG/127.1/332

潛室劄記二卷　(清)刁包撰　清道光二十三年(1843)刁氏刻本　二册

110000－0146－0000711　PG/126.9/170

榕壇問業十八卷　(明)黄道周著　清乾隆十五年(1750)郭文焔文林堂刻本　十二册

110000－0146－0000712　PG/192.1/888

人譜一卷人譜類記二卷　(明)劉宗周撰　清光緒三十二年(1906)石印本　三册

110000－0146－0000713　PG/192.1/887

蕺山先生人譜一卷人譜類記二卷　(明)劉宗周撰　(清)洪正治校編　清末刻本　二册

110000－0146－0000714　PG/126.9/445

呻吟語六卷　(明)呂坤著　清同治七年(1868)邵陽曾壽麟刻本　六册

110000－0146－0000715　PG/126.9/712

汪子中詮六卷密齋病語一卷　(明)汪應蛟撰　清刻本　六册

110000－0146－0000716　PG/127.1/480

羅整庵先生困知記四卷　(明)羅欽順撰　清同治五年(1866)福州正誼書局刻正誼堂全書本　一册

110000－0146－0000717　PG/125.5/824

朱子原訂近思錄十四卷附考訂朱子世家一卷　(宋)朱熹撰　(宋)呂祖謙　(清)江永集注　清光緒十四年(1888)廣雅書局刻本　五册

110000－0146－0000718　PG/125.5/823

朱子語類一百四十卷　(宋)朱熹撰　(宋)黎靖德編　清同治十一年(1872)應元書院刻本　四十七册　缺三卷(一百三十八至一百四十)

110000－0146－0000719　PG/125.5/822

朱子語類一百四十卷　(宋)朱熹撰　清康熙刻本　四十八册

110000－0146－0000720　PG/125.14/308

張子全書十五卷　(宋)張載撰　(宋)朱熹注　清同治九年(1870)刻本　八册

110000－0146－0000721　PG/125.14/307

張子全書十五卷　(宋)張載撰　(宋)朱熹注　清同治九年(1870)刻本　四册

110000－0146－0000722　PG/125.13/329

皇極經世六十卷附觀物外篇二卷皇極經世圖一卷　(宋)邵雍撰　(清)俞長贊編　清咸豐元年(1851)洛陽刻本　十六册

110000－0146－0000723　PG/125.12/818

周子全書二十二卷　(宋)周敦頤撰　清光緒二十九年(1903)周氏刻本　十册

110000－0146－0000724　PG/126.1/566

薛子條貫篇十三卷續篇十三卷　(明)薛瑄撰　清光緒十九年(1893)廣州府署刻本　四册

110000－0146－0000725　PG/125/171

宋元學案一百卷首一卷　(清)黄宗羲撰　(清)黄百家纂輯　(清)全祖望補　清光緒五年(1879)長沙寄廬刻本　二十四册

110000－0146－0000726　PG/125/170
宋元學案一百卷　（清）黄宗羲撰　（清）黄百家纂輯　（清）全祖望補　清光緒五年（1879）長沙寄廬刻本　四十册

110000－0146－0000727　PG/123.91/114
文中子中説十卷　（隋）王通撰　（宋）阮逸注　清道光二年（1822）閻士驤刻本　四册

110000－0146－0000728　PG/122.5/290
集注太玄十卷　（漢）揚雄撰　（宋）司馬光注　清嘉慶三年（1798）陶氏五柳居刻道光二十四年（1844）後印本　四册

110000－0146－0000729　PG/122.29/403
淮南許注異同詁四卷　（清）陶方琦撰　清光緒七年（1881）湘南使院刻本　二册

110000－0146－0000730　PG/122.25/892
淮南天文訓補注二卷　（清）錢塘撰　清光緒三年（1877）湖北崇文書局刻本　二册

110000－0146－0000731　PG/121.82/900
尸子二卷存疑一卷　（清）汪繼培輯　清光緒三年（1877）浙江書局刻二十二子本　一册

110000－0146－0000732　PG/121.89/917
鬼谷子三卷　（南朝梁）陶弘景注　清嘉慶十年（1805）江都秦氏石研齋刻本　三册

110000－0146－0000733　PG/121.89/916
鬼谷子三卷　（南朝梁）陶弘景注　清嘉慶十年（1805）江都秦氏石研齋刻本　二册

110000－0146－0000734　PG/121.67/119
韓非子集解二十卷首一卷　（清）王先慎撰　清光緒二十二年（1896）刻本　六册

110000－0146－0000735　PG/292/218
卜法詳考四卷　（清）胡煦輯　清乾隆、嘉慶葆璞堂刻本　四册

110000－0146－0000736　PG/121.61/845
管子二十四卷　（春秋）管仲撰　（唐）房玄齡注　（明）劉績補注　清光緒二年（1876）浙江書局刻本　六册

110000－0146－0000737　PG/121.61/213
管子校正二十四卷　（清）戴望纂　清同治十一年（1872）刻本　四册

110000－0146－0000738　PG/121.33/377
南華真經正義不分卷附識餘三種　（清）陳壽昌輯　清光緒十九年（1893）怡顔齋刻二十四年（1898）印本　六册

110000－0146－0000739　PG/121.33/378
南華真經正義不分卷附識餘三種　（清）陳壽昌輯　清光緒十九年（1893）怡顔齋刻本　四册

110000－0146－0000740　PG/121.33/379
南華真經正義不分卷附識餘三種　（清）陳壽昌輯　清光緒十九年（1893）怡顔齋刻本　五册

110000－0146－0000741　PG/121.33/389
南華副墨八卷　（明）陸西星撰　清光緒十一年（1885）傳薪書室刻本　六册

110000－0146－0000742　PG/121.33/683
莊子因六卷　（清）林雲銘評述　清光緒六年（1880）白雲精舍刻本　四册

110000－0146－0000743　PG/121.33/689
南華經解三十三卷　（清）宣穎撰　清同治五年（1866）皖城藩署刻本　六册

110000－0146－0000744　PG/121.33/112
莊子解三十三卷莊子通一卷愚鼓詞一卷　（清）王夫之撰　清同治四年（1865）曾氏金陵節署刻船山遺書本　六册

110000－0146－0000745　PG/121.33/933
莊屈合詁不分卷　（清）錢澄之撰　清刻本　四册

110000－0146－0000746　PG/121.33/383
南華真經本義十六卷　（明）陳治安撰　清道光十五年（1835）紅蘭山房刻本　八册

110000－0146－0000747　PG/121.33/626
莊騷讀本不分卷　（清）方人傑輯　（清）錢樹本參訂　清乾隆刻本　四册

110000－0146－0000748　PG/121.33/953

南華經四卷　(戰國)莊周撰　(清)徐廷槐抄閲　清書業堂刻本　四冊

110000－0146－0000749　PG/121.33/688
南華真經解六卷　(清)宣穎撰　清海清樓刻本　六冊

110000－0146－0000750　PG/121.33/113
莊子注二卷　王闓運注　清同治八年(1869)刻本　二冊

110000－0146－0000751　PG/121.33/899
莊子故三卷　(清)何夢瑤注　清樂只堂刻本　二冊

110000－0146－0000752　PG/121.33/118
莊子集解八卷　王先謙撰　清宣統元年(1909)思賢書局刻本　三冊

110000－0146－0000753　PG/121.33/635
莊子集釋十卷　(戰國)莊周撰　(清)郭慶藩輯　清光緒二十年(1894)思賢講舍刻本　八冊

110000－0146－0000754　PG/121.33/388
莊子雪三卷　(清)陸樹芝輯注　清嘉慶刻本　三冊

110000－0146－0000755　PG/121.32/347
列子八卷　(唐)盧重元注　清嘉慶九年(1804)江都秦氏石研齋刻本　二冊

110000－0146－0000756　PG/121.27/119
荀子二十卷首一卷　(唐)楊倞注　王先謙集解　清光緒十七年(1891)長沙王先謙思賢講舍刻本　六冊

110000－0146－0000757　PG/121.26/554
增補蘇批孟子二卷　(宋)蘇洵評點　(清)趙大浣增補　清同治四年(1865)刻朱墨印本　二冊

110000－0146－0000758　PG/121.26/362
孟子音義二卷　(宋)孫奭撰　清道光二十三年(1843)日照許翰刻本　一冊

110000－0146－0000759　PG/121.24/370
子思子七卷　(春秋)孫伋撰　(漢)鄭玄注　(清)黄以周解　清光緒南菁書院刻本　三冊

110000－0146－0000760　PG/121.222/120
論語經正錄二十卷　(清)王肇晉撰　(清)王用誥輯　**［王用誥］年譜一卷**　(清)王孝箴等撰　清光緒二十年(1894)刻本　十一冊

110000－0146－0000761　PG/121.222/730
論語集注旁證二十卷　(清)梁章鉅撰　清光緒十二年(1886)鉛印本　四冊

110000－0146－0000762　PG/121.217/550
論語發隱一卷孟子發隱一卷　(清)楊文會注　清末刻本　一冊

110000－0146－0000763　PG/128/668
孔子改制考二十一卷　康有為撰　清光緒上海大同譯書局石印本　十冊

110000－0146－0000764　PG/121.222/891
論語正義二十四卷　(清)劉寶楠撰　清同治五年(1866)刻本　六冊

110000－0146－0000765　PG/121.222/890
論語正義二十四卷　(清)劉寶楠撰　清同治五年(1866)刻本　六冊

110000－0146－0000766　PG/121.222/384
論語古訓十卷附一卷　(清)陳鱣纂　清乾隆六十年(1795)陳氏簡莊刻本　六冊

110000－0146－0000767　PG/121.23/144
逸語十卷　(清)曹庭棟輯注　清乾隆十二年(1747)刻本　二冊

110000－0146－0000768　PG/311.7/313
量倉通法五卷　(清)張作楠撰　清刻本　四冊

110000－0146－0000769　PG/121.22/901
論語註疏解經十卷　(三國魏)何晏集解　(宋)邢昺疏　**劄記一卷**　(清)劉世珩撰　清光緒三十年至三十三年(1904－1907)貴池劉氏玉海堂刻本　四冊

110000－0146－0000770　PG/121.222/754
論語古注集箋十卷論語考一卷附一卷　(清)潘維城撰　清同治、光緒刻本　六冊

110000－0146－0000771　PG/121.23/567
孔子集語二卷　（宋）薛據輯　清乾隆二年(1737)闕里孔廣棨刻本　二冊

110000－0146－0000772　PG/121.23/112
孔子家語十卷　（三國魏）王肅撰　清末刻本　四冊

110000－0146－0000773　PG/121.215/248
四書圖考十三卷　（清）杜炳撰　清道光九年(1829)刻本　十二冊

110000－0146－0000774　PG/121.217/313
四書集疏附正二十二卷論語緒言一卷　（清）張秉直撰　清道光十五年(1835)刻本　十冊

110000－0146－0000775　PG/121.214/459
四書釋地補一卷續補一卷又續補一卷三續補一卷　（清）閻若璩撰　（清）樊廷枚校補　清嘉慶二十一年(1816)刻本　五冊

110000－0146－0000776　PG/121.217/814
四書典故辨正二十卷附錄一卷　（清）周炳中撰　清乾隆、嘉慶刻本　四冊

110000－0146－0000777　PG/121.212/828
朱子四書集注十九卷　（宋）朱熹撰　清刻本　六冊

110000－0146－0000778　PG/121.212/690
四書纂言四十卷　（清）宋于庭輯　清光緒八年(1882)古吳岜嶨山房木活字印本　二十冊

110000－0146－0000779　PG/121.212/308
四書集注闡微直解二十七卷　（明）張居正撰　（清）顧夢麟　（清）楊彝輯　清末八旗經正書院刻本　十二冊

110000－0146－0000780　PG/121.212/307
四書集注闡微直解二十七卷　（明）張居正撰　（清）顧夢麟　（清）楊彝輯　清末八旗經正書院刻本　十二冊

110000－0146－0000781　PG/121.212/115
四書朱子本義匯參四十三卷首四卷　（清）王步青輯　清乾隆敦復堂刻本　十六冊

110000－0146－0000782　PG/121.217/910
四書人物類典串珠四十卷　（清）臧志仁輯　清靜怡堂刻本　十二冊

110000－0146－0000783　PG/193.127/900
孝經一卷忠經一卷　（清）王相箋注　清京都文和堂刻本　一冊

110000－0146－0000784　PG/121.127/185
易經解注傳義辯正四十四卷首二卷末二卷　（清）彭申甫輯　清光緒十二年(1886)刻本　二十四冊

110000－0146－0000785　PG/121.127/677
周易實事十五卷　（清）文嗣撰　清明道堂刻本　十二冊

110000－0146－0000786　SG/802.44/436
韻切指歸二卷附五音初學讀念法一卷　（清）吳遐齡撰　清康熙四十九年(1710)刻本　二冊

110000－0146－0000787　PG/121.212/371
新訂四書補注備旨十卷　（明）鄧林撰　（清）杜定基增訂　清宣統三年(1911)掃葉山房石印本　八冊

110000－0146－0000788　PG/121.212/372
新訂四書補注備旨十卷　（明）鄧林撰　（清）杜定基增訂　清宣統三年(1911)掃葉山房石印本　八冊

110000－0146－0000789　PG/121.126/416
周易費氏學八卷敘錄一卷　（清）馬其昶撰　清光緒三十一年(1905)集虛草堂刻本　三冊

110000－0146－0000790　PG/121.215/247
四書圖考十三卷　（清）杜炳撰　清光緒十三年(1887)上海鴻文書局石印本　四冊

110000－0146－0000791　PG/121.127/905
易經通注九卷　（清）傅以漸　（清）曹本榮撰　清光緒十二年(1886)雖園刻本　八冊

110000－0146－0000792　PG/121.212/374
新訂四書補注備旨十卷　（明）鄧林撰　（清）杜定基增訂　清末石印本　六冊　存七卷（論語四卷、孟子二至四）

110000－0146－0000793　PG/121.127/290
御纂周易折中二十二卷首四卷　(清)李光地等撰　清同治六年(1867)馬新貽浙江撫署刻本　十册

110000－0146－0000794　PG/121.127/784
讀易匯參十五卷首一卷　(清)和瑛撰　清道光二十三年(1843)刻本　十六册

110000－0146－0000795　PG/121.127/796
河上易注八卷圖説二卷　(清)黎世序注　清道光元年(1821)謙豫齋刻本　六册

110000－0146－0000796　PG/121.137/138
易説六卷　(清)惠士奇撰　清嘉慶十五年(1810)璜川吴氏真意堂刻本　二册

110000－0146－0000797　PG/121.126/345
來瞿唐先生易注十五卷首一卷末一卷　(明)來知德撰　清嘉慶十四年(1809)符永培刻本　二十册

110000－0146－0000798　PG/121.137/886
周易闡真四卷首一卷　(清)劉一明撰　清嘉慶五年(1800)刻本　四册

110000－0146－0000799　PG/121.137/526
易卦私箋二卷　(清)蔣衡撰　清嘉慶元年(1796)蔣和刻本　一册

110000－0146－0000800　PG/121.126/897
古周易訂詁十六卷　(明)何楷撰　清乾隆十六年(1751)海澄郭文焰刻朱墨印本　六册

110000－0146－0000801　PG/121.126/828
新刻來瞿唐先生易註十五卷首一卷末一卷　(明)來知德撰　(清)淩夫惇圈點　(清)高奝映校　清朝爽堂刻本　五册　存九卷(一至八、首一卷)

110000－0146－0000802　PG/239/893
列仙傳校正本二卷贊一卷夢書一卷　(漢)劉向撰　(清)王照園輯　清嘉慶刻本　二册

110000－0146－0000803　PG/121.132/441
劉氏春秋意林二卷　(宋)劉敞撰　清康熙通志堂刻通志堂經解本　一册

110000－0146－0000804　PG/121.132/440
易璇璣三卷　(宋)吴沆撰　清康熙通志堂刻通志堂經解本　一册

110000－0146－0000805　PG/121.07/994
諸子考略二卷　(清)姚永樸撰　清光緒三十一年(1905)正誼書局鉛印本　二册

110000－0146－0000806　PG/121/100
二十二子全書　(清)浙江書局輯　清光緒元年至三年(1875－1877)刻二十七年(1901)浙江書局重修本　八十三册

110000－0146－0000807　PG/121.251/634
大學章句質疑一卷　(清)郭嵩燾撰　清光緒十六年(1890)思賢講舍刻本　一册

110000－0146－0000808　PG/121.253/634
中庸章句質疑二卷　(清)郭嵩燾撰　清光緒十六年(1890)思賢講舍刻本　二册

110000－0146－0000809　PG/121/724
注解十子全書　(清)浙江書局輯　清光緒浙江書局刻本　三十四册

110000－0146－0000810　PG/192.1/299
蘗言四卷賸稿四卷冰言十卷補一卷　(清)拙修老人撰　清咸豐十年(1860)刻本　四册

110000－0146－0000811　PG/292/361
古微書三十六卷　(明)孫瑴著録　清嘉慶十七年(1812)對山問月樓刻本　八册

110000－0146－0000812　PG/121.122/364
漢魏二十一家易注三十三卷　(清)孫堂輯　清嘉慶四年(1799)孫氏映雪草堂刻本　八册

110000－0146－0000813　PG/192.8/852
名賢集一卷　(□)□□撰　清刻本　一册

110000－0146－0000814　PG/294/526
相地指迷十卷　(清)蔣大鴻著　(清)淩堃輯　清道光傳經堂刻本　一册

110000－0146－0000815　PG/229.8/185
居士傳五十六卷　(清)彭紹升輯　清末刻本　六册

110000－0146－0000816　PG/222.94/813
佛爾雅八卷　(清)周春撰　清刻本　一冊

110000－0146－0000817　PG/250/417
清真指南十卷　(清)馬注撰　清同治九年(1870)廣州清真寺刻本　十冊

110000－0146－0000818　PG/221.4/339
金剛經注解四卷　(明)成祖朱棣輯　清同治十三年(1874)杭州昭慶慧空經房刻本　四冊

110000－0146－0000819　PG/239/458
金蓋心燈八卷　(清)閔苕旉撰　(清)鮑廷博注　(清)鮑錕評　清光緒二年(1876)刻本　六冊

110000－0146－0000820　PG/220.4/723
翻譯名義集二十卷　(宋)釋法雲編　清光緒四年(1878)金陵刻經處刻本　六冊

110000－0146－0000821　PG/222.3/100
大明三藏法數五十卷　(明)釋一如等集註　清光緒六年(1880)刻本　十六冊

110000－0146－0000822　PG/239/114
歷代仙史八卷　(清)王建章纂輯　清光緒七年(1881)常熟抱芳閣刻本　六冊

110000－0146－0000823　PG/239/113
歷代仙史八卷　(清)王建章纂輯　清光緒七年(1881)常熟抱芳閣刻本　六冊

110000－0146－0000824　PG/228.2/880
釋氏稽古略四卷續略三卷　(元)釋覺岸撰　清光緒十二年(1886)刻本　五冊

110000－0146－0000825　PG/229.3/838
高僧傳三集三十卷　(宋)釋贊寧等撰　清光緒十三年(1887)江北刻經處刻本　八冊

110000－0146－0000826　PG/229.3/762
高僧傳二集四十卷　(唐)釋道宣撰　清光緒十六年(1890)江北刻經處刻本　十冊

110000－0146－0000827　PG/229.3/993
高僧傳四集六卷　(明)釋如惺撰　清光緒十八年(1892)江北刻經處刻本　二冊

110000－0146－0000828　PG/220.2/836
閱藏知津四十四卷總目四卷　(清)釋智旭輯　清光緒十八年(1892)金陵刻經處刻本　十冊

110000－0146－0000829　PG/220.2/837
閱藏知津四十四卷總目四卷　(清)釋智旭輯　清光緒十八年(1892)金陵刻經處刻本　十冊

110000－0146－0000830　PG/291.4/507
五行大義五卷　(隋)蕭吉撰　清光緒二十三年(1897)武進盛氏刻本　一冊

110000－0146－0000831　PG/082.8/436
有福讀書堂叢刻前編八種十六卷後編八種二十一卷　(清)吳引孫輯　清光緒儀徵吳氏刻本　十四冊

110000－0146－0000832　PG/248.2/820
教務紀略四卷首一卷末一卷　(清)周馥撰　清光緒三十一年(1905)南洋官報局刻本　五冊

110000－0146－0000833　PG/229/126
五燈會元二十卷　(宋)釋普濟撰　清光緒三十二年(1906)貴池劉世珩玉海堂影印本　十二冊

110000－0146－0000834　PG/248/533
正教奉傳不分卷　(清)黃伯祿編　清光緒三十四年(1908)上海慈母堂鉛印本　一冊

110000－0146－0000835　PG/229.1/921
釋迦譜十卷　(南朝齊)釋僧祐撰　清光緒三十四年(1908)武昌刻本　四冊

110000－0146－0000836　PG/220.2/155
重訂教乘法數十二卷　(清)釋超海校定　清光緒三十四年(1908)常州天寧寺刻本　六冊

110000－0146－0000837　PG/075.7/950
懷豳雜俎十二種　徐乃昌輯　清末南陵徐乃昌刻本　一冊　存二種三卷(我信錄二卷、花部農譚一卷)

110000－0146－0000838　PG/228.2/989

佛祖歷代通載三十六卷 （元）釋念常撰 清宣統元年（1909）江北刻經處刻本 八冊

110000－0146－0000839 PG/226.96/307
西藏宗教源流考一卷 （清）張其勤編 清宣統二年（1910）官印刷局鉛印本 一冊

110000－0146－0000840 PG/327.32/676
御製欽若曆書上編十六卷下編十卷表十六卷 （清）允祿等撰 清雍正二年（1724）內府刻本（上編卷七至八、表卷八配清光緒湖北官書處翻刻本） 二十四冊

110000－0146－0000841 PG/327.32/959
御製曆象考成後編十卷 （清）顧琮等編 清光緒刻本 八冊

110000－0146－0000842 PG/432.1/213
夏小正一卷 （漢）戴德傳 （元）金履祥注 （清）張爾岐輯 （清）黃叔琳增訂 清刻本 一冊

110000－0146－0000843 PG/434.88/117
青煙錄八卷 （清）王訢撰 清嘉慶十年（1805）刻本 五冊

110000－0146－0000844 PG/414.67/887
本草述三十二卷首一卷 （清）劉若金撰 清嘉慶十五年（1810）還讀山房刻本 十六冊

110000－0146－0000845 PG/311.7/482
比例匯通四卷 （清）羅士琳撰 清嘉慶二十三年（1818）刻本 四冊

110000－0146－0000846 PG/323/551
欽定儀象考成續編三十二卷 （清）敬徵撰 清道光二十五年（1845）武英殿刻本 三十二冊

110000－0146－0000847 PG/327.32/994
邃雅堂學古錄五卷 （清）姚文田撰 清道光七年（1827）刻邃雅堂全書本 二冊

110000－0146－0000848 PG/311.9/540
董方立算書五種七卷 （清）董祐誠撰 清道光十年（1830）刻本 一冊

110000－0146－0000849 PG/443.6/796
續行水金鑑一百五十六卷首一卷 （清）黎世序 （清）俞正燮纂 清道光十二年（1832）河庫道署刻本 八十冊

110000－0146－0000850 PG/311.6/463
割圜密率捷法四卷 （清）明安圖撰 清道光十九年（1839）石梁岑氏刻本 三冊

110000－0146－0000851 PG/311.1/828
新編筭學啓蒙三卷總括一卷 （元）朱世傑撰 清道光十九年（1839）刻本 三冊

110000－0146－0000852 PG/082.6/354
宜稼堂叢書七種 （清）郁松年輯 清道光二十年至二十二年（1840－1842）上海郁氏刻本 九冊

110000－0146－0000853 PG/443.63/951
安瀾紀要二卷回瀾紀要二卷 （清）徐端撰 清道光二十三年（1843）刻本 四冊

110000－0146－0000854 PG/802.81/200
弟子規一卷 （清）李毓秀撰 清光緒七年（1881）津河廣仁堂刻本 一冊

110000－0146－0000855 PG/443.7/313
居濟一得八卷 （清）張伯行撰 清同治五年（1866）福州正誼書局刻正誼堂全書本 二冊

110000－0146－0000856 PG/311.7/294
李氏遺書十一種 （清）李銳撰 清同治十一年至十二年（1872－1873）長沙刻本 七冊 存五種八卷（勾股算術細草一卷、借根方向股細草一卷、求一術指一卷、開方說三卷、百雞術衍二卷）

110000－0146－0000857 PG/432.1/730
農候雜占四卷 （清）梁章鉅撰 清同治十二年（1873）浙江書局刻本 一冊

110000－0146－0000858 PG/312.1/251
數學理九卷附一卷 （英國）棣麼甘撰 （英國）傅蘭雅譯 （清）趙元益筆述 清光緒江南機器製造總局刻本 四冊

110000－0146－0000859 PG/320/908
談天十八卷首一卷末一卷 （英國）侯失勒著

(英國)偉烈亞力口譯　(清)李善蘭刪述　(清)徐建寅續述　清同治至宣統刻本　四冊

110000－0146－0000860　PG/314.1/502
微積溯源八卷　(英國)華里司輯　(英國)傅蘭雅口譯　(清)華衡芳筆述　清同治十三年(1874)刻本　六冊

110000－0146－0000861　PG/316.37/495
割圓術輯要一卷　(清)盧靖輯　清光緒石印本　一冊

110000－0146－0000862　PG/430.81/487
農學叢書初集九十二種二集四十八種　(清)上海農學會編譯　清光緒江南總農會石印本　三十冊

110000－0146－0000863　PG/441.53/583
崇陵工程做法冊一百二十八卷崇陵做法簡冊一卷妃園寢工程做法五十卷妃園寢做法簡冊一卷風水圍牆做法六卷　(清)□□編　清末油印本　四十六冊

110000－0146－0000864　PG/323.02/719
心香閣考定二十四氣中星圖一卷　(清)江蕙注　清光緒六年(1880)蜀東宋氏刻本　一冊

110000－0146－0000865　PG/435.4/613
東籬中正一卷　(清)許兆熊撰　清光緒七年(1881)許玉瑑刻本　一冊

110000－0146－0000866　PG/307.8/626
物理小識十二卷　(明)方以智撰　清光緒十年(1884)寧靜堂刻本　六冊

110000－0146－0000867　PG/414.16/289
本草綱目五十二卷首一卷圖三卷奇經八脈考一卷脈訣考證一卷瀕湖脈學一卷　(明)李時珍撰　**萬方針錢八卷**　(清)蔡烈先撰　**本草綱目拾遺十卷**　(清)趙學敏撰　清光緒十一年(1885)合肥張氏味古齋刻本　四十冊　缺八卷(本草綱目拾遺三至十)

110000－0146－0000868　PG/432.1/215
夏小正戴氏傳四卷附校錄一卷　(宋)傅崧卿注　(清)黃丕烈校錄　清光緒十三年(1887)寶章閣刻本　一冊

110000－0146－0000869　PG/443.4/291
續纂江蘇水利全案附編十二卷　(清)李慶雲等纂　清光緒十四年(1888)木活字印本　六冊

110000－0146－0000870　PG/443.4/292
續纂江蘇水利全案附編十二卷　(清)李慶雲等纂　清光緒十四年(1888)木活字印本　六冊

110000－0146－0000871　PG/312.1/261
合數述二卷　(清)林紹清撰　清光緒十四年(1888)天津刻本　二冊

110000－0146－0000872　PG/464.1/517
景德鎮陶錄十卷　(清)藍浦撰　(清)鄭廷桂補輯　清光緒十七年(1891)刻本　四冊

110000－0146－0000873　PG/311.9/962
九數存古九卷　(清)顧觀光撰　清光緒十八年(1892)江蘇書局刻本　四冊

110000－0146－0000874　PG/372.6/150
躔離引蒙二卷　(清)賈步緯撰　清光緒十八年(1892)江南製造局刻本暨鉛印本　二冊

110000－0146－0000875　PG/407.9/905
實學文導二卷　(清)傅雲龍撰　清光緒二十一年(1895)石印本　二冊

110000－0146－0000876　PG/300.81/491
西學大成十二編五十六種　(清)盧梯青　(清)王西清輯　清光緒二十一年(1895)上海醉六堂書坊石印本　十二冊

110000－0146－0000877　PG/300.81/688
西學富彊叢書十三編八十一種　(清)張蔭桓輯　清光緒二十二年(1896)上海鴻文書局石印本　六十四冊

110000－0146－0000878　PG/314.4/349
萬象一原演式九卷首一卷　(清)夏鸞翔撰　(清)盧靖解　清光緒二十八年(1902)石印本　一冊

110000－0146－0000879　PG/314.4/348

萬象一原演式九卷首一卷　(清)夏鸞翔撰　(清)盧靖解　清光緒二十八年(1902)石印本　一冊

110000－0146－0000880　PG/467.1/890

礦政輯畧十二卷　(清)劉嶽雲撰　清光緒二十九年(1903)教育世界社石印本　八冊

110000－0146－0000881　PG/310.208/150

對數表四卷　(清)賈步緯編　清光緒三十年(1904)江南機器製造總局鉛印本　四冊

110000－0146－0000882　PG/731.86/461

北海道拓殖概觀不分卷　(日本)北海道廳輯　楊成能　謝蔭昌譯　清宣統二年(1910)奉天圖書印刷所鉛印本　一冊

110000－0146－0000883　PG/533.24/965

聖廟祀典圖考五卷首一卷附二卷　(清)顧沅輯　清道光刻本　五冊　缺二卷(一、首一卷)

110000－0146－0000884　PG/526.2/887

欽定國子監則例四十四卷首六卷　(清)劉墉等編　清刻本　六冊

110000－0146－0000885　PG/590.18/516

武備志二百四十卷　(明)茅元儀輯　明天啓刻本　六十四冊

110000－0146－0000886　PG/593/340

練兵實紀九卷雜集六卷　(明)戚繼光撰　清嘉慶刻本　六冊

110000－0146－0000887　PG/532.9/485

内務府慶典成案三卷禮部慶典成案二卷工部慶典成案一卷　(清)内務府編纂　清末刻本　五冊

110000－0146－0000888　PG/590/115

登壇必究四十卷　(明)王鳴鶴編輯　清刻本　四十冊

110000－0146－0000889　PG/570.17/978

太平經國之書十一卷首一卷　(宋)鄭伯謙撰　清乾隆、嘉慶刻本　二冊

110000－0146－0000890　PG/589.91/916

[刑部各省各司判例]不分卷　(清)□□編　清末抄本　八冊

110000－0146－0000891　PG/582/176

大清律集解附例三十卷欽定則例一卷大清律新例一卷　(清)□□編　清刻本　三冊

110000－0146－0000892　PG/578.285/916

[通商各國條約]不分卷　(清)□□編　清光緒刻本　二十冊

110000－0146－0000893　PG/573.535/683

欽定總管内務府現行則例四卷　(清)□□編　清光緒十年(1884)刻本　三冊　存三卷(二至四)

110000－0146－0000894　PG/443.6/795

行水金鑑一百七十五卷首一卷　(清)傅澤洪撰　清雍正三年(1725)淮揚官署刻本　九冊　存四十一卷(一至四十、首一卷)

110000－0146－0000895　PG/531.277/138

明堂大道錄八卷禘説二卷　(清)惠棟撰　清乾隆刻經訓堂叢書本　二冊

110000－0146－0000896　PG/782.24/437

國朝翰詹源流編年二卷館選爵里謚法考二卷國朝館職補選爵里謚法考一卷　(清)吳鼎雯撰　清乾隆、嘉慶刻本　四冊

110000－0146－0000897　PG/573.41/313

詞林典故八卷　(清)張廷玉輯　清乾隆刻本　八冊

110000－0146－0000898　PG/582.8/984

駁案新編三十二卷　(清)全士潮輯　清刻本　二十四冊

110000－0146－0000899　PG/526.029/163

欽定學政全書八十六卷首一卷　(清)恭阿拉纂　清嘉慶至清末刻本　十六冊

110000－0146－0000900　PG/573.53/135

欽定工部則例九十八卷　(清)福長安纂　清嘉慶三年(1798)刻本　二十四冊

110000－0146－0000901　PG/573.115/138

禮説十四卷大學説一卷　(清)惠士奇撰　清

嘉慶三年(1798)蘭陔書屋刻本　四冊

110000－0146－0000902　PG/573.115/139
禮説十四卷大學説一卷　(清)惠士奇撰　清嘉慶三年(1798)蘭陔書屋刻本　六冊

110000－0146－0000903　PG/531.87/987
禮箋三卷　(清)金榜撰　清嘉慶刻本　二冊

110000－0146－0000904　PG/538.82/125
滿洲四禮集五種　(清)索寧安撰　清嘉慶六年(1801)省非堂刻本　五冊

110000－0146－0000905　PG/589.91/100
大清律例三十九卷　(清)三泰等纂　清嘉慶六年(1801)盛時彥刻本　二十四冊

110000－0146－0000906　PG/573.1/248
三通序不分卷　(清)康綸鈞輯　清嘉慶九年(1804)刻本　三冊

110000－0146－0000907　PG/567.4/169
長蘆鹽法志二十卷附編十卷　(清)黄掌綸輯　清嘉慶十年(1805)刻本　二十四冊

110000－0146－0000908　PG/531.177/765
禮經釋例十三卷　(清)淩廷堪撰　清嘉慶十四年(1809)阮氏文選樓刻本　八冊

110000－0146－0000909　PG/573.53/411
欽定工部則例一百四十二卷　(清)曹振鏞纂　清嘉慶二十年(1815)刻本　十八冊

110000－0146－0000910　PG/531.147/719
鄉黨圖考十卷　(清)江永撰　清嘉慶二十一年(1816)刻本　六冊

110000－0146－0000911　PG/573.171/585
欽定大清會典八十卷事例九百二十卷目錄八卷圖一百三十二卷目錄二卷　(清)托津等撰　清嘉慶二十三年(1818)刻本　三百八冊　缺六卷(事例二百五十八至二百六十三)

110000－0146－0000912　PG/573.115/976
周禮十二卷札記一卷　(漢)鄭玄注　清嘉慶二十三年(1818)黄氏士禮居刻本　八冊

110000－0146－0000913　PG/567.4/293
淮鹺備要十卷　(清)李澄輯　清道光三年(1823)刻本　四冊

110000－0146－0000914　PG/593/343
紀效新書十八卷首一卷　(明)戚繼光撰　清光緒二十一年(1895)上海醉經樓石印本　四冊

110000－0146－0000915　PG/578.285/915
[各國條約]不分卷　(清)□□輯　清光緒刻本　八冊

110000－0146－0000916　PG/589.91/104
大清律纂修條例二卷　(清)□□纂　清道光二年(1822)刻本　二冊

110000－0146－0000917　PG/567.4/292
淮鹺備要十卷　(清)李澄輯　清道光三年(1823)刻本　四冊

110000－0146－0000918　PG/532/798
大清通禮五十四卷　(清)穆克登額纂　清道光四年(1824)刻本　十六冊

110000－0146－0000919　PG/573.42/312
為政忠告三種　(元)張養浩撰　清道光十一年(1831)碧鮮齋刻本　二冊

110000－0146－0000920　PG/573.1/249
三通序不分卷　(清)周恭壽輯　清道光十三年(1833)刻本　四冊

110000－0146－0000921　PG/582.8/942
説帖類編三十六卷簡明目錄六卷　(清)律例館編　清道光十五年(1835)律例館刻本　四十冊

110000－0146－0000922　PG/599.8/138
洴澼百金方十四卷　(清)袁宮桂編　清道光二十年(1840)陳階平刻本　八冊

110000－0146－0000923　PG/593/341
紀效新書十八卷首一卷　(明)戚繼光撰　清道光二十一年(1841)虎林西宗氏刻本　六冊

110000－0146－0000924　PG/595.99/791
蹶張心法一卷附刀鎗法選一卷　(明)程宗猷撰　清道光二十二年(1842)聚文堂刻本

四冊

110000－0146－0000925　PG/573.42/947
牧令書二十三卷保甲書四卷　(清)徐棟輯　清道光二十八年(1848)李煒刻本　二十一冊

110000－0146－0000926　PG/573.17/440
吾學錄初編二十四卷　(清)吳榮光撰　清道光二十九年(1849)湘西高國榮刻本　八冊

110000－0146－0000927　PG/573.1/834
治平畧增定全書三十三卷　(明)朱健　(明)朱徽撰　(清)陳時穀等增輯　清道光二十九年(1849)刻本　十六冊

110000－0146－0000928　PG/592/120
乾坤大略十卷補遺一卷　(清)王餘佑輯　清光緒刻本　四冊

110000－0146－0000929　PG/532.24/435
喪服會通説四卷　(清)吳嘉賓撰　清咸豐元年(1851)刻本　四冊

110000－0146－0000930　PG/575.41/100
[崇實等奏摺]　(清)□□輯　清末石印本　一冊

110000－0146－0000931　PG/599.4/992
防海新論十八卷　(德國)希理哈撰　(英國)傅蘭雅口譯　(清)華蘅芳筆述　清末石印本　六冊

110000－0146－0000932　PG/554.8/310
救荒活民類要不分卷　(元)張光大編輯　清光緒三年(1877)刻本　二冊

110000－0146－0000933　PG/573.46/976
欽定吏部稽勳司則例八卷　(清)□□編　清咸豐刻本　四冊

110000－0146－0000934　PG/443.6/400
鄭工新例報捐章程不分卷　(清)戶部編　清末抄本　一冊

110000－0146－0000935　PG/557.47/239
浙江海運全案初編十卷續編四卷　(清)椿壽纂　(清)韓椿續纂　清咸豐四年(1854)刻本　十四冊

110000－0146－0000936　PG/566.92/916
[永嘉縣賦役全書]一卷　(□)□□編　清咸豐四年(1854)刻本　一冊

110000－0146－0000937　PG/573.535/680
光祿寺則例九十卷　(清)裕誠等纂　清咸豐五年(1855)內府刻本　十六冊

110000－0146－0000938　PG/573.47/677
欽定王公處分則例一卷　(清)宗人府編　清咸豐六年(1856)刻本　二冊

110000－0146－0000939　PG/573.1/252
通典二百卷　(唐)杜佑撰　清咸豐九年(1859)崇仁謝氏刻本　四十冊

110000－0146－0000940　PG/573.1/251
通典二百卷　(唐)杜佑撰　清咸豐九年(1859)崇仁謝氏刻本　四十冊

110000－0146－0000941　PG/573.1/415
文獻通考三百四十八卷　(元)馬端臨撰　清咸豐九年(1859)崇仁謝氏刻本　一百二十冊

110000－0146－0000942　PG/573.1/416
文獻通考三百四十八卷　(元)馬端臨撰　清咸豐九年(1859)崇仁謝氏刻本　一百二十冊

110000－0146－0000943　PG/573.1/300
通志二百卷　(宋)鄭樵撰　清咸豐九年(1859)崇仁謝氏刻本　一百六十冊

110000－0146－0000944　PG/573.1/301
通志二百卷　(宋)鄭樵撰　清咸豐九年(1859)崇仁謝氏刻本　一百六十冊

110000－0146－0000945　PG/539.14/247
古謠諺一百卷　(清)杜文瀾輯　清咸豐十一年(1861)刻曼陀羅華閣叢書本　十六冊

110000－0146－0000946　PG/573.115/136
周官精義十二卷　(清)連斗山輯　清同治刻本　四冊

110000－0146－0000947　PG/554.34/165
營田輯要內篇二卷外篇一卷首一卷　(清)黃輔辰述　清同治三年(1864)成都刻本　一冊

110000－0146－0000948　PG/531.87/257
三禮通釋二百八十卷目錄四卷首一卷　(清)林昌彝撰　清同治三年(1864)廣州刻本　四十八冊

110000－0146－0000949　PG/531.87/258
三禮通釋二百八十卷目錄四卷首一卷　(清)林昌彝撰　清同治三年(1864)廣州刻本　四十八冊

110000－0146－0000950　PG/554.8/919
欽定康濟錄四卷　(清)倪國璉編輯　清同治三年(1864)浙江撫署刻本　三冊

110000－0146－0000951　PG/531.227/386
禮記集解六十一卷尚書顧命解一卷　(清)孫希旦集解　清咸豐十年至同治七年(1860－1868)瑞安孫氏盤谷草堂刻本　二十四冊

110000－0146－0000952　PG/533.1/850
皇朝謚法考五卷續編一卷　(清)鮑康輯　清同治三年(1864)刻五年(1866)增刻本　二冊

110000－0146－0000953　PG/533.1/851
皇朝謚法考五卷續編一卷補編一卷　(清)鮑康輯　清同治三年(1864)刻八年(1869)增刻本　一冊

110000－0146－0000954　PG/520.12/313
養正類編十三卷　(清)張伯行纂　清同治五年(1866)福州正誼書局刻正誼堂全書本　一冊

110000－0146－0000955　PG/573.41/916
增修籌餉事例條款不分卷籌餉事例一卷增修現代常例一卷　(清)□□撰　清同治刻本　四冊

110000－0146－0000956　PG/573.115/427
欽定周官義疏四十八卷首一卷　(清)鄂爾泰等撰　清同治七年(1868)李瀚章刻本　二十四冊

110000－0146－0000957　PG/531.12/976
儀禮鄭注句讀十七卷附二卷　(漢)鄭玄注　(清)張爾岐句讀　清同治七年(1868)金陵書局刻本　四冊

110000－0146－0000958　PG/531.147/216
儀禮釋官九卷首一卷　(清)胡匡衷撰　清同治八年(1869)績溪胡肇智刻本　四冊

110000－0146－0000959　PG/554.8/706
荒政輯要九卷首一卷　(清)汪志伊纂　清同治八年(1869)崇文書局刻本　四冊

110000－0146－0000960　PG/548.1/988
得一錄十六卷　(清)余治輯　清同治八年(1869)刻本　八冊

110000－0146－0000961　PG/573.332/445
試場異聞錄五種附錄三種　(清)呂相燮輯　清同治九年(1870)廣州味經堂刻十二年(1873)增刻本　十冊

110000－0146－0000962　PG/589.91/723
大清律例彙輯便覽四十卷督捕則例附纂二卷　(清)湖北讞局彙輯　清同治十一年(1872)湖北讞局刻本　二十八冊

110000－0146－0000963　PG/567.3/496
浙江省減賦全案十卷　(清)覺羅興奎輯　清同治十二年(1873)糧諸道庫刻本　十冊

110000－0146－0000964　PG/531.327/370
大戴禮記補注十三卷序錄一卷　(清)孔廣森補注　清同治十三年(1874)淮南書局刻本　六冊

110000－0146－0000965　PG/531.327/371
大戴禮記補注十三卷序錄一卷　(清)孔廣森補注　清同治十三年(1874)淮南書局刻本　四冊

110000－0146－0000966　PG/567.4/375
欽定重修兩浙鹽法志三十卷首二卷　(清)延豐纂修　清同治十三年(1874)楊昌濬刻本　二十四冊

110000－0146－0000967　PG/567.4/269
兩浙鹽法續纂備考十二卷　(清)楊昌濬纂　清同治十三年(1874)刻本　十二冊

110000－0146－0000968　PG/578.285/385

交涉要覽類編二卷　(清)陳鈺輯　(清)鄭貞來譯　清光緒二十八年(1902)湖北洋務譯書局鉛印本　二册

110000－0146－0000969　PG/592/291
衛公兵法輯本三卷附舊唐李靖傳考證一卷　(唐)李靖撰　(清)汪宗沂輯　清光緒二十年(1894)漸西村舍刻本　一册

110000－0146－0000970　PG/573.16/658
明會要八十卷　(清)龍文彬纂　清光緒廣雅書局刻本　二十册

110000－0146－0000971　PG/573.1/417
文獻通考三百四十八卷考證三卷　(元)馬端臨撰　清光緒鉛印本　四十册　缺二十七卷(一至二十七)

110000－0146－0000972　PG/565/345
列國歲計政要十二卷首一卷　(英國)麥丁富得力編纂　(美國)林樂知口譯　(清)鄭昌棪筆述　清光緒元年(1875)上海江南機器製造總局刻本　六册

110000－0146－0000973　PG/573.357/283
歷科鼎甲策不分卷　(清)松竹齋輯　清光緒刻本　十一册

110000－0146－0000974　PG/573.17/117
石渠餘紀六卷　(清)王慶雲撰　清光緒刻本　六册

110000－0146－0000975　PG/610.11/302
史記一百三十卷　(漢)司馬遷撰　(清)徐孚遠　(清)陳子龍測議　清味經堂刻本　二十册

110000－0146－0000976　PG/626.804/872
哭廟記略一卷　(□)□□撰　清宣統三年(1911)商務印書館鉛印痛史本　一册

110000－0146－0000977　PG/573.332/595
[浙江鄉試卷]　(清)□□輯　清光緒刻本　七十二册

110000－0146－0000978　PG/532/377
禮書一百五十卷　(宋)陳祥道撰　清光緒二年(1876)廣州菊坡精舍刻本　十四册

110000－0146－0000979　PG/590.81/828
重刊武經七書彙解七卷首一卷末一卷　(清)朱墉纂輯　清光緒二年(1876)索綽絡氏嶺南刻本　十册

110000－0146－0000980　PG/533.24/672
文廟祀典考五十卷首一卷　(清)龐鍾璐輯　清光緒五年(1879)龐氏刻本　八册

110000－0146－0000981　PG/582.8/621
秋審實緩比較條款不分卷　(清)謝誠鈞撰　清光緒四年(1878)江蘇書局刻本　二册

110000－0146－0000982　PG/554.8/269
籌濟編三十二卷首一卷　(清)楊景仁輯　清光緒四年(1878)刻本　八册

110000－0146－0000983　PG/573.332/168
明貢舉考略二卷國朝貢舉考略四卷　(清)黃崇蘭輯　(清)趙學增續編　清光緒五年(1879)金陵文英堂刻本　四册

110000－0146－0000984　PG/532/102
五禮通考二百六十二卷總目二卷首四卷　(清)秦蕙田撰　清光緒六年(1880)江蘇書局刻本　一百册

110000－0146－0000985　PG/586.62/693
洗冤錄詳義四卷首一卷　(清)許梿編　清光緒四年(1878)刻本　四册

110000－0146－0000986　PG/531.17/948
讀禮通考一百二十卷　(清)徐乾學撰　清光緒七年(1881)江蘇書局刻本　三十二册

110000－0146－0000987　PG/525.99/428
東林書院志二十二卷　(清)張師載鑒定　(清)高廩輯　清光緒七年(1881)刻本　八册

110000－0146－0000988　PG/567.4/158
四川鹽法志四十卷首一卷　(清)丁寶楨纂輯　清光緒八年(1882)刻本　二十册

110000－0146－0000989　PG/539.92/536
越諺三卷剩語二卷　(清)范寅輯　清光緒八年(1882)谷應山房刻本　三册

110000－0146－0000990　PG/573.4/651
歷代職官表六卷　(清)黄本驥撰　清光緒八年(1882)上海王氏刻本　三册

110000－0146－0000991　PG/573.1/784
皇朝通典一百卷　(清)嵇璜纂　清光緒八年(1882)浙江書局刻本　六十册

110000－0146－0000992　PG/573.1/786
皇朝文獻通考三百卷　(清)嵇璜纂　清光緒八年(1882)浙江書局刻本　一百六十册

110000－0146－0000993　PG/573.1/785
皇朝通志一百二十六卷　(清)嵇璜纂　清光緒八年(1882)浙江書局刻本　四十册

110000－0146－0000994　PG/533.1/887
漢晉迄明諡彙考十卷首一卷　(清)劉長華輯　清光緒八年(1882)刻本　二册

110000－0146－0000995　PG/567.4/306
增修河東鹽法備覽八卷首一卷　(清)張元鼎纂　清光緒八年(1882)刻本　十册

110000－0146－0000996　PG/582/651
大清律例總類不分卷例限彙編二卷　(清)郎汝琳增輯　清光緒九年(1883)刻本　九册

110000－0146－0000997　PG/590/287
兵鏡類編四十卷　(清)李蕊編輯　清光緒十年(1884)寶慶務本書局刻本　十六册

110000－0146－0000998　PG/573.121/946
西漢會要七十卷　(宋)徐天麟撰　清光緒十年(1884)江蘇書局刻本　十册

110000－0146－0000999　PG/573.121/948
東漢會要四十卷　(宋)徐天麟撰　清光緒十年(1884)江蘇書局刻本　八册

110000－0146－0001000　PG/573.121/947
西漢會要七十卷　(宋)徐天麟撰　清光緒十年(1884)江蘇書局刻本　十册

110000－0146－0001001　PG/585.4/221
續輯明刑圖説一卷　(清)胡鴻澤編　清末石印本　一册

110000－0146－0001002　PG/573.1/782
欽定續通志六百四十卷　(清)嵇璜等纂　清光緒十二年(1886)浙江書局刻本　二百册　缺四卷(一百六十三至一百六十六)

110000－0146－0001003　PG/573.1/781
欽定續通典一百五十卷　(清)嵇璜等撰　清光緒十二年(1886)浙江書局刻本　六十册

110000－0146－0001004　PG/573.41/936
欽定吏部則例□□卷　(清)錫珍等修　(清)施人鏡纂　清光緒十二年(1886)刻本　二十五册　存二十四卷(欽定吏部銓選滿洲官員品級考三卷、則例五卷,欽定吏部銓選漢官品級考二卷、則例八卷,欽定吏部驗封司則例六卷)

110000－0146－0001005　PG/573.42/626
平平言四卷　(清)方大湜撰　清光緒十三年(1887)常德府署刻本　四册

110000－0146－0001006　PG/573.1/783
欽定續文獻通考二百五十卷　(清)嵇璜等撰　清光緒十三年(1887)浙江書局刻本　一百二十册

110000－0146－0001007　PG/586/798
明刑管見録一卷　(清)穆翰撰　清光緒十三年(1887)陝西臬署刻本　一册

110000－0146－0001008　PG/573.35/109
欽定科場條例六十卷首一卷　(清)禮部纂　清光緒十三年(1887)刻本　十八册

110000－0146－0001009　PG/573.41/827
皇朝詞林典故六十四卷　(清)朱珪撰　清光緒十三年(1887)刻本　三十四册

110000－0146－0001010　PG/573.1/250
三通序不分卷　蔣德钧輯　清光緒十四年(1888)湘鄉蔣氏求實齋刻本　一册

110000－0146－0001011　PG/573.914/483
晉政輯要四十卷　(清)剛毅修　(清)安頤纂　清光緒十五年(1889)刻本　三十二册

110000－0146－0001012　PG/589.91/410

唐律疏議三十卷　（唐）長孫無忌撰　清光緒十六年（1890）京師刻本　十二冊

110000－0146－0001013　PG/531.277/634
禮記質疑四十九卷　（清）郭嵩燾著　清光緒十六年（1890）思賢講舍刻本　十冊

110000－0146－0001014　PG/652.71/720
經略洪承疇奏對筆記二卷　（清）洪承疇撰　奏摺譜一卷　（清）饒旬宣撰　清光緒十六年（1890）刻本　二冊

110000－0146－0001015　PG/531.127/987
弟子職音誼一卷　（清）鍾廣纂　清光緒十六年（1890）刻本　一冊

110000－0146－0001016　PG/531.289/903
玉會篇箋釋三卷　（清）何秋濤撰　清光緒十七年（1891）江蘇書局刻本　三冊

110000－0146－0001017　PG/582/763
刑部奏定新章四卷　（清）□□輯　清光緒十八年（1892）北京榮錄堂刻本　四冊

110000－0146－0001018　PG/531.127/139
禮經校釋二十二卷　（清）曹元弼撰　清光緒十八年（1892）刻本　十二冊

110000－0146－0001019　PG/573.82/682
欽定臺規四十二卷首一卷　（清）延煦纂　清光緒十八年（1892）刻本　二十四冊

110000－0146－0001020　PG/585.8/118
刑部通行章程六卷　（清）王汝礪編輯　清光緒十八年至二十三年（1892－1897）刻本　五冊

110000－0146－0001021　PG/532/168
禮書通故五十卷　（清）黃以周述　清光緒十九年（1893）黃氏試館刻本　三十二冊

110000－0146－0001022　PG/592/713
汪氏兵學三書　（清）汪宗沂輯　清光緒二十年（1894）桐廬袁氏漸西村舍刻本　一冊

110000－0146－0001023　PG/593/342
紀效新書十八卷首一卷　（明）戚繼光撰　清光緒二十一年（1895）上海醉經樓石印本　四冊

110000－0146－0001024　PG/573.07/974
盛世危言十四卷　（清）鄭觀應撰　清光緒二十一年（1895）石印本　八冊

110000－0146－0001025　PG/573.4/652
欽定歷代職官表七十二卷首一卷　（清）永瑢修　（清）紀昀等纂　清光緒二十二年（1896）廣雅書局刻本　二十四冊

110000－0146－0001026　PG/507.1/730
西政叢書三十一種　梁啟超輯　清光緒二十三年（1897）慎記書莊石印本　三十二冊

110000－0146－0001027　PG/521.9/312
朱子讀書法四卷　（宋）張洪　（宋）齊熈編　清光緒二十三年（1897）八旗書院刻本　四冊

110000－0146－0001028　PG/531.115/828
儀禮節畧十二卷　（清）朱軾撰　清光緒二十三年（1897）刻本　十冊

110000－0146－0001029　PG/573.07/767
校邠廬抗議二卷　（清）馮桂芬著　清光緒二十四年（1898）刻本　二冊

110000－0146－0001030　PG/573.07/521
洋務時事彙編八卷　（清）葛子源編輯　清光緒二十四年（1898）上海書局石印本　十二冊

110000－0146－0001031　PG/573.17/115
熙朝紀政六卷　（清）王慶雲撰　清光緒二十四年（1898）石印本　六冊

110000－0146－0001032　PG/595.94/856
火器命中十二卷　（清）熊方柏撰　清光緒二十四年（1898）刻本　四冊

110000－0146－0001033　PG/582/245
漢律輯證六卷　（清）杜貴墀撰　清光緒二十五年（1899）校經堂刻桐華閣叢書本　一冊

110000－0146－0001034　PG/590/383
權制八卷　（清）陳澹然述　清光緒二十六年（1900）徐崇立長沙刻本　四冊

110000－0146－0001035　PG/532/245

典禮質疑六卷漢律輯證六卷　(清)杜貴墀撰　清光緒刻桐華閣叢書本　三冊

110000－0146－0001036　PG/520.81/992
教育叢書三集　(清)教育世界社編譯　清光緒教育世界出版所刻本暨石印本　十七冊　存十九種(初集十一種、二集五種、三集三種)

110000－0146－0001037　PG/570/100
中外政治策論彙編二十四卷　(清)何翁渊輯　清光緒二十七年(1901)鴻寶書局石印本　二十三冊　缺一卷(二十四)

110000－0146－0001038　PG/574.31/786
日本變法次第類攷三集七十五卷　程恩培輯　程堯章譯　清光緒二十八年(1902)政學譯社鉛印本　十二冊

110000－0146－0001039　PG/578.291/791
增訂教案彙編六卷首一卷　(清)程宗裕輯　清光緒二十八年(1902)實學書社鉛印本　六冊

110000－0146－0001040　PG/573.1/165
二十四史九通政典類要合編三百二十卷　(清)黃書霖輯　清光緒二十八年(1902)約雅堂石印本　六十冊

110000－0146－0001041　PG/573.17/745
皇朝政典類纂五百卷目錄六卷　(清)席裕福等纂　清光緒二十九年(1903)上海圖書集成局鉛印本　一百二十冊

110000－0146－0001042　PG/573.115/364
周禮政要二卷　(清)孫詒讓撰　清光緒二十八年(1902)鉛印本　二冊

110000－0146－0001043　PG/573.115/365
周禮政要二卷　(清)孫詒讓撰　清光緒二十八年(1902)鉛印本　二冊

110000－0146－0001044　PG/533.1/267
皇朝謚法表　(清)楊樹編　清光緒二十八年(1902)刻本　二冊

110000－0146－0001045　PG/538.12/261
全地五大洲女俗通考十集二十一卷首一卷　(美國)林樂知輯　(清)任保羅譯　清光緒二十九年(1903)上海廣學會鉛印本　二十一冊

110000－0146－0001046　PG/527.1/311
奏定學堂章程　(清)張百熙等纂　清光緒湖北學務處刻本　五冊

110000－0146－0001047　PG/527.1/312
奏定學堂章程　(清)張百熙等纂　清光緒北京官書局鉛印本　五冊

110000－0146－0001048　PG/587/660
[商部奏定律章][七種]　(清)商部編訂　清光緒三十年(1904)鉛印本　七冊

110000－0146－0001049　PG/578.285/583
約章成案匯覽甲篇十卷乙篇四十二卷　(清)北洋洋務局纂輯　清光緒三十一年(1905)上海點石齋石印本　四十六冊

110000－0146－0001050　PG/573.17/118
石渠餘紀六卷　(清)王慶雲撰　清光緒刻本　六冊

110000－0146－0001051　PG/573.115/366
周禮正義八十六卷　(清)孫詒讓撰　清光緒三十一年(1905)鉛印本　二十冊

110000－0146－0001052　PG/589.91/399
大清律例增修統纂集成四十卷督捕則例附纂二卷　(清)陶駿　(清)陶念霖增修　清光緒三十一年(1905)鉛印本　二十四冊

110000－0146－0001053　PG/589.91/400
大清律例增修統纂集成四十卷督捕則例附纂二卷　(清)陶駿　(清)陶念霖增修　清光緒三十二年(1906)鉛印本　二十四冊

110000－0146－0001054　PG/538.82/639
燕京歲時記一卷　(清)富察敦崇撰　清光緒三十二年(1906)京都琉璃廠文德齋刻本　一冊

110000－0146－0001055　PG/552.24/283
滿洲財力論四編　(日本)松本敬之著　(清)施爾常譯　清光緒三十二年(1906)京師學部編譯書局鉛印本　一冊

110000－0146－0001056　PG/574/214
列國政要一百三十二卷譯文對照表一卷　(清)戴鴻慈　(清)端方輯　清光緒三十三年(1907)商務印書館石印本　三十二册

110000－0146－0001057　PG/574/213
列國政要一百三十二卷譯文對照表一卷　(清)戴鴻慈　(清)端方輯　清光緒三十三年(1907)商務印書館石印本　三十二册

110000－0146－0001058　PG/573.41/857
宗室王公世職章京爵秩襲次全表十卷　(清)牟其汶編　清光緒三十三年(1907)石印本　十册

110000－0146－0001059　PG/573.1/160
古今法制表十六卷　(清)孫榮編著　清光緒三十二年(1906)四川瀘州學正署刻本　十册

110000－0146－0001060　PG/557.22/780
軌政紀要初編九卷次編三卷　陳毅編　陳宗蕃續編　清光緒三十三年(1907)郵傳部圖書通譯局鉛印本　六册

110000－0146－0001061　PG/552.211/801
直隸工藝志初編八卷　(清)周爾潤編　清光緒三十三年(1907)工藝總局鉛印本　八册

110000－0146－0001062　PG/610.5/746
二十一史四譜五十四卷　(清)沈炳震撰　清咸豐刻本　十六册

110000－0146－0001063　PG/552.224/205
江西農工商礦紀略不分卷　(清)傅春官編　清光緒三十四年(1908)石印本　六册

110000－0146－0001064　PG/573.171/583
欽定大清會典事例一千二百二十卷目錄八卷首一卷欽定大清會典一百卷首一卷　(清)崑岡編　清光緒三十四年(1908)上海商務印書館石印本　一百六十册

110000－0146－0001065　PG/580.96/925
大明律集解附例三十卷　(明)舒化纂　清光緒三十四年(1908)沈家本修訂法律館刻本　十册

110000－0146－0001066　PG/573.332/794
科場條例錄要不分卷　(清)□□撰　清光緒刻本　一册

110000－0146－0001067　PG/561.4/355
度支部通阜司奏案輯要六卷　(清)度支部通阜司編　清宣統京師京華書局鉛印本　六册

110000－0146－0001068　PG/573.171/584
欽定大清會典事例一千二百二十卷目錄八卷首一卷大清會典一百卷首一卷　(清)崑岡編　清宣統元年(1909)上海商務印書館石印本　一百六十册

110000－0146－0001069　PG/589.92/660
大清光緒新法令十三類附錄三卷　商務印書館編譯所編輯　清宣統元年(1909)商務印書館鉛印本　二十册

110000－0146－0001070　PG/589.91/746
大清現行刑律案語不分卷附核訂現行刑律　沈家本輯　清宣統元年(1909)法律館鉛印本　十八册

110000－0146－0001071　PG/573.07/439
起黃二卷質顧一卷廣王二卷　吳光耀撰　清宣統元年(1909)刻本　五册

110000－0146－0001072　PG/535/775
資政院第一次常年會會議錄　(清)資政院編　清宣統鉛印本　一册

110000－0146－0001073　PG/525.99/626
瀛山書院志十卷首一卷　(清)方漸鴻輯　清宣統二年(1910)木活字印本　四册

110000－0146－0001074　PG/566.92/484
黑龍江財政沿革利弊說明書三卷劃分國家地方兩稅意見書一卷首一卷附一卷　黑龍江清理財政局編　清宣統二年(1910)黑龍江清理財政局鉛印本　四册

110000－0146－0001075　PG/589.92/661
大清宣統新法令　商務印書館編輯　清宣統二年(1910)上海商務印書館鉛印本　三十册

110000－0146－0001076　PG/589.92/675

大清刑律二編　沈家本等編　清宣統二年(1910)鉛印本　二冊

110000－0146－0001077　PG/526.2/159
大清教育新法令　(清)政學社編纂　清宣統二年(1910)會文堂石印本　八冊

110000－0146－0001078　PG/610.11/305
史記一百三十卷　(漢)司馬遷撰　(明)鍾惺批評　明天啓大來堂刻本(卷一至三補配)　十六冊

110000－0146－0001079　PG/222.071/177
御選語錄十九卷　(清)世宗胤禛輯　清雍正十一年(1733)武英殿刻本　九冊　存十卷(八至十一、十三至十八)

110000－0146－0001080　PG/610.83/198
廿二史劄記三十六卷補遺一卷　(清)趙翼撰　清嘉慶湛貽堂刻本　十二冊

110000－0146－0001081　PG/610.24/660
資治通鑑綱目前編二十五卷正編五十九卷續編二十七卷末一卷　(宋)朱熹纂修　(明)商輅等續修　(明)陳仁錫評　清春明堂刻本　一百二十八冊

110000－0146－0001082　PG/610.83/916
武英殿本二十三史考證不分卷　(清)孫嘉淦等撰　清同治八年(1869)嶺南菃古堂刻本　二十冊

110000－0146－0001083　PG/601.2/929
廿二史考異一百卷　(清)錢大昕撰　清乾隆、嘉慶錢氏潛研堂刻潛研堂全書本　二十一冊

110000－0146－0001084　PG/610.11/725
史記志疑三十六卷　(清)梁玉繩撰　清乾隆五十二年(1787)刻本　十四冊

110000－0146－0001085　PG/610.83/118
十七史商榷一百卷　(清)王鳴盛撰　清乾隆五十二年(1787)洞經草堂刻本　二十冊

110000－0146－0001086　PG/610.24/113
歷朝綱鑑會纂三十九卷首一卷　(明)王世貞編　**御撰資治通鑑綱目三編二十卷**　(清)張廷玉等編次　清乾隆五十六年(1791)晉祁書業德刻本　四十八冊　缺一卷(三十二)

110000－0146－0001087　PG/610.19/554
古史六十卷　(宋)蘇轍撰　清嘉慶元年(1796)掃葉山房刻本　六冊

110000－0146－0001088　PG/610.23/204
通鑑注商十八卷　(清)趙紹祖撰　清嘉慶刻本　四冊

110000－0146－0001089　PG/610.24/287
讀通鑑綱目條記二十卷首一卷　(清)李述來撰　清嘉慶七年(1802)刻本　六冊

110000－0146－0001090　PG/610.74/749
帝王世紀纂要四卷　(清)遊昌灼撰　清嘉慶十七年(1812)刻本　四冊

110000－0146－0001091　PG/610.02/662
歷代帝王年表不分卷　(清)齊召南編　(清)阮福補編　**帝王廟謚年諱譜一卷**　(清)陸費墀輯　清道光四年(1824)小琅嬛仙館刻本　四冊

110000－0146－0001092　PG/610.02/661
歷代帝王年表不分卷　(清)齊召南編　(清)阮福補編　**帝王廟謚年諱譜一卷**　(清)陸費墀輯　清道光四年(1824)小琅環仙館刻本　四冊

110000－0146－0001093　PG/610.02/504
紀元通考十二卷　(清)葉維庚撰　清道光八年(1828)刻本　四冊

110000－0146－0001094　PG/601.1/895
史通削繁四卷　(唐)劉知幾撰　(清)紀昀削繁　(清)浦起龍注　清末刻朱墨印本　四冊

110000－0146－0001095　PG/610.11/300
史記一百三十卷　(漢)司馬遷撰　(清)徐孚遠　(清)陳子龍測議　清道光十四年(1834)三元堂刻本　三十二冊

110000－0146－0001096　PG/610.81/112
于文定公讀史漫錄二十卷　(明)于慎行撰

(清)黄恩彤参訂　清道光二十六年(1846)刻本　八册

110000－0146－0001097　PG/610.81/270
讀史四集四卷　(明)楊以任纂　清道光三十年(1850)刻本　四册

110000－0146－0001098　PG/610.81/739
讀史大略六十卷首一卷　(清)張白撰　清咸豐七年(1857)刻本　十二册

110000－0146－0001099　PG/610.5/879
二十四史三表三種　(清)段長基編　清同治四年(1865)宜黄曾氏刻光緒元年(1875)紅杏山房後印本　二十册

110000－0146－0001100　PG/610.11/301
史記一百三十卷　(漢)司馬遷撰　清同治五年至九年(1866－1870)金陵書局刻本　二十册

110000－0146－0001101　PG/610.24/967
綱鑑正史約三十六卷附甲子紀元一卷　(明)顧錫疇編　(清)陳宏謀增訂　清同治八年(1869)浙江書局刻本　二十册

110000－0146－0001102　PG/520.81/993
教育世界十八卷　羅振玉等撰　清光緒上海教育世界社刻本　四册

110000－0146－0001103　PG/610.1/240
二十四史　(清)□□輯　清同治、光緒五省官書局刻本　五百八十册　缺三種(史記、三國志、新五代史)

110000－0146－0001104　PG/610.11/311
校刊史記集解索隱正義札記五卷　(清)張文虎撰　清同治十一年(1872)金陵書局刻本　二册

110000－0146－0001105　PG/610.7/994
史記菁華録六卷　(清)姚苧田輯　清同治十二年(1873)趙氏紅杏山房刻朱墨印本　六册

110000－0146－0001106　PG/610.3/189
通鑑紀事本末二百三十九卷　(宋)袁樞撰　(明)張溥論證　清同治十二年(1873)江西書局刻本　八十册

110000－0146－0001107　PG/533.1/888
皇朝謚彙考五卷續一卷　(清)劉長華纂　清光緒元年(1875)槐雲閣刻六年(1880)南通州李彬彬堂續刻本　一册

110000－0146－0001108　PG/610.11/114
歸方評點史記合筆六卷　(清)王拯輯　清光緒元年(1875)成都錦城節署刻本　四册

110000－0146－0001109　PG/610.11/113
歸方評點史記合筆六卷　(清)王拯輯　清光緒元年(1875)成都錦城節署刻本　四册

110000－0146－0001110　PG/089.7/722
授經堂重刊遺集二十三種二百二十二卷　(清)洪亮吉撰　清光緒三年至五年(1877－1879)陽湖洪用勤授經堂彙刻本　五册　存五種九卷(東晉疆域志四卷、補三國疆域志二卷、遣戍伊犁日記一卷、天山客話一卷、外家紀聞一卷)

110000－0146－0001111　PG/610.23/429
資治通鑑補二百九十四卷　(宋)司馬光撰　(元)胡三省音注　(明)嚴衍補　清光緒二年(1876)思補樓木活字印本　八十册

110000－0146－0001112　PG/610.11/304
史記一百三十卷附方望溪平點史記四卷　(漢)司馬遷撰　(明)歸有光評點　清光緒二年(1876)武昌張裕釗刻本　二十册

110000－0146－0001113　PG/610.21/951
竹書紀年統箋十二卷前編一卷雜述一卷　(清)徐文靖撰　清光緒三年(1877)浙江書局刻本　四册

110000－0146－0001114　PG/601.1/655
文史通義八卷校讐通義三卷　(清)章學誠撰　清光緒三年(1877)刻章氏遺書本　五册

110000－0146－0001115　PG/610.11/303
史記一百三十卷　(漢)司馬遷撰　(南朝宋)裴駰集解　清光緒四年(1878)金陵書局刻本　十六册

110000－0146－0001116　PG/610.23/455
資治通鑑釋文三十卷　(宋)史炤撰　清光緒五年(1879)吳興陸氏十萬卷樓刻本　四冊

110000－0146－0001117　PG/610.29/303
司馬溫公稽古錄二十卷　(宋)司馬光撰　清光緒五年(1879)江蘇書局刻本　四冊

110000－0146－0001118　PG/610.81/312
歷代史論十二卷宋史論三卷元史論一卷　(明)張溥撰　**明史論四卷**　(清)谷應泰撰　清光緒五年(1879)西江裴氏刻本　七冊

110000－0146－0001119　PG/610.4/270
增訂南詔野史二卷　(明)楊慎輯　清光緒六年(1880)雲南書局刻本　二冊

110000－0146－0001120　PG/610.1/720
四史發伏十卷　(清)洪亮吉撰　清光緒八年(1882)刻本　四冊

110000－0146－0001121　PG/610.24/901
續資治通鑑綱目二十七卷　(明)商輅等撰　清光緒八年(1882)符離邵景書刻本　二十四冊

110000－0146－0001122　PG/610.29/441
尺木堂綱鑑易知錄九十二卷　(清)吳乘權等編　**御選資治通鑑綱目三編二十卷**　(清)張廷玉等輯　清光緒八年(1882)掃葉山房刻本　四十八冊

110000－0146－0001123　PG/610.24/900
錢陟園考訂資治通鑑綱目全書五十九卷　(宋)朱熹撰　(清)錢選編　清光緒八年(1882)上海惜物軒刻本　六十冊

110000－0146－0001124　PG/610.02/508
史鑑年表彙編十四卷　(清)蕭承笏輯　清光緒十年(1884)養雲書屋刻本　八冊

110000－0146－0001125　PG/610.24/910
御批歷代通鑑輯覽一百二十卷　(清)傅恒等纂　清光緒十三年(1887)上海同文書局石印本　二十冊

110000－0146－0001126　PG/610.83/721
諸史考異十八卷　(清)洪頤煊撰　清光緒十五年(1889)廣雅書局刻本　三冊

110000－0146－0001127　PG/610.83/720
諸史考異十二卷　(清)洪頤煊撰　清光緒十五年(1889)廣雅書局刻本　二冊

110000－0146－0001128　PG/610.81/115
評史管窺不分卷　(清)王步蟾撰　清光緒十九年(1893)刻本　四冊

110000－0146－0001129　PG/610.3/273
通鑑長編紀事本末一百五十卷　(宋)楊促良撰　清光緒十九年(1893)廣雅書局刻本　二十四冊

110000－0146－0001130　PG/610.74/360
鑄史駢言十二卷　(清)孫玉田編　清光緒二十三年(1897)上海文淵樓石印本　二冊

110000－0146－0001131　PG/610.81/380
二十四史論贊七十八卷　(清)陳闓輯　清光緒二十八年(1902)文淵山房石印本　十二冊

110000－0146－0001132　PG/610.24/906
御批歷代通鑑輯覽一百二十卷　(清)傅恒等纂　清光緒二十八年(1902)書業德石印本　二十一冊　缺十五卷(十二至二十六)

110000－0146－0001133　PG/610.24/909
御批歷代通鑑輯覽一百二十卷　(清)傅恒等纂　清光緒二十八年(1902)三省堂石印本　七冊

110000－0146－0001134　PG/610.11/306
史記一百三十卷　(漢)司馬遷撰　(南朝宋)裴駰集解　(唐)司馬貞索隱　(唐)張守節正義　清光緒二十八年(1902)史學會社石印本　八冊

110000－0146－0001135　PG/610.23/428
資治通鑑補正二百九十四卷首一卷　(宋)司馬光撰　(元)胡三省音注　(明)嚴衍補正　清光緒二十八年(1902)上海益智書局石印本　四十八冊

110000－0146－0001136　PG/610.29/110

增評加批歷史綱鑑補三十九卷首一卷　(明)袁黄　(明)王世貞纂　**御撰資治通鑑綱目三編六卷**　(清)張廷玉撰　清光緒二十八年(1902)上海富強齋石印本　十六册

110000－0146－0001137　PG/610.24/908
御批歷代通鑑輯覽一百二十卷　(清)傅恒等纂　清光緒二十九年(1903)上海官書局石印本　二十册

110000－0146－0001138　PG/610.1/241
二十四史　(清)□□輯　清光緒二十九年(1903)五洲同文局石印本　七百十册

110000－0146－0001139　PG/610.83/199
廿二史劄記三十六卷補遺一卷　(清)赵翼撰　清光緒三十一年(1905)上海廣益書局鉛印本　八册

110000－0146－0001140　PG/610.11/590
史記探源八卷　(清)崔適撰　清宣統二年(1910)刻本　四册

110000－0146－0001141　PG/610.11/589
史記探源八卷　(清)崔適撰　清宣統二年(1910)鉛印本　二册

110000－0146－0001142　PG/610.3/828
歷朝紀事本末九種　(清)陳如升　(清)朱記榮輯　清宣統二年(1910)上海文盛書局石印本　四十册

110000－0146－0001143　PG/621.81/854
戰國策三十三卷　(宋)鮑彪校注　(元)吳師道重校　清末刻本　八册　存十卷(一至十)

110000－0146－0001144　PG/621.73/766
左繡三十卷首一卷　(清)馮李驊　(清)陸浩評輯　清金閶步月樓刻本　十六册

110000－0146－0001145　PG/621.73/227
評點春秋綱目左傳句解彙雋六卷　(清)韓菼撰　清李光明莊刻本　六册

110000－0146－0001146　PG/622.101/278
漢書蒙拾三卷後漢書蒙拾二卷　(清)杭世駿纂　清乾隆刻本　四册

110000－0146－0001147　PG/621.81/720
左策史漢約選八卷　(清)洪德常輯　清世綸堂刻本　二册　存二卷(戰國策二卷)

110000－0146－0001148　PG/621.73/412
左傳事緯十二卷前書八卷　(清)馬驌編　清刻本　十册

110000－0146－0001149　PG/621.77/709
國語發正二十一卷國語明道本攷異四卷　(清)汪遠孫撰　清道光二十六年(1846)汪氏振綺堂刻本　四册

110000－0146－0001150　PG/622.102/118
西漢年紀三十卷　(宋)王益之撰　清乾隆、嘉慶掃葉山房刻本　六册

110000－0146－0001151　PG/621.77/368
合刻孫評國語國策三十三卷　(明)孫鑛評點　(清)萬經校輯　清康熙二十四年(1685)萬經刻本　十五册

110000－0146－0001152　PG/235/280
最上一乘慧命經一卷　(清)柳華陽撰並注　清光緒八年(1882)京都龍華齋刻本　一册

110000－0146－0001153　PG/621.237/543
尚書大傳三卷　(清)董豐垣輯　清乾隆九年(1744)槐古齋刻本　二册

110000－0146－0001154　PG/621.237/289
尚書隸古定釋文八卷附隸古定經文二卷　(清)李遇孫撰　清光緒貴池劉世珩刻朱印本　二册

110000－0146－0001155　PG/621.019/294
尚史七十卷　(清)李鍇撰　清乾隆三十八年(1773)刻本　十六册

110000－0146－0001156　PG/621.227/116
尚書後案三十卷附尚書後辨一卷　(清)王鳴盛撰　清乾隆四十五年(1780)刻本　八册

110000－0146－0001157　PG/621.227/719
尚書集注音疏十二卷末一卷外編一卷　(清)江聲撰　清乾隆五十八年(1793)刻本　十二册

110000－0146－0001158　PG/621.757/380
春秋世族譜二卷補抄一卷　(清)陳厚耀撰　(清)葉蘭補抄　清嘉慶五年(1800)刻本　二册

110000－0146－0001159　PG/621.77/579
國語二十一卷札記一卷　(三國吳)韋昭解　清嘉慶五年(1800)讀未見書齋刻本　四册

110000－0146－0001160　PG/621.73/533
春秋左傳釋人十二卷世系圖一卷年表一卷附錄一卷　(清)范照藜撰　清嘉慶八年(1803)如不及齋刻本　六册

110000－0146－0001161　PG/621.81/645
戰國策三十三卷　(漢)高誘注　**札記三卷**　(清)黄丕烈撰　清嘉慶八年(1803)讀未見書齋刻本　五册

110000－0146－0001162　PG/621.76/102
春秋三傳十六卷首一卷　(□)□□輯　清嘉慶十年(1805)刻本　十六册

110000－0146－0001163　PG/621.7/138
半農先生春秋說十五卷　(清)惠士奇撰　清嘉慶十五年(1810)刻本　七册

110000－0146－0001164　PG/622.4/262
漢雋十卷　(宋)林鉞輯　(明)吳繼安校　清嘉慶十七年(1812)刻本　四册

110000－0146－0001165　PG/621.71/481
春秋公羊經傳解詁十二卷　(漢)何休撰　清道光四年(1824)揚州汪氏問禮堂刻本　四册

110000－0146－0001166　PG/621.71/482
春秋公羊經傳解詁十二卷　(漢)何休撰　清道光四年(1824)揚州汪氏問禮堂刻本　四册

110000－0146－0001167　PG/621.71/480
春秋公羊經傳解詁十二卷　(漢)何休撰　清道光四年(1824)揚州汪氏問禮堂刻本　四册

110000－0146－0001168　PG/621.277/279
尚書考異六卷　(清)梅鷟撰　清道光五年(1825)立本齋刻本　二册

110000－0146－0001169　PG/622.101/929
漢書辨疑二十二卷　(清)錢大昭撰　清光緒十三年(1887)廣雅書局刻本　五册

110000－0146－0001170　PG/621.227/274
尚書今文二十八篇解不分卷　(清)楊鍾泰撰　清道光十八年(1838)刻本　四册

110000－0146－0001171　PG/622.201/209
續後漢書九十卷　(元)郝經撰　**重刻後漢書札記一卷續後漢書札記四卷**　(清)郁松年撰　清道光二十一年至二十二年(1841－1842)上海郁氏刻宜稼堂叢書本　二十五册

110000－0146－0001172　PG/621.77/707
國語校注本三種　(清)汪遠孫撰　清道光二十六年(1846)汪氏振綺堂刻振綺堂遺書本　六册

110000－0146－0001173　PG/621.77/708
國語校注本三種　(清)汪遠孫撰　清道光二十六年(1846)汪氏振綺堂刻振綺堂遺書本　六册

110000－0146－0001174　PG/621.504/828
周書集訓校釋十卷周書逸文一卷　(清)朱右曾撰　清道光二十六年(1846)刻本　二册

110000－0146－0001175　PG/621.73/754
左腴三卷　(清)潘希淦撰　清道光二十八年(1848)藝蘭書室刻本　三册

110000－0146－0001176　PG/621.81/853
國策讀本二卷　(清)鮑蘅輯　清末識時齋刻本　四册

110000－0146－0001177　PG/622.301/668
三國志補義十三卷　(清)康發祥撰　清咸豐十一年(1861)泰州康氏刻本　四册

110000－0146－0001178　PG/621.22/563
書傳音釋六卷首一卷末一卷　(宋)蔡沈集傳　(元)鄒季友音釋　清同治五年(1866)望三益齋刻本　八册

110000－0146－0001179　PG/621.22/987
書經注十二卷　(元)金履祥撰　清光緒五年(1879)歸安陸氏刻本　六册

110000－0146－0001180　PG/621.73/994
春秋左傳杜注三十卷首一卷　（清）姚培謙撰　清同治五年（1866）金陵書局刻本　八册

110000－0146－0001181　PG/621.7/147
春秋鑽燧四卷坿一卷　（清）曹金籀撰　清同治七年（1868）曹氏小石倉刻石屋書本　一册

110000－0146－0001182　PG/621.227/112
欽定書經傳説彙纂二十一卷首二卷書序一卷　（清）王頊齡等編　清同治七年（1868）刻本　十二册

110000－0146－0001183　PG/622.101/123
漢書一百卷　（漢）班固撰　（唐）顔師古注　清同治八年（1869）金陵書局刻本　十六册

110000－0146－0001184　PG/622.201/533
後漢書九十卷　（南朝宋）范曄撰　（唐）李賢注　**續漢書八志三十卷**　（晉）司馬彪撰　（南朝梁）劉昭注　清同治八年（1869）金陵書局刻本　十六册

110000－0146－0001185　PG/621.81/647
戰國策三十三卷　（漢）高誘注　**札記三卷**　（清）黄丕烈撰　清同治八年（1869）湖北崇文書局刻本　五册

110000－0146－0001186　PG/622.301/377
三國志六十五卷　（晉）陳壽撰　（南朝宋）裴松之注　清同治九年（1870）金陵書局刻本　八册

110000－0146－0001187　PG/622.301/378
三國志六十五卷　（晉）陳壽撰　（南朝宋）裴松之注　清同治九年（1870）金陵書局刻本　八册

110000－0146－0001188　PG/621.727/114
欽定春秋傳説彙纂三十八卷首二卷　（清）王掞等纂　清同治九年（1870）楊昌濬浙江刻本　二十册

110000－0146－0001189　PG/621.5/165
周季編略九卷　（清）黄式三撰　清同治十二年（1873）浙江書局刻儆居遺書本　四册

110000－0146－0001190　PG/621.5/164
周季編略九卷　（清）黄式三撰　清同治十二年（1873）浙江書局刻儆居遺書本　四册

110000－0146－0001191　PG/621.73/287
聽園讀左隨筆二十卷　（清）李藝元撰　清同治十二年（1873）刻本　五册

110000－0146－0001192　PG/621.757/311
春秋屬辭辨例編六十卷首二卷　（清）張應昌編纂　清同治十二年（1873）江蘇書局刻本　三十二册

110000－0146－0001193　PG/621.81/700
戰國策校注三十三卷　（宋）鮑彪校注　（元）吴師道重校　清光緒二十二年（1896）刻惜陰軒叢書本　八册

110000－0146－0001194　PG/621.77/700
國語翼解六卷　（清）陳瑑撰　清光緒廣雅書局刻本　二册

110000－0146－0001195　PG/621.77/541
國語正義二十一卷　（清）董增齡撰　清光緒刻本　八册

110000－0146－0001196　PG/621.73/727
左通補釋三十二卷　（清）梁履繩撰　清道光九年（1829）振綺堂刻光緒元年（1875）補刻本　十二册

110000－0146－0001197　PG/621.73/726
左通補釋三十二卷　（清）梁履繩撰　清道光九年（1829）振綺堂刻光緒元年（1875）補刻本　十册

110000－0146－0001198　PG/621.727/282
穀梁大義述一卷　（清）柳興恩撰　清光緒八年（1882）李盛鐸刻本　一册

110000－0146－0001199　PG/621.227/915
尚書約注四卷末一卷　（清）任啓運撰　清光緒十二年（1886）刻本　二册

110000－0146－0001200　PG/621.277/455
尚書繹聞一卷讀左評餘一卷　（清）史致準撰　清光緒刻本　一册

110000－0146－0001201　PG/621.277/438
古文尚書正辭三十三卷　(清)吳光耀撰　清光緒十九年(1893)刻本　十八冊

110000－0146－0001202　PG/622.1/827
漢書管見四卷　(清)朱一新撰　清光緒葆真堂刻本　四冊

110000－0146－0001203　PG/622.1/552
兩漢紀六十卷附校紀二卷　(宋)王銍輯　清光緒二年(1876)嶺南學海堂刻本　十四冊

110000－0146－0001204　PG/621.727/937
春秋穀梁經傳補注二十四卷首一卷末一卷　(清)鍾文烝撰　清光緒二年(1876)刻本　八冊

110000－0146－0001205　PG/621.73/891
左傳舊疏考正八卷　(清)劉文淇撰　清光緒三年(1877)崇文書局刻本　四冊

110000－0146－0001206　PG/621.504/829
逸周書集訓校釋十卷周書逸文一卷　(清)朱右曾集訓校釋　清光緒三年(1877)湖北崇文書局刻本　一冊

110000－0146－0001207　PG/621.277/805
書古微十二卷首一卷　(清)魏源撰　清光緒四年(1878)淮南書局刻本　四冊

110000－0146－0001208　PG/621.71/546
春秋繁露十七卷　(漢)董仲舒撰　(清)淩曙注　清光緒定州王氏刻畿輔叢書本　四冊

110000－0146－0001209　PG/621.757/313
春秋宗朱辨義十二卷首一卷　(清)張自超撰　清光緒七年(1881)刻本　八冊

110000－0146－0001210　PG/621.22/562
書傳音釋六卷首一卷末一卷　(宋)蔡沈集傳　(元)鄒季友音釋　清光緒八年(1882)山西濬文書局刻本　七冊　缺一卷(六)

110000－0146－0001211　PG/621.73/289
春秋左氏傳賈服註輯述二十卷　(清)李貽德撰　清光緒八年(1882)江蘇書局刻本　六冊

110000－0146－0001212　PG/622.201/929
後漢書補表八卷　(清)錢大昭撰　清光緒八年(1882)後知不足齋刻本　四冊

110000－0146－0001213　PG/622.101/815
漢書注校補五十六卷　(清)周壽昌撰　清光緒十年(1884)長沙周氏小對竹軒刻本　十四冊

110000－0146－0001214　PG/622.101/860
漢書引經異文錄證六卷　(清)繆祐孫撰　清光緒十一年(1885)刻本　二冊

110000－0146－0001215　PG/621.71/903
春秋公羊傳十一卷　(漢)何休注　(唐)陸德明音義　清光緒十二年(1886)湖北官書處刻本　二冊

110000－0146－0001216　PG/622.201/534
後漢書九十卷　(南朝宋)范曄撰　(唐)李賢注　**續漢志三十卷**　(晉)司馬彪撰　(南朝梁)劉昭注　清光緒十三年(1887)金陵書局刻本　十六冊

110000－0146－0001217　PG/622.101/930
漢書辨疑二十二卷後漢書辨疑十一卷　(清)錢大昭撰　清光緒十三年至十四年(1887－1888)廣雅書局刻本　七冊

110000－0146－0001218　PG/621.7/960
春秋大事表五十卷附春秋輿圖一卷附錄一卷　(清)顧棟高編　清光緒十四年(1888)陝西求友齋刻本　二十四冊

110000－0146－0001219　PG/622.101/931
漢書辨疑二十二卷後漢書辨疑十一卷續漢書辨疑九卷附補續漢書藝文志一卷　(清)錢大昭撰　清光緒十三年至十四年(1887－1888)廣雅書局刻本　九冊

110000－0146－0001220　PG/621.73/855
劉炫規杜持平六卷　(清)邵瑛撰　清光緒十四年(1888)江陰南菁書院刻南菁書院叢書本　二冊

110000－0146－0001221　PG/622.301/730
三國志旁證三十卷　(清)梁章鉅撰　清光緒

十五年(1889)廣雅書局刻本　十册

110000－0146－0001222　PG/622.301/929
三國志辨疑三卷　(清)錢大昭撰　清光緒十五年(1889)廣雅書局刻本　一册

110000－0146－0001223　PG/621.7/209
春秋比二卷　(清)郝懿行撰　清光緒十六年(1890)尊經書局刻本　一册

110000－0146－0001224　PG/622.105/348
校漢書八表八卷　(清)夏燮撰　清光緒十六年(1890)江城公所刻本　六册

110000－0146－0001225　PG/622.101/118
漢書補注七卷　(清)王榮商撰　清光緒十七年(1891)刻本　二册

110000－0146－0001226　PG/622.283/953
後漢書朔閏考五卷　徐紹楨撰　清光緒十七年(1891)刻本　二册

110000－0146－0001227　PG/622.101/816
漢書注校補五十六卷　(清)周壽昌撰　清光緒十七年(1891)廣雅書局刻本　十册

110000－0146－0001228　PG/621.725/248
春秋會義二十六卷　(宋)杜諤撰　清光緒十八年(1892)孫氏山淵閣刻本　十二册

110000－0146－0001229　PG/621.725/247
春秋會義二十六卷　(宋)杜諤撰　清光緒十八年(1892)孫氏山淵閣刻本　十二册

110000－0146－0001230　PG/621.227/441
寫定尚書不分卷　(清)吳汝綸校訂　清光緒十八年(1892)桐城吳氏家塾石印本　一册

110000－0146－0001231　PG/622.201/138
後漢書補注二十四卷　(清)惠棟撰　清光緒二十年(1894)廣雅書局刻本　十二册

110000－0146－0001232　PG/621.747/792
春秋職官考略三卷　(清)程廷祚撰　清光緒二十四年(1898)傅春官晦齋刻本　一册

110000－0146－0001233　PG/622.101/125
漢書補注一百卷首一卷　(漢)班固撰　(唐)顔師古注　王先謙補注　清光緒二十六年(1900)長沙王氏虛受堂刻本　三十二册

110000－0146－0001234　PG/622.101/124
漢書補注一百卷首一卷　(漢)班固撰　(唐)顔師古注　王先謙補注　清光緒二十六年(1900)長沙王氏虛受堂刻本　三十二册

110000－0146－0001235　PG/622.101/748
漢書疏證三十六卷後漢書疏證三十卷　(清)沈欽韓撰　清光緒二十六年(1900)浙江官書局刻本　四十册

110000－0146－0001236　PG/622.101/749
漢書疏證三十六卷　(清)沈欽韓撰　清光緒二十六年(1900)浙江官書局刻本　二十四册

110000－0146－0001237　PG/621.504/365
周書斠補四卷　(清)孫詒讓撰　清光緒二十六年(1900)瑞安孫氏刻本　一册

110000－0146－0001238　PG/622.101/126
漢書一百卷　(漢)班固撰　(唐)顔師古注　清光緒十三年(1887)金陵書局刻本　十六册

110000－0146－0001239　PG/622.101/127
前漢書一百卷　(漢)班固撰　(唐)顔師古注　清光緒二十八年(1902)史學會社石印本　八册

110000－0146－0001240　PG/622.204/712
七家後漢書七種附一種　(清)汪文臺輯　清光緒二十八年(1902)孫氏古香閣刻本　六册

110000－0146－0001241　PG/621.257/366
欽定書經圖說五十卷　(清)孫家鼐等撰　清光緒三十一年(1905)石印本　十六册

110000－0146－0001242　PG/621.227/440
尚書讀本二卷　(清)吳汝綸撰　清光緒三十四年(1908)保陽書局鉛印本　二册

110000－0146－0001243　PG/621.81/440
戰國策三十三卷　(漢)劉向編　(清)吳汝綸點勘　清末鉛印本　二册

110000－0146－0001244　PG/621.77/440
國語二十一卷　(清)吳汝綸校點　(清)吳闓

生訂　清宣統二年(1910)鉛印本　二册

110000－0146－0001245　PG/621.84/202
吴越春秋六卷　(漢)趙曄撰　清宣統三年(1911)會文堂石印本　一册　存三卷(一至三)

110000－0146－0001246　PG/625.703/384
元史紀事本末二十七卷　(明)陳邦瞻編　(明)臧懋循補輯　(明)張溥論正　清朝宗書室木活字印本　六册

110000－0146－0001247　PG/531.22/376
禮記集説十卷　(元)陳澔撰　清同治十一年(1872)山東書局刻本　十册

110000－0146－0001248　PG/624.8/361
唐史論斷三卷　(宋)孫甫撰　清嘉慶九年(1804)張氏照曠閣刻本　二册

110000－0146－0001249　PG/625.101/119
東都事略一百三十卷　(宋)王偁撰　清乾隆、嘉慶寶華堂刻本　六册

110000－0146－0001250　PG/625.04/291
建炎以來朝野雜記四十卷　(宋)李心傳撰　清乾隆、嘉慶刻本　八册

110000－0146－0001251　PG/625.101/120
東都事略一百三十卷　(宋)王偁撰　清嘉慶三年(1798)席氏掃葉山房刻宋遼金元别史本　十二册

110000－0146－0001252　PG/625.4/100
契丹國志二十七卷　(宋)葉隆禮撰　清乾隆、嘉慶南沙席氏掃葉山房刻本　二册

110000－0146－0001253　SG/857.14/113
摭言十五卷　(唐)王定保撰　清乾隆二十一年(1756)雅雨堂刻本　四册

110000－0146－0001254　PG/625.708/665
元史類編四十二卷　(清)邵遠平撰　清乾隆六十年(1795)南沙席氏掃葉山房刻本　十四册

110000－0146－0001255　PG/625.081/665
宋遼金元别史五種　(清)席世臣輯　清乾隆、嘉慶南沙席氏埽葉山房刻本　四十册

110000－0146－0001256　PG/625.6/100
大金國志四十卷　(宋)宇文懋昭撰　清嘉慶二年(1797)南沙席氏掃葉山房刻本　四册

110000－0146－0001257　PG/624.11/435
貞觀政要十卷　(唐)吴兢撰　(元)戈直集論　清嘉慶三年(1798)刻本　四册

110000－0146－0001258　PG/625.705/930
元史氏族表三卷元史藝文志四卷　(清)錢大昕撰　清末江蘇書局刻本　三册

110000－0146－0001259　PG/625.705/929
元史氏族表三卷　(清)錢大昕編撰　清末江蘇書局刻本　二册

110000－0146－0001260　PG/625.102/287
續資治通鑑長編五百二十卷目録二卷　(宋)李燾撰　清嘉慶二十四年(1819)海虞張金吾愛日精廬木活字印本　八十册

110000－0146－0001261　PG/624.82/393
南唐書十八卷　(宋)陸遊撰　(清)湯運泰注　**音釋一卷**　(元)戚光撰　**唐年世總釋一卷　州軍總音釋一卷**　(清)湯顯本校録　清道光二年(1822)湯氏緑籖山房刻本　十册

110000－0146－0001262　PG/624.201/423
五代史記七十四卷　(宋)歐陽修撰　(宋)徐無黨注　(清)彭元瑞補注　清道光八年(1828)刻本　四十册

110000－0146－0001263　PG/624.201/422
五代史記七十四卷　(宋)歐陽修撰　(宋)徐無黨注　(清)彭元瑞補注　清道光八年(1828)刻本　四十册

110000－0146－0001264　PG/624.201/424
五代史記七十四卷　(宋)歐陽修撰　(宋)徐無黨注　(清)彭元瑞補注　清道光八年(1828)刻本　四十册

110000－0146－0001265　PG/625.5/355
欽定遼史語解十卷欽定金史語解十二卷欽定元史語解八卷　(清)□□撰　清抄本　六册

110000－0146－0001266　PG/625.102/470
續資治通鑑二百二十卷　(清)畢沅撰　清乾隆鎮洋畢氏刻嘉慶六年(1801)桐鄉馮氏續刻同治六年(1867)永康應氏補刻同治八年(1869)江蘇書局重修本　六十册

110000－0146－0001267　PG/623.101/958
晉書一百三十卷附音義三卷　(唐)房玄齡等撰　(唐)何超音義　清同治十年(1871)金陵書局刻本　二十册

110000－0146－0001268　PG/624.101/889
舊唐書二百卷　(五代)劉昫等撰　清同治十一年(1872)浙江書局刻本　四十册

110000－0146－0001269　PG/624.101/741
新舊唐書合鈔二百六十卷首一卷唐書宰相世系表訂譌十二卷　(清)沈炳震撰　**唐書合鈔補正六卷**　(清)丁子復撰　清同治十年(1871)武林吴氏清來堂補刻本　八十册

110000－0146－0001270　PG/623.4/747
南北史識小錄二十八卷　(清)沈名蓀　(清)朱昆田原輯　(清)張應昌補正　清同治十年(1871)武林吴氏清來堂刻本　十二册

110000－0146－0001271　PG/623.7/807
隋書八十五卷　(唐)魏徵撰　清同治十年(1871)淮南書局刻本　十二册

110000－0146－0001272　PG/623.601/293
北史一百卷　(唐)李延壽撰　清同治十一年(1872)金陵書局刻本　二十册

110000－0146－0001273　PG/623.501/293
南史八十卷　(唐)李延壽撰　清同治十一年(1872)金陵書局刻本　十二册

110000－0146－0001274　PG/624.101/890
舊唐書二百卷校勘記六十六卷逸文十二卷　(五代)劉昫等撰　(清)劉文淇校勘　(清)岑建功撰逸文　清道光二十二年(1842)甘泉岑建功懼盈齋刻同治十一年(1872)定遠方氏補刻本　八十册

110000－0146－0001275　PG/624.201/566
五代史記七十四卷　(宋)歐陽修撰　(宋)徐無黨注　清同治十一年(1872)湖北崇文書局刻本　八册

110000－0146－0001276　PG/623.51/748
宋書一百卷　(南朝梁)沈約撰　清同治十一年(1872)金陵書局刻本　十六册

110000－0146－0001277　PG/623.61/802
魏書一百十四卷　(北齊)魏收撰　清同治十一年(1872)金陵書局刻本　二十册

110000－0146－0001278　PG/624.201/567
舊五代史一百五十卷目錄二卷附考證　(宋)薛居正等撰　清同治十一年(1872)湖北崇文書局刻本　十六册

110000－0146－0001279　PG/623.54/994
陳書三十六卷　(唐)姚思廉撰　清同治十一年(1872)金陵書局刻本　四册

110000－0146－0001280　PG/625.604/720
松漠紀聞一卷續一卷補一卷　(宋)洪皓撰　**考異一卷**　(清)洪佩聲撰　清同治十二年(1873)涇縣洪氏三瑞堂刻洪氏晦木齋叢書本　一册

110000－0146－0001281　PG/624.101/422
唐書二百二十五卷　(宋)歐陽修　(宋)宋祁撰　清同治十二年(1873)浙江書局刻本　四十册

110000－0146－0001282　PG/625.501/301
遼史一百十五卷　(元)脱脱等撰　清同治十二年(1873)江蘇書局刻本　十二册

110000－0146－0001283　PG/625.103/766
宋史紀事本末一百九卷　(明)馮琦編　(明)陳邦瞻增訂　(明)張溥論正　清同治十三年(1874)江西書局刻本　二十册

110000－0146－0001284　PG/623.64/288
北齊書五十卷　(唐)李百藥撰　清同治十三年(1874)金陵書局刻本　四册

110000－0146－0001285　PG/623.65/989
周書五十卷　(唐)令狐德棻等撰　清同治十

三年(1874)金陵書局刻本　四册

110000－0146－0001286　PG/625.701/696
元史二百十卷　(明)宋濂等撰　清同治十三年(1874)江蘇書局刻本　三十二册

110000－0146－0001287　PG/625.601/301
金史一百三十五卷附金國語解一卷　(元)脱脱等撰　清同治十三年(1874)江蘇書局刻本　二十册

110000－0146－0001288　PG/623.52/508
南齊書五十九卷　(南朝梁)蕭子顯撰　清同治十三年(1874)金陵書局刻本　六册

110000－0146－0001289　PG/623.53/994
梁書五十六卷　(唐)姚思廉撰　清同治十三年(1874)金陵書局刻本　六册

110000－0146－0001290　PG/625.703/385
元史紀事本末二十七卷　(明)陳邦瞻編　(明)張溥論正　清同治十三年(1874)江西書局刻本　四册

110000－0146－0001291　PG/623.33/590
十六國春秋一百卷　(北魏)崔鴻撰　清光緒元年(1875)崇文書局刻本　十二册

110000－0146－0001292　PG/625.708/719
元史譯文證補三十卷　(清)洪鈞撰　清光緒二十三年至宣統三年(1897－1911)影印本　四册

110000－0146－0001293　PG/625.501/339
遼史拾遺二十四卷　(清)厲鶚撰　清光緒元年(1875)江蘇書局刻本　八册

110000－0146－0001294　PG/625.501/340
遼史拾遺二十四卷　(清)厲鶚撰　清光緒元年(1875)江蘇書局刻本　八册

110000－0146－0001295　PG/625.501/337
遼史拾遺二十四卷　(清)厲鶚撰　**遼史紀年表一卷**　(清)汪遠孫輯　清光緒元年(1875)江蘇書局刻本　八册

110000－0146－0001296　PG/621.73/728
左通補釋三十二卷　(清)梁履繩撰　清道光九年(1829)振綺堂刻光緒元年(1875)補刻本　十册

110000－0146－0001297　PG/623.101/736
晉書輯本　(清)湯球輯　清光緒廣雅書局刻本　十册

110000－0146－0001298　PG/625.101/301
宋史四百九十六卷　(元)脱脱等撰　清光緒元年(1875)浙江書局刻本　一百册

110000－0146－0001299　PG/623.63/625
西魏書二十四卷　(清)謝啟昆撰　清光緒廣雅書局刻廣雅叢書本　五册

110000－0146－0001300　PG/623.1/819
晉略六十五卷　(清)周濟撰　清光緒二年(1876)味雋齋刻本　十册

110000－0146－0001301　PG/623.4/814
南北史捃華八卷　(清)周嘉猷輯　清光緒二年(1876)永康胡氏退補齋刻本　四册

110000－0146－0001302　PG/625.501/338
遼史拾遺二十四卷　(清)厲鶚撰　**遼史紀年表一卷西遼紀年表一卷**　(清)汪遠孫輯　**遼史拾遺補五卷**　(清)楊復吉撰　清光緒元年(1875)江蘇書局刻本(遼史拾遺補五卷爲清光緒三年江蘇書局刻本)　八册

110000－0146－0001303　PG/625.501/374
遼史拾遺補五卷　(清)楊復吉輯　清光緒三年(1877)江蘇書局刻本　二册

110000－0146－0001304　PG/625.701/315
欽定元史語解二十四卷　(清)高宗弘曆敕撰　清光緒四年(1878)江蘇書局刻本　六册

110000－0146－0001305　PG/623.4/708
南北史補志十四卷　(清)汪士鐸撰　清光緒四年(1878)淮南書局刻本　六册

110000－0146－0001306　PG/623.4/709
南北史補志十四卷　(清)汪士鐸撰　清光緒四年(1878)淮南書局刻本　十二册

110000－0146－0001307　PG/625.102/292
續資治通鑑長編五百二十卷目錄二卷拾補六

十卷　(宋)李燾撰　清光緒七年(1881)浙江書局刻本(續資治通鑑長編拾補爲清光緒九年浙江書局刻本)　一百三十六冊

110000－0146－0001308　PG/623.61/119
魏書校勘記一卷　王先謙編　清光緒九年(1883)長沙王氏刻本　一冊

110000－0146－0001309　PG/623.63/624
西魏書二十四卷　(清)謝啓昆撰　清光緒九年(1883)刻本　六冊

110000－0146－0001310　PG/625.16/294
靖康傳信錄三卷建炎進退志二卷　(宋)李綱撰　清光緒十年(1884)邵武徐氏刻本　一冊

110000－0146－0001311　PG/625.303/314
西夏紀事本末三十六卷首二卷　(清)張鑑撰　清光緒十一年(1885)金陵刻本　一冊

110000－0146－0001312　PG/624.164/197
奉天錄四卷　(唐)趙元一撰　清光緒十七年(1891)江陰繆氏刻本　一冊

110000－0146－0001313　PG/625.603/288
金史紀事本末五十二卷　(清)李有堂撰　清光緒十九年(1893)李移鄂樓刻本　六冊

110000－0146－0001314　PG/625.503/288
遼史紀事本末四十卷　(清)李有堂撰　清光緒十九年(1893)李移鄂樓刻本　四冊

110000－0146－0001315　PG/625.601/627
金史詳校十卷首一卷末一卷　(清)施國祁撰　清光緒二十年(1894)廣雅書局刻本　十冊

110000－0146－0001316　PG/624.401/384
續唐書七十卷　(清)陳鱣撰　清光緒二十一年(1895)廣雅書局刻本　六冊

110000－0146－0001317　PG/625.708/720
元史譯文證補三十卷　(清)洪鈞撰　清光緒二十三年(1897)元和陸潤庠刻本　四冊

110000－0146－0001318　PG/625.708/721
元史譯文證補三十卷　(清)洪鈞撰　清光緒二十三年(1897)元和陸潤庠刻本　四冊

110000－0146－0001319　PG/625.703/386
元史紀事本末二十七卷　(明)陳邦瞻撰　清光緒二十五年(1899)慎記書莊石印歷朝紀事本末本　二冊

110000－0146－0001320　PG/624.101/891
舊唐書二百卷　(五代)劉昫等撰　清光緒二十八年(1902)史學會社石印本　十六冊

110000－0146－0001321　PG/623.53/995
梁書五十六卷　(唐)姚思廉撰　清光緒二十八年(1902)竢實齋石印本　二冊

110000－0146－0001322　PG/625.704/915
元朝秘史十五卷　(清)李文田注　清光緒二十九年(1903)上海文瑞樓石印本　四冊

110000－0146－0001323　PG/625.701/805
元史新編九十五卷　(清)魏源撰　清光緒三十一年(1905)邵陽魏氏慎微堂刻本　三十二冊

110000－0146－0001324　PG/625.101/392
宋史翼四十卷　(清)陸心源輯　清光緒三十二年(1906)歸安陸氏十萬卷樓刻本　十冊

110000－0146－0001325　PG/625.74/530
三河創業記五卷　(清)范壽金編　清光緒三十三年(1907)石印本　二冊

110000－0146－0001326　PG/625.16/949
三朝北盟會編二百五十卷　(宋)徐夢莘撰　清光緒三十四年(1908)許涵度刻本　四十冊

110000－0146－0001327　PG/625.105/441
北宋經撫年表二卷　吳廷燮撰　清宣統三年(1911)鉛印本　二冊

110000－0146－0001328　PG/625.7/981
元書一百二卷首一卷　(清)曾廉撰　清宣統三年(1911)層漪堂刻本　二十冊

110000－0146－0001329　PG/626.04/880
明季續聞一卷　(清)汪光復撰　清宣統三年(1911)上海商務印書館鉛印本　一冊

110000－0146－0001330　PG/629.21/813
六合紀事四卷附記一卷　(清)周長森撰　清

宣統三年(1911)鉛印本　一冊

110000－0146－0001331　PG/626.804/871

痛史二十二種　題樂天居士輯　清宣統三年至民國六年(1911－1917)上海商務印書館鉛印本　四十二冊

110000－0146－0001332　PG/627.201/655

康熙政要二十四卷　(清)章梫纂　清宣統鉛印本　十二冊

110000－0146－0001333　PG/626.804/873

痛史二十種　題樂天居士輯　清宣統三年至民國元年(1911－1912)上海商務印書館鉛印本　十七冊　存十種(二至十、十六)

110000－0146－0001334　PG/627.02/122

東華錄[康熙朝]一百十卷　王先謙編　清宣統三年(1911)存古齋鉛印本　十四冊

110000－0146－0001335　PG/639.23/717

蒙古史二卷　(日本)河野元三輯　歐陽瑞驊譯　清宣統三年(1911)江南圖書館鉛印本　二冊

110000－0146－0001336　PG/626.901/767

南天痕二十六卷附錄一卷　(清)淩雪撰　清宣統二年(1910)復古社鉛印本　六冊

110000－0146－0001337　PG/626.901/765

南天痕二十六卷附錄一卷　(清)淩雪撰　清宣統二年(1910)復古社鉛印本　六冊

110000－0146－0001338　PG/626.901/766

南天痕二十六卷附錄一卷　(清)淩雪撰　清宣統二年(1910)復古社鉛印本　六冊

110000－0146－0001339　PG/627.02/827

東華續錄[光緒朝]二百二十卷　(清)朱壽朋編　清宣統元年(1909)上海集成圖書公司鉛印本　六十四冊

110000－0146－0001340　PG/627.04/465

嘯亭雜錄十卷續錄三卷　(清)昭槤撰　清宣統元年(1909)中國圖書公司鉛印本　四冊

110000－0146－0001341　PG/627.801/741

光緒政要三十四卷　(清)沈桐生輯　清宣統元年(1909)上海崇義堂石印本　三十冊

110000－0146－0001342　PG/629.66/582

西藏通覽二編　(日本)山縣初男撰　四川西藏研究會編譯　清宣統元年(1909)四川西藏研究會鉛印本　四冊

110000－0146－0001343　PG/627.04/466

嘯亭雜錄十卷續錄三卷　(清)昭槤撰　清宣統元年(1909)中國圖書公司鉛印本　四冊

110000－0146－0001344　PG/629.21/385

金陵通紀十卷國朝金陵通紀四卷金陵通紀補一卷　(清)陳作霖撰　清光緒三十三年(1907)瑞華館刻宣統元年(1909)、民國元年(1912)補刻本　四冊

110000－0146－0001345　PG/627.86/720

臺灣戰紀二卷　(清)洪棄父纂　清光緒三十二年(1906)鉛印本　二冊

110000－0146－0001346　PG/630/453

中國四千年開化史九章附歷代大事年表　題(清)中國少年編釋　清光緒三十二年(1906)成都局刻本　二冊

110000－0146－0001347　PG/627.88/917

拳匪紀略八卷前編二卷後編二卷　(清)僑析生輯　清光緒二十九年(1903)上洋書局石印本　六冊

110000－0146－0001348　PG/626.04/454

明季稗史正編十六種　題(清)留雲居士輯　清光緒二十九年(1903)鉛印本　六冊

110000－0146－0001349　PG/627.88/918

拳匪紀略八卷圖前編二卷後編二卷　(清)僑析生輯　清光緒二十九年(1903)上洋書局石印本　六冊

110000－0146－0001350　PG/627.88/970

西巡回鑾始末記六卷　(日本)吉田良太郎編譯　清光緒二十八年(1902)石印本　六冊

110000－0146－0001351　PG/626.03/926

明史紀事本末八十卷　(清)谷應泰輯　清光緒二十八年(1902)上海捷記書局石印本　四

册　存五十九卷(一至四十五、六十七至八十)

110000－0146－0001352　PG/629.21/614
建康實録二十卷校勘一卷　(唐)許嵩撰　清光緒二十八年(1902)金陵甘氏桑泊草堂刻本　六册

110000－0146－0001353　PG/626.04/365
二申野録八卷　(明)孫之騄輯　清光緒二十七年(1901)吟香館刻本　四册

110000－0146－0001354　PG/627.88/916
京津拳匪紀略圖一卷前編二卷紀略八卷後編二卷　(清)僑析生　(清)縉雲氏輯　清光緒二十七年(1901)香港書局石印本　六册

110000－0146－0001355　PG/627.89/887
江楚會奏變法三摺　(清)劉坤一　(清)張之洞撰　清光緒二十七年(1901)鉛印本　三册

110000－0146－0001356　PG/626.903/269
三藩紀事本末二十二卷　(清)楊陸榮編　清光緒二十五年(1899)慎記書莊石印本　一册

110000－0146－0001357　PG/627.02/121
東華續録[同治朝]一百卷　王先謙編　清光緒二十五年(1899)公記書莊石印本　二十四册

110000－0146－0001358　PG/627.88/762
義和拳教門源流考一卷　勞乃宣撰　清光緒二十五年(1899)刻本　一册

110000－0146－0001359　PG/625.103/767
宋史紀事本末一百九卷　(明)馮琦編　(明)陳邦瞻增訂　(明)張溥論正　清光緒二十五年(1899)慎記書莊石印歷朝紀事本末本　八册

110000－0146－0001360　PG/573.17/116
熙朝紀政六卷　(清)王慶雲撰　清光緒二十四年(1898)石印本　六册

110000－0146－0001361　PG/627.86/261
中東戰紀本末八卷首一卷末一卷續編四卷文學興國策二卷　(美國)林樂知譯　蔡爾康纂輯　清光緒二十二年至二十三年(1896－1897)上海廣學會鉛印本　十三册

110000－0146－0001362　PG/627.86/262
中東戰紀本末八卷首一卷末一卷續編四卷首一卷末一卷文學興國策二卷三編四卷　(美國)林樂知譯　蔡爾康纂輯　清光緒二十二年至二十六年(1896－1900)上海廣學會鉛印本　十七册

110000－0146－0001363　PG/627.604/382
道光英艦破鎮江記一卷　(清)陳慶年撰　清光緒至民國抄本　一册

110000－0146－0001364　PG/626.04/886
明季稗史彙編二十七卷　題(清)留雲居士輯　清光緒二十二年(1896)上海圖書集成印書局鉛印本　五册　存二十二卷(一至十二、十八至二十七)

110000－0146－0001365　PG/627.104/377
欽定滿洲源流考二十卷首一卷　(清)阿桂等纂　清光緒十九年(1893)杭州便益書局石印本　四册

110000－0146－0001366　PG/627.02/754
東華續録[咸豐朝]六十九卷　(清)潘頤福編　清光緒十八年(1892)上海圖書集成印書局鉛印本　十六册

110000－0146－0001367　PG/627.02/120
東華録[天命朝至道光朝]　王先謙編　清光緒十七年(1891)上海廣百宋齋鉛印本　七十六册

110000－0146－0001368　PG/627.704/118
湘軍記二十卷　(清)王定安撰　清光緒十六年(1890)袖海山房石印本　四册

110000－0146－0001369　PG/627.704/120
湘軍記二十卷　(清)王定安撰　清光緒十五年(1889)江南書局刻本　十二册

110000－0146－0001370　PG/627.704/119
湘軍記二十卷　(清)王定安撰　清光緒十五年(1889)江南書局刻本　六册

110000－0146－0001371　PG/627.104/893
滇事總錄二卷　(清)莊士敏撰　清光緒十四年(1888)刻本　一册

110000－0146－0001372　PG/627.02/119
東華全錄四百二十五卷附續編咸豐朝六十九卷　王先謙編　(清)潘頤福續編　清光緒十三年(1887)刻本　一百四十册

110000－0146－0001373　PG/627.102/373
皇清開國方略三十二卷首一卷　(清)阿桂等撰　清光緒十三年(1887)廣百宋齋鉛印本　六册

110000－0146－0001374　PG/627.102/374
皇清開國方略三十二卷首一卷　(清)阿桂等撰　清光緒十三年(1887)廣百宋齋鉛印本　六册

110000－0146－0001375　PG/627.704/113
湘軍志十六篇　王闓運撰　清光緒十二年(1886)成都墨香書屋刻本　四册

110000－0146－0001376　PG/627.704/114
湘軍志十六篇　王闓運撰　清光緒十二年(1886)成都墨香書屋刻本　四册

110000－0146－0001377　PG/629.77/329
東南紀事十二卷　(清)邵廷采撰　清光緒十年(1884)邵武徐氏刻本　二册

110000－0146－0001378　PG/626.04/435
勝朝遺事初編六卷二編八卷　(明)吳彌光撰　清光緒九年(1883)懺華盦刻本　十四册

110000－0146－0001379　PG/627.404/624
南巡盛典一百二十卷　(清)高晉等纂　清光緒八年(1882)上海點石齋石印本　八册

110000－0146－0001380　PG/627.04/462
嘯亭雜錄八卷續錄二卷　(清)昭槤撰　清光緒六年(1880)刻本　六册　存六卷(一至六)

110000－0146－0001381　PG/627.04/464
嘯亭雜錄八卷續錄二卷　(清)昭槤撰　清光緒六年(1880)刻本　九册　缺一卷(續錄二)

110000－0146－0001382　PG/627.74/287
思痛記二卷　(清)李圭撰　清光緒六年(1880)師一齋刻十三年(1887)補刻本　一册

110000－0146－0001383　PG/627.04/463
嘯亭雜錄八卷續錄二卷　(清)昭槤撰　清光緒六年(1880)刻本　十二册

110000－0146－0001384　PG/626.902/947
小腆紀年附考二十卷　(清)徐鼒撰　清光緒四年(1878)刻本　二十册

110000－0146－0001385　PG/627.704/325
豫軍紀略十二卷　(清)尹耕雲編纂　清光緒三年(1877)上海申報館鉛印本　六册

110000－0146－0001386　PG/626.01/311
明史三百三十二卷目錄四卷　(清)張廷玉等修　清光緒三年(1877)湖北崇文書局刻本　八十册

110000－0146－0001387　PG/627.704/324
豫軍紀略十二卷　(清)尹耕雲編纂　清光緒三年(1877)上海申報館鉛印本　六册

110000－0146－0001388　PG/626.04/983
海東逸史十八卷　(清)翁洲老民撰　清光緒邵武徐氏刻本　一册

110000－0146－0001389　PG/627.8/916
是中國民覆南皮張尚書書一卷　(清)是中國民撰　清末鉛印本　一册

110000－0146－0001390　PG/627.74/248
平定粵匪紀略十八卷附記四卷　(清)杜文瀾撰　清光緒元年(1875)詒穀堂刻本　八册

110000－0146－0001391　PG/626.06/118
明史稿三百十卷目錄二卷　(清)王鴻緒纂　清雍正元年(1723)敬慎堂刻光緒元年(1875)補修本　八十册

110000－0146－0001392　PG/627.704/102
平浙紀略十六卷　(清)秦緗業輯　(清)陳鍾英纂輯　清同治十三年(1874)浙江書局刻本　四册

110000－0146－0001393　PG/626.03/924
明史紀事本末八十卷　(清)谷應泰輯　清同

治十三年(1874)江西書局刻本　二十册

110000－0146－0001394　PG/626.804/892
勝朝殉揚錄三卷　(清)劉寶楠撰　清同治十年(1871)淮南書局刻本　二册

110000－0146－0001395　PG/627.74/245
平定粵匪紀略十八卷附記四卷　(清)杜文瀾撰　清同治十年(1871)京都聚珍齋木活字印本　八册

110000－0146－0001396　PG/627.74/246
平定粵匪紀略十八卷附記四卷　(清)杜文瀾撰　清同治十年(1871)京都聚珍齋木活字印本　八册

110000－0146－0001397　PG/626.01/382
明紀六十卷　(清)陳鶴纂　清同治十年(1871)江蘇書局刻本　二十二册

110000－0146－0001398　PG/626.01/383
明紀六十卷　(清)陳鶴纂　清同治十年(1871)江蘇書局刻本　二十册

110000－0146－0001399　PG/627.74/247
平定粵匪紀略十八卷附記四卷　(清)杜文瀾撰　清同治十年(1871)京都聚珍齋木活字印本　八册

110000－0146－0001400　PG/626.02/222
欽定明鑑二十四卷首一卷　(清)胡敬等撰　清同治九年(1870)湖北崇文書局刻本　十册

110000－0146－0001401　PG/626.804/306
淮城日記一卷　(明)張天民撰　清同治八年(1869)涌翠山房抄本　一册

110000－0146－0001402　PG/626.04/748
野獲編三十卷補遺四卷　(明)沈德符撰　(清)錢枋輯　清道光七年(1827)錢塘姚氏扶荔山房刻同治八年(1869)錢塘姚氏重修本　十八册

110000－0146－0001403　PG/627.78/213
東牟守城紀略一卷附東牟守城詩一卷　(清)戴燮元撰　清同治八年(1869)羊城刻本　一册

110000－0146－0001404　PG/627.74/249
蕩平發逆圖記二十二卷首一卷　(清)杜文瀾輯　清光緒十四年(1888)上海漱六山莊石印本　四册

110000－0146－0001405　PG/626.804/440
兩朝剝復錄六卷首一卷校證六卷　(明)吳應箕撰　(清)夏燮校證　清同治二年(1863)皖南夏燮江西省寓刻本　四册

110000－0146－0001406　PG/626.804/439
兩朝剝復錄六卷首一卷校證六卷　(明)吳應箕撰　(清)夏燮校證　清同治二年(1863)皖南夏燮江西省寓刻本　四册

110000－0146－0001407　PG/626.704/677
先撥志始二卷　(明)文秉撰　清同治二年(1863)江西刻本　二册

110000－0146－0001408　PG/626.902/948
小腆紀年附考二十卷　(清)徐鼒撰　清咸豐十一年(1861)刻本　十二册

110000－0146－0001409　PG/627.704/327
平苗紀事一卷辰防紀事一卷永桑紀事一卷松銅紀事一卷　(清)翟誥撰　清刻本　一册

110000－0146－0001410　PG/627.072/807
聖武記十四卷　(清)魏源撰　清道光二十六年(1846)刻本　六册

110000－0146－0001411　PG/627.072/805
聖武記十四卷　(清)魏源撰　清道光二十四年(1844)古微堂刻本　十二册

110000－0146－0001412　PG/627.072/806
聖武記十四卷　(清)魏源撰　清道光二十四年(1844)古微堂刻本　十二册

110000－0146－0001413　PG/626.04/749
野獲編三十卷補遺四卷　(明)沈德符撰　(清)錢枋輯　清道光七年(1827)錢塘姚氏扶荔山房刻本　二十四册

110000－0146－0001414　PG/629.21/710
廣陵通典十卷　(明)汪中撰　清道光刻本　四册

110000－0146－0001415　PG/626.04/885
明季稗史彙編十六種　題(清)留雲居士輯　清末都城琉璃廠刻本　十二册

110000－0146－0001416　PG/627.504/340
靖逆記六卷　(清)盛大士纂　清道光元年(1821)刻本　二册

110000－0146－0001417　PG/626.804/442
綏寇紀略十二卷補遺三卷　(清)吳偉業撰　清嘉慶九年(1804)張氏照曠閣刻本　十二册

110000－0146－0001418　PG/626.804/441
綏寇紀略十二卷附補遺二卷　(清)吳偉業撰　清嘉慶九年(1804)張海鵬照曠閣刻本　六册

110000－0146－0001419　PG/626.04/889
明宫史五卷　(明)劉若愚撰　(明)吕毖編　清嘉慶八年(1803)張海鵬照曠閣刻本　一册

110000－0146－0001420　PG/626.02/223
欽定明鑑二十四卷首一卷　(清)托津等纂　清嘉慶二十三年(1818)揚州詩局刻本　十二册

110000－0146－0001421　PG/626.02/221
欽定明鑑二十四卷首一卷　(清)托津等纂　清嘉慶二十三年(1818)揚州詩局刻本　十二册

110000－0146－0001422　PG/626.02/224
欽定明鑑二十四卷首一卷　(清)托津等纂　清嘉慶二十三年(1818)揚州詩局刻本　十二册

110000－0146－0001423　PG/071.7/300
思益堂日劄五卷　(清)周壽昌撰　清光緒石印掌故叢編本　一册

110000－0146－0001424　PG/627.104/378
欽定滿洲源流考二十卷　(清)阿桂等修　(清)麟喜等纂　清乾隆刻本　八册

110000－0146－0001425　PG/626.9/738
南疆繹史勘本三十卷首二卷　(清)溫睿臨撰　(清)李瑤勘定　**繹史摭遺十八卷卹謚考八卷**　(清)李瑤撰　清都城琉璃廠半松居士刻本　二十四册

110000－0146－0001426　PG/672.6213/783
[光緒]零陵縣志十五卷補遺一卷　(清)嵇有慶　(清)徐保齡修　(清)劉沛纂　清光緒二年(1876)刻民國二十年(1931)補刻本　八册

110000－0146－0001427　PG/627.02/526
東華錄三十二卷　(清)蔣良騏纂　清刻本　十六册

110000－0146－0001428　PG/626.804/186
蜀碧四卷　(清)彭遵泗撰　清肇經堂刻本　二册

110000－0146－0001429　PG/626.904/603
明季北略二十四卷明季南略十八卷　(清)計六奇輯　清都城琉璃廠半松居士木活字印本　二十册

110000－0146－0001430　PG/626.904/348
幸存錄二卷　(明)夏允彜撰　清刻本　一册

110000－0146－0001431　PG/626.904/349
續幸存錄一卷　(明)夏完淳撰　**求野錄一卷**　(明)容溪樵隱撰　**也是錄一卷**　(明)自非逸史撰　清刻本　一册

110000－0146－0001432　PG/626.904/602
明季北略二十四卷明季南略十八卷　(清)計六奇輯　清都城琉璃廠半松居士木活字印本　二十六册

110000－0146－0001433　PG/653.7/802
澳門公牘錄存一卷　(清)汪康年輯　清宣統三年(1911)錢塘汪氏鉛印振綺堂叢書本　一册

110000－0146－0001434　PG/653.71/177
北洋公牘類纂續編二十四卷　(清)甘厚慈輯　清宣統二年(1910)絳雪齋書局鉛印本　二十册

110000－0146－0001435　PG/653.71/285
樊山政書二十卷　樊增祥撰　清宣統二年(1910)金陵湯明林聚珍書局鉛印本　十册

110000－0146－0001436　PG/653.71/284
樊山政書二十卷　樊增祥撰　清宣統二年(1910)金陵湯明林聚珍書局鉛印本　十冊

110000－0146－0001437　PG/652.71/793
程中丞奏稿十九卷附錄三卷　(清)程德全撰　清宣統二年(1910)鉛印本　十冊

110000－0146－0001438　PG/652.51/203
趙忠定奏議四卷　(宋)趙汝愚撰　葉德輝編　**宋忠定趙周王別錄八卷**　葉德輝輯　清宣統二年(1910)長沙葉氏觀古堂刻本　六冊

110000－0146－0001439　PG/641.8/288
庚子交涉隅錄一卷　李遜輯　清宣統二年(1910)鉛印本　一冊

110000－0146－0001440　PG/653.71/146
復盦公牘四卷　(清)曹寵源撰　清宣統二年(1910)刻本　一冊

110000－0146－0001441　PG/652.71/291
李文忠公全集六種一百六十五卷首一卷　(清)李鴻章撰　清光緒三十一年(1905)金陵刻三十四年(1908)印本　一百冊

110000－0146－0001442　PG/653.71/946
徐雨峰中丞勘語四卷　(清)徐士林撰　清光緒三十二年(1906)武進李氏聖譯樓刻聖譯樓叢書本　四冊

110000－0146－0001443　PG/652.71/981
曾忠襄公奏議十六卷　(清)曾國荃撰　(清)蕭榮爵輯　清光緒二十九年(1903)零陵許寅軒刻本　十六冊

110000－0146－0001444　PG/653.71/438
秀山公牘五卷　(清)吳光耀撰　清光緒二十八年至二十九年(1902－1903)刻本　三冊

110000－0146－0001445　PG/652.7/121
皇清名臣奏議彙編初集六十八卷　題(清)琴川居士輯　清光緒二十八年(1902)雲間麗澤學會石印本　八冊

110000－0146－0001446　PG/652.71/119
皇朝道咸同光奏議六十四卷　(清)王延熙等輯　清光緒二十八年(1902)上海久敬齋石印本　二十八冊

110000－0146－0001447　PG/652.71/311
南皮張宮保政書奏議初編十二卷　(清)張之洞撰　清光緒二十七年(1901)上海圖書集成印書局鉛印本　六冊

110000－0146－0001448　PG/089.7/890
劉武慎公遺書二十四卷　(清)劉長祐撰　清光緒二十六年(1900)鉛印本　二十四冊

110000－0146－0001449　PG/652.71/290
李肅毅伯奏議二十卷　(清)李鴻章撰　清光緒二十五年(1899)上海鴻文書局石印本　二十冊

110000－0146－0001450　PG/652.71/217
胡文忠公政書十四卷　(清)胡林翼撰　(清)但湘良輯　清光緒二十五年(1899)湖南糧儲道署刻本　十六冊

110000－0146－0001451　PG/641.4/350
中西紀事二十四卷　(清)夏燮撰　清光緒二十四年(1898)黎照書屋刻朱墨印本　八冊

110000－0146－0001452　PG/660.81/987
皇朝藩屬輿地叢書六集二十八種　題(清)文瑞樓主人輯　清光緒二十九年(1903)金匱浦氏靜寄東軒石印本　四十八冊

110000－0146－0001453　PG/652.71/158
丁文誠公奏稿二十六卷首一卷　(清)丁寶楨撰　陳夔龍輯　清光緒二十二年(1896)南海羅氏成都刻本　二十七冊

110000－0146－0001454　PG/652.78/730
公車上書記不分卷　康有為撰　清光緒二十一年(1895)上海石印書局石印本　一冊

110000－0146－0001455　PG/652.71/723
經略洪承疇奏對筆記二卷　(清)洪承疇撰　**饒崧生先生摺譜一卷**　(清)饒旬宣纂　清光緒十九年(1893)刻本　二冊

110000－0146－0001456　PG/652.71/295
李忠武公遺書奏疏一卷書牘二卷褒節錄一卷

（清）李續賓撰　清光緒十七年（1891）甌江巡署刻本　四冊

110000－0146－0001457　PG/652.61/348
桂洲夏文愍公奏議二十一卷補遺一卷　（明）夏亮撰　清光緒十七年（1891）江西書局刻本　十冊

110000－0146－0001458　PG/652.61/361
明臣奏議十二卷　（清）孫桐生輯　清光緒十七年（1891）刻本　十二冊

110000－0146－0001459　PG/652.71/186
彭剛直公奏稿八卷　（清）彭玉麟撰　清光緒鉛印本　四冊

110000－0146－0001460　PG/652.71/187
彭剛直公奏稿八卷　（清）彭玉麟撰　清光緒十七年（1891）吳下刻本　八冊

110000－0146－0001461　PG/652.71/185
彭剛直公奏稿八卷　（清）彭玉麟撰　清光緒十七年（1891）鉛印本　四冊

110000－0146－0001462　PG/652.71/423
駱文忠公奏議湘中稿十六卷　（清）駱秉章撰　清光緒刻本　八冊　存八卷（一至八）

110000－0146－0001463　PG/652.71/422
駱文忠公奏稿十卷附張大司馬奏稿四卷　（清）駱秉章撰　清光緒十七年（1891）刻本　十四冊

110000－0146－0001464　PG/641.3/100
國朝柔遠記二十卷　（清）王之春編　清光緒十七年（1891）廣雅書局刻本　六冊

110000－0146－0001465　PG/652.71/722
經略洪承疇奏對筆記二卷　（清）洪承疇撰
奏摺譜不分卷　（清）饒旬宣編　清光緒十六年（1890）刻本　二冊

110000－0146－0001466　PG/652.71/691
水流雲在館奏議二卷　（清）宋晉撰　清光緒十三年（1887）刻本　二冊

110000－0146－0001467　PG/652.2/402
兩漢策要十二卷　（宋）陶叔獻編　清光緒十三年（1887）上海同文書局石印本　八冊

110000－0146－0001468　PG/644.8/267
金軺籌筆四卷　（清）□□輯　清光緒十三年（1887）刻本　四冊

110000－0146－0001469　PG/651.73/428
硃批諭旨不分卷　（清）世宗胤禛批　（清）鄂爾泰　（清）張廷玉等編　清光緒十三年（1887）上海點石齋套紅石印本　六十冊

110000－0146－0001470　PG/652.71/889
劉中丞奏議二十卷　（清）劉蓉撰　清光緒十一年（1885）思賢講舍刻本　十冊

110000－0146－0001471　PG/652.51/504
石林奏議十五卷　（宋）葉夢得撰　清光緒十一年（1885）吳興陸氏皕宋樓刻本　四冊

110000－0146－0001472　PG/641.4/349
中西紀事二十四卷　（清）夏燮撰　清光緒十年（1884）江上草堂木活字印本　六冊

110000－0146－0001473　PG/652.71/661
龔端毅公奏疏八卷附一卷附浠川政譜二卷　（清）龔鼎孳撰　清光緒九年（1883）聖彝書屋刻本　五冊

110000－0146－0001474　PG/652.71/659
龔端毅公奏疏八卷附一卷　（清）龔鼎孳撰　清光緒九年（1883）聖彝書屋刻本　四冊

110000－0146－0001475　PG/652.71/660
龔端毅公奏疏八卷附一卷　（清）龔鼎孳撰　清光緒九年（1883）聖彝書屋刻本　四冊

110000－0146－0001476　PG/652.71/435
吳柳堂先生誄文一卷　（清）吳可讀撰　清光緒六年（1880）刻本　一冊

110000－0146－0001477　PG/652.71/920
錢敏肅公奏疏七卷　（清）錢鼎銘撰　清光緒六年（1880）太倉錢氏刻本　四冊

110000－0146－0001478　PG/652.71/744
沈文肅公政書七卷首一卷　（清）沈葆楨撰　清光緒六年（1880）吳門節署刻本　十二冊

110000－0146－0001479　PG/652.71/745
沈文肅公政書七卷首一卷補編一卷　(清)沈葆楨撰　清光緒六年(1880)吳門節署鉛印本　八册　缺一卷(一)

110000－0146－0001480　PG/652.71/743
沈文肅公政書七卷首一卷　(清)沈葆楨撰　清光緒六年(1880)吳門節署刻本　十二册

110000－0146－0001481　PG/651.77/700
大清穆宗繼天開運受中居正保大定功聖智誠孝信敏恭寬毅皇帝聖訓一百六十卷　(清)穆宗載淳撰　清光緒五年(1879)內府刻本　一百六十册

110000－0146－0001482　PG/652.71/258
林文忠公政書三集三十七卷事略一卷　(清)林則徐撰　清光緒二年(1876)鉛印本　八册

110000－0146－0001483　PG/652.71/289
李肅毅伯奏議二十卷　(清)李鴻章撰　清光緒二十五年(1899)上海鴻文書局石印本　二十册

110000－0146－0001484　PG/652.71/294
合肥李勤恪公政書十卷首一卷　(清)李瀚章撰　清光緒三十二年至三十四年(1906－1908)合肥李氏石印本　十册

110000－0146－0001485　PG/652.71/721
經略洪承疇奏對筆記二卷　(清)洪承疇撰　清光緒十六年(1890)刻本　二册

110000－0146－0001486　PG/652.71/103
同治中興京外奏議約編八卷　(清)陳弢輯　清光緒元年(1875)篋劍囊琴之室刻本　四册

110000－0146－0001487　PG/652.71/104
同治中興京外奏議約編八卷　(清)陳弢輯　清光緒元年(1875)篋劍囊琴之室刻本　八册

110000－0146－0001488　PG/652.71/352
左恪靖侯奏稿初編三十八卷續編七十六卷　(清)左宗棠撰　清光緒刻本　七十册

110000－0146－0001489　PG/652.71/216
胡文忠公遺集八十六卷　(清)胡林翼撰　(清)鄭敦謹　(清)曾國藩輯　清光緒元年(1875)湖北崇文書局刻本　三十二册

110000－0146－0001490　PG/651.7/716
[十朝聖訓]九百二十二卷　(清)實錄館編輯　清光緒石印本　一百册

110000－0146－0001491　PG/652.71/106
己庚編二卷　(清)祁韻士撰　清末刻振綺堂叢書本　二册

110000－0146－0001492　PG/652.71/421
駱文忠公奏議湘中稿十六卷續刻四川奏議十一卷附錄一卷　(清)駱秉章撰　清光緒刻本　二十六册

110000－0146－0001493　PG/652.71/420
駱文忠公奏議湘中稿十六卷續刻四川奏議十一卷附錄一卷　(清)駱秉章撰　清光緒刻本　二十八册

110000－0146－0001494　PG/653.71/292
李文忠公朋僚函稿二十四卷　(清)李鴻章撰　(清)吳汝綸編　清光緒鉛印本　十二册

110000－0146－0001495　PG/653.71/793
賜福廔筆記一卷賜福廔啓事四卷　(清)顧德全撰　宋小濂等輯　清光緒鉛印本　五册

110000－0146－0001496　PG/652/199
歷代名臣奏議選三十卷　(清)趙承恩輯　清同治十三年(1874)紅杏山房刻光緒五年(1879)印本　二十六册

110000－0146－0001497　PG/641.4/348
中西紀事二十四卷　(清)夏燮撰　清同治七年(1868)刻本　八册

110000－0146－0001498　PG/652.71/215
胡文忠公遺集八十六卷　(清)胡林翼撰　(清)鄭敦謹　(清)曾國藩輯　清同治六年(1867)湖北刻本　三十二册

110000－0146－0001499　PG/653.71/791
福寧紀事二卷首一卷附錄二卷　(清)程榮春撰　清同治五年(1866)刻本　四册

110000－0146－0001500　PG/652.51/839

孝肅奏議十卷　(宋)包拯撰　清同治二年(1863)合肥李瀚章刻本　四冊

110000－0146－0001501　PG/652.71/437
吳文節公遺集八十卷　(清)吳文鎔撰　(清)吳養原編　清咸豐七年(1857)刻本　十六冊

110000－0146－0001502　PG/652.51/905
傅獻簡公奏議四卷首一卷　(宋)傅堯俞撰　(清)傅以禮輯　清末抄本　二冊

110000－0146－0001503　PG/652.71/105
己庚編二卷　(清)祁韻士撰　清道光二十八年(1848)筠淥山房刻本　二冊

110000－0146－0001504　PG/651.73/945
[雍正上諭]不分卷　(清)世宗胤禛撰　清刻本　三十二冊

110000－0146－0001505　PG/652.71/994
東溟奏稿四卷　(清)姚瑩撰　清道光至清末刻本　四冊

110000－0146－0001506　PG/651.74/719
[乾隆上諭條例]不分卷　(清)江蘇布政使司衙門編　清江蘇布政使司衙門刻本　九冊

110000－0146－0001507　PG/639.23/598
欽定蒙古源流八卷　(清)小徹辰薩囊台吉撰　清刻本　二冊

110000－0146－0001508　PG/652.7/122
皇清名臣奏議六十八卷首一卷　題(清)琴川居士輯　清國史館琴川居士刻本　四十八冊

110000－0146－0001509　PG/652.71/175
靳文襄公奏疏八卷　(清)靳輔撰　(清)靳治豫編次　清初刻本　八冊

110000－0146－0001510　PG/655.5/307
皇朝掌故彙編內編六十卷首一卷外編四十卷首一卷　(清)宋文蔚等纂　清光緒二十八年(1902)求實書社鉛印本　六十冊

110000－0146－0001511　PG/669.7/272
晦明軒稿不分卷　楊守敬撰　清光緒二十七年(1901)宜都楊氏鄰蘇園刻本　一冊

110000－0146－0001512　PG/664/445
庚子海外紀事四卷　(清)呂海寰編　清光緒二十七年(1901)上海辦理商約行轅鉛印本　四冊

110000－0146－0001513　PG/663/272
隋書地理志考證九卷附漢書地理志校補二卷　楊守敬撰　清光緒二十七年(1901)宜都楊氏刻本　六冊

110000－0146－0001514　PG/669.1/271
歷代輿地沿革險要圖說　楊守敬　饒敦秩撰　王尚德繪　清光緒二十四年(1898)上海文賢閣石印本　一冊

110000－0146－0001515　PG/660.81/126
小方壺齋輿地叢鈔再補編十二帙　(清)王錫祺輯　清光緒二十三年(1897)上海著易堂鉛印本(原缺第五帙)　十六冊

110000－0146－0001516　PG/667/723
乾隆府廳州縣圖志五十卷　(清)洪亮吉撰　清光緒二十三年(1897)新化三味書室刻本　二十冊

110000－0146－0001517　PG/660.81/125
小方壺齋輿地叢鈔再補編十二帙　(清)王錫祺輯　清光緒二十三年(1897)上海著易堂鉛印本(原缺第五帙)　十六冊

110000－0146－0001518　PG/667/721
乾隆府廳州縣圖志五十卷　(清)洪亮吉撰　清光緒二十三年(1897)新化三味書室刻本　二十四冊

110000－0146－0001519　PG/662/435
三國郡縣表八卷　(清)吳增僅撰　清光緒二十二年(1896)金陵吳氏木活字印本　四冊

110000－0146－0001520　PG/662/434
三國郡縣表八卷　(清)吳增僅撰　清光緒二十二年(1896)金陵吳氏木活字印本　四冊

110000－0146－0001521　PG/661/714
山海經存九卷首一卷　(清)汪紱釋　清光緒二十一年(1895)石印本　四冊

110000－0146－0001522　PG/669.1/381
歷代地理沿革表四十七卷　（清）陳芳績撰　清光緒二十一年（1895）廣雅書局刻本　二十冊

110000－0146－0001523　PG/669.1/380
歷代地理沿革表四十七卷　（清）陳芳績撰　清光緒二十一年（1895）廣雅書局刻本　二十四冊

110000－0146－0001524　PG/660.81/124
小方壺齋輿地叢鈔補編十二帙　（清）王錫祺輯　清光緒二十年（1894）上海著易堂鉛印本（原缺第五、八帙）　四冊

110000－0146－0001525　PG/660.81/123
小方壺齋輿地叢鈔補編十二帙　（清）王錫祺輯　清光緒二十年（1894）上海著易堂鉛印本（原缺第五、八帙）　四冊

110000－0146－0001526　PG/669.27/466
皇朝一統輿地全圖　題（清）欸乃軒主人輯　清光緒二十年（1894）上海鴻寶齋石印本　二冊

110000－0146－0001527　PG/662/291
漢西域圖考七卷首一卷　（清）李光廷撰　清光緒十九年（1893）寶善書局石印本　七冊

110000－0146－0001528　PG/660.81/120
小方壺齋輿地叢鈔十二帙　（清）王錫祺輯　清光緒十七年（1891）上海著易堂鉛印本　六十四冊

110000－0146－0001529　PG/660.81/121
小方壺齋輿地叢鈔十二帙　（清）王錫祺輯　清光緒十七年（1891）上海著易堂鉛印本　六十三冊

110000－0146－0001530　PG/660.81/122
小方壺齋輿地叢鈔十二帙　（清）王錫祺輯　清光緒十七年（1891）上海著易堂鉛印本　五十六冊

110000－0146－0001531　PG/669.8/185
穀梁范注闕地釋二卷　（清）彭夢日撰　清光緒二十九年（1903）抉雲山房刻本　二冊

110000－0146－0001532　PG/669.8/186
穀梁范注闕地釋二卷　（清）彭夢日撰　清光緒二十九年（1903）抉雲山房刻本　二冊

110000－0146－0001533　PG/669.2/531
吳疆域圖說三卷　（清）范本禮撰　**補水經注洛水一卷補水經注涇水一卷**　（清）謝鍾英撰　清光緒十四年（1888）南菁書院刻南菁書院叢書本　一冊

110000－0146－0001534　PG/660/268
輿地沿革表四十卷　（清）楊丕復撰　清光緒十四年（1888）武陵楊氏刻本　二十四冊

110000－0146－0001535　PG/667/720
乾隆府廳州縣圖志五十卷　（清）洪亮吉撰　清光緒五年（1879）授經堂刻授經堂重刊遺集本　十五冊　缺十三卷（一至十三）

110000－0146－0001536　PG/661.3/339
禹貢班義述三卷附漢縻水入尚龍谿考一卷　（清）成蓉鏡撰　清光緒十一年（1885）刻本　一冊

110000－0146－0001537　PG/661/633
山海經四卷　（晉）郭璞撰　（清）吳志伊注　清光緒十年（1884）掃葉山房刻本　四冊

110000－0146－0001538　PG/662/290
漢西域圖考七卷圖一卷　（清）李光廷撰　清光緒八年（1882）陽湖趙登詒壽諼草堂木活字印本　四冊

110000－0146－0001539　PG/665/114
元豐九域志十卷　（宋）王存撰　清光緒八年（1882）金陵書局刻本　四冊

110000－0146－0001540　PG/669.1/435
資治通鑑地理今釋十六卷　（清）吳熙載撰　清光緒八年（1882）江蘇書局刻本　三冊

110000－0146－0001541　PG/669.1/437
資治通鑑地理今釋十六卷　（清）吳熙載撰　清光緒八年（1882）江蘇書局刻本　三冊

110000－0146－0001542　PG/669.1/436

資治通鑑地理今釋十六卷　(清)吳熙載撰　清光緒八年(1882)江蘇書局刻本　三册

110000－0146－0001543　PG/669.1/423
輿地廣記三十八卷　(宋)歐陽忞撰　**校勘輿地廣記劄記二卷**　(清)黄丕烈撰　清光緒六年(1880)金陵書局刻本　四册

110000－0146－0001544　PG/661.3/908
禹貢古今注通釋六卷　(清)侯楨撰　清光緒六年(1880)古抒秋館木活字印本　二册

110000－0146－0001545　PG/660/959
讀史方輿紀要一百三十卷　(明)顧祖禹撰　(清)彭元瑞校定　清光緒五年(1879)蜀南薛氏桐華書屋刻本　五十一册

110000－0146－0001546　PG/666/965
天下郡國利病書一百二十卷　(清)顧炎武輯　清道光三年(1823)成都龍氏刻光緒五年(1879)蜀南薛氏桐花書屋修補本　五十二册　缺一卷(二十七)

110000－0146－0001547　PG/661.8/962
七國地理考七卷　(清)顧觀光撰　清光緒五年(1879)刻本　三册

110000－0146－0001548　PG/663/720
十六國疆域志十六卷　(清)洪亮吉撰　清光緒四年(1878)授經堂刻本　四册

110000－0146－0001549　PG/661/634
山海經新校正十八卷　(晉)郭璞撰　(清)畢沅校正　清光緒三年(1877)浙江書局刻本　三册

110000－0146－0001550　PG/669.8/748
春秋左氏傳地名補注十二卷　(清)沈欽韓撰　清光緒長洲蔣氏心矩齋刻本　四册

110000－0146－0001551　PG/666/966
天下郡國利病書一百二十卷　(清)顧炎武撰　清光緒慎記書莊石印本　二十四册

110000－0146－0001552　PG/660/419
歷代地理沿革圖一卷　(清)六嚴繪　(清)馬徵麟輯　清同治十一年(1872)金陵刻本　一册

110000－0146－0001553　PG/662/133
漢書地理志二卷　(漢)班固撰　(清)汪遠孫校　清同治十年(1871)永康胡氏退補齋刻本　二册

110000－0146－0001554　PG/667/428
大清中外壹統輿圖三十卷首卷一卷中卷一卷　(清)鄒世詒等編　(清)李廷簫增訂　清同治二年(1863)嚴樹森湖北刻本　十册

110000－0146－0001555　PG/669.27/587
地志便覽二卷附志一卷　(清)崔暕輯　清咸豐十年(1860)長沙崔氏刻本　二册

110000－0146－0001556　PG/669.1/613
方輿考證總部六卷　(清)許鴻磐撰　清嘉慶二十三年(1818)刻本　六册

110000－0146－0001557　PG/661/632
山海經十八卷圖讚一卷訂譌一卷敘錄一卷　(晉)郭璞注　(清)郝懿行箋疏　清嘉慶十四年(1809)揚州阮氏琅嬛仙館刻本　四册

110000－0146－0001558　PG/661/630
山海經十八卷圖讚一卷訂譌一卷敘錄一卷　(晉)郭璞注　(清)郝懿行箋疏　清嘉慶十四年(1809)揚州阮氏琅嬛仙館刻本　四册

110000－0146－0001559　PG/660/114
今古地理述十八卷首三卷末一卷　(清)王子音撰　(清)萬承風等補　清嘉慶北京文會堂刻本　二十二册

110000－0146－0001560　PG/782.97/982
曾文正公[國藩]年譜十二卷　(清)黎庶昌編　清光緒二年(1876)傳忠書局刻曾文正公全集本　二册　存六卷(七至十二)

110000－0146－0001561　PG/667/522
大清一統志表不分卷　(清)徐午輯　清乾隆至道光刻本　八册

110000－0146－0001562　PG/655.5/681
勉益齋偶存稿八卷　(清)裕謙撰　清道光刻本　八册

110000－0146－0001563　PG/671.3226/893
[順治]胙城縣志四卷　(清)劉純德修　(清)郭金鼎纂　清順治十六年(1659)刻本　二冊

110000－0146－0001564　PG/671.3223/869
[順治]淇縣志十卷　(清)王謙吉　(清)王南國修　(清)白龍躍纂　清順治十七年(1660)刻本　二冊

110000－0146－0001565　SG/671.2/197
[康熙]山東通志六十四卷　(清)趙祥星修　(清)錢江纂　清康熙十七年(1678)刻本(卷二至四配抄本)　三十二冊

110000－0146－0001566　PG/671.1345/388
[康熙]靈壽縣志十卷附錄一卷　(清)陸隴其纂修　清康熙二十五年(1686)刻乾隆後印本　四冊

110000－0146－0001567　PG/671.3417/686
[康熙]內鄉縣志十二卷　(清)竇鼎望纂修　清康熙刻本　四冊

110000－0146－0001568　PG/671.3403/310
[康熙]南陽縣志六卷首一卷　(清)張光祖修　(清)徐永芝等纂　清康熙三十二年(1693)刻本　六冊

110000－0146－0001569　PG/671.3100/845
[康熙]開封府志四十卷　(清)管竭忠修　(清)張沐纂　清康熙三十四年(1695)刻本　二十冊

110000－0146－0001570　SG/684.69/482
臥龍崗志二卷　(清)羅景輯　清康熙五十一年(1712)羅景刻本　二冊

110000－0146－0001571　PG/671.2215/151
[萬曆]汶上縣志八卷　(明)栗可仕修　(明)王命新纂　清康熙五十六年(1717)聞元炅刻本　二冊

110000－0146－0001572　PG/671.2215/150
[萬曆]汶上縣志八卷　(明)栗可仕修　(明)王命新纂　清康熙五十六年(1717)聞元炅刻本　二冊

110000－0146－0001573　PG/671.2307/115
[康熙]茌平縣志五卷　(清)王世臣修　(清)孫克緒纂　清康熙四十九年(1710)刻乾隆、嘉慶後印本　五冊

110000－0146－0001574　PG/671.2115/487
[雍正]齊河縣志十卷　(清)上官有儀修　(清)許琰纂　清乾隆二年(1737)刻本　五冊

110000－0146－0001575　PG/671.3207/267
[乾隆]湯陰縣志十卷　(清)楊世達纂修　清乾隆三年(1738)刻本　十冊

110000－0146－0001576　PG/671.3215/348
[乾隆]武安縣志二十卷　(清)蔣光祖修　(清)夏兆豐纂　清乾隆四年(1739)刻本　八冊

110000－0146－0001577　SG/671.1203/441
[乾隆]天津縣志二十四卷　(清)朱奎揚修　(清)吳廷華纂　清乾隆四年(1739)天津縣署刻本　八冊

110000－0146－0001578　PG/671.2422/428
[乾隆]萊州府志十六卷首一卷　(清)嚴有禧纂修　(清)張桐續纂修　清乾隆五年(1740)刻本　十六冊

110000－0146－0001579　SG/671.2422/429
[乾隆]萊州府志十六卷首一卷　(清)嚴有禧纂修　(清)張桐增修　清乾隆五年(1740)刻本　六冊

110000－0146－0001580　PG/671.3249/626
[乾隆]陽武縣志十二卷　(清)談諟曾纂修　清乾隆十年(1745)刻本　六冊

110000－0146－0001581　PG/671.3147/310
[乾隆]商水縣志十卷首一卷　(清)董榕修　(清)郭熙纂　(清)牛問仁續纂修　清乾隆十二年(1747)刻四十八年(1783)增刻本　八冊

110000－0146－0001582　PG/671.1361/308
[乾隆]直隸易州志十八卷首一卷　(清)張登高等纂修　清乾隆十二年(1747)刻本　八冊

110000－0146－0001583　PG/671.3211/255
[乾隆]林縣志十卷首一卷末一卷　(清)楊潮觀纂修　清乾隆十七年(1752)刻本　四冊

110000－0146－0001584　PG/671.2124/385
[乾隆]歸德府志三十六卷首一卷　(清)陳錫輅修　(清)查岐昌纂　清乾隆十九年(1754)刻本　十冊

110000－0146－0001585　PG/671.2165/905
[乾隆]鄄城縣志十八卷　(清)傅豫修　清乾隆十九年(1754)刻本　六冊

110000－0146－0001586　PG/671.3415/526
[乾隆]鄧州志二十四卷首一卷末一卷　(清)蔣光祖修　(清)姚之琅纂　清乾隆二十年(1755)刻本　六冊

110000－0146－0001587　PG/671.3221/441
[乾隆]獲嘉縣志十六卷首一卷　(清)吳喬齡修　(清)李棟纂　清乾隆二十一年(1756)刻本　六冊

110000－0146－0001588　PG/671.1221/324
[乾隆]肅寧縣志十卷　(清)尹侃修　(清)談有典纂　清乾隆二十一年(1756)刻本　五冊

110000－0146－0001589　PG/671.3239/511
[乾隆]濟源縣志十六卷首一卷末一卷　(清)蕭應植纂修　清乾隆二十六年(1761)刻本　六冊

110000－0146－0001590　PG/671.2145/428
[乾隆]蒲台縣志四卷首一卷　(清)嚴文典　(清)任相纂修　清乾隆二十八年(1763)刻本　四冊

110000－0146－0001591　PG/671.2119/223
[乾隆]濟陽縣志十四卷首一卷　(清)胡德琳修　(清)何明禮纂　清乾隆三十年(1765)刻本　八冊

110000－0146－0001592　PG/671.3107/376
[乾隆]通許縣志十卷　(清)阮龍光修　(清)邵自祐纂　清乾隆三十六年(1771)刻本　八冊

110000－0146－0001593　PG/671.3107/375
[乾隆]通許縣志十卷　(清)阮龍光修　(清)邵自祐纂　清乾隆三十六年(1771)刻本　六冊

110000－0146－0001594　PG/671.1343/439
[乾隆]行唐縣新志十六卷　(清)吳高增纂修　(清)文有試增補　清乾隆二十八年(1763)刻三十七年(1772)增刻本　四冊

110000－0146－0001595　SG/671.2103/223
[乾隆]歷城縣志五十卷首一卷　(清)胡德琳修　(清)李文藻纂　清乾隆三十八年(1773)刻本　十六冊

110000－0146－0001596　SG/671.2205/754
[乾隆]曲阜縣志一百卷　(清)潘相纂修　清乾隆三十九年(1774)刻本　十二冊

110000－0146－0001597　PG/671.2109/313
[乾隆]淄川縣志八卷首一卷　(清)張鳴鐸修　(清)張廷寀纂　清乾隆四十一年(1776)淄川縣署刻本　八冊

110000－0146－0001598　PG/671.1111/655
[乾隆]永清縣志二十五卷文徵五卷　(清)周震榮修　(清)章學誠纂　清乾隆四十四年(1779)刻本　四冊

110000－0146－0001599　SG/671.2/111
齊乘六卷　(元)于欽撰　清乾隆四十六年(1781)胡德琳刻本　四冊

110000－0146－0001600　PG/671.2125/719
[乾隆]新泰縣志二十卷首一卷　(清)江乾達修　(清)牛士瞻纂　清乾隆五十年(1785)刻本　六冊

110000－0146－0001601　PG/671.3313/393
[乾隆]登封縣志三十二卷　(清)陸續萼修　(清)洪亮吉纂　清乾隆五十二年(1787)刻本　八冊

110000－0146－0001602　PG/671.3105/810
[乾隆]杞縣志二十四卷　(清)周璣修

（清）朱璿等纂　清乾隆五十三年（1788）刻本　十二冊

110000－0146－0001603　PG/671.3234/667
［乾隆］新修懷慶府志三十二卷圖經一卷首二卷　（清）唐侍陛修　（清）布顏等纂　清乾隆五十四年（1789）刻本　十六冊

110000－0146－0001604　PG/671.3305/363
［乾隆］偃師縣志三十卷首一卷　（清）湯毓倬修　（清）孫星衍纂　清乾隆五十四年（1789）刻本　十二冊

110000－0146－0001605　PG/671.3245/770
［乾隆］孟縣志十卷　（清）仇汝瑚修　（清）馮敏昌纂　清乾隆五十五年（1790）刻本　十冊

110000－0146－0001606　PG/671.1401/313
［乾隆］大名縣志四十卷首一卷　（清）張維祺（清）李棠纂修　清乾隆五十五年（1790）刻本　十二冊

110000－0146－0001607　PG/671.1257/887
［乾隆］直隸遵化州志二十卷　（清）傅修纂修　清乾隆五十九年（1794）刻本　八冊

110000－0146－0001608　PG/671.2235/614
［嘉慶］莒州志十六卷首一卷　（清）許紹錦纂修　清嘉慶元年（1796）刻本　六冊

110000－0146－0001609　PG/671.2111/919
［嘉慶］長山縣志十六卷首一卷　（清）倪企望修　（清）鍾廷瑛纂　清嘉慶六年（1801）刻本　十冊

110000－0146－0001610　PG/671.1459/915
［嘉慶］棗強縣志二十卷　（清）任衔蕙修　（清）楊元錫纂　清嘉慶八年（1803）刻本　六冊

110000－0146－0001611　PG/671.1411/266
［嘉慶］長垣縣志十六卷　（清）李于垣修　（清）楊元錫纂　清嘉慶十五年（1810）刻本　八冊

110000－0146－0001612　PG/671.3235/189
［道光］河内縣志三十六卷　（清）袁通等修　（清）方履籛等纂　清道光五年（1825）刻本　十冊

110000－0146－0001613　PG/671.2341/815
［道光］東平州志三十卷首二卷　（清）周雲鳳修　（清）唐鑑纂　清道光五年（1825）東平州署刻本　十六冊

110000－0146－0001614　PG/671.3145/651
［道光］淮寧縣志二十七卷　（清）瞿昂（清）劉侃修　（清）永銘纂　清道光六年（1826）刻本　十二冊

110000－0146－0001615　PG/671.3155/644
［道光］太康縣志八卷　（清）戴鳳翔等修　（清）高崧等纂　清道光八年（1828）刻本　八冊

110000－0146－0001616　PG/671.2123/952
［道光］泰安縣志十二卷首一卷末一卷　（清）徐宗幹修　（清）蔣大慶纂　清道光八年（1828）刻本　十三冊

110000－0146－0001617　PG/671.2343/288
［道光］東阿縣志二十四卷首一卷　（清）李賢書修　（清）吳怡纂　清道光九年（1829）刻本　十二冊

110000－0146－0001618　PG/671.3203/118
［道光］武陟縣志三十六卷　（清）王榮陛修　（清）方履籛纂　清道光九年（1829）刻本　八冊

110000－0146－0001619　PG/671.3109/115
［道光］尉氏縣志二十卷首一卷　（清）劉厚滋修　（清）王觀潮纂　清道光十一年（1831）刻本　八冊

110000－0146－0001620　PG/671.1125/748
［道光］薊州志十卷首一卷　（清）沈鋭修　清道光十一年（1831）刻咸豐二年（1852）補刻本　十冊

110000－0146－0001621　PG/671.1455/378
［道光］南宮縣志十六卷　（清）周栻修

(清)陳柱纂　清道光十一年(1831)刻本　八册

110000－0146－0001622　PG/671.2121/925
[道光]長清縣志十六卷首四卷末二卷　(清)舒化民修　(清)徐德城纂　清道光十五年(1835)刻本　八册

110000－0146－0001623　PG/671.3119/833
[道光]禹州志二十八卷　(清)朱煒修　(清)姚椿等纂　(清)宫國勳增修　(清)楊景純等增纂　清道光十五年(1835)刻同治九年(1870)增刻本　十四册

110000－0146－0001624　PG/671.3159/506
[道光]許州志十六卷首一卷　(清)蕭元吉修　(清)李堯觀纂　清道光十八年(1838)刻本　十二册

110000－0146－0001625　PG/671.3243/773
[道光]修武縣志十卷首一卷補志二卷　(清)馮繼照修　(清)金皋纂　(清)孔繼中續纂修　清道光二十年(1840)刻同治七年(1868)增刻本　十二册

110000－0146－0001626　PG/671.2433/308
[道光]重修膠州志四十卷　(清)張同聲修　(清)李圖纂　清道光二十五年(1845)刻本　十二册

110000－0146－0001627　PG/671.2425/912
[道光]重修平度州志二十七卷　(清)保忠修　(清)李圖纂　清道光二十九年(1849)刻本　八册

110000－0146－0001628　PG/671.1367/912
[道光]直隸定州志二十二卷首一卷　(清)寶琳　(清)勞沅恩纂修　清咸豐元年(1851)刻本　十二册

110000－0146－0001629　PG/671.3217/952
[乾隆]汲縣志十四卷首一卷末一卷　(清)徐汝瓚修　(清)杜崑纂　清乾隆二十年(1755)刻本　六册

110000－0146－0001630　PG/671.1401/103
[咸豐]大名府志二十二卷首一卷續志六卷末一卷　(清)武蔚文修　(清)郭程先纂　清咸豐四年(1854)刻本　二十二册

110000－0146－0001631　PG/671.2438/781
[咸豐]青州府志六十四卷　(清)毛永柏修　(清)李圖　(清)劉耀椿纂　清咸豐九年(1859)刻本　十六册

110000－0146－0001632　PG/671.1249/416
[同治]昌黎縣志十卷　(清)何崧泰修　(清)馬恂纂　(清)何爾泰續纂　清同治五年(1866)刻本　四册

110000－0146－0001633　PG/671.3231/950
[同治]滑縣志十二卷　(清)姚錕修　(清)徐光第纂　清同治六年(1867)刻本　九册

110000－0146－0001634　PG/671.3115/437
[同治]中牟縣志十二卷首一卷末一卷　(清)吴若烺修　(清)焦子蕃纂　清同治九年(1870)刻本　六册

110000－0146－0001635　PG/671.2405/324
[同治]黄縣志十四卷首一卷末一卷　(清)尹繼美修　(清)王棠等纂　清同治十年(1871)刻本　四册

110000－0146－0001636　PG/671.1341/382
[同治]欒城縣志十四卷首一卷末一卷　(清)陳詠修　(清)張惇德纂　清同治十一年至十二年(1872－1873)刻本　六册

110000－0146－0001637　PG/671.1301/293
[同治]清苑縣志十八卷首一卷　(清)李逢源修　(清)諸崇儉纂　清同治十二年(1873)刻本　八册

110000－0146－0001638　PG/671.2437/260
[同治]即墨縣志十二卷首一卷　(清)林溥修　(清)周翕鐄纂　清同治十二年(1873)刻本　八册

110000－0146－0001639　PG/671.1345/389
[同治]靈壽縣志十卷末一卷　(清)劉賡年等重修　清同治十二年(1873)刻本　六册

110000－0146－0001640　PG/689.13/829
豫乘識小錄二卷　(清)朱雲錦撰　清同治十二年(1873)刻本　二册

110000－0146－0001641　PG/671.2337/746
[同治]臨邑縣志十六卷首一卷末一卷　(清)陳鴻翽等修　(清)翟振慶纂　清同治十三年(1874)刻本　八册

110000－0146－0001642　PG/671.1449/873
[康熙]磁州志十八卷　(清)蔣擢修　(清)樂玉聲纂　清同治十三年(1874)刻本　四册

110000－0146－0001643　PG/671.1233/771
[光緒]吴橋縣志十二卷　(清)倪昌燮等修　(清)施崇禮等纂　清光緒元年(1875)刻本　八册

110000－0146－0001644　PG/671.1333/150
[光緒]正定縣志四十六卷首一卷末一卷　(清)慶之金　(清)賈孝彰修　(清)趙文濂纂　清光緒元年(1875)刻本　十四册

110000－0146－0001645　PG/671.2335/745
[光緒]陵縣志二十二卷首一卷　(清)沈淮修　(清)李圖等纂　(清)戴傑續纂修　清道光二十五年(1845)刻光緒元年(1875)增刻本　六册

110000－0146－0001646　PG/671.1459/626
[同治]棗強縣志補正五卷　(清)方宗誠纂　清光緒二年(1876)棗強縣署刻本　二册

110000－0146－0001647　PG/671.1457/746
[光緒]新河縣志十六卷　(清)趙鴻鈞等修　(清)沈家煥纂　清光緒二年(1876)刻本　四册

110000－0146－0001648　PG/671.3323/626
[光緒]重修靈寶縣志八卷　(清)周淦　(清)方胙勳修　(清)高錦榮　(清)李鏡江纂　清光緒二年(1876)刻本　八册

110000－0146－0001649　PG/671.1233/455
[光緒]樂亭縣志十五卷首一卷末一卷　(清)游智開等修　(清)史夢蘭纂　清光緒三年(1877)刻本　六册

110000－0146－0001650　PG/671.1431/348
[光緒]永年縣志四十卷首一卷　(清)夏詒鈺纂修　清光緒三年(1877)刻本　八册

110000－0146－0001651　PG/671.1247/308
[光緒]撫寧縣志十六卷首一卷　(清)張上龢修　(清)史夢蘭纂　清光緒三年(1877)刻本　六册

110000－0146－0001652　PG/671.1311/311
[光緒]唐縣志十二卷首一卷　(清)陳詠修　(清)張惇德纂　清光緒四年(1878)刻本　八册

110000－0146－0001653　PG/671.1238/455
[光緒]永平府志七十二卷首一卷末一卷　(清)游智開修　(清)史夢蘭纂　清光緒五年(1879)刻本　四十二册

110000－0146－0001654　PG/671.1335/147
[光緒]獲鹿縣志十四卷首一卷末一卷　(清)俞錫綱修　(清)曹鍱纂　清光緒七年(1881)刻本　十册

110000－0146－0001655　PG/671.2341/352
[光緒]東平州志二十七卷首編四卷　(清)左宜似修　(清)盧崟纂　清光緒五年至七年(1879－1881)刻本　二十册

110000－0146－0001656　PG/671.1409/383
[光緒]開州志八卷首一卷　(清)祁德昌修　(清)陳兆麟纂　清光緒八年(1882)刻本　八册

110000－0146－0001657　PG/671.1325/482
[乾隆]祁州志八卷　(清)羅以桂修　(清)張萬銓纂　清乾隆二十一年(1756)刻光緒八年(1882)後印本　四册

110000－0146－0001658　PG/671.1/165
[同治]畿輔通志三百卷首一卷　(清)李鴻章等修　(清)黄彭年等纂　清光緒十年至十二年(1884－1886)刻本　二百四十册

110000－0146－0001659　PG/671.2449/994

光緒臨朐縣志十六卷首一卷　（清）姚延福修　（清）鄧嘉緝　（清）蔣師轍纂　清光緒十年(1884)刻本　六册

110000－0146－0001660　PG/671.1100/819
[光緒]順天府志一百三十卷附錄一卷　（清）李鴻章　（清）萬青黎等修　（清）張之洞　繆荃孫纂　清光緒十年至十二年(1884－1886)刻本　六十四册

110000－0146－0001661　PG/671.1235/158
[光緒]續修故城縣志十二卷首一卷　（清）丁燦　（清）王堉德纂修　（清）張烘　（清）范翰文續修　清光緒十一年(1885)刻本　八册

110000－0146－0001662　PG/671.1423/764
[光緒]鉅鹿縣志十二卷首一卷　（清）淩燮修　（清）夏應麟纂　清光緒十二年(1886)刻本　六册

110000－0146－0001663　PG/671.2207/167
[光緒]寧陽縣志二十四卷　（清）高陞榮修　（清）黄恩彤纂　清光緒十三年(1887)刻本　十二册

110000－0146－0001664　PG/671.3229/856
[嘉慶]濬縣志二十二卷附金石錄二卷　（清）熊象階修　（清）武穆淳纂　清嘉慶六年(1801)刻光緒十三年(1887)後印本　六册

110000－0146－0001665　PG/671.1213/968
[光緒]南皮縣志十五卷首一卷末一卷　（清）殷樹森修　汪寶樹纂　清光緒十四年(1888)刻本　八册

110000－0146－0001666　PG/671.1237/440
[光緒]東光縣志十二卷首一卷　（清）周植瀛修　（清）吳潯源纂　清光緒十四年(1888)刻本　八册

110000－0146－0001667　PG/671.1355/146
[光緒]無極縣續志十卷首一卷末一卷　（清）曹鳳來纂修　清光緒十九年(1893)刻本　四册

110000－0146－0001668　PG/671.2345/834
[光緒]平陰縣志八卷首一卷　（清）李敬修纂修　清光緒二十一年(1895)刻本　八册

110000－0146－0001669　PG/671.3423/989
[同治]葉縣志十卷首一卷　（清）歐陽霖修　（清）倉景恬纂　清同治十一年(1872)刻光緒二十二年(1896)後印本　八册

110000－0146－0001670　PG/671.3129/111
光緒鹿邑縣志十六卷首一卷　（清）于滄瀾修　（清）蔣師轍纂　清光緒二十二年(1896)刻本　八册

110000－0146－0001671　PG/671.1463/368
[光緒]趙州屬邑志八卷　（清）孫傳栻纂修　清光緒二十三年(1897)刻本　四册

110000－0146－0001672　PG/671.1463/367
[光緒]直隸趙州志十六卷首一卷末一卷　（清）孫傳栻纂修　清光緒二十三年(1897)刻本　六册

110000－0146－0001673　PG/671.3101/747
[光緒]祥符縣志二十四卷首一卷　（清）沈傳義等修　（清）黄舒昞纂　清光緒二十四年(1898)刻本　十二册

110000－0146－0001674　PG/671.1201/746
[光緒]重修天津府志五十四卷首一卷末一卷　沈家本修　（清）徐宗亮纂　清光緒二十五年(1899)天津府署刻本　二十六册

110000－0146－0001675　PG/671.2349/811
[光緒]壽張縣志十卷首一卷　（清）劉文煃修　（清）王守謙纂　清光緒二十六年(1900)刻本　六册

110000－0146－0001676　PG/671.1373/440
[光緒]深州風土記二十二卷　（清）吳汝綸纂修　清光緒二十六年(1900)文瑞書院刻本　六册

110000－0146－0001677　PG/671.1229/435
[光緒]寧津縣志十二卷　（清）祝嘉庸等修　（清）吳潯源等纂　清光緒二十六年(1900)刻本　八册

110000－0146－0001678　PG/671.3403/754
[光緒]南陽縣志十二卷首一卷　(清)潘守廉修　(清)張嘉謀纂　清光緒三十年(1904)刻本　八冊

110000－0146－0001679　PG/671.3209/820
[光緒]臨漳縣志十八卷首一卷　(清)周秉彝修　(清)周壽梓　(清)李耀中纂　清光緒三十一年(1905)刻本　十二冊

110000－0146－0001680　PG/671.1315/393
[光緒]望都縣圖說不分卷　(清)陸保善修　(清)陸是奎纂　清光緒三十一年(1905)鉛印本　一冊

110000－0146－0001681　PG/671.1413/129
光緒邢臺縣志八卷首一卷　(清)戚朝卿修　(清)周祐纂　清光緒三十一年(1905)刻本　六冊

110000－0146－0001682　PG/671.2439/287
[光緒]益都縣圖志五十四卷首一卷　(清)張承燮修　(清)法偉堂纂　清光緒三十三年(1907)益都官舍刻本　十六冊

110000－0146－0001683　PG/671.2439/286
[光緒]益都縣圖志五十四卷首一卷　(清)張承燮修　(清)法偉堂纂　清光緒三十三年(1907)益都官舍刻本　十六冊

110000－0146－0001684　PG/671.2439/288
[光緒]益都縣圖志五十四卷首一卷　(清)張承燮修　(清)法偉堂纂　清光緒三十三年(1907)益都官舍刻本　十六冊

110000－0146－0001685　PG/671.2351/641
[宣統]濮州志八卷　(清)高士英修　(清)榮相鼎纂　清宣統元年(1909)刻本　八冊

110000－0146－0001686　PG/671.5135/233
[正德]朝邑縣志二卷　(明)王道修　(明)韓汝慶纂　清刻本　一冊

110000－0146－0001687　SG/671.6305/118
[乾隆]靜寧州志八卷首一卷　(清)王烜等纂　清抄本　八冊

110000－0146－0001688　PG/671.5323/601
[康熙]延綏鎮志六卷　(清)許占魁　(清)高光祉修　(清)譚吉聰纂　清康熙十二年(1673)刻本　十四冊

110000－0146－0001689　PG/671.5175/482
[康熙]隴州志八卷首一卷　(清)羅彰彝纂　清康熙五十二年(1713)刻雍正三年(1725)增刻本　四冊

110000－0146－0001690　PG/671.5/891
[雍正]陝西通志一百卷首一卷　(清)劉於義修　(清)沈青崖纂　清雍正十三年(1735)刻本　一百冊

110000－0146－0001691　PG/671.4166/828
[雍正]澤州府志五十二卷　(清)朱樟修　(清)田嘉穀纂　清刻本　八冊　存三十六卷(一至三十六)

110000－0146－0001692　PG/671.6400/306
[乾隆]五涼考治六德集全誌五卷　(清)張之浚等纂修　清乾隆十五年(1750)刻本　五冊

110000－0146－0001693　PG/671.4229/816
[乾隆]寧武府志十二卷首一卷　(清)周景柱修　(清)李維梓纂　清乾隆十五年(1750)刻本　六冊

110000－0146－0001694　SG/671.4366/816
[乾隆]蒲州府志二十四卷　(清)周景柱纂修　清乾隆二十年(1755)刻本　十冊

110000－0146－0001695　PG/671.5187/668
[正德]武功縣志三卷首一卷　(明)康海纂修　(清)孫景烈評注　清乾隆二十六年(1761)刻本　一冊

110000－0146－0001696　PG/671.4217/251
[乾隆]渾源州志十卷　(清)桂敬順修　清乾隆二十八年(1763)刻本　五冊

110000－0146－0001697　SG/671.4343/308
[乾隆]直隸絳州志二十卷　(清)張成德修　(清)李友洙纂　清乾隆三十年(1765)刻本　八冊

110000－0146－0001698　PG/671.5160/206
［乾隆］重修鳳翔府志十二卷首一卷　（清）達靈阿修　（清）周方炯纂　清乾隆三十一年(1766)刻本(卷一至二有抄配)　十二册

110000－0146－0001699　PG/671.5139/665
［乾隆］郃陽縣全志四卷　（清）席奉乾修　（清）孫景烈纂　清乾隆三十四年(1769)刻本　四册

110000－0146－0001700　SG/671.4124/367
［乾隆］汾州府志三十四卷首一卷　（清）孫和相修　（清）戴震纂　清乾隆三十六年(1771)刻本　十六册

110000－0146－0001701　PG/671.4325/113
［乾隆］臨晉縣志八卷　（清）王正茂纂修　清乾隆三十八年(1773)刻本　四册

110000－0146－0001702　PG/671.5107/307
［乾隆］興平縣志二十五卷　（清）顧聲雷修　（清）張塤纂　清乾隆四十四年(1779)刻本　六册

110000－0146－0001703　PG/671.4/154
［乾隆］山西志輯要十卷首一卷　（清）雅德修　（清）汪本直纂　清乾隆四十五年(1780)刻本　十册

110000－0146－0001704　PG/671.5155/312
［乾隆］蒲城縣志十五卷　（清）張心鏡修　（清）吳泰來纂　清乾隆四十七年(1782)刻本　六册

110000－0146－0001705　PG/671.5141/720
［乾隆］澄城縣志二十卷　（清）戴治修　（清）洪亮吉　（清）孫星衍纂　清乾隆四十九年(1784)刻嘉慶補刻本　四册

110000－0146－0001706　PG/671.4159/257
［乾隆］鳳臺縣志二十卷首一卷　（清）林荔修　（清）姚學甲纂　清乾隆四十九年(1784)刻本　十二册

110000－0146－0001707　PG/671.5127/526
［乾隆］醴泉縣志十四卷圖一卷　（清）蔣騏昌修　（清）孫星衍纂　清乾隆四十九年(1784)刻本　四册

110000－0146－0001708　PG/671.4203/441
［乾隆］直隸代州志六卷　（清）吳重光纂修　清乾隆五十年(1785)刻本　八册

110000－0146－0001709　PG/671.5200/428
［嘉慶］漢南續修郡志三十二卷首一卷　（清）嚴如熤修　（清）鄭炳然纂　清嘉慶十九年(1814)刻本　十六册

110000－0146－0001710　PG/671.5103/307
［嘉慶］長安縣志三十六卷　（清）張聰賢修　（清）董曾臣纂　清嘉慶二十年(1815)刻本　八册

110000－0146－0001711　PG/671.4359/113
［嘉慶］靈石縣志十二卷　（清）王志瀜修　（清）黄憲臣纂　清嘉慶二十二年(1817)刻本　六册

110000－0146－0001712　PG/671.5145/905
［乾隆］韓城縣志十六卷首一卷　（清）傅應奎修　（清）錢坫纂　清乾隆四十九年(1784)刻嘉慶二十三年(1818)後印本　六册

110000－0146－0001713　PG/671.5103/647
［嘉慶］咸寧縣志二十六卷首一卷　（清）高廷法　（清）沈琮修　（清）陸耀通　（清）董祐誠纂　清嘉慶二十四年(1819)刻本　八册

110000－0146－0001714　PG/671.5167/691
［嘉慶］扶風縣志十八卷首一卷　（清）宋世犖修　（清）吳鵬翱　（清）王樹棠纂　清嘉慶二十四年(1819)刻本　四册

110000－0146－0001715　PG/671.4131/386
［嘉慶］介休縣志十四卷　（清）徐品山　（清）陸元鏸纂修　清嘉慶二十四年(1819)刻本　八册

110000－0146－0001716　PG/671.4317/292
［道光］太平縣志十六卷首一卷　（清）李炳彦修　（清）梁棲鸞纂　清道光五年(1825)刻本　八册

110000－0146－0001717　PG/671.4103/433
[道光]太原縣志十八卷　(清)員佩蘭修　(清)楊國泰纂　清道光六年(1826)刻本　六冊

110000－0146－0001718　PG/671.5/113
[道光]陝西志輯要六卷首一卷附秦疆治略一卷關中漢唐存碑跋一卷漢南遊草一卷　(清)王志沂纂修　清道光七年(1827)賜書堂刻本　九冊

110000－0146－0001719　PG/671.5105/923
[乾隆]咸陽縣志二十二卷首一卷附續修咸陽縣志一卷　(清)臧應桐纂修　(清)陳堯書續修　清乾隆十六年(1751)刻道光十六年(1836)續刻本　四冊

110000－0146－0001720　PG/671.4101/287
[道光]陽曲縣志十六卷　(清)李培謙修　(清)閻士驤纂　清道光二十三年(1843)刻本　十冊

110000－0146－0001721　PG/671.5133/856
[道光]大荔縣志十六卷首一卷附足徵錄四卷　(清)熊兆麟纂修　清道光三十年(1850)刻本　六冊

110000－0146－0001722　PG/671.6115/432
[乾隆]狄道州志十六卷　(清)呼延華國修　(清)吳鎮纂　清光緒官報書局鉛印本　八冊

110000－0146－0001723　PG/671.6107/754
[乾隆]靖遠縣志不分卷　(清)那禮善修　(清)潘紹堯等纂　清道光、咸豐抄本　四冊

110000－0146－0001724　PG/671.5132/677
[咸豐]同州府志三十四卷首二卷附文徵錄三卷　(清)李思繼等修　(清)蔣湘南纂　清咸豐二年(1852)刻本　二十五冊

110000－0146－0001725　PG/671.4105/990
[同治]榆次縣志十六卷首一卷末一卷　(清)俞世銓　(清)陶良駿修　(清)王平格　(清)王序賓纂　清同治二年(1863)刻本　十冊

110000－0146－0001726　PG/671.5187/700
[正德]武功縣志三卷首一卷　(明)康海纂修　(清)孫景烈評注　清同治十二年(1873)湖北崇文書局刻本　一冊

110000－0146－0001727　PG/671.5119/917
[光緒]三原縣新志八卷　(清)焦雲龍修　(清)賀瑞麟纂　清光緒六年(1880)刻本　四冊

110000－0146－0001728　PG/671.5219/988
[光緒]定遠廳志二十六卷首一卷末一卷　(清)余修鳳纂修　清光緒五年至七年(1879－1881)刻本　六冊

110000－0146－0001729　PG/671.4237/626
[光緒]忻州志四十二卷　(清)方戊昌修　(清)方淵如纂　清光緒六年(1880)刻本　八冊

110000－0146－0001730　PG/671.4337/171
[光緒]夏縣志十卷首一卷　(清)黃縉榮　(清)萬啟鈞修　(清)張承熊纂　清光緒六年(1880)刻本　四冊

110000－0146－0001731　PG/671.4313/312
[光緒]續修曲沃縣志三十二卷　(清)張鴻逵　(清)茅丕熙纂修　清光緒六年(1880)刻本　六冊

110000－0146－0001732　PG/671.4213/632
[乾隆]廣靈縣志十卷首一卷末一卷　(清)郭磊纂修　清乾隆十九年(1754)刻光緒七年(1881)重印本　四冊

110000－0146－0001733　PG/671.4247/897
[光緒]繁峙縣志四卷首一卷　(清)何才價修　(清)楊篤纂　清光緒七年(1881)刻本　四冊

110000－0146－0001734　PG/671.4217/331
[光緒]渾源州續志十卷　(清)賀澍恩修　(清)程續等纂　清光緒七年(1881)刻本　六冊

110000－0146－0001735　PG/671.5132/940

[光緒]同州府續志十六卷首一卷　(清)饒應祺修　(清)馬先登纂　清光緒七年(1881)刻本　九冊

110000－0146－0001736　PG/671.4317/480

[光緒]太平縣志十四卷首一卷　(清)勞文慶　(清)朱光綬修　(清)婁道南纂　清光緒八年(1882)刻本　十冊

110000－0146－0001737　PG/671.4103/434

[光緒]續太原縣志二卷　(清)薛元釗修　(清)王效尊纂　清光緒八年(1882)刻本　二冊

110000－0146－0001738　PG/671.4145/359

[光緒]長子縣志十二卷首一卷　(清)豫謙修　(清)楊篤纂　清光緒八年(1882)刻本　八冊

110000－0146－0001739　PG/671.5171/185

[光緒]麟遊縣新志草十卷首一卷　(清)彭洵纂修　清光緒九年(1883)刻本　四冊

110000－0146－0001740　PG/671.5111/792

[光緒]高陵縣續志八卷　(清)程維雍修　(清)白遇道纂　清光緒十年(1884)刻本　二冊

110000－0146－0001741　PG/671.5111/445

[嘉靖]呂涇野先生高陵縣志七卷　(明)呂柟纂修　呂涇野先生續傳　(明)楊九式撰　清光緒十年(1884)刻本　二冊

110000－0146－0001742　PG/671.5185/821

[光緒]乾州志稿十四卷首一卷別錄四卷乾陽殉難士女錄一卷補正一卷　(清)周銘旂纂修　清光緒十年至十七年(1884－1891)乾陽書院刻本　六冊

110000－0146－0001743　PG/671.5163/218

[光緒]岐山縣志八卷　(清)胡昇猷修　(清)張殿元纂　清光緒十年至十一年(1884－1885)刻本　四冊

110000－0146－0001744　PG/671.4323/292

[光緒]永濟縣志二十四卷　(清)李榮和　(清)劉鍾麟修　(清)張元懋纂　清光緒十二年(1886)刻本　十四冊

110000－0146－0001745　PG/671.5211/418

[光緒]寧羌州志五卷　(清)馬毓華修　(清)鄭書香纂　清光緒十四年(1888)刻本　五冊

110000－0146－0001746　PG/671.6211/334

[光緒]重纂禮縣新志四卷首一卷　(清)雷文淵修　(清)王思溫纂　清光緒十六年(1890)刻本　四冊

110000－0146－0001747　PG/671.5125/894

[光緒]富平縣志稿十卷首一卷　樊增祥　(清)劉鋥修　(清)譚麐纂　清光緒十七年(1891)刻本　十冊

110000－0146－0001748　PG/671.4/981

[光緒]山西通志一百八十四卷首一卷　(清)曾國荃等修　(清)王軒等纂　清光緒十八年(1892)刻本　九十六冊

110000－0146－0001749　PG/671.5331/754

[光緒]米脂縣志十二卷　(清)高照煦纂修　清光緒三十三年(1907)鉛印本　四冊

110000－0146－0001750　PG/671.5117/887

[宣統]重修涇陽縣志十六卷首一卷末一卷　劉懋官修　宋伯魯　周斯億纂　清宣統三年(1911)鉛印本　四冊

110000－0146－0001751　PG/672.3228/378

[弘治]赤城新志二十三卷　(明)陳相修　(明)謝鐸纂　清末刻本　四冊

110000－0146－0001752　PG/672.3229/720

[康熙]臨海縣志十五卷首一卷　(清)洪若皋纂修　清同治刻本　八冊

110000－0146－0001753　PG/671.2215/152

[康熙]續修汶上縣志六卷　(清)聞元炅纂修　清康熙五十六年(1717)刻本　二冊

110000－0146－0001754　SG/672.3200/146

[雍正]寧波府志三十六卷首一卷　(清)曹秉仁修　(清)萬經等纂　清乾隆六年(1741)刻

本　十六册

110000－0146－0001755　PG/672.3427/365
[乾隆]平陽縣志二十卷首一卷　(清)徐恕修　(清)孫謙　(清)張南英纂　清乾隆二十五年(1760)刻本　十册

110000－0146－0001756　SG/671.4125/291
[乾隆]汾陽縣志十四卷首一卷　(清)李文起修　(清)戴震等纂　清乾隆三十七年(1772)刻本　八册

110000－0146－0001757　PG/672.3214/343
[乾隆]紹興府志八十卷首一卷　(清)李亨特修　(清)平恕　(清)徐嵩纂　清乾隆五十七年(1792)刻本(卷首、卷一至二配抄本)　三十二册

110000－0146－0001758　PG/672.3315/946
[嘉慶]山陰縣志三十卷首一卷　(清)徐元梅修　(清)朱文翰纂　清嘉慶八年(1803)刻本　十三册

110000－0146－0001759　PG/672.1321/417
[嘉慶]如皋縣志二十四卷附錄一卷　(清)楊受廷　(清)左元鎮修　(清)馬汝舟　(清)江大鍵纂　清嘉慶十三年(1808)刻道光十七年(1837)印本　十册

110000－0146－0001760　PG/682.21/917
北湖小志六卷首一卷　(清)焦循撰　清嘉慶十三年(1808)刻本　四册

110000－0146－0001761　PG/672.1412/308
[嘉慶]重修揚州府志七十二卷首一卷　(清)阿克當阿修　(清)姚文田纂　清嘉慶十五年(1810)刻本　四十八册

110000－0146－0001762　PG/672.1102/447
[嘉慶]新修江寧府志五十六卷　(清)吕燕昭修　(清)姚鼐纂　清嘉慶十六年(1811)刻本　十二册

110000－0146－0001763　PG/672.3113/526
[嘉慶]於潛縣志十六卷首一卷末一卷　(清)蔣光弼修　(清)張燮　(清)李江纂　清嘉慶十七年(1812)木活字印本　六册

110000－0146－0001764　PG/672.1417/815
[嘉慶]東臺縣志四十卷　(清)周右修　(清)蔡復午等纂　清嘉慶二十二年(1817)刻本　十册

110000－0146－0001765　PG/671.5145/906
[嘉慶]韓城縣續志五卷　(清)冀蘭泰修　(清)陸耀遹纂　清嘉慶二十三年(1818)刻本　一册

110000－0146－0001766　PG/672.1204/698
[嘉慶]松江府志八十四卷首二卷圖一卷　(清)宋如林修　(清)孫星衍纂　清嘉慶二十二年(1817)刻本　四十册

110000－0146－0001767　PG/672.2/372
[道光]安徽通志二百六十卷首六卷　(清)蔣攸銛等修　(清)李振庸　(清)韓玖纂　清道光十年(1830)刻本　一百册

110000－0146－0001768　PG/672.3101/718
咸淳臨安志一百卷　(宋)潛說友纂修　清道光十年至十一年(1830－1831)錢塘汪氏振綺堂刻本(原缺卷六十四、九十、九十八至一百)　二十四册

110000－0146－0001769　PG/672.1205/272
[紹熙]雲間志三卷續一卷　(宋)楊潛撰　清嘉慶十九年(1814)華亭沈氏古倪園刻道光十一年(1831)沈十峰重印本　二册

110000－0146－0001770　PG/672.1321/418
[道光]如皋縣續志十二卷　(清)范仕義修　(清)吴鎧纂　清道光十七年(1837)刻本　二册

110000－0146－0001771　PG/672.7435/412
[道光]仁壽縣新志八卷　(清)馬百齡修　(清)魏崧　(清)鄭宗垣纂　清道光十七年(1837)刻本　八册

110000－0146－0001772　PG/672.1315/384
[道光]江陰縣志二十八卷首一卷　(清)陳延恩修　(清)李兆洛纂　清道光二十年(1840)

刻本　十六册

110000－0146－0001773　PG/672.1425/358
[道光]重修寶應縣志二十八卷首一卷　(清)孟毓蘭修　(清)喬載繇等纂　清道光二十一年(1841)刻本　十册

110000－0146－0001774　PG/672.1419/728
[咸豐]重修興化縣志十卷　(清)梁園棣修　(清)鄭之僑等纂　清咸豐二年(1852)刻本　八册

110000－0146－0001775　PG/672.3200/950
宋元四明六志六種附二種　(清)徐時棟輯　清咸豐四年(1854)徐氏煙嶼樓刻本　五册
存三種二十三卷(至正四明續志十二卷、宋元四明六志校勘記九卷、四明它山水利備覽二卷)

110000－0146－0001776　PG/672.3131/710
[同治]南潯鎮志四十卷首一卷　(清)汪曰楨纂　清同治二年(1863)刻本　十册

110000－0146－0001777　PG/672.3400/990
[乾隆]温州府志三十卷首一卷　(清)李琬修　(清)齊召南　(清)汪沆纂　清乾隆二十七年(1762)刻同治四年(1865)補刻本　二十四册

110000－0146－0001778　PG/672.3225/560
[同治]嵊縣志二十六卷首一卷末一卷　(清)嚴思忠修　(清)蔡以瑺纂　清同治九年(1870)刻本　十二册

110000－0146－0001779　PG/672.1301/391
[同治]吴地記一卷後集一卷　(唐)陸廣微撰　清同治十二年(1873)江蘇書局刻本　一册

110000－0146－0001780　PG/672.3421/428
[同治]景寧縣志十四卷首一卷末一卷　(清)周傑纂修　清同治十二年(1873)刻本　八册

110000－0146－0001781　PG/672.1403/353
[同治]山陽縣志二十一卷圖一卷　(清)張兆棟　(清)孫雲修　(清)何紹基　(清)丁晏纂　清同治十二年(1873)刻本　八册

110000－0146－0001782　PG/672.3205/113
[同治]江山縣志十二卷首一卷末一卷　(清)王彬等修　(清)朱寶慈等纂　清同治十二年(1873)文溪書院刻本　八册

110000－0146－0001783　PG/672.2219/819
[同治]祁門縣志三十六卷首一卷　(清)周溶修　(清)汪韻珊纂　清同治十二年(1873)刻本　十二册

110000－0146－0001784　PG/671.1449/874
[同治]磁州續志六卷首一卷　(清)程光瀅纂修　清同治十三年(1874)刻本　四册

110000－0146－0001785　PG/672.1513/294
同治宿遷縣志十九卷　(清)李德溥修　(清)方駿謨纂　清同治十三年(1874)刻本　六册

110000－0146－0001786　PG/672.1103/519
同治上江兩縣志二十九卷首一卷　(清)莫祥芝　(清)甘紹盤修　(清)汪士鐸纂　清同治十三年(1874)刻本　十二册

110000－0146－0001787　PG/672.3139/314
[同治]安吉縣志十八卷首一卷　(清)汪榮等修　(清)張行孚纂　清同治十三年(1874)刻本　十六册

110000－0146－0001788　PG/672.1412/517
[同治]續纂揚州府志二十四卷　(清)英傑　(清)方濬頤修　(清)晏端書纂　清同治十三年(1874)刻本　八册

110000－0146－0001789　PG/672.3133/203
[同治]長興縣志三十二卷首一卷　(清)趙定邦等修　(清)周學濬等纂　清同治十三年至光緒元年(1874－1875)刻本　十六册

110000－0146－0001790　PG/672.1407/437
[光緒]安東縣志十五卷首一卷　(清)金元烺修　(清)吴昆田纂　清光緒元年(1875)刻本　四册

110000－0146－0001791　PG/672.1407/438
[光緒]安東縣志十五卷首一卷　(清)金元烺修　(清)吴昆田纂　清光緒元年(1875)刻本

四冊

110000－0146－0001792　PG/672.1319/733
[光緒]通州直隸州志十六卷首一卷末一卷訂訛一卷　(清)梁悅馨　(清)莫祥芝修　(清)季念詒纂　清光緒元年(1875)刻本　十六冊

110000－0146－0001793　PG/672.3326/973
景定嚴州續志十卷　(宋)鄭瑤等撰　清光緒桐廬袁氏漸西村舍刻本　二冊

110000－0146－0001794　PG/672.3326/972
景定嚴州續志十卷　(宋)鄭瑤等撰　清光緒桐廬袁氏漸西村舍刻本　二冊

110000－0146－0001795　PG/672.3409/212
[光緒]松陽縣志十二卷　(清)支恒椿修　(清)丁鳳章等纂　清光緒元年(1875)刻本　六冊

110000－0146－0001796　PG/672.3231/385
[光緒]黃巖縣志四十卷首一卷附錄一卷　(清)陳寶善　(清)孫憙修　(清)王棻纂　(清)陳鍾英等續修　(清)王詠霓等續纂　清光緒六年(1880)刻本　十六冊

110000－0146－0001797　PG/672.3402/754
[光緒]處州府志三十卷首一卷末一卷　(清)潘紹詒修　(清)周榮椿纂　清光緒三年(1877)刻本　二十八冊

110000－0146－0001798　PG/672.1205/786
[光緒]婁縣續志二十卷　(清)汪坤厚　(清)程其玨修　(清)張雲望纂　清末抄本　四冊

110000－0146－0001799　PG/672.3119/271
[光緒]梅里志十八卷　(清)楊謙纂　(清)李富孫補輯　(清)余楙續補　清光緒三年(1877)刻本　六冊

110000－0146－0001800　PG/672.1213/166
[光緒]金山縣志三十卷首一卷　(清)龔寶琦　(清)崔廷鏞修　(清)黃厚本纂　清光緒四年(1878)刻本　八冊

110000－0146－0001801　PG/672.1211/311
[光緒]重修奉賢縣志二十卷首一卷末一卷　(清)韓佩金等修　(清)張文虎纂　清光緒四年(1878)志書局刻本　六冊

110000－0146－0001802　PG/672.1307/385
[光緒]吳江縣續志四十卷首一卷　(清)金福曾修　(清)熊其英纂　清光緒五年(1879)刻本　八冊

110000－0146－0001803　PG/672.3419/373
[光緒]宣平縣志二十卷首一卷　(清)皮樹棠修　(清)皮錫瑞纂　清光緒四年(1878)刻本　十四冊

110000－0146－0001804　PG/672.2/435
[光緒]重修安徽通志三百五十卷補遺十卷　(清)吳坤修等修　(清)何紹基等纂　清光緒四年(1878)刻本　一百二十一冊

110000－0146－0001805　PG/672.1205/994
[光緒]重修華亭縣志二十四卷首一卷末一卷　(清)楊開第修　(清)姚光發纂　清光緒四年至五年(1878－1879)刻本　三十冊

110000－0146－0001806　PG/672.1215/382
[光緒]川沙廳志十四卷首一卷補遺一卷　(清)陳方瀛修　(清)俞樾纂　清光緒五年(1879)刻本　六冊

110000－0146－0001807　PG/672.1117/903
[光緒]丹徒縣志六十卷首四卷圖一卷　(清)何紹章修　(清)呂耀斗纂　清光緒五年(1879)刻本　三十二冊

110000－0146－0001808　PG/672.1401/437
光緒丙子清河縣志二十六卷　(清)胡裕燕修　(清)吳昆田　(清)魯蕡纂　清光緒五年(1879)刻本　六冊

110000－0146－0001809　PG/672.1207/987
光緒南匯縣志二十二卷首一卷末一卷　(清)金福曾　(清)顧思賢修　(清)張文虎纂　清光緒五年(1879)刻本　十二冊

110000－0146－0001810　PG/672.3141/892

[同治]孝豐縣志十卷首一卷 （清）劉濬修（清）潘宅仁纂 清光緒三年至五年（1877－1879）刻二十九年（1903）補刻本 十冊

110000－0146－0001811 PG/672.1209/856
[光緒]青浦縣志三十卷首二卷末一卷 （清）汪祖綬 （清）陳其元等修 （清）熊其英纂 清光緒五年（1879）刻本 十二冊

110000－0146－0001812 PG/672.1309/708
光緒武進陽湖縣志三十卷首一卷 （清）王其淦 （清）吳康壽修 （清）湯成烈纂 清光緒五年（1879）刻本 二十冊

110000－0146－0001813 PG/672.3200/949
宋元四明六志六種附二種 （清）徐時棟輯 清咸豐四年（1854）徐氏煙嶼樓刻光緒五年（1879）後印本 四十冊

110000－0146－0001814 PG/672.3119/607
[光緒]嘉興府志八十八卷首二卷 （清）許瑤光修 （清）吳仰賢纂 清光緒三年至四年（1877－1878）刻五年（1879）印本 四十八冊

110000－0146－0001815 PG/672.1116/274
京口山水志十八卷首一卷末一卷 （清）楊棨撰 清光緒五年（1879）刻本 四冊

110000－0146－0001816 PG/672.2207/111
[光緒]鎮海縣志四十卷 （清）于萬川修（清）俞樾纂 清光緒五年（1879）刻本 八冊 存十九卷（一至十九）

110000－0146－0001817 PG/672.1102/449
[光緒]續纂江寧府志十五卷首一卷勘誤一卷 （清）蔣啟勛 （清）趙佑宸修 （清）汪士鐸等纂 清光緒六年（1880）刻本 十二冊

110000－0146－0001818 PG/672.1305/712
[光緒]崑新兩縣續修合志五十二卷首一卷末一卷 （清）金吳瀾 （清）李福沂修 （清）汪堃 （清）朱成熙纂 清光緒六年（1880）刻本 二十四冊

110000－0146－0001819 PG/672.1223/255
[光緒]崇明縣志十八卷 （清）林達泉等修（清）李聯琇等纂 清光緒七年（1881）刻本 十二冊

110000－0146－0001820 PG/672.3431/451
[光緒]玉環廳志十六卷首一卷 （清）杜冠英修 （清）呂鴻燾纂 清光緒六年（1880）刻十四年（1888）保靖胡鍾駿增刻本 八冊

110000－0146－0001821 PG/672.3431/450
[光緒]玉環廳志十五卷首一卷 （清）杜冠英修 （清）呂鴻燾纂 清光緒六年（1880）刻本 八冊

110000－0146－0001822 PG/672.1102/448
[嘉慶]重刊江寧府志五十六卷校勘記一卷 （清）呂燕昭修 （清）姚鼎纂 清光緒六年（1880）刻本 十二冊

110000－0146－0001823 PG/672.3109/589
[嘉慶]餘杭縣志四十卷 （清）張吉安修（清）朱文藻纂 （清）崔應榴 （清）董作棟續纂 清光緒六年（1880）木活字印本 十二冊

110000－0146－0001824 PG/672.3407/903
[光緒]縉雲縣志十六卷首一卷末一卷 （清）何乃容 （清）葛華修 （清）潘樹棠纂 清光緒七年（1881）刻本 十二冊

110000－0146－0001825 PG/672.3131/392
[光緒]歸安縣志五十二卷首一卷 （清）李昱修 （清）陸心源纂 清光緒八年（1882）刻本 十六冊

110000－0146－0001826 PG/672.1311/102
[光緒]無錫金匱縣志四十卷首一卷附殉難紳民表二卷列女姓氏錄四卷 （清）裴大中等修 （清）秦緗業纂 清光緒七年（1881）刻本 十八冊

110000－0146－0001827 PG/672.1413/119
[嘉慶]江都縣續志十二卷首一卷 （清）王逢源 （清）李保泰纂修 清光緒七年（1881）刻本 四冊

110000－0146－0001828 PG/672.1413/953

[光緒]增修甘泉縣志二十四卷首一卷 (清)徐成敷等修 (清)陳浩恩等纂 清光緒七年(1881)木活字印本 二十冊

110000-0146-0001829 PG/671.4213/633
[光緒]廣靈縣補志十卷首一卷 (清)楊亦銘等纂修 清光緒七年(1881)刻本 二冊

110000-0146-0001830 PG/672.1219/268
[光緒]嘉定縣志三十二卷首一卷補遺一卷 (清)程其珏修 (清)楊震福纂 清光緒七年(1881)刻本 十六冊

110000-0146-0001831 PG/672.1203/991
同治上海縣志三十二卷首一卷末一卷 (清)應寶時等修 (清)俞樾 (清)方宗誠纂 清同治十年(1871)吳門臬署刻光緒八年(1882)補刻本 十六冊

110000-0146-0001832 PG/672.1203/990
同治上海縣志三十二卷首一卷末一卷 (清)應寶時等修 (清)俞樾 (清)方宗誠纂 清同治十年(1871)吳門臬署刻光緒八年(1882)補刻本 十六冊

110000-0146-0001833 PG/672.3401/313
[光緒]永嘉縣志三十六卷首一卷 (清)張寶琳修 (清)王棻纂 清光緒八年(1882)刻本 二十冊

110000-0146-0001834 PG/671.1325/483
[光緒]祁州續志四卷 (清)趙秉恒等修 (清)劉學海等纂 清光緒八年(1882)刻本 二冊

110000-0146-0001835 PG/672.1221/834
[光緒]寶山縣志十四卷首一卷 (清)梁蒲貴等修 (明)朱延射等纂 清光緒八年(1882)學海書院刻本 十冊

110000-0146-0001836 PG/672.1300/294
[同治]蘇州府志一百五十卷首三卷圖一卷 (清)李銘皖修 (清)馮桂芬纂 清光緒九年(1883)江蘇書局刻本 八十冊

110000-0146-0001837 PG/672.3326/445
[光緒]嚴州府志三十八卷首一卷 (清)吳士進纂修 (清)吳世榮續修 (清)鄒伯森等續纂 清光緒九年(1883)刻本 二十八冊

110000-0146-0001838 PG/573.94/947
東三省政略十二卷總目一卷附圖七十二幅 徐世昌纂 清宣統三年(1911)鉛印本 四十冊

110000-0146-0001839 PG/672.3130/820
[同治]湖州府志九十六卷首一卷 (清)宗源瀚等修 (清)周學濬等纂 清光緒九年(1883)刻本 四十冊

110000-0146-0001840 PG/672.1204/180
[光緒]松江府續志四十卷首一卷 (清)博潤修 (清)姚光發纂 清光緒十年(1884)刻本 二十四冊

110000-0146-0001841 PG/672.3329/291
[光緒]淳安縣志十六卷首一卷 (清)李詩修 (清)陳中元纂 清光緒十年(1884)淳安縣署刻本 八冊

110000-0146-0001842 PG/672.1400/362
[光緒]淮安府志四十卷首一卷 (清)孫雲錦修 (清)吳昆田纂 清光緒十年(1884)刻本 十六冊

110000-0146-0001843 PG/672.2112/166
[光緒]續修廬州府志一百卷首一卷末一卷 (清)黃雲修 (清)林之望等纂 清光緒十一年(1885)刻本 四十八冊

110000-0146-0001844 PG/672.2112/167
[光緒]續修廬州府志一百卷首一卷末一卷 (清)黃雲修 (清)林之望等纂 清光緒十一年(1885)刻本 四十八冊

110000-0146-0001845 PG/672.3213/455
[光緒]定海廳志三十卷首一卷 (清)史致馴修 (清)陳重威纂 清光緒十一年(1885)刻本 十冊

110000-0146-0001846 PG/672.3127/504
[光緒]平湖縣志二十五卷首一卷末一卷附殉

難録一卷　(清)彭潤章修　(清)葉廉鍔纂　清光緒十二年(1886)刻本　十三册

110000－0146－0001847　PG/672.1323/272
[光緒]泰興縣志二十六卷首一卷末一卷　(清)楊激雲修　(清)顧曾烜纂　清光緒十二年(1886)刻本　十册

110000－0146－0001848　PG/672.1323/273
[光緒]泰興縣志二十六卷首一卷末一卷　(清)楊激雲修　(清)顧曾烜纂　清光緒十二年(1886)刻本　十册

110000－0146－0001849　PG/672.1515/158
光緒睢寧縣志稿十八卷　(清)侯紹瀛修　(清)丁顯纂　清光緒十三年(1887)刻本　六册　缺一卷(一)

110000－0146－0001850　PG/671.3229/857
[光緒]續濬縣志八卷　(清)黄璟修　(清)李作霖等纂　清光緒十三年(1887)刻本　二册

110000－0146－0001851　PG/672.3129/428
光緒桐鄉縣志二十四卷首四卷　(清)嚴辰撰　楊園淵源録四卷　(清)沈日富輯　清光緒十三年(1887)蘇州陶漱藝齋刻本　二十四册

110000－0146－0001852　PG/672.2301/522
[光緒]鳳陽縣志十六卷首一卷　(清)于萬培修　(清)謝永泰續修　(清)王汝琛等續纂　清光緒十三年(1887)刻本　十二册

110000－0146－0001853　PG/672.2329/626
[光緒]泗虹合志十九卷　(清)方瑞蘭修　(清)江殿颺　(清)許湘甲纂　清光緒十四年(1888)刻本　八册

110000－0146－0001854　PG/672.2210/482
[淳熙]新安志十卷附録一卷　(宋)羅願撰　清光緒十四年(1888)黟邑李氏刻本　四册

110000－0146－0001855　PG/672.3313/667
光緒蘭谿縣志八卷首一卷附補遺一卷　(清)秦簧等修　(清)唐壬森纂　清光緒十四年(1888)刻本　十册

110000－0146－0001856　PG/672.1523/114
光緒贛榆縣志十八卷　(清)王豫熙修　(清)張謇纂　清光緒十四年(1888)刻本　四册

110000－0146－0001857　PG/672.1107/905
[光緒]溧水縣志二十二卷首一卷　(清)傅觀光修　(清)丁維城纂　清光緒八年至九年(1882－1883)溧水縣署刻十五年(1889)印本　十二册

110000－0146－0001858　PG/672.3223/667
[光緒]上虞縣志四十八卷首一卷末一卷　(清)唐煦春修　(清)朱士黻纂　清光緒十七年(1891)刻本　二十册

110000－0146－0001859　PG/672.3319/291
[光緒]永康縣志十六卷首一卷　(清)李汝爲修　(清)潘樹棠等纂　清光緒十八年(1892)刻本　十二册

110000－0146－0001860　PG/672.1307/384
[乾隆]震澤縣志三十八卷首一卷　(清)陳和志修　(清)倪師孟　(清)沈彤纂　清光緒十九年(1893)刻本　八册

110000－0146－0001861　PG/672.3108/157
[萬曆]錢塘縣志不分卷　(明)聶心湯纂修　清光緒十九年(1893)武林丁氏刻武林掌故叢編本　三册

110000－0146－0001862　PG/672.3121/959
[光緒]重修嘉善縣志三十六卷首一卷　(清)江峰青修　(清)顧福仁纂　清光緒二十年(1894)刻本　十六册

110000－0146－0001863　PG/672.1511/851
[咸豐]邳州志二十卷首一卷　(清)董用威修　(清)魯一同纂　清咸豐元年(1851)刻光緒二十一年(1895)重印本　四册

110000－0146－0001864　PG/672.1411/890
[光緒]鹽城縣志十七卷首一卷　(清)劉崇照修　(清)龍繼棟　(清)陳玉樹纂　清光緒二十一年(1895)刻本　八册

110000－0146－0001865　PG/672.1400/249

續纂淮關統志十四卷首一卷　(清)元成纂　(清)徵麟補纂　清光緒二十一年(1895)刻本　六冊

110000－0146－0001866　PG/672.3326/428
[淳熙]嚴州圖經八卷　(宋)董弅原修　(宋)陳公亮重修　清光緒二十二年(1896)桐廬袁氏漸西村舍刻本　二冊

110000－0146－0001867　PG/672.3239/341
嘉慶太平縣志十八卷　(清)慶霖修　(清)戚學標纂　清光緒二十二年(1896)刻本　十冊

110000－0146－0001868　PG/672.1303/120
[乾隆]常昭合志十二卷首一卷　(清)王錦等修　(清)言如泗纂　清光緒二十四年(1898)木活字印本　十四冊

110000－0146－0001869　PG/672.3/783
[雍正]勅修浙江通志二百八十卷首三卷　(清)李衛等修　(清)傅王露等纂　清光緒二十五年(1899)浙江書局刻本　一百二十冊

110000－0146－0001870　PG/672.3203/266
[光緒]慈谿縣志五十六卷附編一卷　(清)楊泰亨修　(清)馮可鏞纂　清光緒二十五年(1899)刻本　二十四冊

110000－0146－0001871　PG/672.3221/330
[光緒]餘姚縣志二十七卷首一卷末一卷　(清)周炳麟修　(清)邵友濂纂　清光緒二十五年(1899)刻本　十六冊

110000－0146－0001872　PG/672.3221/329
[光緒]餘姚縣志二十七卷首一卷末一卷　(清)周炳麟修　(清)邵友濂纂　清光緒二十五年(1899)刻本　十六冊

110000－0146－0001873　PG/573.1/883
盛京典制備考八卷首一卷　(清)崇厚編　清光緒四年(1878)刻本　六冊

110000－0146－0001874　PG/672.2333/120
[光緒]盱眙縣志稿十七卷首一卷　(清)王錫元修　(清)高延第纂　清光緒二十九年(1903)刻本　八冊

110000－0146－0001875　PG/672.1303/979
[光緒]常昭合志稿四十八卷首一卷末一卷　(清)鄭鍾祥　(清)張瀛修　(清)龐鴻文纂　清光緒三十年(1904)木活字印本　十六冊

110000－0146－0001876　PG/672.3107/712
[光緒]富陽縣志二十四卷首一卷　(清)汪文炳等修　(清)蔣敬時等纂　清光緒三十二年(1906)刻本　十六冊

110000－0146－0001877　PG/672.3205/292
[光緒]奉化縣志四十卷首一卷　(清)李前泮修　(清)張美翊纂　清光緒三十四年(1908)刻本　十二冊

110000－0146－0001878　PG/672.1421/383
[道光]泰州志三十六卷首一卷　(清)王有慶等修　(清)陳世鎔等纂　清光緒三十四年(1908)刻本　十二冊

110000－0146－0001879　PG/672.1217/386
彙刻太倉舊志五種　(清)繆朝荃輯　清宣統元年(1909)太倉繆氏刻本　八冊

110000－0146－0001880　PG/672.3219/527
[光緒]諸暨縣志六十一卷首一卷　(清)陳遹聲修　(清)蔣鴻藻纂　清宣統二年(1910)刻本　十八冊　缺一卷(六十一節孝錄)

110000－0146－0001881　PG/672.3219/526
[光緒]諸暨縣志六十一卷首一卷　(清)陳遹聲修　(清)蔣鴻藻纂　清宣統二年(1910)刻本　十八冊

110000－0146－0001882　PG/672.2243/820
[宣統]建德縣志二十卷首一卷　(清)張贊巽等修　(清)周學銘等纂　清宣統二年(1910)湖北官刷印局鉛印本　十冊

110000－0146－0001883　PG/672.3121/791
[宣統]續修楓涇小志十卷首一卷　(清)程兼善纂　清宣統三年(1911)鉛印本　四冊

110000－0146－0001884　PG/672.1117/120
[康熙]開沙志二卷　(清)王錫亟纂修　(清)丁時霈增修　(清)王之瑚訂　清宣統三

年(1911)周召齊鉛印本　二册

110000－0146－0001885　PG/671.3219/200
[乾隆]新鄉縣志三十四卷首一卷　(清)趙開元修　(清)暢俊纂　清乾隆十二年(1747)刻本　六册

110000－0146－0001886　SG/672.5315/889
[康熙]宜都縣志十二卷首一卷末一卷　(清)劉顯功纂修　清康熙三十六年(1697)刻本　四册

110000－0146－0001887　SG/672.4/869
[康熙]西江志二百六卷圖一卷　(清)白潢修　(清)查慎行纂　清康熙五十九年(1720)刻本　八十册

110000－0146－0001888　PG/672.7347/288
[乾隆]威遠縣志八卷首一卷　(清)李南暉修　(清)張翼儒纂　清乾隆四十年(1775)刻本　八册

110000－0146－0001889　PG/672.7157/291
[嘉慶]羅江縣志十卷　(清)李調元纂　清嘉慶七年(1802)刻本　二册

110000－0146－0001890　PG/672.7333/659
[嘉慶]樂山縣志十六卷首一卷　(清)龔傳黻等修　清嘉慶十七年(1812)刻本　十二册

110000－0146－0001891　PG/672.7103/112
[嘉慶]成都縣志六卷首一卷　(清)王泰雲等修　(清)衷以壎　(清)楊芳燦纂　清嘉慶二十年(1815)刻本　六册

110000－0146－0001892　PG/672.7341/120
[嘉慶]夾江縣志十二卷首一卷　(清)王佐等修　(清)涂崧等纂　清嘉慶十八年(1813)刻本　四册

110000－0146－0001893　PG/672.7341/119
[嘉慶]夾江縣志十二卷首一卷　(清)王佐等修　(清)涂崧等纂　清嘉慶十八年(1813)刻本　四册

110000－0146－0001894　PG/672.7119/746
[嘉慶]溫江縣志三十六卷首一卷　(清)李紹祖等修　(清)徐文賁等纂　清嘉慶二十年(1815)刻本　六册

110000－0146－0001895　PG/672.7119/747
[嘉慶]溫江縣志三十六卷首一卷　(清)李紹祖等修　(清)徐文賁等纂　清嘉慶二十年(1815)刻本　六册

110000－0146－0001896　PG/672.7/596
[嘉慶]四川通志二百四卷首二十二卷　(清)常明等修　(清)楊芳燦纂　清嘉慶二十一年(1816)刻本　一百六十册

110000－0146－0001897　PG/672.7143/273
[道光]茂州志四卷首一卷　(清)楊迦懌等修　(清)劉輔廷　(清)何清蔭纂　清道光十一年(1831)刻本　四册

110000－0146－0001898　PG/672.7509/982
[道光]鄰水縣志六卷首一卷　(清)曾燦奎等修　(清)甘家斌纂　清道光十五年(1835)刻本　六册

110000－0146－0001899　PG/672.7435/413
[道光]仁壽縣新志八卷　(清)馬百齡修　(清)魏崧　(清)鄭宗垣纂　清道光十七年(1837)刻本　八册

110000－0146－0001900　PG/672.7541/268
[道光]中江縣新志八卷首一卷　(清)楊霈修　(清)李福源　(清)范泰衡纂　清道光十九年(1839)刻本　六册

110000－0146－0001901　PG/672.7549/864
[道光]樂至縣志十六卷首一卷　(清)裴顯忠修　(清)劉碩輔纂　清道光二十年(1840)刻同治八年(1869)增刻本　四册

110000－0146－0001902　PG/672.7551/753
[道光]安岳縣志十六卷首一卷　(清)濮瓔修　(清)周國頤纂　清道光二十一年(1841)刻本　八册

110000－0146－0001903　PG/672.7134/372
[道光]龍安府志十卷　(清)鄧存詠纂修　清道光二十二年(1842)刻本　八册

110000－0146－0001904　PG/672.7117/306
[道光]新都縣志十八卷首一卷　(清)張奉書修　(清)張懷泗纂　清道光二十四年(1844)刻本　十二册

110000－0146－0001905　PG/672.7547/439
[道光]蓬溪縣志十六卷首一卷　(清)吳章祁等修　(清)顧士英等纂　清道光二十五年(1845)刻本　八册

110000－0146－0001906　PG/669.1/717
支那疆域沿革略説不分卷　(日本)重野安繹　(日本)河田羆撰　清末輿地學會刻本　一册

110000－0146－0001907　PG/672.7155/313
[咸豐]重修梓潼縣志六卷　(清)張香海修　(清)楊曦等纂　清咸豐八年(1858)刻本　六册

110000－0146－0001908　PG/672.5301/113
[同治]東湖縣志三十卷首一卷續補藝文一卷　(清)金大鏞修　(清)王柏心纂　清同治三年(1864)刻本　十八册

110000－0146－0001909　PG/672.5301/114
[同治]東湖縣志三十卷首一卷續補藝文一卷　(清)金大鏞修　(清)王柏心纂　清同治三年(1864)刻本　十册

110000－0146－0001910　PG/672.5300/113
[同治]宜昌府志十六卷首一卷　(清)聶光鑾等修　(清)王柏心等纂　清同治三年(1864)刻本　二十四册

110000－0146－0001911　PG/672.7521/313
[道光]重修昭化縣志四十八卷　(清)張紹齡等纂修　清道光二十五年(1845)刻同治三年(1864)重修本　六册

110000－0146－0001912　PG/672.7157/288
[嘉慶]羅江縣志三十六卷　(清)李桂林修　(清)鄧林等纂　**[同治]續修羅江縣志二十四卷**　(清)馬傳業修　(清)劉正慧纂　清同治四年(1865)羅江縣政府刻本　六册

110000－0146－0001913　PG/672.7157/289
[嘉慶]羅江縣志三十六卷　(清)李桂林修　(清)鄧林等纂　**[同治]續修羅江縣志二十四卷**　(清)馬傳業修　(清)劉正慧纂　清同治四年(1865)羅江縣政府刻本　六册

110000－0146－0001914　PG/672.7157/290
[嘉慶]羅江縣志三十六卷　(清)李桂林修　(清)鄧林等纂　**[同治]續修羅江縣志二十四卷**　(清)馬傳業修　(清)劉正慧纂　清同治四年(1865)羅江縣政府刻本　六册

110000－0146－0001915　PG/672.5221/307
[同治]棗陽縣志三十卷首一卷末一卷　(清)張聲正修　(清)史策先纂　清同治四年(1865)刻本　八册

110000－0146－0001916　PG/672.5315/584
[同治]宜都縣志四卷首一卷末一卷　(清)崔培元等修　(清)龔紹仁纂　清同治五年(1866)刻本　四册

110000－0146－0001917　PG/672.5229/689
[同治]鄖縣志十卷首一卷　(清)周瑞　(清)定熙修　(清)余瀣庭　(清)崔誥纂　清同治五年(1866)刻本　八册

110000－0146－0001918　PG/672.7163/440
[同治]直隸理番廳志六卷首一卷　(清)吳羹梅修　(清)周祚嶧纂　清同治五年至七年(1866－1868)刻本　六册

110000－0146－0001919　PG/672.5233/398
[同治]竹谿縣志十六卷首一卷　(清)陶壽嵩等修　(清)楊兆熊等纂　清同治六年(1867)刻本　八册

110000－0146－0001920　PG/672.6241/714
[同治]桂陽直隸州志二十七卷首一卷　(清)汪敩灝修　王闓運纂　清同治七年(1868)刻本　十四册

110000－0146－0001921　PG/672.6241/715
[同治]桂陽直隸州志二十七卷首一卷　(清)汪敩灝修　王闓運纂　清同治七年(1868)刻本　十三册

110000－0146－0001922　PG/672.6201/113
[同治]清泉縣志十卷首一卷末一卷　(清)王開運修　(清)張修府纂　清同治八年(1869)刻本　二册

110000－0146－0001923　PG/672.7125/382
[同治]郫縣志四十四卷首一卷　(清)陳慶熙修　(清)高升之纂　清同治九年(1870)刻本　八册

110000－0146－0001924　PG/672.4119/657
[同治]臨川縣志五十四卷首一卷末一卷　(清)童範儼修　(清)陳慶齡纂　清同治九年(1870)刻本　二十四册

110000－0146－0001925　PG/672.5228/437
[同治]鄖陽志八卷首一卷　(清)吳葆儀修　(清)王嚴恭纂　清同治九年(1870)刻本　十二册

110000－0146－0001926　PG/672.4224/942
[同治]臨江府志三十二卷首一卷　(清)德馨　(清)鮑孝光修　(清)朱孫詒　(清)陳錫麟纂　清同治十年(1871)刻本　六册

110000－0146－0001927　PG/672.7509/981
[同治]儀隴縣志六卷　(清)曹紹樾修　(清)胡輯瑞等纂　清同治十年(1871)刻光緒增刻本　六册

110000－0146－0001928　PG/672.7103/286
[同治]重修成都縣志十六卷首一卷　(清)李玉宣等修　(清)衷與鑒等纂　清同治十二年(1873)刻本　十六册

110000－0146－0001929　PG/672.7149/864
[同治]德陽縣志四十四卷首一卷　(清)何慶恩修　(清)劉宸楓　(清)田正訓纂　清同治十三年(1874)刻本　十六册

110000－0146－0001930　PG/672.6201/482
[同治]衡陽縣志十二卷　(清)羅慶薌修　(清)彭玉麟纂　清同治十三年(1874)刻本　七册

110000－0146－0001931　PG/672.6117/661
[同治]湘鄉縣志二十三卷首一卷末一卷　(清)齊德五等修　(清)黄楷盛纂　清同治十三年(1874)刻本　二十四册

110000－0146－0001932　PG/672.5201/272
[同治]襄陽縣志七卷首一卷　(清)楊宗時修　(清)崔淦纂　(清)吳耀斗續修　(清)李士彬續纂　清同治十三年(1874)刻本　八册

110000－0146－0001933　PG/672.4143/888
[同治]廣豐縣志十卷首一卷　(清)雙全等修　(清)顧蘭生等纂　清同治十一年至光緒元年(1872－1875)刻本　十册

110000－0146－0001934　PG/672.7/312
蜀典十二卷　(清)張澍輯　清光緒二年(1876)尊經學院刻本　四册

110000－0146－0001935　PG/672.7111/288
[光緒]增修崇慶州志十二卷首一卷　(清)沈恩培等修　(清)胡麟　(清)徐鼎元纂　清光緒三年(1877)刻本　八册

110000－0146－0001936　PG/672.6103/442
[光緒]善化縣志三十四卷首一卷　(清)吳兆熙等修　(清)張先掄等纂　清光緒三年(1877)刻本　二十册

110000－0146－0001937　PG/672.7129/311
[光緒]重修彭縣志十三卷首一卷末一卷補遺一卷　(清)張龍甲修　(清)呂調陽纂　清光緒六年(1880)刻本　八册

110000－0146－0001938　PG/672.5207/455
[康熙]潛江縣志二十卷首一卷　(清)劉煥修　(清)朱載震纂　清光緒五年(1879)傳經書院刻本　八册

110000－0146－0001939　PG/672.6105/634
[光緒]湘陰縣圖志三十四卷首一卷末一卷　(清)郭嵩燾等纂修　清光緒六年至七年(1880－1881)湘陰縣志局刻本　十四册

110000－0146－0001940　PG/672.5300/919
[光緒]荆州府志八十卷首一卷　(清)倪文蔚修　(清)顧嘉蘅纂　清光緒六年(1880)刻本

三十二册

110000－0146－0001941　PG/672.4/981
[光緒]江西通志一百八十卷首五卷　(清)劉坤一等修　(清)趙之謙纂　清光緒七年(1881)刻本　一百二十册

110000－0146－0001942　PG/672.5135/887
[光緒]黄岡縣志二十四卷首一卷　(清)戴昌言修　(清)劉恭冕纂　清光緒八年(1882)黄岡縣署刻本　二十四册

110000－0146－0001943　PG/672.7407/879
[乾隆]富順縣志五卷首一卷　(清)段玉裁等修　(清)李芝等纂　清光緒八年(1882)刻本　五册

110000－0146－0001944　PG/672.5205/291
[光緒]京山縣志二十七卷首一卷　(清)沈星標等修　(清)曾憲德　(清)秦有鍠纂　清光緒八年(1882)刻本　十六册

110000－0146－0001945　PG/672.5159/482
光緒應城志十四卷首一卷　(清)羅湘　(清)陳豪修　(清)王承禧纂　清光緒八年(1882)刻本　八册

110000－0146－0001946　PG/672.7337/630
[光緒]洪雅縣志十二卷首一卷　(清)郭世棻修　(清)鄧敏修等纂　清光緒十年(1884)刻本　六册

110000－0146－0001947　PG/672.5227/413
[光緒]續輯均州志十六卷首一卷　(清)馬雲龍　(清)湯炳堃修　(清)賈洪詔纂　清光緒十年(1884)均州志局刻本　八册

110000－0146－0001948　PG/672.7337/119
[嘉慶]洪雅縣志二十五卷首一卷　(清)王好音修　(清)張柱等纂　清嘉慶十八年(1813)刻光緒十年(1884)重印本　十二册

110000－0146－0001949　PG/672.5136/517
[光緒]黄州府志四十卷首一卷　(清)英啓修　(清)鄧琛等纂　清光緒十年(1884)刻本　四十册

110000－0146－0001950　PG/672.5225/937
[光緒]光化縣志八卷首一卷　(清)鍾桐山修　(清)段映斗纂　(清)葉樹南續纂修　清光緒十年(1884)刻十三年(1887)增刻本　八册

110000－0146－0001951　PG/672.5200/425
[光緒]襄陽府志二十六卷志餘一卷　(清)恩聯等修　(清)王萬芳纂　**國朝襄郡忠義録一卷**　(清)□□輯　清光緒十一年(1885)刻本　十六册

110000－0146－0001952　PG/672.7537/310
[光緒]射洪縣志十八卷首一卷　(清)謝廷鈞等修　(清)羅錦城等纂　清光緒十二年(1886)刻本　十册

110000－0146－0001953　PG/672.6111/115
[光緒]湘潭縣志十二卷　(清)陳嘉榆修　王闓運纂　清光緒十五年(1889)刻本　十册

110000－0146－0001954　PG/672.5150/669
[光緒]德安府志二十卷首一卷末一卷　(清)賡音布等修　(清)劉國光等纂　清光緒十四年至十五年(1888－1889)刻本　二十册

110000－0146－0001955　PG/672.7267/112
[光緒]秀山縣志十四卷首一卷　(清)王壽松修　(清)李稽勳纂　清光緒十七年(1891)刻本　四册

110000－0146－0001956　PG/672.7267/113
[光緒]秀山縣志十四卷首一卷　(清)王壽松修　(清)李稽勳纂　清光緒十七年(1891)刻本　四册

110000－0146－0001957　PG/672.7257/526
[光緒]酆都縣志四卷首一卷典禮備考八卷　(清)田秀栗　(清)徐濬鏞修　(清)徐昌緒　(清)蔣履泰纂　清光緒十九年(1893)刻本　八册

110000－0146－0001958　PG/672.7207/416
[光緒]永川縣志十卷首一卷　(清)許曾蔭等修　(清)馬慎修纂　清光緒二十年(1894)刻本　十册

110000－0146－0001959　PG/672.7534/376
[光緒]新修潼川府志三十卷　(清)阿麟修　(清)王龍勳等纂　清光緒二十三年(1897)刻本　十六册

110000－0146－0001960　PG/672.7551/842
[光緒]續修安岳縣志四卷　(清)陳其寬修　(清)鄒宗垣等纂　清光緒二十三年(1897)刻本　四册

110000－0146－0001961　PG/672.7/185
蜀故二十七卷　(清)彭遵泗輯　清光緒二十四年(1898)玉元堂刻本　六册

110000－0146－0001962　PG/672.7547/820
[光緒]蓬溪縣續志十四卷首一卷　(清)周學銘修　(清)熊祥謙纂　清光緒二十五年(1899)刻本　四册

110000－0146－0001963　PG/672.7439/435
光緒井研志四十二卷首一卷　(清)高承瀛修　(清)吳嘉謨　(清)龔煦春纂　清光緒二十六年(1900)刻本　十二册

110000－0146－0001964　PG/672.6303/994
[光緒]巴陵縣志六十三卷首一卷洞庭君山岳陽樓詩文集十八卷　(清)姚詩德　(清)鄭桂星修　(清)杜貴墀纂　清光緒二十六年(1900)刻本　十六册

110000－0146－0001965　PG/672.7335/293
[宣統]峨眉縣續志十卷圖一卷　(清)李錦成修　(清)朱榮邦纂　趙明松重輯　清宣統三年(1911)刻民國二十四年(1935)補刻本　五册

110000－0146－0001966　PG/672.7335/117
[嘉慶]峨眉縣志十卷首一卷　(清)王燮修　(清)張希縉　(清)張希珝纂　清嘉慶十八年(1813)刻宣統三年(1911)補刻本　四册

110000－0146－0001967　PG/573.94/948
東三省政略十二卷總目一卷附圖　徐世昌撰　清宣統三年(1911)鉛印本　四十册

110000－0146－0001968　PG/675.5201/378
[康熙]宣化縣志三十卷　(清)陳坦纂修　清康熙五十年(1711)刻乾隆增刻本　六册

110000－0146－0001969　SG/673.1/209
[乾隆]福建通志七十八卷首四卷圖一卷　(清)郝玉麟等修　(清)謝道承等纂　清乾隆二年(1737)刻本　七十册　缺一卷(七十七)

110000－0146－0001970　PG/673.6/662
[乾隆]貴州通志四十六卷首一卷　(清)鄂爾泰等修　(清)靖道謨等纂　清乾隆六年(1741)刻本　三十二册

110000－0146－0001971　PG/675.5101/352
[乾隆]萬全縣志十卷首一卷　(清)左承業纂修　清乾隆刻本　四册

110000－0146－0001972　SG/675.5213/441
[乾隆]蔚州志補十二卷首一卷　(清)楊世昌修　(清)吳廷華纂　清乾隆十年(1745)刻本　五册

110000－0146－0001973　SG/673.1207/709
[乾隆]興化府莆田縣志三十六卷首一卷　(清)汪大經修　(清)廖必琦纂　清乾隆二十三年(1758)刻本(序及卷一有抄配)　二十册

110000－0146－0001974　SG/673.1/273
[乾隆]福建續志九十二卷首一卷　(清)楊廷璋修　(清)沈廷芳　(清)吳嗣富纂　清乾隆三十四年(1769)刻本　四十六册

110000－0146－0001975　PG/673.3107/738
[嘉慶]龍山鄉志十四卷首一卷　(清)溫汝能纂　清嘉慶十年(1805)刻本　八册

110000－0146－0001976　PG/673.3303/287
[嘉慶]澄海縣志二十六卷首一卷　(清)李書吉等纂修　清嘉慶二十年(1815)刻本　八册

110000－0146－0001977　PG/676.1/283
[道光]欽定新疆識略十二卷首一卷　(清)松筠纂修　清道光元年(1821)武英殿刻本　八册

110000－0146－0001978　PG/673.3134/319
[道光]肇慶府志二十二卷首一卷　(清)屠英

修　(清)江藩等纂　清道光十三年(1833)刻本　二十二册

110000－0146－0001979　PG/673.1201/817
[道光]廈門志十六卷　(清)周凱纂修　清道光十九年(1839)刻本　十二册

110000－0146－0001980　PG/673.6132/971
[道光]遵義府志四十八卷首一卷　(清)平翰等修　(清)鄭珍等纂　清道光二十一年(1841)刻本　二十四册

110000－0146－0001981　PG/674.1/448
[乾隆]盛京通志四十八卷首一卷　(清)吕耀曾等修　(清)魏樞纂　(清)雷以諴校補　清乾隆元年(1736)刻咸豐二年(1852)補刻本　二十册

110000－0146－0001982　PG/673.3107/636
[咸豐]順德縣志三十二卷　(清)郭汝誠修　(清)馮奉初等纂　清咸豐刻本　十六册

110000－0146－0001983　PG/673.3/375
[道光]廣東通志三百三十四卷首一卷　(清)阮元修　(清)陳昌齊等纂　清同治三年(1864)刻本　一百二十册

110000－0146－0001984　PG/673.3/781
[同治]廣東圖説九十二卷首一卷圖二十三卷　(清)毛鴻賓修　(清)桂文燦等纂　清同治五年(1866)刻本　二十一册

110000－0146－0001985　PG/673.1305/288
[康熙]寧化縣志七卷　(清)祝文郁修　(清)李世熊纂　清同治八年(1869)刻本　七册

110000－0146－0001986　PG/673.1305/287
[康熙]寧化縣志七卷　(清)祝文郁修　(清)李世熊纂　清同治八年(1869)刻本　七册

110000－0146－0001987　PG/673.1113/185
[同治]長樂縣志二十卷首一卷　(清)彭光藻修　(清)楊希閔纂　清同治九年(1870)刻本　十册

110000－0146－0001988　PG/673.1210/682
[乾隆]泉州府志七十六卷首一卷　(清)懷蔭布修　(清)黄任　(清)郭賡武纂　清同治九年(1870)刻本　四十八册

110000－0146－0001989　PG/673.3103/286
[同治]番禺縣志五十四卷首一卷附録一卷　(清)李福泰修　(清)史澄等纂　清同治十年(1871)廣州光霽堂刻本　十六册

110000－0146－0001990　PG/673.1/362
[道光]重纂福建通志二百七十八卷首六卷圖一卷附列女志一卷　(清)孫爾準修　(清)陳壽祺纂　(清)程祖洛續修　(清)魏敬中續纂　清同治十年(1871)福建正誼書院刻本　一百八十册

110000－0146－0001991　PG/673.2/988
[乾隆]續修臺灣府志二十六卷首一卷　(清)余文儀修　(清)黄佾纂　清同治十一年(1872)刻本　十三册

110000－0146－0001992　PG/676.1/905
[乾隆]欽定皇輿西域圖志四十八卷首四卷　(清)傅恒等修　(清)褚廷璋等纂　(清)英廉等增修　清光緒鉛印本　二十四册

110000－0146－0001993　PG/675.7119/380
[光緒]平遠縣志十卷　(清)陳日新纂修　清末民國抄本　四册

110000－0146－0001994　PG/673.3201/422
[光緒]曲江縣志十六卷　(清)張希京修　(清)歐樾華等纂　清光緒元年(1875)刻本　八册

110000－0146－0001995　PG/675.5213/669
[光緒]蔚州志二十卷首一卷　(清)慶之金修　(清)楊篤纂　清光緒三年(1877)蘿川公廨刻本　八册

110000－0146－0001996　PG/673.3125/291
[光緒]清遠縣志十六卷首一卷　(清)李文烜修　(清)朱潤芳等纂　清光緒六年(1880)廣州翰元樓刻本　八册

110000－0146－0001997　PG/673.3209/893
［光緒］仁化縣志八卷首一卷　(清)陳鴻修　(清)劉鳳輝纂　清光緒九年(1883)刻本　八册

110000－0146－0001998　PG/673.5401/383
［光緒］騰越廳志稿二十卷首一卷　(清)陳宗海等修　趙瑞禮纂　清光緒十三年(1887)刻本　十二册

110000－0146－0001999　PG/673.5/867
［嘉慶］滇繫四十卷　(清)師範纂　清光緒十三年(1887)雲南通志局刻本　四十册

110000－0146－0002000　PG/673.4/554
［光緒］廣西通志輯要十七卷首一卷附堂匪總錄十二卷廣西道里表一卷　(清)蘇宗經纂修　(清)羊復禮　(清)夏敬頤續纂修　清光緒十五年至十六年(1889－1890)桂林唐九如堂刻本　十五册

110000－0146－0002001　PG/673.3324/815
［乾隆］潮州府志四十二卷首一卷　(清)周碩勳纂修　清光緒十九年(1893)保安總局刻本　二十五册

110000－0146－0002002　PG/674.1/113
［光緒］奉天全省地輿圖説圖表不分卷　(清)王志修編　清光緒二十年(1894)王志修刻本　四册

110000－0146－0002003　PG/676.6/943
［嘉慶］衛藏通志十六卷首一卷校字記一卷　(清)和琳纂　清光緒二十二年(1896)桐廬袁昶刻漸西村舍彙刻叢書本　八册

110000－0146－0002004　PG/673.3325/493
［光緒］海陽縣志四十六卷首一卷　(清)盧蔚猷修　(清)吳道鎔纂　清光緒二十六年(1900)潮城謝存文館刻本　十二册

110000－0146－0002005　PG/673.1419/983
［光緒］續修浦城縣志四十二卷首一卷　(清)翁天祐等修　(清)翁昭泰等纂　清光緒二十六年(1900)刻本　二十册

110000－0146－0002006　PG/673.5101/214
［道光］昆明縣志十卷　(清)戴絅孫纂修　清光緒三十年(1904)刻本　四册

110000－0146－0002007　PG/673.5101/213
［道光］昆明縣志十卷　(清)戴絅孫纂修　清光緒三十年(1904)刻本　六册

110000－0146－0002008　PG/675.4100/752
［光緒］承德府志六十卷首二十六卷　(清)海忠纂修　(清)廷傑　(清)李世寅重訂　清道光十一年(1831)刻光緒三十二年(1906)重印本　二十四册

110000－0146－0002009　PG/673.1105/450
［光緒］侯官縣鄉土志八卷　(清)鄭祖庚等纂修　清光緒三十二年(1906)鉛印本　四册

110000－0146－0002010　PG/641.8/273
光緒乙巳年交涉要覽上編二卷下編三卷　(清)北洋洋務局輯　清光緒三十三年(1907)北洋官報局鉛印本　五册

110000－0146－0002011　PG/673.57/115
［道光］雲南備征志二十一卷　(清)王崧纂　清宣統二年(1910)雲南官報局鉛印本　十六册

110000－0146－0002012　PG/674.1223/792
［宣統］撫順縣志略二十二卷　趙宇航　程廷恒修　黎鏡蓉纂　清宣統三年(1911)石印本　二册

110000－0146－0002013　PG/674.1113/334
［宣統］西安縣志略十三卷　雷飛鵬修　段盛梓纂　清宣統三年(1911)石印本　六册

110000－0146－0002014　PG/682.27/371
蜀水考四卷　(清)陳登龍撰　(清)朱錫穀補注　清末刻本　四册

110000－0146－0002015　PG/676.6/283
西招圖略一卷　(清)松筠撰　清道光刻本　一册

110000－0146－0002016　PG/682.26/113
浯溪考二卷　(清)王士禛撰　清刻本　一册

110000－0146－0002017　PG/681.57/429
洋防輯要二十四卷　（清）嚴如熤輯　清道光刻本　六册

110000－0146－0002018　PG/684.01/111
欽定日下舊聞考一百六十卷譯語總目一卷　（清）朱彝尊原輯　（清）于敏中修　（清）竇光鼐等纂　清乾隆刻本　四十册

110000－0146－0002019　PG/682.8/374
水經四十卷　（漢）桑欽撰　（北魏）酈道元注　**山海經十八卷**　（晉）郭璞撰　清乾隆黄氏槐蔭草堂刻本　二十四册

110000－0146－0002020　PG/681.1/965
歷代宅京記二十卷　（清）顧炎武撰　清嘉慶十三年（1808）來賢堂刻本　四册

110000－0146－0002021　PG/682.15/363
關中水道記四卷　（清）孫彤撰　清嘉慶十五年（1810）承德孫氏刻本　四册

110000－0146－0002022　PG/681.57/428
洋防輯要二十四卷　（清）嚴如熤輯　清道光刻本　十二册

110000－0146－0002023　PG/681.5/128
三省邊防備覽十四卷　（清）嚴如熤輯　清道光二年（1822）刻本　八册

110000－0146－0002024　PG/682.11/755
畿輔水利四案四卷補一卷附録一卷　（清）潘錫恩輯　清道光三年（1823）刻本　六册

110000－0146－0002025　PG/682.11/754
畿輔水利四案四卷補一卷附録一卷　（清）潘錫恩輯　清道光三年（1823）刻本　六册

110000－0146－0002026　PG/682.11/434
畿輔河道水利叢書八種附一種　（清）吴邦慶輯　清道光四年（1824）益津吴邦慶刻本　十册

110000－0146－0002027　PG/681.5/129
三省邊防備覽十八卷　（清）嚴如熤輯　（清）張鵬翂補輯　清道光十年（1830）安康張氏來鹿堂刻本　二十册

110000－0146－0002028　PG/682.83/700
淮揚治水論一卷　（清）馮道立撰　清道光二十年（1840）刻本　一册

110000－0146－0002029　PG/681.5/105
皇朝藩部要略十八卷皇朝藩部世系表四卷　（清）祁韻士撰　（清）毛嶽生編　清道光二十六年（1846）筠渌山房刻本　八册

110000－0146－0002030　PG/672.1413/541
［咸豐］甘棠小志四卷首一卷末一卷　（清）董醇纂　清咸豐五年（1855）刻本　四册

110000－0146－0002031　PG/682.8/708
水經注圖一卷附録一卷　（清）汪士鐸撰　（清）丁取忠等纂　清咸豐十一年（1861）胡林翼刻同治元年（1862）印本　一册

110000－0146－0002032　PG/682.8/383
漢書地理志水道圖説七卷附考正德清胡氏禹貢圖一卷　（清）陳澧撰　清同治十一年（1872）廣州富文齋刻本　二册

110000－0146－0002033　PG/682.8/709
水經注圖一卷附録一卷　（清）汪士鐸撰　（清）丁取忠等纂　清咸豐十一年（1861）胡林翼刻同治元年（1862）印本　一册

110000－0146－0002034　PG/681.532/158
治臺必告録八卷　（清）丁曰健輯　清同治六年（1867）知足知止園刻本　八册

110000－0146－0002035　PG/682.11/545
鳳臺祗謁筆記不分卷　（清）董恂撰　清同治九年（1870）刻本　二册

110000－0146－0002036　PG/682.81/165
長江圖説十二卷首一卷　（清）馬徵麟撰　清同治九年（1870）金陵提署刻本　十二册　缺二卷（一至二）

110000－0146－0002037　PG/682.84/391
山東運河備覽十二卷圖説一卷　（清）陸燿輯　清同治十年（1871）運河道庫刻本　六册

110000－0146－0002038　PG/682.21/891
揚州水道記四卷　（清）劉文淇撰　清同治十

一年(1872)淮南書局刻本　二冊

110000－0146－0002039　PG/681.516/916
秦邊紀略六卷　(清)□□撰　清同治十一年(1872)安徽藩署敬義齋刻半畝園叢書本　二冊

110000－0146－0002040　PG/681.57/460
籌海初集四卷　(清)關天培輯　清光緒上海申報館鉛印本　四冊

110000－0146－0002041　PG/681.5/904
朔方備乘六十八卷首十二卷　(清)何秋濤撰　清光緒石印本　八冊

110000－0146－0002042　PG/681.5/905
朔方備乘六十八卷首十二卷　(清)何秋濤撰　清光緒石印本　八冊

110000－0146－0002043　PG/681.5/906
朔方備乘六十八卷首十二卷　(清)何秋濤撰　清光緒石印本　八冊

110000－0146－0002044　PG/681.5/907
朔方備乘六十八卷首十二卷　(清)何秋濤撰　清光緒石印本　八冊

110000－0146－0002045　PG/682.23/905
西湖志四十八卷　(清)李衛　(清)傅王露纂修　清光緒四年(1878)浙江書局刻本　二十冊

110000－0146－0002046　PG/682.23/868
浙西水利備考不分卷　(清)王鳳生撰　(清)胡德璐繪圖　清光緒四年(1878)浙江書局刻朱墨印本　四冊

110000－0146－0002047　PG/681.5/272
歷代輿地沿革險要圖不分卷　楊守敬　饒敦秩撰　清光緒五年(1879)東湖饒氏刻朱墨印本　一冊

110000－0146－0002048　PG/661/635
山海經十八卷圖讚一卷訂譌一卷敘錄一卷　(晉)郭璞注　(清)郝懿行箋疏　清光緒七年(1881)刻本　四冊

110000－0146－0002049　PG/681.5/903
朔方備乘六十八卷首十二卷　(清)何秋濤撰　清光緒七年(1881)刻本　二十四冊

110000－0146－0002050　PG/682.8/155
水經注匯校四十卷首一卷附錄二卷　(北魏)酈道元撰　(清)楊希閔校　清光緒七年(1881)福州刻本　十二冊

110000－0146－0002051　PG/681.1/363
古香齋鑒賞袖珍春明夢餘錄七十卷　(清)孫承澤撰　清光緒七年至八年(1881－1882)南海孔氏刻本　二十四冊

110000－0146－0002052　PG/681.1/362
古香齋鑒賞袖珍春明夢餘錄七十卷　(清)孫承澤撰　清光緒七年至八年(1881－1882)南海孔氏刻本　二十四冊

110000－0146－0002053　PG/682.8/156
水經注四十卷首一卷補遺一卷附錄二卷　(北魏)酈道元撰　(清)全祖望校　清光緒十四年(1888)無錫薛福成刻本　十六冊

110000－0146－0002054　PG/682.21/412
莫愁湖志六卷首一卷　(清)馬士圖輯　清光緒八年至十七年(1882－1891)刻本　二冊

110000－0146－0002055　PG/682.8/662
水道提綱二十八卷　(清)齊召南編　清光緒十七年(1891)湖南崇德書局刻本　十冊

110000－0146－0002056　PG/682.8/151
水經注四十卷首一卷附錄二卷　(北魏)酈道元撰　王先謙校　清光緒十八年(1892)長沙王氏思賢講舍刻本　十六冊

110000－0146－0002057　PG/682.8/152
水經注四十卷首一卷附錄二卷　(北魏)酈道元撰　王先謙校　清光緒十八年(1892)長沙王氏思賢講舍刻本　十六冊

110000－0146－0002058　PG/682.8/153
水經注四十卷首一卷附錄二卷　(北魏)酈道元撰　王先謙校　清光緒十八年(1892)長沙王氏思賢講舍刻本　十六冊

110000－0146－0002059　PG/682.82/889

歷代黄河變遷圖考四卷 (清)劉鶚撰 清光緒十九年(1893)袖海山房石印本 四册

110000－0146－0002060 PG/682.61/974
西域水道記五卷 (清)徐松撰 清光緒十九年(1893)寶善書局石印本 八册

110000－0146－0002061 PG/682.81/425
峽江圖考不分卷 (清)江國璋撰 清光緒二十年(1894)上海袖海山房書局石印本 二册

110000－0146－0002062 PG/681.2/932
中俄界約斠注七卷首一卷 (清)錢恂撰 清光緒二十年(1894)蘇城謝文翰齋刻本 二册

110000－0146－0002063 PG/682.21/748
吴江水考增輯五卷附編二卷 (清)沈啓撰 (清)黄象曦輯 清光緒二十年(1894)刻本 四册

110000－0146－0002064 PG/682.11/113
畿輔安瀾志五十六卷 (清)王履泰撰 清光緒二十年(1894)刻本 三十册

110000－0146－0002065 PG/682.23/478
西湖遊覽志二十四卷志餘二十六卷 (明)田汝成撰 清光緒二十二年(1896)錢塘丁氏嘉惠堂刻武林掌故叢編本 八册

110000－0146－0002066 PG/681.1/905
金陵歷代建置表一卷 (清)傅春官撰 清光緒二十三年(1897)晦齋刻本 一册

110000－0146－0002067 PG/682.8/154
水經注四十卷首一卷附録二卷 (北魏)酈道元撰 王先謙校 清光緒二十三年(1897)新化三味書室刻本 二十册

110000－0146－0002068 PG/660.81/988
皇朝藩屬輿地叢書六集二十八種 (清)文瑞樓主人輯 清光緒二十九年(1903)金匱浦氏靜寄東軒石印本 四十八册

110000－0146－0002069 PG/682.8/272
水經註疏要刪四十卷 楊守敬撰 清光緒三十一年(1905)宜都楊守敬觀海堂刻本 六册

110000－0146－0002070 PG/681.3/333
全滇紀要不分卷 (清)雲南課吏館編 清光緒三十一年至三十二年(1905－1906)雲南課吏館鉛印本 十册

110000－0146－0002071 PG/681.3/334
全滇紀要不分卷 (清)雲南課吏館編 清光緒三十一年至三十二年(1905－1906)雲南課吏館鉛印本 十册

110000－0146－0002072 PG/681.542/434
調查延吉邊務報告書三卷 吴禄貞等編 清光緒三十四年(1908)吉林官書刷印局鉛印本 二册 存二卷(一至二)

110000－0146－0002073 PG/682.8/273
水經註疏要刪補遺四十卷 楊守敬撰 清宣統元年(1909)刻本 四册

110000－0146－0002074 PG/681.55/835
東三省蒙務公牘彙編五卷 朱啓鈐撰 清宣統元年(1909)鉛印本 二册

110000－0146－0002075 PG/681.2/842
中俄界記二編 (清)鄒代鈞撰 (清)曾寅校訂補圖 清宣統三年(1911)武昌亞新地學社鉛印本 二册

110000－0146－0002076 SG/684.8/987
吴山伍公廟志六卷首一卷 (清)金志章修 (清)金文淳纂輯 清乾隆刻本 二册

110000－0146－0002077 PG/802.3/306
康熙字典十二卷檢字一卷辨似一卷等韻一卷備考一卷補遺一卷 (清)張玉書等纂 清光緒十四年(1888)上海圖書集成印書局石印本 一册 存一卷(卯集)

110000－0146－0002078 PG/684.01/916
日下尊聞録五卷 (清)□□撰 清刻本 二册

110000－0146－0002079 PG/845.15/166
豫章先生遺文十二卷 (宋)黄庭堅撰 清乾隆四十五年(1780)汪大本刻民國十一年(1922)如皋祝氏漢鹿齋補刻本 六册

110000－0146－0002080 PG/684.01/893

帝京景物略八卷 （明）劉侗 （明）于奕正修 （清）紀昀刪 清乾隆刻本 六册

110000－0146－0002081 PG/684.8/107

潭柘山岫雲寺志不分卷 （清）神穆德編 清抄本 一册

110000－0146－0002082 PG/683.12/667

岱覽三十二卷目錄一卷首編七卷附錄一卷 （清）唐仲冕輯 清嘉慶十二年（1807）果克山房刻本 十二册

110000－0146－0002083 PG/683.23/385

孤嶼志八卷首一卷 （清）陳舜咨編 清嘉慶十四年（1809）刻本 五册

110000－0146－0002084 PG/684.69/489

忠武祠墓志七卷首一卷末一卷 （清）虛白道人輯 清道光三年（1823）刻本 四册

110000－0146－0002085 PG/683.27/526

峨眉山志十八卷 （清）蔣超纂 （清）曹熙衡續纂 清康熙刻道光十四年（1834）胡林秀補刻本 六册

110000－0146－0002086 PG/683.31/540

武夷山志二十四卷首一卷 （清）董天工輯 清道光二十七年（1847）五夫尺木軒刻同治十一年（1872）丁丞禧重修本 八册

110000－0146－0002087 PG/669.25/120

輿地紀勝二百卷校勘記五十二卷補闕十卷 （宋）王象之撰 （清）劉文淇校勘 （清）岑建功補闕 清道光二十九年（1849）甘泉岑氏懼盈齋刻本 五十册

110000－0146－0002088 PG/684.01/917

日下尊聞錄五卷 （清）□□撰 清咸豐九年（1859）刻本 二册

110000－0146－0002089 PG/689.11/435

宸垣識略十六卷 （清）吳長元撰 清同治二年（1863）文英堂刻本 八册

110000－0146－0002090 PG/683.21/481

慧山記四卷首一卷續編三卷首一卷 （明）釋圓顯輯 （明）邵寶重訂 （清）邵涵初續輯 清同治七年（1868）邵文熹刻本 六册

110000－0146－0002091 PG/683.23/981

廣雁蕩山誌二十八卷首一卷末一卷 （清）曾唯輯 清乾隆五十六年（1791）刻清末民初印本 八册

110000－0146－0002092 PG/684.9/691

闕里廣志二十卷 （清）宋際等撰 清同治九年（1870）刻本 十二册

110000－0146－0002093 PG/683.11/836

盤山志十卷首一卷補遺四卷 （清）釋智朴纂輯 （清）王士禛 （清）朱彝尊校訂 清康熙刻同治十一年（1872）補刻本 四册

110000－0146－0002094 PG/684.8/365

南朝佛寺志二卷 （清）孫文川輯 （清）陳作霖纂 清光緒刻本 一册

110000－0146－0002095 PG/684.7/829

歷代陵寢備考五十卷附歷代宗廟附考八卷 （清）朱孔陽輯 清光緒三年（1877）上海申報館鉛印本 十四册

110000－0146－0002096 PG/683.31/171

鼓山志十四卷首一卷 （清）黄任編 清乾隆刻光緒二年（1876）補刻本 六册

110000－0146－0002097 PG/689.11/436

宸垣識略十六卷 （清）吳長元撰 清光緒二年（1876）刻本 八册

110000－0146－0002098 PG/689.11/437

宸垣識略十六卷 （清）吳長元撰 清光緒二年（1876）刻本 八册

110000－0146－0002099 PG/684.8/700

大昭慶律寺志十卷 （清）吳樹虛輯 清光緒八年（1882）錢塘丁氏刻武林掌故叢書本 四册

110000－0146－0002100 PG/683.24/288

石鐘山志十六卷首一卷 （清）李成謀 （清）丁義方撰 清光緒九年（1883）聽濤眺雨軒刻本 八册

110000－0146－0002101 PG/683.15/287

華嶽志八卷首一卷 （清）李榕纂輯　清道光十一年（1831）刻光緒九年（1883）楊昌浚補刻本　四冊

110000－0146－0002102　PG/683.26/286
重修南嶽志二十六卷 （清）李元度纂　清光緒九年（1883）刻本　十六冊

110000－0146－0002103　PG/684.4/203
平山堂圖志十卷首一卷 （清）趙之壁纂　清光緒九年（1883）楚南歐陽利見刻本　四冊

110000－0146－0002104　PG/689.11/306
津門雜記三卷 （清）張燾撰　清光緒十年（1884）刻本　三冊

110000－0146－0002105　PG/683.33/169
白雲洞志五卷 （清）黄亨輯　清光緒十三年（1887）刻本　一冊

110000－0146－0002106　PG/684.8/407
敕建淨慈寺志二十八卷首二卷末一卷 （清）釋際祥撰　清光緒十四年（1888）丁氏嘉惠堂刻本　十二冊

110000－0146－0002107　PG/683.27/170
峨山圖説二卷 （清）黄綬芙撰　（清）譚鍾嶽繪圖　清光緒十七年（1891）刻本　二冊

110000－0146－0002108　PG/683.23/905
天台山方外志三十卷 （明）釋傳燈撰　清光緒二十年（1894）刻本　八冊

110000－0146－0002109　PG/532.9/351
萬壽盛典點景圖説一卷 （清）□□撰　清光緒二十年（1894）鉛印本　一冊

110000－0146－0002110　PG/683.21/117
錫山景物略十卷 （清）王永積輯　清光緒二十四年（1898）王綜刻本　五冊

110000－0146－0002111　PG/689.11/757
津門紀略十二卷 （清）羊城舊客撰　清光緒二十四年（1898）石印本　二冊

110000－0146－0002112　PG/683.22/818
九華山志十卷首一卷末一卷 （清）謝維喈修　（清）周贇纂　清光緒二十六年（1900）刻本　八冊

110000－0146－0002113　PG/684.8/270
洛陽伽藍記五卷集證一卷 （北魏）楊衒之撰　清光緒二十九年（1903）説劍齋刻本　一冊

110000－0146－0002114　PG/683.21/820
北固山志十四卷首一卷 （清）周伯義輯　清光緒三十年（1904）刻京口三山志本　六冊

110000－0146－0002115　PG/683.21/436
焦山志二十六卷首一卷續志八卷 （清）吳雲輯　（清）陳任暘續輯　清同治十三年（1874）刻光緒三十一年（1905）增刻本　十冊

110000－0146－0002116　PG/683.26/380
南嶽總勝集三卷 （宋）陳田夫撰　清光緒三十二年（1906）長沙葉氏刻本　三冊

110000－0146－0002117　PG/538.82/638
燕京歲時記一卷 （清）富察敦崇撰　清光緒三十二年（1906）京都文德齋刻本　一冊

110000－0146－0002118　PG/689.11/334
天咫偶聞十卷 （清）震鈞撰　清光緒三十三年（1907）甘棠轉舍刻本　八冊

110000－0146－0002119　PG/689.11/333
天咫偶聞十卷 （清）震鈞撰　清光緒三十三年（1907）甘棠轉舍刻本　八冊

110000－0146－0002120　PG/683.23/976
爛柯山志十一卷 （清）鄭永禧輯　清光緒三十三年（1907）刻本　三冊

110000－0146－0002121　PG/684.027/146
蜀中名勝記三十卷 （明）曹學佺撰　清宣統二年（1910）茹古書局刻本　十冊

110000－0146－0002122　PG/689.36/478
黔書二卷 （清）田雯撰　清康熙二十九年（1690）刻本　一冊

110000－0146－0002123　SG/689.33/321
廣東新語二十八卷 （清）屈大均撰　清康熙三十九年（1700）水天閣刻本　十二冊

110000－0146－0002124　PG/689.33/918

羊城古鈔八卷首一卷　(清)仇池石輯　清嘉慶十一年(1806)刻本　六冊

110000－0146－0002125　PG/689.61/239
異域瑣談四卷　(清)七十一撰　(清)周宅仁編　清嘉慶二十三年(1818)刻本　二冊

110000－0146－0002126　PG/689.23/337
東城雜記二卷　(清)厲鶚撰　清嘉慶二十五年(1820)錢塘汪氏刻本　二冊

110000－0146－0002127　PG/690/118
鴻泥日錄八卷續錄四卷續吟一卷　(清)王定柱撰　清道光七年(1827)刻本　五冊

110000－0146－0002128　PG/683.33/158
鼎湖山慶雲寺志八卷首一卷　(清)丁易修　(清)釋成鷲纂　清康熙刻本　四冊

110000－0146－0002129　PG/689.24/832
江城舊事十六卷附錄一卷　(清)朱欒撰　清道光二十五年(1845)朱航刻本　八冊

110000－0146－0002130　PG/689.21/959
清嘉錄十二卷　(清)顧祿撰　清道光十年(1830)刻本　四冊

110000－0146－0002131　PG/839.24/748
西江詩派韓饒二集　沈曾植輯　清宣統二年(1910)姚埭沈氏刻本　四冊

110000－0146－0002132　PG/689.36/292
[嘉慶]黔記四卷　(清)李宗昉撰　清道光十四年(1834)刻本　一冊

110000－0146－0002133　PG/690/361
南遊記一卷　(清)孫嘉淦撰　清道光二十四年(1844)刻朱墨印本　一冊

110000－0146－0002134　PG/692.8/994
康輶紀行十六卷　(清)姚瑩撰　清道光刻本　六冊

110000－0146－0002135　PG/689.23/165
北隅掌錄二卷　(清)黃士珣撰　清道光二十五年(1845)錢塘汪氏振綺堂刻本　一冊

110000－0146－0002136　PG/689.36/941
[道光]黔南識略三十二卷　(清)愛必達撰　清道光二十七年(1847)羅繞典刻本　四冊

110000－0146－0002137　PG/695/286
長春真人西遊記二卷　(元)李志常撰　清道光二十七年(1847)靈石楊氏刻連筠簃叢書本　一冊

110000－0146－0002138　PG/689.5/314
蒙古游牧記十六卷　(清)張穆撰　清同治六年(1867)壽陽祁寯藻刻本　四冊

110000－0146－0002139　PG/689.61/238
新疆輿圖風土考五卷　(清)七十一撰　清光緒八年(1882)上海點石齋石印本　一冊

110000－0146－0002140　PG/696.1/327
湖山便覽十二卷　(清)翟灝　(清)翟瀚輯　清光緒元年(1875)王氏槐陰堂刻本　六冊

110000－0146－0002141　PG/689.12/964
山東考古錄一卷　(清)顧炎武撰　清光緒八年(1882)山東書局刻本　一冊

110000－0146－0002142　PG/689.12/966
山東考古錄一卷　(清)顧炎武撰　清光緒八年(1882)山東書局刻本　一冊

110000－0146－0002143　PG/689.12/965
續山東考古錄三十二卷首一卷　(清)葉圭綬撰　清光緒八年(1882)山東書局刻本　六冊

110000－0146－0002144　PG/689.12/967
續山東考古錄三十二卷首一卷　(清)葉圭綬撰　清光緒八年(1882)山東書局刻本　六冊

110000－0146－0002145　PG/689.21/311
六朝事迹編類十四卷　(宋)張敦頤輯　清光緒十三年(1887)寶章閣刻本　四冊

110000－0146－0002146　PG/689.21/312
六朝事迹編類十四卷　(宋)張敦頤撰　清光緒十三年(1887)寶章閣刻本　四冊

110000－0146－0002147　PG/690/313
雲棧紀程八卷　(清)張邦伸撰　清光緒十七年(1891)雖園刻本　四冊

110000－0146－0002148　PG/689.42/435
甯古塔紀略一卷　(清)吴振臣撰　清光緒十八年(1892)順德龍氏知服齋刻知服齋叢書朱印本　一册

110000－0146－0002149　PG/689.62/308
杭州八旗駐防營志略二十五卷　(清)張大昌輯　清光緒十九年(1893)浙江書局刻本　六册

110000－0146－0002150　PG/689.43/152
黑龍江外記八卷　(清)西清撰　清光緒二十年(1894)漸西村舍刻本　二册

110000－0146－0002151　PG/689.42/516
吉林外記十卷　(清)薩英額撰　清光緒二十一年(1895)漸西村舍刻本　四册

110000－0146－0002152　PG/696.1/405
辛卯侍行記六卷　(清)陶保廉撰　清光緒二十三年(1897)養樹山房刻本　六册

110000－0146－0002153　PG/689.36/312
續黔書八卷　(清)張澍撰　清光緒二十三年(1897)貴陽書局刻本　一册

110000－0146－0002154　PG/694.3/287
東徼紀行不分卷　(清)李樹棠撰　清光緒二十九年(1903)鉛印本　一册

110000－0146－0002155　PG/689.21/384
金陵瑣志三種　(清)陳作霖編　清光緒二十六年(1900)刻本　四册

110000－0146－0002156　PG/689.5/313
蒙古游牧記十六卷　(清)張穆撰　清光緒二十六年(1900)掃葉山房石印本　六册

110000－0146－0002157　PG/690/458
湟中行紀不分卷　(清)闊普通武撰　清光緒三十年(1904)刻本　二册

110000－0146－0002158　PG/689.4/441
東三省沿革表六卷　吴廷燮撰　清宣統元年(1909)天津徐世昌退耕堂刻本　六册

110000－0146－0002159　PG/689.42/313
長白徵存錄八卷首一卷　(清)張鳳臺等纂　清宣統二年(1910)鉛印本　四册

110000－0146－0002160　PG/011.6/185
知聖道齋讀書跋尾二卷　(清)彭元瑞撰　清嘉慶刻本　二册

110000－0146－0002161　PG/016.6/436
經史序錄二卷　(清)吴承漸纂輯　清康熙三十一年(1692)思訓堂刻本　二册

110000－0146－0002162　PG/121.33/220
莊子獨見三十三卷　(戰國)莊周撰　(清)胡文英評釋　清乾隆同德堂刻本　八册

110000－0146－0002163　PG/012/650
欽定四庫全書簡明目錄二十卷首一卷　(清)永瑢等撰　清同治、光緒刻本　十册

110000－0146－0002164　PG/011.6/120
讀書蕞殘三卷　(清)王鉞撰　(清)顧嗣立等編　清康熙六十一年(1722)世德堂刻本　三册

110000－0146－0002165　PG/018.87/530
天一閣書目四卷附碑目一卷　(清)阮元輯　清嘉慶十三年(1808)阮氏文選樓刻本　九册

110000－0146－0002166　PG/018.85/470
昭德先生郡齋讀書志二十卷　(宋)晁公武撰　(宋)姚應績編　清嘉慶二十四年(1819)汪氏藝芸書舍刻本　八册

110000－0146－0002167　PG/082.6/328
五經歲徧齋校書三種　(清)瞿雲升撰　清道光東萊翟雲升五經歲徧齋刻本　十册

110000－0146－0002168　PG/018.87/314
愛日精盧藏書志三十六卷續志四卷　(清)張金吾撰　清道光七年(1827)張氏愛日精盧刻本　十二册

110000－0146－0002169　PG/018.87/315
愛日精盧藏書志三十六卷續志四卷　(清)張金吾撰　清道光七年(1827)張氏愛日精盧刻本　十册

110000－0146－0002170　PG/016.23/287
道藏目錄詳註四卷　(明)[白雲霽]撰

(明)李杰注　清道光二十五年(1845)至清末刻本　二册

110000－0146－0002171　PG/012/651
欽定四庫全書總目二百卷首一卷　(清)紀昀等撰　清同治七年(1868)廣東書局刻本　一百二十册

110000－0146－0002172　PG/012/652
欽定四庫全書總目二百卷首一卷　(清)紀昀等撰　清同治七年(1868)廣東書局刻本　一百二十册

110000－0146－0002173　PG/019/790
程氏家塾讀書分年日程三卷綱領一卷　(元)程端禮撰　清同治十年(1871)尚志堂刻本　一册

110000－0146－0002174　PG/014.12/519
宋元舊本書經眼錄三卷附錄二卷　(清)莫友芝撰　清同治十二年(1873)莫繩孫刻本　二册

110000－0146－0002175　PG/014.61/966
彙刻書目初編十卷補編一卷　(清)顧修編　清光緒元年(1875)長洲陳氏無夢園刻本　十二册

110000－0146－0002176　PG/011.6/165
士禮居藏書題跋記六卷　(清)黄丕烈撰　(清)潘祖蔭輯　清光緒刻本　四册

110000－0146－0002177　PG/011.6/392
儀顧堂續跋十六卷　(清)陸心源撰　清光緒刻本　六册

110000－0146－0002178　PG/014.4/518
違礙書目一卷　(清)□□輯　清光緒歸安姚氏刻咫進齋叢書本　一册

110000－0146－0002179　PG/014.4/519
禁書總目一卷　(清)□□輯　清光緒歸安姚氏刻咫進齋叢書本　二册

110000－0146－0002180　PG/014.4/517
銷燬抽燬書目二卷　(清)姚覲元輯　清光緒歸安姚氏刻咫進齋叢書本　一册

110000－0146－0002181　PG/012.1/312
書目答問不分卷附別錄一卷國朝著述諸家姓名略一卷輶軒語一卷　(清)張之洞編　清光緒元年(1875)刻本　三册

110000－0146－0002182　PG/098.37/889
經韻樓集十二卷附儀禮漢讀考一卷　(清)段玉裁撰　清道光元年(1821)七葉衍祥堂刻經韻樓叢書本　四册

110000－0146－0002183　PG/013.23/655
隋經籍志考證十三卷　(清)章宗源撰　清光緒三年(1877)崇文書局刻本　三册　缺二卷(十二至十三)

110000－0146－0002184　PG/013.23/656
隋經籍志考證十三卷　(清)章宗源撰　清光緒三年(1877)崇文書局刻本　四册

110000－0146－0002185　PG/071.7/768
讀書雜識十二卷　(清)勞格撰　(清)丁寶書編　清光緒四年(1878)歸安丁寶書月河精舍刻月河精舍叢鈔本　四册

110000－0146－0002186　PG/012.1/313
書目答問不分卷附國朝著述諸家姓名略一卷　(清)張之洞編　清光緒四年(1878)上海淞隱閣刻本　四册

110000－0146－0002187　PG/072.7/311
輶軒語一卷　(清)張之洞撰　清光緒六年(1880)文琳堂刻本　一册

110000－0146－0002188　PG/011.7/993
古今僞書考一卷　(清)姚際恒撰　清光緒七年(1881)姚慰祖刻晉石厂叢書本　一册

110000－0146－0002189　PG/018.87/392
皕宋樓藏書志一百二十卷　(清)陸心源編　清光緒八年(1882)十萬卷樓刻本　三十二册

110000－0146－0002190　PG/018.85/378
直齋書錄解題二十二卷　(宋)陳振孫撰　清光緒九年(1883)江蘇書局刻本　六册

110000－0146－0002191　PG/013.2/916
八史經籍志十種　(日本)□□輯　清光緒九

年(1883)張壽榮刻本　十六冊

110000－0146－0002192　PG/014.1/114
欽定天禄琳琅書目十卷續編二十卷　(清)于敏中編　清光緒十年(1884)長沙王氏刻本　十冊

110000－0146－0002193　PG/802.81/800
繪圖增注千字文一卷　(南朝梁)周興嗣撰　清宣統二年(1910)石印本　一冊

110000－0146－0002194　PG/689.33/340
嶺南雜記二卷　(清)吳震方撰　清刻說鈴本　一冊

110000－0146－0002195　PG/013.22/117
漢藝文志考證十卷　(元)王應麟撰　清光緒十一年(1885)刻藝六藝園叢書本　六冊

110000－0146－0002196　PG/018.87/273
楹書隅録五卷續編四卷　(清)楊紹和撰　清光緒二十年(1894)海源閣刻本　八冊

110000－0146－0002197　PG/013.23/435
補晉書經籍志四卷　(清)吳士鑑纂　清光緒二十一年(1895)錢塘吳氏刻本　一冊

110000－0146－0002198　PG/013.22/981
補後漢書藝文志一卷補後漢書藝文志考十卷　(清)曾樸編　清光緒二十一年(1895)常熟曾樸刻常熟曾氏叢書本　六冊

110000－0146－0002199　PG/018.87/477
鐵琴銅劍樓藏書目録二十四卷　(清)瞿鏞撰　清光緒二十四年(1898)常熟瞿氏家塾刻本　十冊

110000－0146－0002200　PG/018.87/476
鐵琴銅劍樓藏書目録二十四卷　(清)瞿鏞撰　清光緒二十四年(1898)常熟瞿氏家塾刻本　十冊

110000－0146－0002201　PG/011.7/992
古今偽書考一卷　(清)姚際恒撰　清光緒二十四年(1898)沔陽盧靖豐潤縣署刻慎始基齋叢書本　一冊

110000－0146－0002202　PG/018.87/157
善本書室藏書志四十卷　(清)丁丙輯　清光緒二十七年(1901)錢塘丁氏刻本　十六冊

110000－0146－0002203　PG/018.87/158
善本書室藏書志四十卷　(清)丁丙輯　清光緒二十七年(1901)錢塘丁氏刻本　十六冊

110000－0146－0002204　PG/018.87/860
藝風藏書記八卷　繆荃孫編　清光緒二十六年至二十七年(1900－1901)刻本　二冊

110000－0146－0002205　PG/011.57/272
留真譜初編十二卷　楊守敬編　清光緒二十七年(1901)宜都楊守敬刻本　十二冊

110000－0146－0002206　PG/013.23/677
補晉書藝文志四卷　(清)文廷式撰　清宣統元年(1909)長沙鉛印本　六冊

110000－0146－0002207　PG/012/329
四庫簡明目録標注二十卷　(清)邵懿辰撰　清宣統三年(1911)仁和邵氏刻半巖廬所著書本　十冊

110000－0146－0002208　PG/018.87/385
帶經堂書目五卷附録一卷　(清)陳徵芝鑒藏　(清)陳樹杓編次　清宣統三年(1911)順德鄧氏風雨樓鉛印本　三冊

110000－0146－0002209　PG/029/504
藏書紀事詩六卷　葉昌熾撰　清光緒二十三年(1897)長沙學使署刻本　十二冊

110000－0146－0002210　PG/046/350
家寶全集四集三十二卷　(清)石成金撰　清四友堂刻本　三十二冊

110000－0146－0002211　PG/041.51/120
冊府元龜一千卷目録十卷　(宋)王欽若輯　(明)黄國琦校釋　清乾隆刻本　二百四十冊

110000－0146－0002212　PG/041.7/563
佩文韻府一百六卷拾遺一百六卷　(清)張玉書輯　清潘氏海山仙館刻本　一百六十冊　缺四十七卷(拾遺二十六至五十一、八十六至一百六)

110000－0146－0002213　PG/041.7/564

佩文韻府一百六卷拾遺一百六卷　(清)張玉書輯　清刻本　一百十七册

110000－0146－0002214　PG/045/820
姓氏詳注四卷　(清)周魯輯　清刻本　六册

110000－0146－0002215　PG/041.7/502
省軒考古類編十二卷　(清)柴紹炳編　清雍正四年(1726)刻本　六册

110000－0146－0002216　PG/041.7/377
格致鏡原一百卷　(清)陳元龍纂　清雍正十三年(1735)刻本　二十四册

110000－0146－0002217　PG/041.7/327
通俗編三十八卷　(清)翟灝撰　清乾隆十六年(1751)翟灝無不宜齋刻本　十二册

110000－0146－0002218　PG/041.52/117
玉海二百四卷　(元)王應麟輯　清嘉慶十一年(1806)合河康基田刻本　一百二十册

110000－0146－0002219　PG/044/102
月令粹編二十四卷圖說一卷　(清)秦嘉謨編　清嘉慶十七年(1812)秦嘉謨琳琅仙館刻本　八册

110000－0146－0002220　PG/041.51/289
太平御覽一千卷目錄十五卷　(宋)李昉等纂　清嘉慶歙縣鮑崇城刻本　一百二册

110000－0146－0002221　PG/043.7/118
古同姓名摭略十五卷　(清)王溥編輯　清道光二十一年(1841)刻本　八册

110000－0146－0002222　PG/040/916
小嫏嬛山館彙刊類書十二種　(清)孫顏輯　清同治九年(1870)聚錦堂刻本　九册

110000－0146－0002223　PG/041.7/790
人鏡類纂四十六卷　(清)程之楨輯　清同治十二年(1873)江夏程氏刻本　十册

110000－0146－0002224　PG/041.7/393
小知錄十二卷　(清)陸鳳藻輯　清同治十二年(1873)淮南書局刻本　四册

110000－0146－0002225　PG/041.7/730
稱謂錄三十二卷　(清)梁章鉅撰　清光緒元年至十年(1875－1884)福州梁氏刻本　八册

110000－0146－0002226　PG/041.7/731
稱謂錄三十二卷　(清)梁章鉅撰　清光緒元年至十年(1875－1884)福州梁氏刻本　八册

110000－0146－0002227　PG/041.52/798
新編分門古今類事二十卷　(宋)委心子輯　清光緒刻本　六册

110000－0146－0002228　PG/041.6/116
清異錄二卷　(宋)陶穀撰　清光緒二年(1876)海昌陳氏刻本　二册

110000－0146－0002229　PG/041.6/114
表異錄二十卷　(明)王志堅輯　清光緒二年(1876)海昌陳氏刻本　二册

110000－0146－0002230　PG/041.6/115
表異錄二十卷　(明)王志堅輯　清光緒二年(1876)海昌陳氏刻本　二册

110000－0146－0002231　PG/041.6/970
文林綺繡五種　(明)淩迪知編　清光緒十一年(1885)融經館刻本　二十册

110000－0146－0002232　PG/041.7/626
古事比五十二卷　(清)方中德輯　清光緒十三年(1887)上海點石齋石印本　六册

110000－0146－0002233　PG/041.7/677
御定駢字類編二百四十卷　(清)張廷玉等編　清光緒十三年(1887)上海同文書局石印本　四十八册

110000－0146－0002234　PG/041.41/490
北堂書鈔一百六十卷　(唐)虞世南撰　(清)孔廣陶注　清光緒十四年(1888)南海孔廣陶三十有三萬卷堂刻本　二十册

110000－0146－0002235　PG/041.7/804
壹是紀始二十二卷補遺一卷　(清)魏崧撰　清光緒十七年(1891)刻本　十二册

110000－0146－0002236　PG/041.7/803
壹是紀始二十二卷補遺一卷　(清)魏崧撰　清光緒十七年(1891)刻本　六册

110000－0146－0002237　PG/046/916

時務通攷三十一卷　(清)點石齋主人輯　清光緒二十三年至二十四年(1897－1898)上海點石齋石印本　二十四册

110000－0146－0002238　PG/046/917

時務通考續編三十一卷　(清)點石齋主人輯　清光緒二十七年(1901)上海點石齋石印本　十六册

110000－0146－0002239　PG/041.7/367

六藝通考一百卷首一卷　(清)孫璧文撰　清光緒二十七年(1901)兩湖譯書學堂刻本　四十八册

110000－0146－0002240　PG/046/915

新輯時務匯通一百八卷　(清)李作棟輯　清光緒二十九年(1903)上海崇新書局石印本　三十二册

110000－0146－0002241　PG/041/378

欽定古今圖書集成一萬卷目録三十二卷　(清)陳夢雷　(清)蔣廷錫等編　清光緒十年(1884)上海圖書集成鉛版印書局鉛印本　一千六百二十八册

110000－0146－0002242　PG/041.7/294

宋稗類鈔八卷　(清)潘永因撰　清宣統元年(1909)有正書局鉛印本　八册

110000－0146－0002243　PG/041.51/719

新雕皇朝類苑七十八卷　(宋)江少虞撰　清宣統三年(1911)武進董康誦芬室刻本　十二册

110000－0146－0002244　PG/071.7/641

天禄識餘十卷　(清)高士奇輯　清刻本　十册

110000－0146－0002245　PG/071.7/459

潛邱劄記六卷附左汾近稿一卷　(清)閻若璩撰　清大成齋刻本　六册

110000－0146－0002246　PG/075.7/199

寄園寄所寄十二卷　(清)趙吉士輯　清刻本　十六册

110000－0146－0002247　PG/075.7/197

寄園寄所寄十二卷　(清)趙吉士輯　清刻本　十二册

110000－0146－0002248　PG/075.7/198

寄園寄所寄十二卷　(清)趙吉士輯　清刻本　十六册

110000－0146－0002249　PG/075.7/292

閒情偶寄十六卷　(清)李漁撰　清康熙翼聖堂刻笠翁秘書本　六册

110000－0146－0002250　PG/121.33/684

南華發覆八卷　(戰國)莊周撰　(明)釋性通注　清乾隆十四年(1749)雲林懷德堂刻本　六册

110000－0146－0002251　PG/071.7/478

西圃叢辨三十二卷　(清)田同之輯　清乾隆刻本　六册

110000－0146－0002252　PG/074.6/319

考槃餘事四卷　(明)屠隆撰　清乾隆刻本　二册

110000－0146－0002253　PG/071.7/715

韓門綴學五卷續編一卷　(清)汪師韓撰　清乾隆、嘉慶刻本　六册

110000－0146－0002254　PG/071.7/460

潛邱劄記六卷附左汾近稿一卷　(清)閻若璩撰　清乾隆眷西堂刻本　六册

110000－0146－0002255　PG/071.7/929

十駕齋養新錄二十卷餘錄三卷年譜一卷續編一卷　(清)錢大昕撰　清光緒二年(1876)浙江書局刻本　八册

110000－0146－0002256　PG/072.7/472

味餘書室隨筆二卷　(清)仁宗顒琰撰　(清)阮元注　清嘉慶十二年(1807)刻本　四册

110000－0146－0002257　PG/075.7/116

文家稽古編十卷首一卷　(清)劉旂錫　(清)程夢元纂定　清乾隆二十年(1755)刻本　十二册

110000－0146－0002258　PG/071.7/905

義門讀書記五十八卷附行狀一卷　(清)何焯撰　清乾隆三十四年(1769)刻本　十冊

110000－0146－0002259　PG/071.7/904
義門讀書記五十八卷　(清)何焯撰　清乾隆三十四年(1769)刻本　十冊

110000－0146－0002260　PG/072.6/651
七修類稿五十一卷續稿七卷　(明)郎瑛撰　清乾隆四十年(1775)錢塘周棨耕烟草堂刻本　十六冊

110000－0146－0002261　PG/072.57/887
隱居通議三十一卷　(元)劉壎撰　清嘉慶六年(1801)刻本　六冊

110000－0146－0002262　PG/071.52/115
學林十卷　(宋)王觀國撰　清嘉慶十四年(1809)蕭山陳氏湖海樓刻本　五冊

110000－0146－0002263　PG/071.7/759
湛園札記四卷　(清)姜宸英撰　清道光刻本　四冊

110000－0146－0002264　PG/071.6/816
巵林八卷　(明)周嬰撰　清嘉慶二十年(1815)蕭山陳氏湖海樓刻本　四冊

110000－0146－0002265　PG/071.7/522
羣書疑辨十二卷　(清)萬斯同撰　清嘉慶二十一年(1816)刻本　六冊

110000－0146－0002266　PG/071.7/255
札樸十卷　(清)桂馥撰　清嘉慶十八年(1813)小李山房刻本　六冊

110000－0146－0002267　PG/071.7/859
癡說八卷　(清)紀蔭田撰　清道光元年(1821)刻本　八冊

110000－0146－0002268　PG/075.6/754
康濟譜二十五卷　(明)潘遊龍輯　(明)金俊明參評　清道光張鵬飛刻本　十二冊

110000－0146－0002269　PG/072.52/313
雲谷雜紀四卷首一卷末一卷　(宋)張淏撰　清道光至光緒番禺潘氏刻海山仙館叢書本　二冊

110000－0146－0002270　PG/071.7/721
讀書叢錄二十四卷　(清)洪頤煊撰　清道光二年(1822)廣州富文齋刻本　六冊

110000－0146－0002271　PG/071.52/117
困學紀聞注二十卷　(元)王應麟撰　(清)翁元圻注　清道光五年(1825)愛日軒刻本　十二冊

110000－0146－0002272　PG/071.7/742
灤源問答十二卷　(清)沈可培撰　清道光七年(1827)刻本　四冊

110000－0146－0002273　PG/071.7/741
灤源問答十二卷　(清)沈可培撰　清道光七年(1827)刻本　六冊

110000－0146－0002274　PG/071.7/965
日知錄集釋三十二卷　(清)顧炎武撰　(清)黃汝成集釋　清道光十四年(1834)刻本　八冊

110000－0146－0002275　PG/075.7/381
時事新編初集六卷　(清)陳耀卿輯　清光緒二十一年(1895)鉛印本　六冊

110000－0146－0002276　PG/071.7/994
援鶉堂筆記五十卷刊誤一卷刊誤補遺一卷　(清)姚範撰　清道光十五年(1835)刻本　十六冊

110000－0146－0002277　PG/072.7/732
退菴隨筆二十二卷　(清)梁章鉅撰　清道光十七年(1837)刻本　八冊

110000－0146－0002278　PG/072.7/215
竇存四卷　(清)胡式鈺撰　清道光二十一年(1841)刻本　四冊

110000－0146－0002279　PG/075.7/375
詩書古訓六卷　(清)阮元輯　清道光二十一年(1841)刻本　六冊

110000－0146－0002280　PG/071.7/115
蛾術編八十二卷　(清)王鳴盛撰　清道光二十一年(1841)吳江沈楙德世楷堂刻本(卷一至二配抄本)　十六冊

110000－0146－0002281　PG/072.7/218
讀書說四卷[胡承諾]年譜一卷　(清)胡承諾撰　清道光二十五年(1845)刻本　六冊

110000－0146－0002282　PG/075.7/975
一斑錄五卷附編三卷雜述六卷　(清)鄭光祖撰　清道光二十五年(1845)刻本　五冊

110000－0146－0002283　PG/072.7/117
重論文齋筆錄十二卷　(清)王端履撰　清道光二十六年(1846)刻本　六冊

110000－0146－0002284　PG/071.7/170
考辨隨筆二卷　(清)黃定宜撰　清道光二十七年(1847)萍鄉文晟刻本　一冊

110000－0146－0002285　PG/075.5/667
帝王經世圖譜十六卷附錄一卷　(宋)唐仲友撰　清道光二十八年(1848)清吟閣刻本　六冊

110000－0146－0002286　PG/075.7/312
三餘雜志八卷附辨誣二卷　(清)張定鋆輯　清咸豐元年(1851)刻本　四冊

110000－0146－0002287　PG/071.7/746
懷小編二十卷　(清)沈濂撰　清咸豐四年(1854)始言堂刻本　六冊

110000－0146－0002288　PG/072.6/319
鴻苞節錄十卷　(明)屠隆撰　清咸豐七年(1857)章邱縣署刻本　十冊

110000－0146－0002289　PG/072.7/363
芻論二卷　(清)孫鼎臣撰　清咸豐十年(1860)武昌節署刻本　二冊

110000－0146－0002290　PG/071.7/947
讀書雜釋十四卷　(清)徐鼒撰　清咸豐十一年(1861)刻本　四冊

110000－0146－0002291　PG/071.7/828
彊識編四卷續編一卷　(清)朱士端撰　清同治元年至四年(1862－1865)寶應朱氏刻春雨樓叢書本　二冊

110000－0146－0002292　PG/075.6/899
餘冬錄六十一卷　(明)何孟春撰　清同治三年(1864)刻本　十二冊

110000－0146－0002293　PG/075.7/528
麗瀍薈錄十四卷爽鳩要錄二卷　(清)蔣超伯撰　清同治五年(1866)刻本　六冊

110000－0146－0002294　SG/089.7/290
[安溪李文貞公著書五種]　(清)李光地撰　清雍正李清植刻本　八冊

110000－0146－0002295　PG/071.7/966
日知錄集釋三十二卷刊誤二卷續刊誤二卷　(清)顧炎武撰　(清)黃汝成集釋　清同治八年(1869)刻本　十六冊　缺一卷(續刊誤上)

110000－0146－0002296　PG/071.7/504
吹網錄六卷鷗陂漁話六卷　(清)葉廷琯撰　清同治八年(1869)謝文翰齋刻本　四冊

110000－0146－0002297　PG/071.7/120
讀書雜誌八十二卷餘編二卷　(清)王念孫撰　清同治九年(1870)金陵書局刻本　二十四冊

110000－0146－0002298　PG/071.7/122
讀書雜誌八十二卷餘編二卷　(清)王念孫撰　清刻本　二十四冊

110000－0146－0002299　PG/071.7/121
讀書雜誌八十二卷餘編二卷　(清)王念孫撰　清同治九年(1870)金陵書局刻本　二十四冊

110000－0146－0002300　PG/071.7/526
南漘楛語八卷　(清)蔣超伯輯　清同治十年(1871)兩廬山房刻本　二冊

110000－0146－0002301　PG/072.7/698
巾經纂二十卷　(清)宋宗元撰　清同治十年(1871)陸川李廷樟刻本　五冊

110000－0146－0002302　PG/075.7/626
蕉軒隨錄十二卷　(清)方濬師撰　清同治十一年(1872)退一步齋刻本　十二冊

110000－0146－0002303　PG/072.7/217
繹志十九卷　(清)胡承諾撰　清同治十一年(1872)浙江書局刻本　八冊

110000－0146－0002304　PG/071.7/113
讀書記疑十六卷　（清）王懋竑撰　清同治十一年(1872)福建撫署刻本　八冊

110000－0146－0002305　PG/072.7/809
蘼蕪亭札記八卷　（清）喬松年纂　清同治十二年(1873)刻本　四冊

110000－0146－0002306　PG/071.7/968
日知錄集釋三十二卷刊誤二卷續刊誤二卷（清）顧炎武撰　（清）黄汝成集釋　清光緒元年(1875)湖北崇文書局刻本　十六冊

110000－0146－0002307　PG/071.7/903
一鐙精舍甲部稿五卷　（清）何秋濤撰　清光緒刻本　二冊

110000－0146－0002308　PG/072.52/721
容齋隨筆十六卷首一卷續筆十六卷三筆十六卷四筆十六卷五筆十卷　（宋）洪邁撰　清同治十一年至光緒元年(1872－1875)新豐洪氏十三公祠刻本　十四冊

110000－0146－0002309　PG/071.5/171
東觀餘論二卷附錄一卷　（宋）黄伯思撰　清光緒邵武徐氏刻本　二冊

110000－0146－0002310　PG/072.6/952
玉芝堂談薈三十六卷首一卷　（明）徐應秋輯　明崇禎刻清乾隆遞修光緒元年(1875)補刻本　三十二冊

110000－0146－0002311　PG/072.6/951
玉芝堂談薈三十六卷首一卷　（明）徐應秋輯　明崇禎刻清乾隆遞修光緒元年(1875)補刻本　三十六冊

110000－0146－0002312　PG/075.7/916
記聞類編十四卷　蔡爾康輯　清光緒三年(1877)上海印書局鉛印本　六冊

110000－0146－0002313　PG/071.7/969
日知錄集釋三十二卷刊誤二卷續刊誤二卷（清）顧炎武撰　（清）黄汝成集釋　清光緒三年(1877)善成堂刻本　二十冊

110000－0146－0002314　PG/071.7/832
群書札記十六卷　（清）朱亦棟撰　清光緒四年(1878)武林竹簡齋刻本　六冊

110000－0146－0002315　PG/075.6/287
錢神志七卷　（明）李世熊撰　清光緒六年(1880)楚北劉國光刻本　七冊

110000－0146－0002316　PG/072.7/314
澄懷園語四卷　（清）張廷玉撰　清光緒六年(1880)麗山刻本　一冊

110000－0146－0002317　PG/072.7/382
燕下鄉脞錄十六卷　（清）陳康祺撰　清光緒七年(1881)暨陽刻本　四冊

110000－0146－0002318　PG/072.57/925
六藝綱目二卷　（元）舒天民撰　（元）舒恭注　清光緒七年(1881)籀書誃汪氏刻本　二冊

110000－0146－0002319　PG/071.7/256
札樸十卷　（清）桂馥撰　清光緒九年(1883)長洲蔣氏心鉅齋刻本　六冊

110000－0146－0002320　PG/075.52/504
習學記言五十卷　（宋）葉適撰　清光緒九年(1883)江陰刻本　十冊

110000－0146－0002321　PG/857.17/382
郎潛紀聞十四卷二筆十六卷　（清）陳康祺撰　清光緒十年至十一年(1884－1885)校經山房刻本　八冊

110000－0146－0002322　PG/072.7/165
儆居集二十二卷　（清）黄式三撰　清光緒十四年(1888)刻儆居遺書本　八冊

110000－0146－0002323　PG/857.17/379
庸閒齋筆記十二卷首一卷自敘一卷　（清）陳其元撰　清光緒十五年(1889)上海檢古齋石印本　五冊

110000－0146－0002324　PG/072.7/390
冷廬雜識八卷　（清）陸以湉撰　清光緒十九年(1893)烏程龐氏刻本　八冊

110000－0146－0002325　PG/075.7/437
經策通纂　（清）吳穎炎等輯　清光緒二十年(1894)上海點石齋石印本　八十冊

110000－0146－0002326　PG/071.7/364
札迻十二卷　(清)孫詒讓撰　清光緒二十年(1894)刻二十一年(1895)重修本　六冊

110000－0146－0002327　PG/071.7/363
札迻十二卷　(清)孫詒讓撰　清光緒二十年(1894)刻二十一年(1895)重修本　四冊

110000－0146－0002328　PG/075.8/714
讀讀書錄二卷　(清)汪紱撰　清光緒二十一年(1895)刻本　四冊

110000－0146－0002329　PG/071.7/827
無邪堂答問五卷　(清)朱一新撰　清光緒二十一年(1895)廣雅書局刻本　五冊

110000－0146－0002330　PG/072.6/221
少室山房筆叢四十八卷附詩藪十八卷　(明)胡應麟撰　清光緒二十二年(1896)廣雅書局刻本　十二冊

110000－0146－0002331　PG/075.7/119
格致古微五卷表一卷　(清)王仁俊撰　清光緒二十二年(1896)吳縣王氏籀鄦誃刻本　四冊

110000－0146－0002332　PG/075.7/439
養吉齋叢錄二十六卷餘錄十卷　(清)吳振棫撰　清光緒二十二年(1896)刻本　四冊

110000－0146－0002333　PG/075.7/438
養吉齋叢錄二十六卷餘錄十卷　(清)吳振棫撰　清光緒二十二年(1896)刻本　四冊

110000－0146－0002334　PG/071.7/720
聖門名字纂詁二卷補遺一卷　(清)洪恩波撰　清光緒二十三年(1897)金陵官書局刻二十五年(1899)補刻本　二冊

110000－0146－0002335　PG/072.7/391
嗇庵隨筆六卷末一卷　(清)陸文衡撰　清光緒二十三年(1897)陸同壽刻本　二冊

110000－0146－0002336　PG/072.7/392
嗇庵隨筆六卷末一卷　(清)陸文衡撰　清光緒二十三年(1897)陸同壽刻本　二冊

110000－0146－0002337　PG/071.7/383
東塾讀書記二十五卷　(清)陳澧撰　清光緒二十四年(1898)紉蘭書館刻本　四冊　缺四卷(二十二至二十五)

110000－0146－0002338　PG/573.07/975
盛世危言六卷二編四卷三編六卷　(清)鄭觀應撰　清光緒二十四年(1898)圖書集成局鉛印本　六冊

110000－0146－0002339　PG/072.7/626
漢學商兌四卷　(清)方東樹撰　清光緒二十六年(1900)浙江書局刻本　四冊

110000－0146－0002340　PG/075.7/669
經濟學溉彙編四十卷　慶安瀾主人編輯　清光緒二十八年(1902)石印本　二十四冊

110000－0146－0002341　PG/071.7/102
原始一卷　(清)秦粵生輯　清光緒三十一年(1905)刻本　一冊

110000－0146－0002342　PG/071.7/382
東塾讀書記二十五卷　(清)陳澧撰　清光緒三十四年(1908)山西師範學堂鉛印本　五冊

110000－0146－0002343　PG/071.7/378
黄學盧雜述三卷　(清)陳士芑撰　清宣統元年(1909)鉛印本　一冊

110000－0146－0002344　PG/072.6/607
棗林雜俎六卷附一卷　(明)談遷撰　清宣統三年(1911)國學扶輪社鉛印張氏適園叢書本　六冊

110000－0146－0002345　PG/072.6/606
棗林雜俎六卷附一卷　(明)談遷撰　清宣統三年(1911)國學扶輪社鉛印張氏適園叢書本　六冊

110000－0146－0002346　PG/782.2/762
逆臣傳四卷　(清)國史館編　清半松居士刻本　二冊

110000－0146－0002347　PG/782.21/722
滿洲名臣傳四十八卷漢名臣傳三十二卷　(清)國史館編　清刻本　七十九冊　缺一卷(漢名臣傳九)

110000－0146－0002348　PG/782.2/763
貳臣傳十二卷逆臣傳四卷　(清)國史館編　清刻本　八冊

110000－0146－0002349　PG/782.1/670
尚友錄二十二卷補遺一卷　(明)廖用賢編　(明)張伯琮輯　清乾隆至清末刻本　二十二冊

110000－0146－0002350　PG/782.21/553
元朝名臣事略十五卷　(元)蘇天爵撰　清乾隆至清末刻本　四冊

110000－0146－0002351　PG/782.17/301
道光六年進士登科錄不分卷　(清)托津等編　清道光刻本　一冊

110000－0146－0002352　PG/782.17/818
咸豐十年恩科會試同年齒錄不分卷　(清)周祖培輯　清咸豐刻本　一冊

110000－0146－0002353　PG/621.77/577
國語二十一卷　(三國吳)韋昭解　(宋)宋庠補音　清乾隆二十七年(1762)刻本　四冊

110000－0146－0002354　PG/782.21/829
歷代名臣傳三十五卷首一卷續編五卷　(清)朱軾　(清)蔡世遠輯　清雍正刻本　二十二冊

110000－0146－0002355　PG/782.1/311
歷代循吏傳八卷　(清)朱軾　(清)蔡世遠輯　(清)張福昶纂　清雍正七年(1729)刻本　五冊

110000－0146－0002356　SG/782.24/278
詞科掌錄十七卷　(清)杭世駿輯　清乾隆刻本　十冊

110000－0146－0002357　PG/782.623/116
金華徵獻略二十卷　(清)王崇炳撰　清雍正東湖金律刻本　八冊

110000－0146－0002358　PG/782.23/856
學統五十三卷　(清)熊賜履撰　清乾隆至清末刻本　十二冊

110000－0146－0002359　PG/782.17/748
國朝歷科館選錄不分卷　(清)沈廷芳輯　(清)陸費墀　(清)沈世煒重訂　清乾隆十一年至光緒十五年(1746－1889)遞刻本　二冊

110000－0146－0002360　PG/782.17/749
國朝歷科館選錄不分卷　(清)沈廷芳輯　(清)陸費墀　(清)沈世煒重訂　清乾隆十一年至光緒三十年(1746－1904)遞刻本　二冊

110000－0146－0002361　PG/782.17/747
國朝歷科館選錄不分卷　(清)沈廷芳輯　(清)陸費墀　(清)沈世煒重訂　清乾隆十一年至光緒九年(1746－1883)遞刻本　二冊

110000－0146－0002362　PG/782.81/370
闕里文獻考一百卷首一卷末一卷　(清)孔繼汾撰　清乾隆二十七年(1762)刻本　八冊

110000－0146－0002363　PG/782.623/934
[咸豐]壬癸志稿二十八卷　(清)錢寶琛輯　清光緒六年(1880)刻本　四冊

110000－0146－0002364　SG/684.69/950
篁墩程朱闕里祠志八卷　(清)徐光文輯　清乾隆三十六年(1771)愛餘書屋刻本　六冊

110000－0146－0002365　PG/782.104/514
歷代名賢列女氏姓譜一百五十七卷　(清)蕭智漢輯　清嘉慶二十年(1815)刻本　六冊
存十四卷(一至十四)

110000－0146－0002366　PG/782.24/438
國朝翰詹源流編年二卷館選爵里謚法考二卷國朝館職補選爵里謚法考一卷　(清)吳鼎雯撰　清乾隆、嘉慶刻本　四冊

110000－0146－0002367　SG/782.104/468
歷代名賢齒譜九卷歷代名媛齒譜三卷　(清)易宗涒輯　清雍正三年(1725)湘鄉易氏賜書堂刻乾隆六十年(1795)補刻本　二十冊

110000－0146－0002368　PG/782.24/293
鶴徵錄八卷首一卷　(清)李集輯　(清)李富孫　(清)李遇孫續輯　**鶴徵後錄十二卷首一卷**　(清)李富孫輯　清嘉慶十六年(1811)刻本　六冊

110000－0146－0002369　PG/782.25/306
全史吏鑑十卷　(清)張祥雲輯　清嘉慶八年(1803)刻本　四册

110000－0146－0002370　PG/782.16/113
嘉靖以來內閣首輔傳八卷　(明)王世貞撰　清嘉慶十三年(1808)昭文張海鵬刻本　三册

110000－0146－0002371　PG/782.104/513
歷代名賢列女氏姓譜一百五十七卷　(清)蕭智漢輯　清嘉慶二十年(1815)刻本　一百二十册

110000－0146－0002372　PG/782.82/543
純德彙編七卷首一卷續刻一卷　(清)董華鈞輯　(清)董景沛增訂　清嘉慶二十三年(1818)刻本　四册

110000－0146－0002373　PG/782.7/978
誦芬録四卷　(清)鄭佶撰　清嘉慶二十四年(1819)歸安鄭氏刻本　二册

110000－0146－0002374　PG/782.7/708
汪氏學行記六卷　(清)汪嘉孫編　清道光刻本　一册　存三卷(一至三)

110000－0146－0002375　PG/730.6/311
東西洋考十二卷　(明)張燮撰　清道光李錫齡惜陰軒刻惜陰軒叢書本　四册

110000－0146－0002376　PG/782.23/667
文廟通録八卷　(清)唐學全輯　清道光二年(1822)刻本　四册

110000－0146－0002377　PG/782.621/965
吴郡名賢圖傳贊二十卷　(清)顧沅輯　(清)孔繼堯繪圖　清道光九年(1829)長洲顧氏刻本　八册

110000－0146－0002378　PG/782.626/814
楚寶四十卷外篇五卷　(明)周聖楷纂　清道光九年(1829)刻本　二十册

110000－0146－0002379　PG/782.87/404
蜀輶日記皇華草合編四卷　(清)陶澍撰　(清)趙紹祖輯　清道光十三年(1833)刻本　二册

110000－0146－0002380　PG/782.623/627
武林人物新志六卷　(清)施朝幹輯　清道光十五年(1835)刻本　二册

110000－0146－0002381　PG/782.27/754
熙朝宰輔録不分卷　(清)潘世恩撰　清道光二十八年(1848)刻本　二册

110000－0146－0002382　PG/782.24/313
國朝詩人徵略六十卷二編六十四卷　(清)張維屏輯　清道光十年至二十二年(1830－1842)刻本　十六册

110000－0146－0002383　PG/782.24/314
國朝詩人徵略六十卷二編六十四卷　(清)張維屏輯　清道光十年至二十二年(1830－1842)刻本　十六册

110000－0146－0002384　PG/782.613/362
中州人物考八卷　(清)孫奇逢輯　清道光二十四年(1844)刻本　八册

110000－0146－0002385　PG/690/532
驂鸞録一卷　(宋)范成大撰　**續驂鸞録一卷**　(清)張祥河撰　清道光二十五年(1845)華亭張祥河刻本　一册

110000－0146－0002386　PG/716/953
瀛環志略十卷　(清)徐繼畬撰　清道光二十八年至二十九年(1848－1849)福建刻本　六册

110000－0146－0002387　PG/711.02/261
四裔編年表四卷　(美國)林樂知　(清)嚴良勳譯　(清)李鳳苞編　清末刻本　四册

110000－0146－0002388　PG/782.87/375
雷塘庵主弟子記八卷　(清)張鑑撰　(清)阮常生等續編　清刻本　四册

110000－0146－0002389　PG/782.21/526
碧血録五卷　(清)莊仲方撰　(清)夏鸞翔繪圖　清光緒八年(1882)上海同文書局石印本　十册

110000－0146－0002390　SG/782.17/425
國朝儒林傳八卷國朝循吏傳三卷國朝文苑傳

八卷　（清）□□撰　清抄本　二十册

110000－0146－0002391　PG/716/805
海國圖志一百卷　（清）魏源撰　清咸豐二年(1852)古微堂刻本　二十四册

110000－0146－0002392　PG/716/806
海國圖志一百卷　（清）魏源撰　清同治七年(1868)陈善圻刻本　四十册

110000－0146－0002393　PG/782.21/440
讀史筆記十二卷　（清）吳烜撰　清咸豐六年(1856)刻本　四册

110000－0146－0002394　PG/782.17/115
文獻徵存錄十卷　（清）錢林輯　（清）王藻編　清咸豐八年(1858)刻本　十册

110000－0146－0002395　PG/782.87/166
特詔嘉奬循良錄不分卷　（清）黄彭年輯　清同治刻本　一册

110000－0146－0002396　PG/744.14/903
北徼彙編六卷　（清）何秋濤輯　清同治四年(1865)京都龍威閣刻本　六册

110000－0146－0002397　PG/782.104/455
異號類編二十卷　（清）史夢蘭撰　清同治四年(1865)刻本　四册

110000－0146－0002398　PG/782.82/972
鄭學錄四卷　（清）鄭珍撰　清同治四年(1865)刻本　一册　存一卷(一)

110000－0146－0002399　PG/782.21/831
歷代名臣言行錄二十四卷　（清）朱桓輯　清同治四年(1865)刻本　三十四册

110000－0146－0002400　PG/782.2/286
國朝先正事略六十卷　（清）李元度纂　清同治五年(1866)循陔草堂刻本　二十四册

110000－0146－0002401　PG/782.2/287
國朝先正事略六十卷　（清）李元度纂　清同治五年(1866)循陔草堂刻本　二十四册

110000－0146－0002402　PG/782.23/313
道統錄二卷附錄一卷　（清）張伯行撰　清同治五年(1866)福州正誼書局刻本　二册

110000－0146－0002403　PG/782.21/710
史外八卷　（清）汪有典撰　清同治六年(1867)刻本　八册

110000－0146－0002404　PG/782.81/974
闕里述聞十四卷　（清）鄭曉如撰　清同治七年(1868)廣州華文堂刻本　八册

110000－0146－0002405　PG/782.21/828
宋名臣言行錄前集十卷後集十四卷續集八卷別集二十六卷外集十七卷　（宋）朱熹纂　（宋）李幼武續纂　清同治七年(1868)臨川桂氏刻本　十二册

110000－0146－0002406　PG/782.21/832
宋名臣言行錄前集十卷後集十四卷續集八卷別集二十六卷外集十七卷　（宋）朱熹纂　（宋）李幼武續纂　清同治七年(1868)臨川桂氏刻本　十二册

110000－0146－0002407　PG/782.21/827
宋名臣言行錄前集十卷後集十四卷續集八卷別集二十六卷外集十七卷　（宋）朱熹纂　（宋）李幼武續纂　清同治七年(1868)臨川桂氏刻本　十二册

110000－0146－0002408　PG/782.611/363
畿輔人物考八卷　（清）孫奇逢輯　清同治八年(1869)刻本　八册

110000－0146－0002409　PG/782.611/362
畿輔人物考八卷　（清）孫奇逢輯　清同治八年(1869)刻本　八册

110000－0146－0002410　PG/782.82/720
洪廬江祀典徵實二卷　（清）章世溶等纂　清同治八年(1869)涇縣鄉賢祠刻本　一册

110000－0146－0002411　PG/782.23/974
皇朝聖師考七卷首一卷　（清）鄭曉如撰　清同治八年(1869)廣州華文堂刻本　四册

110000－0146－0002412　PG/782.87/388
三魚堂日記十卷(清康熙五年至三十一年)附讀禮志疑一卷　（清）陸隴其撰　清同治九年

(1870)浙江書局刻三魚堂全集本　六冊

110000－0146－0002413　PG/782.104/711
史姓韻編六十四卷　(清)汪輝祖編　清同治九年(1870)金陵書局木活字印本　二十四冊

110000－0146－0002414　PG/782.21/709
史外八卷　(清)汪有典撰　清同治九年(1870)陝甘公所刻本　八冊

110000－0146－0002415　PG/533.24/825
文廟通考六卷首一卷　(清)牛樹梅撰　清同治十一年(1872)浙江書局刻本　二冊

110000－0146－0002416　PG/782.87/165
[黄輔辰]崇祀鄉賢錄不分卷　(清)黎培敬等撰　清光緒刻本　一冊

110000－0146－0002417　PG/782.107/793
人壽金鑑二十二卷　(清)程得齡輯　清光緒元年(1875)崇文書局刻本　六冊

110000－0146－0002418　PG/782.16/626
明史分稿殘編二卷　(清)方象瑛撰　清光緒二十年(1894)泉唐汪氏刻振綺堂叢書本　二冊

110000－0146－0002419　PG/720/987
海道圖說十五卷附長江圖說一卷　(英國)金約翰輯　(英國)傅蘭雅口譯　(清)德均筆述　清光緒江南製造總局刻本　十冊

110000－0146－0002420　PG/782.21/914
崇禎五十宰相傳一卷　(清)曹溶撰　清光緒順德龍氏刻知服齋叢書本　一冊

110000－0146－0002421　PG/738.81/330
檳榔嶼志略十卷　力鈞撰　清光緒雙鏡廬木活字印本　二冊

110000－0146－0002422　PG/782.87/916
入都日記一卷(清光緒十三年至十五年)　(清)李圭撰　清光緒刻本　一冊

110000－0146－0002423　PG/740.9/935
歐遊隨筆二卷　(清)錢德培撰　清光緒木活字印本　二冊

110000－0146－0002424　PG/689.23/365
甌海軼聞五十八卷　(清)孫衣言輯　清光緒刻本　二十冊

110000－0146－0002425　PG/782.87/517
[英果敏公五種]　(清)英翰等撰　清光緒刻本　五冊

110000－0146－0002426　PG/782.87/296
合肥相國[李鴻章]七十賜壽圖不分卷附壽言　(清)羅豐祿等輯　清光緒十八年(1892)海軍石印書局石印本　四冊

110000－0146－0002427　PG/782.87/918
李鴻章(中國四十年來大事記)　梁啟超撰　清光緒二十七年(1901)石印本　一冊

110000－0146－0002428　PG/782.24/736
明狀元圖考二卷　(明)顧鼎臣編　(明)吴承恩校　(明)黄應澄繪　清光緒二年(1876)雙峰書屋刻本　二冊

110000－0146－0002429　PG/782.87/978
曾文正公大事記四卷　(清)王定安撰　清光緒二年(1876)傳忠書局刻本　二冊

110000－0146－0002430　PG/782.1/659
國朝春曹題名不分卷　(清)齡椿　(清)汪本銓編　(清)劉毓枏續編　(清)延茂等再續編　清光緒三年(1877)刻本　二冊

110000－0146－0002431　PG/782.7/763
世篤忠貞錄不分卷　(清)榮祿輯　清光緒三年(1877)刻本　二冊

110000－0146－0002432　PG/782.21/711
史外八卷　(清)汪有典撰　清光緒三年(1877)刻本　八冊

110000－0146－0002433　PG/782.621/785
練川名人畫像四卷附二卷續編三卷　(清)程祖慶繪　(清)陳凰翔纂　清光緒四年(1878)刻本　二冊

110000－0146－0002434　PG/719/287
環遊地球新錄四卷　(清)李圭撰　清光緒刻本　四冊

110000－0146－0002435　PG/782.623/933
［咸豐］壬癸志稿二十八卷　（清）錢寶琛輯　清光緒六年（1880）刻本　四冊

110000－0146－0002436　PG/782.23/365
理學宗傳二十六卷　（清）孫奇逢輯　（清）魏一鼇編　清光緒六年（1880）浙江書局刻本　十二冊

110000－0146－0002437　PG/731.9/117
談瀛錄三卷　（清）王之春撰　清光緒六年（1880）上海文藝齋刻本　二冊

110000－0146－0002438　PG/716/807
海國圖志一百卷　（清）魏源撰　清光緒六年（1880）邵陽急當務齋刻本　二十四冊

110000－0146－0002439　PG/740.9/678
乘查筆記（乘槎筆記）一卷天外歸帆草一卷海國勝遊草一卷　（清）斌椿撰　清光緒八年（1882）刻本　三冊

110000－0146－0002440　PG/782.21/525
碧血錄五卷　（清）莊仲方撰　（清）夏鸞翔繪圖　清光緒八年（1882）上海同文書局石印本　五冊

110000－0146－0002441　PG/782.86/221
忠敬堂彙錄八卷新編一卷　（明）胡煜編　（清）胡嗣運重訂　清光緒十三年（1887）績溪胡渭仁刻本　二冊

110000－0146－0002442　PG/782.23/717
國朝漢學師承記八卷國朝經師經義目錄一卷國朝宋學淵源記二卷附記一卷　（清）江藩撰　清光緒九年（1883）山西書局刻本　四冊

110000－0146－0002443　PG/782.7/441
［山東海豐］吳氏世德錄四卷　（清）吳重憙輯　清光緒九年（1883）陳州刻本　四冊

110000－0146－0002444　PG/782.85/884
鄂國金佗稡編二十八卷續編三十卷　（宋）岳珂輯　清光緒九年（1883）浙江書局刻本　十二冊

110000－0146－0002445　PG/782.18/916
［國史四傳］七卷　（清）國史館編　清光緒十三年（1887）刻本　四冊

110000－0146－0002446　PG/782.22/889
廣列女傳二十卷附錄一卷　（清）劉開輯　清光緒十年（1884）皖城刻本　六冊

110000－0146－0002447　PG/731.6/170
日本國志四十卷首一卷　（清）黃遵憲撰　清光緒十六年至二十年（1890－1894）羊城富文齋刻本　十冊

110000－0146－0002448　PG/782.81/981
宗聖志二十卷　（清）曾國荃修　（清）王定安輯　清光緒十六年（1890）金陵刻本　六冊

110000－0146－0002449　PG/782.2/288
國朝耆獻類徵初編七百二十卷首二百四卷目錄二十卷通檢十卷國朝賢媛類徵初編十二卷　（清）李桓輯　清光緒十年至十六年（1884－1890）湘陰李氏刻十七年（1891）增刻本　三百冊

110000－0146－0002450　PG/782.87/566
出使英法義比四國日記六卷　（清）薛福成撰　清光緒十八年（1892）石印本　三冊

110000－0146－0002451　PG/782.2/557
重刻朱文端公三傳五十六卷　（清）朱軾　（清）蔡世遠輯　清光緒十八年（1892）刻本　二十四冊

110000－0146－0002452　PG/782.17/933
碑傳集一百六十卷首二卷末二卷　（清）錢儀吉撰　清光緒十九年（1893）江蘇書局刻本　六十冊

110000－0146－0002453　PG/782.87/667
請纓日記十卷（清光緒八年至十二年）　（清）唐景崧撰　清光緒十九年（1893）臺灣布政使署刻本　四冊

110000－0146－0002454　PG/782.87/567
出使英法義比四國日記六卷（清光緒十六年正月十一日至十七年二月三十日）　（清）薛福成撰　清光緒二十年（1894）孫谿校經堂刻

本　六册

110000－0146－0002455　PG/782.2/828
高安三傳合編五十七卷　（清）朱軾　（清）蔡世遠輯　清光緒二十一年（1895）江蘇書局刻本　二十四册

110000－0146－0002456　PG/782.23/718
國朝漢學師承記八卷國朝經師經義目録一卷國朝宋學淵源記二卷附記一卷　（清）江藩撰　清光緒二十二年（1896）周大文堂刻本　四册

110000－0146－0002457　PG/711.02/262
四裔編年表四卷　（美國）林樂知　（清）嚴良勳譯　（清）李鳳苞編　清光緒二十三年（1897）石印本　四册

110000－0146－0002458　PG/782.17/829
中興將帥别傳三十卷　朱孔彰撰　清光緒二十三年（1897）江寧刻本　十册

110000－0146－0002459　PG/740.8/747
西事類編十六卷　（清）沈純輯　清光緒二十五年（1899）成都刻本　四册

110000－0146－0002460　PG/782.17/383
江表忠略二十卷　（清）陳澹然撰　清光緒二十八年（1902）長沙刻本　四册

110000－0146－0002461　PG/782.87/158
宜堂類編二十五卷　（清）丁立中編　清光緒二十六年（1900）錢塘丁氏嘉惠堂刻本　八册

110000－0146－0002462　PG/731.1/549
中等教育日本歷史五卷附録一卷　（日本）荻野由之撰　（清）劉大猷譯　清光緒二十七年（1901）教育世界社石印本　五册

110000－0146－0002463　PG/716/307
地球韻言四卷　（清）張士瀛撰　清光緒二十七年（1901）南京李光明莊刻本　二册

110000－0146－0002464　PG/782.21/826
中興名臣事略八卷　朱孔彰撰　清光緒二十七年（1901）上海書局石印本　四册

110000－0146－0002465　PG/782.626/245
巴陵人物志十五卷　（清）杜貴墀撰　清光緒二十八年（1902）長沙刻本　二册

110000－0146－0002466　PG/782.1/674
增廣尚友録統編二十二卷　（清）應祖錫輯　清光緒二十八年（1902）上海鴻寶齋石印本　十二册

110000－0146－0002467　PG/741.89/212
英軺日記十二卷（清光緒二十八年三月初四日至八月二十四日）　（清）載振撰　清光緒瀘州開智書局鉛印本　四册

110000－0146－0002468　PG/731.2/180
日本維新三十年史十二編附録一卷　（日本）博文館輯　（清）廣智書局譯　清光緒二十九年（1903）上海廣智書局鉛印本　六册

110000－0146－0002469　PG/731.2/181
日本維新三十年史十二編附録一卷　（日本）博文館輯　（清）廣智書局譯　清光緒二十九年（1903）上海廣智書局鉛印本　六册

110000－0146－0002470　PG/782.21/540
國朝名臣言行録三十卷首一卷　（清）董壽輯　清光緒二十九年（1903）上海順成書局石印本　八册

110000－0146－0002471　PG/713/640
世界文明史三編　（日本）高山林次郎撰　商務印書館譯　清光緒二十九年（1903）上海商務印書館鉛印本　一册

110000－0146－0002472　PG/711/719
萬國歷史彙編一百卷　（清）江子雲等編　清光緒二十九年（1903）上海官書局石印本　十六册

110000－0146－0002473　PG/738.31/315
安南史四卷　（日本）引田利章撰　（清）毛乃庸譯　清光緒二十九年（1903）教育世界社石印本　一册

110000－0146－0002474　PG/782.621/384
金陵通傳四十五卷補遺四卷續一卷補一卷　（清）陳作霖纂　清光緒三十年（1904）瑞華館

刻本　十二册

110000－0146－0002475　PG/716/244

瀛寰譯音異名記十二卷　（清）杜宗預編　清光緒三十年（1904）鄂城刻本　六册

110000－0146－0002476　PG/781/287

歐洲八大帝王傳不分卷　（英國）李提摩太撰　清光緒三十年（1904）成都廣學會鉛印本　一册

110000－0146－0002477　PG/782.621/387

國朝蘇州府長元吳三邑科第譜四卷（清順治三年至光緒三十二年）　（清）陸懋修輯　陸潤庠補編　清光緒三十二年（1906）刻本　二册

110000－0146－0002478　PG/782.87/309

三洲日記八卷（清光緒十二年至十五年）　（清）張蔭桓撰　清光緒三十二年（1906）上海石印本　八册

110000－0146－0002479　PG/782.23/482

船山師友記十七卷首一卷　（清）羅正鈞纂　清光緒三十三年（1907）刻本　四册

110000－0146－0002480　PG/782.24/925

乾嘉詩壇點將録不分卷附東林點將録一卷秦雲擷英小譜一卷　（清）舒位撰　清宣統三年（1911）長沙葉氏郎園刻本　一册

110000－0146－0002481　PG/736.1/880

波斯志一卷　（清）學部編譯圖書局編　清光緒三十三年（1907）學部編譯圖書局鉛印本　一册

110000－0146－0002482　PG/782.87/202

追贈朝議大夫誥封光禄大夫建威將軍文公魯齋陽穀殉難事實不分卷　（清）趙文龍輯　清光緒三十三年（1907）石印本　一册

110000－0146－0002483　PG/782.22/893

列女傳集注八卷補遺一卷補注一卷　（漢）劉向撰　（清）蕭道管注　（清）陳衍補注　清光緒三十四年（1908）刻本　五册

110000－0146－0002484　PG/782.21/504

宋忠定趙周王别録八卷附刻一卷　葉德輝輯　清光緒三十四年（1908）長沙葉氏刻本　四册

110000－0146－0002485　PG/740.9/307

八述奇二十卷　（清）張德彝撰　清宣統元年（1909）石印本　二十册

110000－0146－0002486　PG/782.87/976

曾文正公手書日記不分卷（清道光二十一年至同治十一年）　（清）曾國藩撰　清宣統元年（1909）上海中國圖書公司石印本　四十册

110000－0146－0002487　PG/782.87/977

曾文正公手書日記不分卷（清道光二十一年至同治十一年）　（清）曾國藩撰　清宣統元年（1909）上海中國圖書公司石印本　四十册

110000－0146－0002488　PG/782.87/314

張公襄理軍務紀略六卷　（清）丁運樞等編　清宣統二年（1910）石印本　六册

110000－0146－0002489　PG/782.17/859

續碑傳集八十六卷首二卷　繆荃孫纂　清宣統二年（1910）江楚編譯書局刻本　二十四册

110000－0146－0002490　PG/782.623/834

海寧采芹録二卷　朱逢辰輯　清宣統三年（1911）鉛印本　二册

110000－0146－0002491　PG/782.97/362

徵君孫先生［奇逢］年譜二卷　（清）湯斌等編　（清）方苞訂正　**游譜一卷答問一卷孝友堂家規一卷**　（清）孫奇逢撰　清乾隆元年（1736）吳維垣刻本　五册

110000－0146－0002492　PG/683.25/113

大嶽太和山紀畧八卷　（清）王槩修　（清）姚世倌纂　清乾隆九年（1744）刻本　四册

110000－0146－0002493　PG/788.9/759

無聲詩史七卷　（明）姜紹書輯　清康熙五十九年（1720）嘉興李光暎刻本　六册

110000－0146－0002494　PG/791.7/290

觀妙齋藏金石文考略十六卷　（清）李光暎纂　清雍正七年（1729）嘉興李光暎刻本　四册

110000－0146－0002495　PG/791.7/289
觀妙齋藏金石文考略十六卷　(清)李光暎纂　清雍正七年(1729)嘉興李光暎刻本　六冊

110000－0146－0002496　PG/652.71/292
李文襄公奏疏十卷首一卷别錄六卷年譜一卷　(清)李之芳撰　(清)李鍾麟編　清康熙刻本　十一冊

110000－0146－0002497　PG/797.13/471
中州金石記五卷　(清)畢沅撰　清乾隆刻本　四冊

110000－0146－0002498　PG/789.2/455
史氏譜錄合編八卷　(清)史在鑛輯　清康熙刻本　二十冊

110000－0146－0002499　PG/782.96/362
高陽太傅孫文正公[承宗]年譜五卷　(明)孫銓撰　(清)孫奇逢訂正　清乾隆至清末刻本　四冊

110000－0146－0002500　PG/793.2/568
歷代鐘鼎彝器款識法帖二十卷　(宋)薛尚功編　清嘉慶二年(1797)阮元小琅環仙館刻本　二冊

110000－0146－0002501　PG/793.67/190
選集漢印分韻二卷續集漢印分韻二卷　(清)袁日省編　(清)謝景卿續編　清嘉慶二年至八年(1797－1803)漱藝堂刻本　十冊

110000－0146－0002502　PG/797.34/624
粵西金石略十五卷　(清)謝啓昆撰　清嘉慶六年(1801)南康謝啟昆銅鼓亭刻本　四冊

110000－0146－0002503　PG/794.2/205
金石文鈔八卷續鈔二卷　(清)趙紹祖輯　清嘉慶七年(1802)刻本　十冊

110000－0146－0002504　PG/794.67/428
唐石經校文十卷　(清)嚴可均纂　清嘉慶九年(1804)刻本　四冊

110000－0146－0002505　PG/791.2/128
金石文字辨異十二卷　(清)邢澍撰　清嘉慶十五年(1810)刻本　四冊

110000－0146－0002506　PG/791.2/129
金石文字辨異十二卷　(清)邢澍撰　清嘉慶十五年(1810)刻本　六冊

110000－0146－0002507　PG/791.3/384
求古精舍金石圖初集四卷　(清)陳經編　清嘉慶二十三年(1818)烏程陳經說劍樓刻本　六冊

110000－0146－0002508　PG/782.91/222
孔子編年五卷　(宋)胡仔撰　清嘉慶二十三年(1818)績溪胡氏家祠刻本　一冊

110000－0146－0002509　PG/794.5/261
唐昭陵石跡考略五卷　(清)林侗撰　**唐昭陵陪葬名氏考一卷**　(清)馮縉撰　清嘉慶二十一年至二十四年(1816－1819)馮縉陶舫刻本　一冊

110000－0146－0002510　PG/791.7/434
金石存十五卷　(清)吳玉搢纂　清嘉慶二十四年(1819)山陽李氏聞妙香室刻本　四冊

110000－0146－0002511　PG/797.13/103
安陽縣金石錄十二卷　(清)武億撰　清嘉慶二十四年(1819)鐵嶺貴泰刻本　四冊

110000－0146－0002512　PG/797.13/104
安陽縣金石錄十二卷　(清)武億撰　清嘉慶二十四年(1819)鐵嶺貴泰刻本　四冊

110000－0146－0002513　PG/782.97/467
昇勤直公[寅]年譜二卷　(清)寶琳　(清)寶珣編　清道光十六年(1836)刻本　二冊

110000－0146－0002514　PG/794.5/380
寶刻叢編二十卷　(宋)陳思撰　清道光、咸豐吳式芬刻本　八冊

110000－0146－0002515　PG/793.67/460
漢銅印原十二卷　(清)闕鴻輯　清道光鈐印本　十二冊

110000－0146－0002516　PG/782.97/526
散樗老人[蔣祥墀]自記年譜一卷　(清)蔣祥墀撰　清道光天門蔣氏刻本　一冊

110000－0146－0002517　PG/782.97/366

文貞公[李光地]年譜二卷　(清)李清植編　清道光安溪李維迪刻本　二册

110000－0146－0002518　PG/788.9/851
宋元以來畫人姓氏錄三十六卷首一卷　(清)魯駿輯　清道光刻本　二十册

110000－0146－0002519　PG/789/856
新纂氏族箋釋八卷　(清)熊峻運撰　(清)楊煌義編　清刻本　六册

110000－0146－0002520　PG/797.23/375
兩浙金石志十八卷補遺一卷　(清)阮元撰　清道光四年(1824)廣州刻本　十二册

110000－0146－0002521　PG/793.4/681
吉金所見錄十六卷首一卷末一卷　(清)初尚齡撰　清道光七年(1827)古香書舍刻二十一年(1841)補刻本　四册

110000－0146－0002522　PG/791/768
金石綜例四卷　(清)馮登府撰　清道光十一年(1831)廣東試院刻本　二册

110000－0146－0002523　PG/793.4/358
泉布統誌九卷首一卷附一卷　(清)孟麟輯　清道光十三年(1833)會稽孟氏刻本　十六册

110000－0146－0002524　PG/794.2/167
小蓬萊閣金石文字不分卷　(清)黄易撰　清道光十四年(1834)刻本　五册

110000－0146－0002525　PG/782.97/288
李恕谷先生[塨]年譜五卷　(清)馮辰撰　(清)惲鶴生訂　(清)李鍇重訂　清道光十六年(1836)李詰刻本　三册

110000－0146－0002526　PG/782.97/287
李恕谷先生[塨]年譜五卷　(清)馮辰撰　清道光十六年(1836)李詰刻本　四册

110000－0146－0002527　PG/782.97/965
顧亭林先生[炎武]年譜一卷　(清)顧衍生撰　(清)吳映奎輯　(清)車持謙增　清道光十九年(1839)上元車氏刻本　一册

110000－0146－0002528　PG/797.12/120
濟南金石志四卷　(清)馮雲鵷撰　清道光二十年(1840)刻本　四册

110000－0146－0002529　PG/797.11/746
常山貞石志二十四卷　(清)沈濤撰　清道光二十二年(1842)刻本　八册

110000－0146－0002530　PG/793.2/446
筠清館金石文字五卷　(清)吳榮光撰　清道光二十二年(1842)吳氏筠清館刻本　五册

110000－0146－0002531　PG/782.97/964
顧亭林先生[炎武]年譜一卷　(清)張穆編　清道光二十四年(1844)刻本　一册

110000－0146－0002532　PG/791.7/730
退菴金石書畫跋二十卷　(清)梁章鉅撰　清道光二十五年(1845)刻本　十六册

110000－0146－0002533　PG/794.66/165
古誌石華三十卷　(清)黄本驥輯　清道光二十七年(1847)黄本騏三長物齋刻本　八册

110000－0146－0002534　PG/782.97/459
閻潛丘先生[若璩]年譜一卷　(清)張穆編　清道光二十七年(1847)壽陽祁氏刻本　一册

110000－0146－0002535　PG/621.757/591
增訂春秋世族源流圖考六卷　(清)常茂徠撰　清道光三十年(1850)夷門怡古堂刻本　三册

110000－0146－0002536　PG/782.97/743
皇清誥授榮祿大夫工部左侍郎兼署錢法堂事務加一級顯考鼎甫府君[沈維鐈]年譜一卷　(清)沈宗涵　(清)沈宗濟編　清道光三十年(1850)嘉興沈氏刻本　二册

110000－0146－0002537　PG/782.97/756
[小浮山人自訂年譜]一卷　(清)潘曾沂編　(清)潘儀鳳續編　清咸豐潘儀鳳刻本　一册

110000－0146－0002538　PG/793.4/666
泉幣彙考十六卷首一卷　(清)唐與崑撰　清咸豐元年(1851)紅藥山房刻本　六册

110000－0146－0002539　PG/782.99/710
歷代名人年譜十卷附一卷　(清)吳榮光編　清咸豐刻本　十册

110000－0146－0002540　PG/782.97/472

德壯果公[楞泰]年譜三十二卷　(清)花沙納纂　清咸豐七年(1857)刻本　十六册

110000－0146－0002541　PG/793.3/290

吉金志存四卷　(清)李光庭輯　清咸豐九年(1859)刻本　四册

110000－0146－0002542　PG/791.8/850

觀古閣叢刻八種　(清)鮑康輯　清同治、光緒歙縣鮑康觀古閣刻本　八册

110000－0146－0002543　PG/782.97/185

詒穀老人自訂年譜一卷　(清)彭藴章撰　清同治刻本　一册

110000－0146－0002544　PG/782.97/113

王靖毅公[懿德]年譜二卷　(清)王家勤輯　**會試硃卷一卷鄉試硃卷一卷公餘瑣言一卷**　(清)王懿德撰　**王靖毅公列傳一卷**　(清)薛斯來撰　**王靖毅公行述一卷**　(清)王守愚等撰　清同治刻本　五册

110000－0146－0002545　PG/791.7/828

宜祿堂收藏金石記六卷補編一卷　(清)朱士端編　**讀書解義一卷**　(清)朱毓楷撰　清同治二年(1863)刻春雨樓叢書本　二册

110000－0146－0002546　PG/782.97/482

羅忠節公[澤南]年譜二卷　(清)郭嵩燾編　清同治二年(1863)長沙刻本　一册

110000－0146－0002547　PG/782.97/755

先文恭公自訂年譜一卷　(清)潘世恩撰　清同治二年(1863)吴門潘儀鳳刻本　一册

110000－0146－0002548　PG/793.4/293

古泉匯六十四卷　(清)李佐賢編　清同治三年(1864)利津李氏石泉書屋刻本　十五册

110000－0146－0002549　PG/793.4/295

古泉匯六十四卷　(清)李佐賢編　清同治三年(1864)利津李氏石泉書屋刻本　十六册

110000－0146－0002550　PG/782.97/927

皇清敕授修職郎誥封朝議大夫顯考警石府君[錢泰吉]年譜一卷　(清)錢應溥編　清同治三年(1864)刻本　一册

110000－0146－0002551　PG/782.97/170

黄勤敏公[鉞]年譜一卷　(清)黄鉞撰　(清)黄富民續並輯　清同治五年(1866)當塗黄氏刻本　一册

110000－0146－0002552　PG/791.2/952

隨軒金石文字九種　(清)徐渭仁輯　清同治七年(1868)徐允臨刻本　四册

110000－0146－0002553　PG/794.5/892

漢石例六卷　(清)劉寶楠輯　清同治八年(1869)濟南文友堂刻本　六册

110000－0146－0002554　PG/782.97/681

太子太傅先莊毅公東巖府君[裕泰]年譜一卷　(清)長善等編　清同治九年(1870)廣州刻本　二册

110000－0146－0002555　PG/794.5/272

望堂金石初集三十九種　楊守敬輯　清同治九年至宣統元年(1870－1909)宜都楊氏飛青閣刻本　八册

110000－0146－0002556　PG/791/117

金石萃編一百六十卷　(清)王昶撰　清嘉慶十年(1805)青浦王昶經訓堂刻同治十年(1871)補刻本　六十四册

110000－0146－0002557　PG/793.4/212

古泉叢話三卷　(清)戴熙撰　清同治十一年(1872)吴縣潘祖蔭滂喜齋刻本　一册

110000－0146－0002558　PG/794.2/719

隸釋二十七卷隸續二十一卷附汪本隸釋刊誤一卷　(宋)洪适撰　清同治十年至十一年(1871－1872)皖南洪氏晦木齋刻本　八册

110000－0146－0002559　PG/793.5/436

兩罍軒彝器圖釋十二卷　(清)吴雲撰　清同治十一年(1872)刻本　六册

110000－0146－0002560　PG/794.67/185

石經考文提要十三卷　(清)彭元瑞撰　清同治十二年(1873)蔣琦齡刻本　四册

110000－0146－0002561　PG/793.4/294

續泉匯十六卷　(清)鮑康　(清)李佐賢編　清光緒元年(1875)刻本　五冊

110000－0146－0002562　PG/793.4/296
續泉匯十六卷　(清)鮑康　(清)李佐賢編　清光緒元年(1875)刻本　四冊

110000－0146－0002563　PG/782.97/814
周漁潢[起渭]年譜一卷　(清)陳田編　清光緒貴陽陳田聽詩齋刻本　一冊

110000－0146－0002564　PG/793.6/251
繆篆分韻五卷補一卷　(清)桂馥編　清光緒歸安姚覲元刻本　三冊

110000－0146－0002565　PG/793.4/720
泉志十五卷附譜雙五卷　(宋)洪遵撰　清光緒元年(1875)隸釋齋刻本　二冊

110000－0146－0002566　PG/782.97/221
胡小蘧通參自訂年譜一卷　(清)胡家玉撰　清光緒刻本　一冊

110000－0146－0002567　PG/797.23/289
栝蒼金石志十二卷續志四卷　(清)李遇孫輯　(清)鄒柏森增補　清同治十三年(1874)處州府署刻光緒元年(1875)潘紹詒增修本　八冊

110000－0146－0002568　PG/792.3/481
鐵雲藏龜不分卷　(清)劉鶚撰　清光緒抱殘守缺齋石印本　六冊

110000－0146－0002569　PG/797.15/887
長安獲古編二卷補編一卷　(清)劉喜海輯　清光緒東武劉氏刻本　二冊

110000－0146－0002570　PG/793.2/438
攈古錄金文三卷　(清)吳式芬撰　清光緒二十一年(1895)吳重憙刻本　九冊

110000－0146－0002571　PG/793.2/437
攈古錄金文三卷　(清)吳式芬撰　清光緒二十一年(1895)吳重憙刻本　九冊

110000－0146－0002572　PG/782.97/428
桐溪達叟自編年譜一卷　(清)嚴辰撰　清光緒刻本　一冊

110000－0146－0002573　PG/797.21/204
安徽金石略十卷　(清)趙紹祖輯　清光緒貴池劉世珩刻聚學軒叢書本　四冊

110000－0146－0002574　PG/782.97/200
遂翁自訂年譜一卷　(清)趙昀撰　(清)趙繼元等補編　清光緒刻本　一冊

110000－0146－0002575　PG/782.97/981
曾文正公[國藩]年譜十二卷　(清)黎庶昌編　清光緒二年(1876)傳忠書局刻曾文正公全集本　四冊

110000－0146－0002576　PG/797.23/213
東甌金石志十二卷補遺一卷　(清)戴咸弼輯　清光緒三年(1877)溫州郡庠木活字印本　六冊　缺一卷(補遺一卷)

110000－0146－0002577　PG/782.97/445
洪北江先生[亮吉]年譜一卷　(清)呂培編　清光緒三年(1877)授經堂刻本　一冊

110000－0146－0002578　PG/793.4/919
古今錢略三十二卷首一卷末一卷　(清)倪模撰　清光緒五年(1879)望江倪氏兩彊勉齋刻本　十六冊

110000－0146－0002579　PG/791.8/832
行素草堂金石叢書十六種　(清)朱記榮輯　清光緒朱氏槐廬刻本　四十冊

110000－0146－0002580　PG/791.8/833
行素草堂金石叢書十六種　(清)朱記榮輯　清光緒朱氏槐廬刻本　四十冊

110000－0146－0002581　PG/791/493
金石三例三種　(清)盧見曾輯　(清)王芑孫評　清光緒四年(1878)南海馮氏讀有用書齋刻朱墨印本　四冊

110000－0146－0002582　PG/782.99/275
豫章先賢九家年譜九種　(清)楊希閔編　清光緒四年(1878)新城楊氏刻本　十一冊

110000－0146－0002583　PG/782.99/274
四朝先賢六家年譜八卷　(清)楊希閔編　清光緒四年(1878)新城楊氏刻本　七冊

110000－0146－0002584　PG/782.97/313
澄懷主人自訂年譜六卷　(清)張廷玉撰　清光緒六年(1880)張紹文麗山刻本　二册

110000－0146－0002585　PG/796.4/391
千甓亭磚錄六卷　(清)陸心源輯　清光緒七年(1881)吳興陸氏十萬卷樓刻存齋雜纂本　二册

110000－0146－0002586　PG/782.97/389
陸清獻公[隴其]年譜定本二卷　(清)吳光酉輯　清光緒八年(1882)津河廣仁堂刻本　二册

110000－0146－0002587　PG/782.97/388
陸清獻公[隴其]年譜定本二卷附錄一卷　(清)吳光酉輯　清光緒八年(1882)津河廣仁堂刻本　二册

110000－0146－0002588　PG/797.12/879
益都金石記四卷　(清)段松苓撰　清光緒九年(1883)益都丁氏刻本　四册

110000－0146－0002589　PG/794.67/252
歷代石經略二卷　(清)桂馥撰　清光緒九年(1883)陳州郡齋刻本　一册

110000－0146－0002590　PG/794.67/251
歷代石經略二卷　(清)桂馥撰　清光緒九年(1883)陳州郡齋刻本　二册

110000－0146－0002591　PG/794.5/902
思古齋雙鉤漢碑篆額不分卷　(清)何澂輯　清光緒九年(1883)刻本　三册

110000－0146－0002592　PG/782.97/754
潘紱庭先生自訂年譜一卷　(清)潘曾綬編　清光緒九年(1883)刻本　一册

110000－0146－0002593　PG/782.95/113
朱子[熹]年譜四卷考異四卷附錄二卷校勘記三卷　(清)王懋竑編　清光緒九年(1883)武昌書局刻本　四册

110000－0146－0002594　PG/791.7/929
潛研堂金石文跋尾二十卷　(清)錢大昕撰　清光緒十年(1884)長沙龍氏家塾刻本　六册

110000－0146－0002595　PG/794.5/314
墨妙亭碑目考二卷附考一卷　(清)張鑑撰　清光緒十年(1884)江蘇書局刻本　二册

110000－0146－0002596　PG/791.2/315
張叔未解元所藏金石文字不分卷　(清)張廷濟藏　(清)嚴荄編　清光緒十年(1884)四會嚴氏鶴緣齋石印本　二册

110000－0146－0002597　PG/793.2/436
恒軒所見所藏吉金錄不分卷　(清)吳大澂編　清光緒十一年(1885)刻本　二册

110000－0146－0002598　PG/791.1/393
金石學錄補三卷　(清)陸心源撰　清光緒十二年(1886)刻本　一册

110000－0146－0002599　PG/782.91/998
孟子編年四卷　(清)狄子奇撰　清光緒十三年(1887)浙江書局刻本　一册

110000－0146－0002600　PG/782.91/997
孔子編年四卷　(清)狄子奇撰　清光緒十三年(1887)浙江書局刻本　一册

110000－0146－0002601　PG/791.7/543
廣川書跋十卷　(宋)董逌撰　清光緒十三年(1887)吳縣朱氏槐廬家塾刻槐廬叢書本　一册

110000－0146－0002602　PG/782.97/464
舜山是仲明先生[鏡]年譜一卷附薦舉各疏一卷　(清)張敬立撰　(清)金吳瀾補注　清光緒十三年(1887)嘉興金吳瀾木活字印本　二册

110000－0146－0002603　PG/793.3/730
西清古鑑四十卷錢錄十六卷　(清)梁詩正等編　清乾隆刻本　二十四册

110000－0146－0002604　PG/794.4/436
古玉圖考不分卷　(清)吳大澂撰　清光緒十五年(1889)上海同文書局石印本　二册

110000－0146－0002605　PG/794.4/946
玉譜類編四卷　(清)徐壽基編　清光緒十五年(1889)源陽官署刻本　十册

110000－0146－0002606　PG/794.67/965
石經彙函十種　(清)王秉恩輯　清光緒十六年(1890)四川尊經書局刻本　十册

110000－0146－0002607　PG/794.6/741
石鼓文定本十卷　(清)沈梧撰　清光緒十六年(1890)沈氏古華山館刻本　五册

110000－0146－0002608　PG/782.97/201
趙文恪公自訂年譜不分卷趙文恪公遺集一卷　(清)趙光撰　清光緒十六年(1890)趙廷璜刻本　三册

110000－0146－0002609　PG/793.7/892
古文審八卷首一卷　(清)劉心源撰　清光緒十七年(1891)嘉魚劉氏龍江樓刻本　四册

110000－0146－0002610　PG/796.4/392
千甓亭古磚圖釋二十卷　(清)陸心源輯　清光緒十七年(1891)吳興陸氏石印本　四册

110000－0146－0002611　PG/794.5/363
寰宇訪碑録十二卷　(清)孫星衍　(清)邢澍撰　清光緒十一年(1885)朱氏槐廬刻十七年(1891)補刻行素草堂金石叢書本　六册

110000－0146－0002612　PG/782.97/377
安道公[陳瑚]年譜二卷　(清)陳溥撰　清光緒十八年(1892)刻東倉書庫叢刻本　一册

110000－0146－0002613　PG/782.97/546
還讀我書室老人[董恂]手訂年譜二卷　(清)董恂撰　清光緒十八年(1892)刻本　二册

110000－0146－0002614　PG/793.67/635
續齊魯古印攈十六卷　(清)郭裕之輯　清光緒十八年(1892)濰縣郭氏鈐印本　十六册

110000－0146－0002615　PG/791.7/313
清儀閣題跋不分卷　(清)張廷濟撰　清光緒十九年(1893)丁立誠刻本　四册

110000－0146－0002616　PG/797.25/382
湘城訪古録十七卷首一卷　(清)陳運溶纂　清光緒二十年(1894)刻本　六册

110000－0146－0002617　PG/793.4/730
欽定錢録十六卷　(清)梁詩正等編　清光緒五年(1879)茹古齋刻本　四册

110000－0146－0002618　PG/782.97/929
文端公[錢陳羣]年譜三卷　(清)錢儀吉編　(清)錢志澄增訂　清光緒二十年(1894)刻本　三册

110000－0146－0002619　PG/782.97/420
駱文忠公[秉章]年譜二卷　(清)駱秉章編　清光緒二十一年(1895)南海張蔭桓刻本　二册

110000－0146－0002620　PG/782.97/713
雙池先生[汪紱又名汪烜]年譜四卷　(清)余龍光編　清光緒二十二年(1896)刻本　二册

110000－0146－0002621　PG/791.7/309
重定金石契不分卷附石鼓文釋存一卷補注一卷　(清)張燕昌撰　清光緒二十二年(1896)貴池劉世珩聚學軒刻本　四册

110000－0146－0002622　PG/782.97/352
左文襄公[宗棠]年譜十卷　(清)羅正鈞編　清光緒二十三年(1897)湘陰左氏刻本　十册

110000－0146－0002623　PG/794.5/216
山右石刻叢編四十卷　(清)胡聘之撰　清光緒二十五年至二十七年(1899－1901)刻本　二十四册

110000－0146－0002624　PG/793.2/184
奇觚室吉金文述二十卷　(清)劉心源撰　清光緒二十八年(1902)石印本　十册

110000－0146－0002625　PG/793.2/183
奇觚室吉金文述二十卷　(清)劉心源撰　清光緒二十八年(1902)石印本　十册

110000－0146－0002626　PG/782.96/164
先三鄉賢[黃瑜、黃畿、黃佐]年譜　(清)黃映奎　(清)黃佛頤輯　清光緒二十九年(1903)香山黃氏純淵堂刻本　一册

110000－0146－0002627　PG/793.4/102
遺篋録八卷　(清)秦寶瓚編　清光緒二十九年(1903)刻本　四册

110000－0146－0002628　PG/793.2/569

歷代鐘鼎彝器款識法帖二十卷 (宋)薛尚功編 清光緒二十九年(1903)貴池劉氏玉海堂武昌刻三十三年(1907)印本 四冊

110000－0146－0002629 PG/796.6/889
鐵雲藏陶不分卷 (清)劉鶚輯 清光緒三十年(1904)丹徒劉鶚抱殘守缺齋石印抱殘守闕齋所藏三代文字本 四冊

110000－0146－0002630 PG/794.1/860
藝風堂金石文字目十八卷 繆荃孫撰 清光緒三十二年(1906)刻本 八冊

110000－0146－0002631 PG/793.7/949
從古堂款識學十六卷 (清)徐同柏撰 清光緒三十二年(1906)蒙學報館石印本 八冊

110000－0146－0002632 PG/791.3/768
金石索十二卷首一卷 (清)馮雲鵬 (清)馮雲鵷撰 清光緒三十三年(1907)上海文新局石印本 二十四冊

110000－0146－0002633 PG/793.3/662
陶齋吉金錄八卷 (清)端方編輯 清光緒三十四年(1908)石印本 八冊

110000－0146－0002634 PG/782.97/667
唐公[友耕]年譜一卷附錄一卷 唐鴻學編 清光緒三十四年(1908)石印本 一冊

110000－0146－0002635 PG/782.98/118
王先謙自定年譜三卷 王先謙撰 清光緒三十四年(1908)至民國長沙王氏刻本 三冊

110000－0146－0002636 PG/793.7/834
敬吾心室彝器款識不分卷 (清)朱善旂輯 清光緒三十四年(1908)朱之溱石印本 二冊

110000－0146－0002637 PG/793.7/833
敬吾心室彝器款識不分卷 (清)朱善旂輯 清光緒三十四年(1908)朱之溱石印本 二冊

110000－0146－0002638 PG/793.3/663
陶齋吉金續錄二卷 (清)端方撰 清宣統元年(1909)金陵石印本 二冊

110000－0146－0002639 PG/782.95/720
四洪[洪晧、洪适、洪遵、洪邁]年譜四種 (清)洪汝奎輯 清宣統二年至三年(1910－1911)晦木齋刻朱印本 四冊

110000－0146－0002640 PG/791.7/120
敦煌石室真迹錄五卷 (清)王仁俊撰並書 清宣統元年(1909)吳趨王氏石印本 三冊

110000－0146－0002641 PG/794.03/504
語石十卷 葉昌熾撰 清宣統元年(1909)刻本 四冊

110000－0146－0002642 PG/791.1/204
竹崦庵金石目錄五卷 (清)趙魏撰 清宣統元年(1909)吳士鑒長沙刻本 五冊

110000－0146－0002643 PG/797.15/471
關中金石記八卷附記一卷 (清)畢沅撰 (清)蔡錫棟補編 清光緒三十四年(1908)渭南嚴氏成都刻宣統二年(1910)重校本 四冊

110000－0146－0002644 PG/792.7/484
殷商貞卜文字考一卷 羅振玉撰 清宣統二年(1910)玉簡齋石印本 一冊

110000－0146－0002645 PG/793.3/315
西清續鑑甲編二十卷附錄一卷 (清)王傑等輯 清宣統三年(1911)商務印書館影印本 四十二冊

110000－0146－0002646 PG/797.21/428
江甯金石記八卷待訪目二卷 (清)嚴觀輯 清宣統二年(1910)江楚編譯書局刻本 二冊

110000－0146－0002647 PG/794.5/273
望堂金石二集不分卷 楊守敬輯 清宣統二年(1910)宜都楊氏飛青閣刻本 四冊

110000－0146－0002648 PG/788.9/705
國朝書畫家筆錄四卷附錄一卷 竇鎮輯 清宣統三年(1911)蘇州文學山房木活字印本 八冊

110000－0146－0002649 PG/789.2/120
太原家譜二十八卷首一卷末一卷 (清)王頌蔚等修 (清)葉耀元纂 清光緒三十三年至宣統三年(1907－1911)木活字印民國四年(1915)增補本 三十二冊

110000－0146－0002650　PG/802.17/385
楚辭音義一卷測天約術一卷呂氏春秋正誤一卷　(清)陳昌齊撰　清刻賜書堂全集本　一册

110000－0146－0002651　PG/802.119/327
爾雅補郭二卷　(清)翟灝撰　清刻本　一册

110000－0146－0002652　PG/661.3/221
禹貢錐指二十卷附圖一卷　(清)胡渭撰　清康熙四十四年(1705)漱六軒刻本　十二册

110000－0146－0002653　PG/802.23/820
六書正譌五卷　(元)周伯琦撰　清十竹齋刻本　四册

110000－0146－0002654　PG/791.7/423
集古録十卷　(宋)歐陽修撰　清順治謝啓光刻本　四册

110000－0146－0002655　PG/802.16/626
通雅五十二卷首三卷　(明)方以智輯　(清)姚之夔校　清康熙五年(1666)姚氏浮山此藏軒刻本　二十四册

110000－0146－0002656　PG/802.224/527
説文字原集註十六卷原表一卷表説一卷　(清)蔣和撰　清乾隆五十三年(1788)刻本　八册

110000－0146－0002657　PG/802.15/890
釋名疏證八卷續釋名一卷釋名補遺一卷　(漢)劉熙撰　清乾隆五十五年(1790)刻本　四册

110000－0146－0002658　PG/802.112/631
爾雅音圖三卷　(晉)郭璞注　清嘉慶六年(1801)藝學軒摹刻本　三册

110000－0146－0002659　PG/802.223/877
説文解字注三十二卷附説文部目分韻一卷六書音韻表五卷　(清)段玉裁撰　清嘉慶二十年(1815)經韻樓刻本　十六册

110000－0146－0002660　PG/802.16/348
拾雅二十卷　(清)夏味堂撰　(清)夏紀堂注　清嘉慶二十五年(1820)刻本　十册

110000－0146－0002661　PG/802.16/349
拾雅二十卷　(清)夏味堂撰　(清)夏紀堂注　清嘉慶二十五年(1820)刻本　八册

110000－0146－0002662　PG/802.15/888
釋名六卷　(漢)劉熙撰　清道光至清末璜川吴氏刻本　四册

110000－0146－0002663　PG/802.16/350
拾雅二十卷　(清)夏味堂撰　(清)夏紀堂注　清道光二年(1822)刻本　四册

110000－0146－0002664　PG/802.223/859
段氏説文注訂八卷　(清)鈕樹玉撰　清道光四年(1824)刻本　四册

110000－0146－0002665　PG/802.2/290
字鑑五卷　(元)李文仲編　清道光九年(1829)鄒光第刻本　二册

110000－0146－0002666　PG/802.24/704
韻徵十六卷　(清)安吉撰　清道光十八年(1838)刻本　六册

110000－0146－0002667　PG/802.225/120
説文釋例二十卷　(清)王筠撰　清道光十七年(1837)刻本　十册

110000－0146－0002668　PG/802.2/574
説文答問疏證六卷　(清)薛傳均撰　清道光十八年(1838)刻本　一册

110000－0146－0002669　PG/802.24/372
許氏説文解字雙聲疊韻譜一卷　(清)鄧廷楨撰　清道光十九年(1839)刻本　二册

110000－0146－0002670　PG/802.21/954
説文解字通釋四十卷　(南唐)徐鍇撰　**説文解字繫傳校勘記三卷**　(清)姚培元撰　清道光十九年(1839)刻本　八册

110000－0146－0002671　PG/802.21/956
説文解字通釋四十卷　(南唐)徐鍇撰　**説文解字繫傳校勘記三卷**　(清)姚培元撰　清道光十九年(1839)壽陽祁氏刻本　八册

110000－0146－0002672　PG/802.21/955
説文解字通釋四十卷　(南唐)徐鍇撰　**説文**

解字繫傳校勘記三卷　(清)姚培元撰　清道光十九年(1839)刻本　八冊

110000－0146－0002673　PG/802.2/575
文選古字通疏證六卷　(清)薛傳均撰　清道光二十年(1840)刻本　一冊

110000－0146－0002674　PG/802.2/916
字學三書三種　(清)鄒光第輯　清道光二十一年(1841)三韓楊霈刻本　五冊

110000－0146－0002675　PG/802.24/523
說文聲讀表七卷　(清)苗夔撰　清同治、光緒山東王氏刻天壤閣叢書本　二冊

110000－0146－0002676　PG/802.24/746
韻辨附文五卷　(清)沈兆霖輯　清道光二十三年(1843)刻本　五冊

110000－0146－0002677　PG/802.24/314
說文審音十六卷　(清)張行孚撰　清光緒二十四年(1898)漸西村舍刻本　四冊

110000－0146－0002678　PG/802.23/720
六書轉注錄十卷　(清)洪亮吉撰　清道光二十六年(1846)洪用懃刻本　四冊　缺一卷(十)

110000－0146－0002679　PG/802.119/166
爾雅古義十二卷　(清)黃奭輯　清道光二十七年(1847)甘泉黃氏刻漢學堂經解本　六冊

110000－0146－0002680　PG/802.17/114
經傳釋詞十卷　(清)王引之撰　清道光二十七年(1847)刻本　二冊

110000－0146－0002681　PG/802.17/115
經傳釋詞十卷　(清)王引之撰　清道光二十七年(1847)刻本　二冊

110000－0146－0002682　PG/802.17/273
經書字音辨要九卷　(清)楊名颺撰　清道光二十七年(1847)長白崇綸令德堂刻本　二冊

110000－0146－0002683　PG/802.24/832
說文通訓定聲十八卷分部檢韻一卷說雅一卷古今韻準一卷　(清)朱駿聲撰　**行述一卷**　朱孔彰撰　清道光二十八年(1848)刻本　三十冊

110000－0146－0002684　PG/802.16/434
別雅五卷　(清)吳玉搢輯　清道光二十九年(1849)小蓬萊山館刻本　五冊

110000－0146－0002685　PG/802.28/372
大廣益會玉篇三十卷附札記一卷　(南朝梁)顧野王撰　**大宋重修廣韻五卷附札記一卷**　(宋)陳彭年重修　清道光三十年至咸豐元年(1850－1851)新化鄧氏東山精舍刻本　八冊

110000－0146－0002686　PG/802.225/524
苗氏說文四種　(清)苗夔撰　清咸豐元年(1851)刻民國十六年(1927)補刻本　四冊

110000－0146－0002687　PG/802.225/523
苗氏說文四種　(清)苗夔撰　清咸豐元年(1851)刻本　四冊

110000－0146－0002688　PG/802.24/831
說文通訓定聲十八卷分部檢韻一卷說雅一卷古今韻準一卷　(清)朱駿聲撰　**行述一卷**　朱孔彰撰　清同治九年(1870)元和朱孔彰刻本　二十四冊

110000－0146－0002689　PG/802.24/828
說文通訓定聲十八卷分部檢韻一卷說雅一卷古今韻準一卷　(清)朱駿聲撰　**行述一卷**　朱孔彰撰　清同治九年(1870)元和朱孔彰刻本　二十冊

110000－0146－0002690　PG/802.224/251
說文解字義證五十卷　(清)桂馥撰　清道光三十年至咸豐二年(1850－1852)靈石楊氏連筠簃刻連筠簃叢書本　四十八冊

110000－0146－0002691　PG/802.21/286
小學類編六種附一種　(清)李祖望輯　清咸豐二年(1852)江都李氏半畝園刻本　六冊

110000－0146－0002692　PG/802.21/287
小學類編六種附一種　(清)李祖望輯　清咸豐二年(1852)江都李氏半畝園刻本　八冊

110000－0146－0002693　PG/802.2/891
助字辨略五卷　(清)劉淇撰　清咸豐五年至

六年(1855－1856)聊城楊以增海源閣刻本　五冊

110000－0146－0002694　PG/802.2/971
說文逸字二卷附録一卷　(清)鄭珍撰　清末湖南經濟書堂刻本　一冊

110000－0146－0002695　PG/802.225/519
唐寫本說文解字木部箋異一卷　(清)莫友芝撰　清同治三年(1864)湘鄉曾國藩刻本　一冊

110000－0146－0002696　PG/802.112/206
爾雅郭注義疏二十卷　(清)郝懿行撰　清同治五年(1866)郝氏刻本　八冊

110000－0146－0002697　PG/802.225/260
說文字辨十四卷　(清)林慶炳撰　清同治四年(1865)刻本　四冊

110000－0146－0002698　PG/802.225/259
說文字辨十四卷　(清)林慶炳撰　清同治四年(1865)刻本　四冊

110000－0146－0002699　PG/802.16/456
疊雅十三卷附雙名録一卷　(清)史夢蘭撰　清同治四年(1865)刻本　四冊

110000－0146－0002700　PG/802.16/457
疊雅十三卷　(清)史夢蘭撰　清同治四年(1865)刻本　四冊

110000－0146－0002701　PG/802.16/455
疊雅十三卷　(清)史夢蘭撰　清同治四年(1865)刻本　四冊

110000－0146－0002702　PG/802.21/119
王氏說文四種　(清)王筠撰　清同治四年(1865)安邱王氏刻本　二十八冊

110000－0146－0002703　PG/839.21/522
徐州二遺民集十卷　馮煦輯　清光緒十九年(1893)刻民國二年(1913)補刻本　五冊

110000－0146－0002704　PG/802.17/392
經典釋文三十卷考證三十卷　(唐)陸德明撰　(清)盧文弨考證　清同治八年(1869)湖北崇文書局刻本　十二冊

110000－0146－0002705　PG/802.224/252
說文解字義證五十卷　(清)桂馥撰　清同治九年(1870)湖北崇文書局刻本　三十二冊

110000－0146－0002706　PG/802.24/829
說文通訓定聲十八卷分部檢韻一卷說雅一卷古今韻準一卷　(清)朱駿聲撰　**行述一卷**　朱孔彰撰　清同治九年(1870)元和朱孔彰刻本　二十四冊

110000－0146－0002707　PG/802.24/830
說文通訓定聲十八卷分部檢韻一卷說雅一卷古今韻準一卷　(清)朱駿聲撰　**行述一卷**　朱孔彰撰　清同治九年(1870)元和朱孔彰刻本　二十六冊

110000－0146－0002708　PG/802.21/828
說文校定本十五卷　(清)朱士端撰　清同治九年(1870)刻本　一冊

110000－0146－0002709　PG/802.21/288
小學類編六種附一種　(清)李祖望輯　清同治十年(1871)江都李氏半畝園刻本　八冊

110000－0146－0002710　PG/802.17/393
經典釋文三十卷考證三十卷　(唐)陸德明撰　清同治十年(1871)粤秀山文瀾閣刻本　十二冊

110000－0146－0002711　PG/802.21/612
說文解字十五卷附通檢十四卷首一卷末一卷　(漢)許慎撰　(宋)徐鉉校訂　清同治十二年(1873)番禺陳氏刻本　十冊

110000－0146－0002712　PG/802.21/994
說文校議十五卷　(清)姚文田　(清)嚴可均撰　清同治十三年(1874)歸安姚氏刻本　五冊

110000－0146－0002713　PG/802.112/110
小爾雅疏八卷　(清)王煦撰　清光緒邵武徐氏刻邵武徐氏叢書本　二冊

110000－0146－0002714　PG/802.21/614
說文解字十五卷　(漢)許慎撰　(宋)徐鉉校訂　清光緒二年(1876)川東官舍刻本　八冊

110000－0146－0002715　PG/802.23/472
六書通十卷　(明)閔齊伋輯　(清)畢弘述篆訂　清光緒四年(1878)繡谷留耕堂刻本　八冊

110000－0146－0002716　PG/802.225/890
説文疊韻二卷首一卷末一卷　(清)劉熙載撰　清光緒五年(1879)興化劉氏刻本　一冊

110000－0146－0002717　PG/802.2/444
古今文字通釋十四卷　(清)呂世宜撰　清光緒五年(1879)龍溪林維源刻本　七冊

110000－0146－0002718　PG/802.15/119
廣雅疏證十卷博雅音十卷　(清)王念孫撰　清光緒五年(1879)淮南書局刻本　八冊

110000－0146－0002719　PG/802.21/613
説文解字十五卷附説文通檢十四卷首一卷末一卷説文校字記一卷　(漢)許慎撰　(宋)徐鉉校訂　清同治十二年(1873)番禺陳氏刻光緒五年(1879)祥符常桂潤重修本　十冊

110000－0146－0002720　PG/802.21/608
説文分韻易知錄五卷重文標目五卷　(清)許巽行撰　清光緒五年(1879)刻本　十冊

110000－0146－0002721　PG/802.21/609
説文分韻易知錄五卷重文標目五卷　(清)許巽行撰　清光緒五年(1879)刻本　八冊

110000－0146－0002722　PG/802.21/607
説文分韻易知錄五卷重文標目五卷　(清)許巽行撰　清光緒五年(1879)刻本　十冊

110000－0146－0002723　PG/802.16/710
湖雅九卷　(清)汪曰楨撰　清光緒六年(1880)刻本　四冊

110000－0146－0002724　PG/802.112/207
爾雅郭注義疏二十卷　(清)郝懿行撰　清同治五年(1866)郝氏刻光緒七年(1881)印本　八冊

110000－0146－0002725　PG/802.16/833
駢雅訓纂十六卷首一卷　(明)朱謀㙔撰　(清)魏茂林訓纂　清光緒七年(1881)成都淪雅齋刻本　六冊

110000－0146－0002726　PG/802.16/832
駢雅訓纂十六卷首一卷　(明)朱謀㙔撰　(清)魏茂林訓纂　清光緒七年(1881)成都淪雅齋刻本　四冊

110000－0146－0002727　PG/802.21/713
説文繫傳考異四卷附錄一卷　(清)汪憲撰　清光緒八年(1882)於越徐氏八杉齋刻本　四冊

110000－0146－0002728　PG/802.225/609
説文解字句讀三十卷　(漢)許慎撰　(清)王筠句讀　清光緒八年(1882)四川尊經書局刻本　二十冊

110000－0146－0002729　PG/802.223/412
説文段注撰要九卷　(清)馬壽齡撰　清光緒九年(1883)金陵胡氏愚園刻本　四冊

110000－0146－0002730　PG/802.223/411
説文段注撰要九卷　(清)馬壽齡撰　清光緒九年(1883)金陵胡氏愚園刻本　四冊

110000－0146－0002731　PG/802.21/928
説文解字斠詮十四卷　(清)錢坫撰　清光緒九年(1883)淮南書局刻本　六冊

110000－0146－0002732　PG/802.112/630
爾雅音圖三卷　(晉)郭璞注　清光緒十年(1884)上海同文書局石印本　四冊

110000－0146－0002733　PG/802.21/335
雷刻四種　(清)雷浚編　清光緒十年(1884)雷氏刻本　六冊

110000－0146－0002734　PG/802.21/334
雷刻四種　(清)雷浚編　清光緒十年(1884)雷氏刻本　六冊

110000－0146－0002735　PG/802.17/918
小學鉤沈十九卷　(清)任大椿撰　(清)王念孫校正　清光緒十年(1884)龍氏刻本　四冊

110000－0146－0002736　PG/802.17/916
小學鉤沈十九卷　(清)任大椿撰　(清)王念孫校正　清光緒十年(1884)龍氏刻本　二冊

110000－0146－0002737　PG/802.17/915
小學鉤沈十九卷　(清)任大椿撰　(清)王念孫校正　清光緒十年(1884)龍氏刻本　二冊

110000－0146－0002738　PG/802.17/917
小學鉤沈十九卷　(清)任大椿撰　(清)王念孫校正　清光緒十年(1884)龍氏刻本　二冊

110000－0146－0002739　PG/802.21/746
説文古本考十四卷　(清)沈濤撰　清光緒十年(1884)吴縣潘氏滂喜齋刻本　八冊

110000－0146－0002740　PG/802.112/213
爾雅郭注補正九卷　(清)戴鎏撰　清光緒十一年(1885)海陽韓光鼐刻本　六冊

110000－0146－0002741　PG/802.21/926
説文解字校錄十五卷説文刊誤一卷説文玉篇校錄一卷　(清)鈕樹玉撰　清光緒十一年(1885)江蘇書局刻本　十四冊

110000－0146－0002742　PG/802.21/615
説文解字十五卷　(漢)許慎撰　(宋)徐鉉校訂　清光緒十一年(1885)蕉心室刻本　八冊

110000－0146－0002743　PG/802.225/313
許學叢書三集十四種　(清)張炳翔輯　清光緒長洲張炳翔儀鄦廬刻本　二十四冊

110000－0146－0002744　PG/802.225/312
許學叢書三集十四種　(清)張炳翔輯　清光緒長洲張炳翔儀鄦廬刻本　二十四冊

110000－0146－0002745　PG/802.24/834
説文通訓定聲十八卷分部檢韻一卷説雅一卷古今韻準一卷　(清)朱駿聲撰　**行述一卷**　朱孔彰撰　清光緒十三年(1887)上海積山書局石印本　八冊

110000－0146－0002746　PG/802.24/833
説文通訓定聲十八卷分部檢韻一卷説雅一卷古今韻準一卷　(清)朱駿聲撰　**行述一卷**　朱孔彰撰　清光緒十三年(1887)上海積山書局石印本　八冊

110000－0146－0002747　PG/802.112/208
爾雅郭注義疏二十卷　(清)郝懿行撰　清光緒十四年(1888)湖北官書局刻本　八冊

110000－0146－0002748　PG/802.24/449
六書十二聲傳十二卷　(清)呂調陽撰　清光緒十四年(1888)刻觀象廬叢書本　十冊

110000－0146－0002749　PG/802.223/118
説文段注訂補十四卷　(清)王紹蘭撰　清光緒十四年(1888)胡燏棻刻本　八冊

110000－0146－0002750　PG/802/621
小學考五十卷　(清)謝啓昆撰　清光緒十四年(1888)浙江書局刻本　二十冊

110000－0146－0002751　PG/802/622
小學考五十卷　(清)謝啓昆撰　清光緒十四年(1888)浙江書局刻本　十二冊

110000－0146－0002752　PG/802.17/151
澤存堂五種　(清)張士俊編　清光緒十四年(1888)上海蜚英館石印本　八冊

110000－0146－0002753　PG/802.23/289
六書系韻二十四卷檢字二卷首一卷　(清)李貞輯　清光緒十六年(1890)湘陰李氏刻本　二十六冊

110000－0146－0002754　PG/802.2/360
倉頡篇三卷續本一卷補本二卷　(清)孫星衍撰　(清)任大椿續　(清)陶方琦補　清光緒十六年(1890)江蘇書局刻本　二冊

110000－0146－0002755　PG/802.2/361
倉頡篇三卷續本一卷補本二卷　(清)孫星衍撰　(清)任大椿續　(清)陶方琦補　清光緒十六年(1890)江蘇書局刻本　二冊

110000－0146－0002756　PG/802.15/113
廣雅補疏四卷　王樹枏撰　清光緒十六年(1890)王氏文莫室青神刻本　一冊

110000－0146－0002757　PG/802.24/120
説文韻譜校五卷　(清)王筠撰　清光緒十七年(1891)濰縣劉氏素心琴室刻本　四冊

110000－0146－0002758　PG/802.24/119
説文韻譜校五卷　(清)王筠撰　清光緒十七年(1891)濰縣劉氏素心琴室刻本　二冊

110000－0146－0002759　PG/802.15/889
釋名疏證八卷附校議一卷續釋名一卷釋名補遺一卷　（漢）劉熙撰　清光緒二十年（1894）廣雅書局刻本　三冊

110000－0146－0002760　PG/802.23/473
六書通十卷　（明）閔齊伋輯　（清）畢弘述篆訂　清光緒二十一年（1895）上海鴻寶齋石印本　五冊

110000－0146－0002761　PG/802.23/474
六書通十卷續集十卷　（明）閔齊伋輯　（清）畢弘述篆訂　清光緒二十一年（1895）上海鴻寶齋石印本　六冊

110000－0146－0002762　PG/802.2/452
文選古字通補訓四卷拾遺一卷　（清）呂錦文撰　清光緒二十七年（1901）懷硯齋刻本　四冊

110000－0146－0002763　PG/802.225/549
文字蒙求廣義四卷　（清）王筠撰　（清）蒯光典增注　清光緒二十七年（1901）江楚書局刻本　五冊

110000－0146－0002764　PG/802.16/792
選雅二十卷　（清）程先甲撰　清光緒二十八年（1902）千一齋刻千一齋叢書本　八冊

110000－0146－0002765　PG/802.2/366
名原二卷　（清）孫詒讓撰　清光緒三十一年（1905）刻本　一冊

110000－0146－0002766　PG/802.2/365
名原二卷　（清）孫詒讓撰　清光緒三十一年（1905）刻本　一冊

110000－0146－0002767　PG/802.21/479
說文二徐箋異十四卷　（清）田吳炤撰　清宣統二年（1910）影印本　二冊

110000－0146－0002768　PG/802.21/478
說文二徐箋異十四卷　（清）田吳炤撰　清宣統二年（1910）影印本　二冊

110000－0146－0002769　PG/802.3/185
經韻集字析解二卷韻字一卷附編一卷　（清）彭良敞集注　清道光刻本　四冊

110000－0146－0002770　PG/802.3/184
經韻集字析解二卷韻字一卷附編一卷　（清）彭良敞集注　清道光刻本　二冊

110000－0146－0002771　PG/802.3/670
正字通十二卷首一卷　（明）張自烈　（清）廖文英輯　清康熙十年（1671）刻本　三十冊

110000－0146－0002772　PG/802.3/279
字彙十二卷附韻法直圖一卷韻法橫圖一卷首一卷末一卷　（明）梅膺祚編　清金閶書業堂刻本　十四冊

110000－0146－0002773　PG/802.28/962
玉篇三卷　（南朝梁）顧野王撰　清刻本　六冊

110000－0146－0002774　PG/802.257/370
說文疑疑二卷附錄一卷　（清）孔廣居撰　清嘉慶至清末刻本　二冊

110000－0146－0002775　PG/802.28/480
班馬字類二卷　（宋）婁機撰　清叢書樓刻本　四冊

110000－0146－0002776　PG/791.7/200
金石錄三十卷　（宋）趙明誠編　清順治七年（1650）謝世箕刻本　六冊

110000－0146－0002777　PG/802.296/399
草韻彙編二十五卷首一卷　（清）陶南望輯　清乾隆二十年（1755）刻本　十冊

110000－0146－0002778　PG/802.39/478
增訂金壺字考十九卷二集二十一卷補錄一卷補注一卷　（清）田朝恒撰　清乾隆二十七年（1762）貽安堂刻本　八冊

110000－0146－0002779　PG/802.295/526
隸通一卷　（清）蔣和輯　清乾隆四十五年（1780）金匱蔣氏刻本　一冊

110000－0146－0002780　PG/802.26/926
說文新附考六卷說文續考一卷　（清）鈕樹玉撰　清嘉慶刻本　四冊

110000－0146－0002781　PG/802.3/375
經籍纂詁一百六卷首一卷　(清)阮元輯　清嘉慶儀徵阮氏琅環仙館刻本　五十二冊

110000－0146－0002782　PG/802.28/943
龍龕手鑑四卷　(遼)釋行均撰　清嘉慶五年(1800)刻本　十二冊

110000－0146－0002783　PG/802.28/942
龍龕手鑑四卷　(遼)釋行均撰　清嘉慶五年(1800)刻本　六冊

110000－0146－0002784　PG/802.25/112
說文拈字七卷補遺一卷　(清)王玉樹撰　清嘉慶八年(1803)刻本　四冊

110000－0146－0002785　PG/802.3/739
藝文通覽十二集一百二十卷　(清)沙木集註　清嘉慶十一年至十二年(1806－1807)刻本　十六冊

110000－0146－0002786　PG/802.251/328
說文解字群經正字二十八卷　(清)邵瑛撰　清嘉慶二十一年(1816)餘姚邵氏桂隱書屋刻本　十二冊

110000－0146－0002787　PG/802.251/329
說文解字群經正字二十八卷　(清)邵瑛撰　清嘉慶二十一年(1816)餘姚邵氏桂隱書屋刻本　十四冊

110000－0146－0002788　PG/802.25/292
說文辨字正俗八卷　(清)李富孫撰　清嘉慶二十三年(1818)刻本　四冊

110000－0146－0002789　PG/802.39/813
問奇典註六卷　(清)唐英增釋　清嘉慶二十三年(1818)武昌雄楚樓僧舍刻本　二冊

110000－0146－0002790　PG/802.28/736
字林古今正俗異同通考四卷六書辯異二卷　(清)湯容煟輯　清道光五年(1825)刻本　四冊

110000－0146－0002791　PG/802.3/307
康熙字典十二卷檢字一卷辨似一卷備考十二卷補遺十二卷　(清)張玉書等纂　清道光七年(1827)刻本　十二冊　缺一卷(亥部)

110000－0146－0002792　PG/802.3/186
經韻集字析解二卷韻字一卷　(清)彭良敞集注　清道光十三年(1833)刻本　八冊

110000－0146－0002793　PG/802.2/573
說文答問疏證六卷　(清)錢大昕撰　(清)薛傳均注　清道光十七年(1837)刻本　二冊

110000－0146－0002794　PG/802.295/327
隸篇十五卷續十五卷再續十五卷　(清)翟雲升輯　清道光十七年至十八年(1837－1838)東萊翟雲升刻本　十冊

110000－0146－0002795　PG/802.29/119
正字略定本一卷　(清)王筠撰　清道光二十五年(1845)刻本　一冊

110000－0146－0002796　PG/802.3/883
經字辨體八卷首一卷　(清)邱家煒纂　清道光二十三年(1843)刻本　八冊

110000－0146－0002797　PG/802.28/632
汗簡七卷　(宋)郭忠恕撰　清道光二十八年(1848)海虞俞氏蘊玉山房刻本　二冊

110000－0146－0002798　PG/802.3/893
同音字辨四卷　(清)劉維坊輯　清道光二十九年(1849)刻本　四冊

110000－0146－0002799　PG/802.29/120
禹貢正字一卷　(清)王筠撰　清道光二十九年(1849)刻本　一冊

110000－0146－0002800　PG/802.3/158
雜字類考二卷　(清)丁公恕撰　清刻本　四冊

110000－0146－0002801　PG/802.251/377
說文引經考證七卷說文引經互異說一卷　(清)陳瑑撰　清同治十三年(1874)湖北崇文書局刻本　四冊

110000－0146－0002802　PG/802.251/282
說文引經考異十六卷　(清)柳榮宗撰　清咸豐二年(1852)刻同治六年(1867)印本　四冊

110000－0146－0002803　PG/802.3/468
字辨證篆十七卷　（清）易本烺纂　**字孳補二卷**　（清）易鏡清輯　（清）易本烺纂　清同治八年（1869）京山易氏刻本　四冊

110000－0146－0002804　PG/802.3/894
同音字辨四卷　（清）劉維坊輯　清同治十二年（1873）刻本　四冊

110000－0146－0002805　PG/802.3/926
增廣字學舉隅四卷　（清）鐵珊輯　清同治十三年（1874）蘭州郡署刻本　四冊

110000－0146－0002806　PG/802.44/502
字類標韻六卷　（清）華綱撰　清光緒元年（1875）肄江王氏刻本　二冊

110000－0146－0002807　PG/802.28/436
字說一卷　（清）吳大澂撰　清光緒刻本　一冊

110000－0146－0002808　PG/802.251/334
說文外編十五卷補遺一卷坿劉氏碎金一卷　（清）雷浚撰　清光緒二年（1876）刻本　四冊

110000－0146－0002809　PG/802.3/659
字學舉隅補正一卷續編一卷　（清）龍啓瑞輯　清光緒二年（1876）日省吾齋刻本　一冊

110000－0146－0002810　PG/802.28/304
類編十五卷　（宋）司馬光撰　清光緒二年（1876）川東官舍刻本　十四冊

110000－0146－0002811　PG/802.3/114
字典考證十二卷　（清）王引之等撰　清光緒二年（1876）湖北崇文書局刻本　六冊

110000－0146－0002812　PG/802.3/113
字典考證十二卷　（清）王引之等撰　清光緒二年（1876）湖北崇文書局刻本　六冊

110000－0146－0002813　PG/802.297/754
楷法溯源十四卷目錄一卷　（清）潘存輯　楊守敬編　清光緒三年至四年（1877－1878）宜都楊守敬飛青閣刻本　十五冊

110000－0146－0002814　PG/802.3/280
字彙十二卷首一卷　（明）梅膺祚編　清光緒四年（1878）刻本　十三冊

110000－0146－0002815　PG/802.251/313
經字異同四十八卷　（清）張維屏輯　清光緒五年（1879）清泉精舍刻本　四冊

110000－0146－0002816　PG/802.28/299
十三經集字一卷　（清）李鴻藻編　清光緒八年（1882）刻本　一冊

110000－0146－0002817　PG/802.28/300
重校十三經不貳字一卷　（清）李鴻藻編　清光緒八年（1882）刻本　一冊

110000－0146－0002818　PG/802.28/308
復古編二卷附錄一卷　（宋）張有撰　**曾樂軒稿一卷**　（宋）張維撰　**安陸集一卷**　（宋）張先撰　清光緒八年（1882）淮南書局刻本　三冊

110000－0146－0002819　PG/802.3/376
經籍纂詁不分卷附補遺　（清）阮元撰　清光緒九年（1883）上海點石齋石印本　十冊

110000－0146－0002820　PG/802.257/436
說文古籀補十四卷附錄一卷　（清）吳大澂撰　清末石印本　四冊

110000－0146－0002821　PG/802.3/308
康熙字典十二卷檢字一卷辨似一卷等韻一卷備考十二卷補遺十二卷　（清）張玉書等纂　清光緒十年（1884）上海點石齋石印本　六冊

110000－0146－0002822　PG/802.3/312
康熙字典十二卷總目一卷檢字一卷辨似一卷等韻一卷備考十二卷補遺十二卷　（清）張玉書等纂　清光緒十年（1884）上海點石齋石印本　六冊

110000－0146－0002823　PG/802.3/309
康熙字典十二卷檢字一卷辨似一卷等韻一卷備考十二卷補遺十二卷　（清）張玉書等纂　清光緒十年（1884）上海點石齋石印本　六冊

110000－0146－0002824　PG/802.28/140
續復古編四卷　（元）曹本撰　清光緒十二年（1886）歸安姚氏咫進齋刻本　四冊

110000－0146－0002825　PG/802.3/310
康熙字典十二卷檢字一卷辨似一卷等韻一卷備考十二卷補遺十二卷　（清）張玉書等纂　清光緒十四年（1888）上海圖書集成印書局石印本　十二册

110000－0146－0002826　PG/802.28/634
汗簡七卷目錄一卷　（宋）郭忠恕撰　（清）鄭珍箋正　清光緒十五年（1889）廣雅書局刻本　四册

110000－0146－0002827　PG/802.28/633
汗簡七卷目錄一卷　（宋）郭忠恕撰　（清）鄭珍箋正　清光緒十五年（1889）廣雅書局刻本　四册

110000－0146－0002828　PG/802.3/658
字學舉隅一卷　（清）龍啓瑞輯　清光緒十五年（1889）刻本　一册

110000－0146－0002829　PG/802.28/916
字林考逸八卷附錄一卷補本一卷補附錄一卷　（清）任大椿撰　（清）陶方琦補　清光緒十六年（1890）江蘇書局刻本　四册

110000－0146－0002830　PG/802.28/915
字林考逸八卷附錄一卷補本一卷補附錄一卷　（清）任大椿撰　（清）陶方琦補　清光緒十六年（1890）江蘇書局刻本　四册

110000－0146－0002831　PG/802.257/365
古籀拾遺三卷　（清）孫詒讓撰　清光緒十六年（1890）刻本　一册

110000－0146－0002832　PG/802.3/311
康熙字典十二卷附備考一卷補遺一卷　（清）張玉書等纂　清光緒十六年（1890）上海鴻文書局石印本　六册

110000－0146－0002833　PG/802.251/273
說文經斠十三卷補遺一卷　（清）楊廷瑞撰　清光緒十七年（1891）善化楊廷瑞澂園刻澂園叢書本　二册

110000－0146－0002834　PG/802.28/309
復古編二卷附錄一卷　（宋）張有撰　清光緒十八年（1892）香山劉氏小蘇齋刻本　四册

110000－0146－0002835　PG/802.3/313
康熙字典十二卷備考一卷補遺一卷　（清）張玉書等纂　清光緒十九年（1893）復和書局石印本　六册

110000－0146－0002836　PG/802.3/315
康熙字典十二卷總目一卷檢字一卷辨似一卷等韻一卷備考一卷補遺一卷　（清）張玉書等纂　清光緒二十年（1894）上海點石齋石印本　六册

110000－0146－0002837　PG/802.3/314
康熙字典十二卷總目一卷檢字一卷辨似一卷等韻一卷備考一卷補遺一卷　（清）張玉書等纂　清光緒二十年（1894）上海點石齋石印本　六册

110000－0146－0002838　PG/802.25/827
說文假借義證二十八卷　（清）朱珔撰　清光緒二十一年（1895）刻本　二十八册

110000－0146－0002839　PG/802.257/437
說文古籀補十四卷附錄一卷　（清）吳大澂撰　清光緒二十四年（1898）刻本　二册

110000－0146－0002840　PG/802.257/366
古籀餘論三卷　（清）孫詒讓撰　清光緒二十九年（1903）籀經樓刻本　二册

110000－0146－0002841　PG/802.3/887
澄衷蒙學堂字課圖說四卷　（清）劉樹屏撰　清光緒三十一年（1905）澄衷蒙學堂印書處石印本　八册

110000－0146－0002842　PG/802.298/916
彙鈔三館字例六卷　（清）會典館編　清宣統會典館刻本　六册

110000－0146－0002843　PG/802.39/169
普通百科新大詞典十二集目錄二卷補遺一卷　黃摩西編　清宣統三年（1911）上海中國詞典公司鉛印本　十五册

110000－0146－0002844　PG/802.34/857
欽定同文韻統六卷　（清）允祿等纂　清宣統

二年(1910)理藩部刻朱墨印本　五冊

110000－0146－0002845　PG/802.39/425
文科大詞典修辭學之部十二集　(清)國學扶輪社編　清宣統三年(1911)國學扶輪社鉛印本　十二冊

110000－0146－0002846　PG/802.39/168
普通百科新大詞典十二集目錄二卷補遺一卷　黄摩西編　清宣統三年(1911)上海中國詞典公司鉛印本　十五冊

110000－0146－0002847　PG/018.87/274
楹書隅錄五卷續編四卷　(清)楊紹和撰　清光緒二十年(1894)海源閣刻本　八冊

110000－0146－0002848　PG/802.41/860
孫氏唐韻考五卷　(清)紀容舒撰　清末民國青雲齋抄本　五冊

110000－0146－0002849　PG/802.44/291
切韻考四卷　(清)李鄴撰　清沈灝刻本　一冊

110000－0146－0002850　PG/802.81/821
千字文釋義一卷　(清)汪嘯尹纂　(清)孫謙益注　清經元堂刻本　一冊

110000－0146－0002851　PG/802.81/820
百家姓考略一卷　(清)王晉升纂　清經元堂刻本　一冊

110000－0146－0002852　PG/689.21/436
申江勝景圖二卷　(清)吳友如繪　題(清)尊聞閣主人編　清光緒二十年(1894)上海點石齋石印本　一冊

110000－0146－0002853　PG/821.3/916
佩文詩韻五卷　(□)□□撰　清刻本　一冊

110000－0146－0002854　PG/821.8/805
詩人玉屑二十卷　(宋)魏慶之撰　清刻本　四冊

110000－0146－0002855　PG/821.8/806
詩人玉屑二十卷　(宋)魏慶之撰　清處順堂刻本　十二冊

110000－0146－0002856　SG/823.11/522
詞律二十卷　(清)萬樹輯　清康熙二十六年(1687)陽羨萬樹堆絮園刻本　二十二冊

110000－0146－0002857　SG/823.18/954
詞苑叢談十二卷　(清)徐釚編　清康熙二十七年(1688)刻本　四冊

110000－0146－0002858　PG/802.44/329
古今韻略五卷　(清)邵長蘅編　清刻本　五冊

110000－0146－0002859　SG/858.51/170
二十一史彈詞輯註十卷　(明)楊慎撰　(清)孫德威注　清康熙四十年(1701)刻本　四冊

110000－0146－0002860　PG/821.87/691
柳亭詩話三十卷　(清)宋長白撰　清康熙四十六年(1707)天茁園刻本　八冊

110000－0146－0002861　PG/802.44/435
韻切指歸二卷附五音初學讀念法一卷　(清)吳遐齡撰　清康熙四十九年(1710)刻本　四冊

110000－0146－0002862　PG/794.2/720
隸釋二十七卷隸續二十一卷　(宋)洪适撰　清乾隆汪日秀樓松書屋刻本　十冊

110000－0146－0002863　PG/821.1/964
詩學指南八卷　(清)顧龍振輯　清乾隆刻本　四冊

110000－0146－0002864　PG/821.87/278
榕城詩話三卷　(清)杭世駿撰　清乾隆杭賓仁刻本　一冊

110000－0146－0002865　PG/823.1/295
詞學全書四種　(清)查培繼輯　清乾隆十一年(1746)刻本　八冊　缺一種四卷(填詞名解四卷)

110000－0146－0002866　PG/823.1/294
詞學全書四種　(清)查培繼輯　清乾隆十一年(1746)刻本　八冊

110000－0146－0002867　PG/823.1/293
詞學全書四種　(清)查培繼輯　清乾隆十一

年(1746)刻本　十四冊

110000－0146－0002868　PG/821.85/337
宋詩紀事一百卷　(清)厲鶚　(清)馬曰琯輯　清乾隆十一年(1746)刻本　三十二冊

110000－0146－0002869　SG/812.18/113
漁洋山人精華錄會心偶筆六卷　(清)王士禛撰　(清)伊應鼎編　清乾隆二十四年(1759)刻本　四冊

110000－0146－0002870　SG/802.41/718
古韻標準四卷首一卷　(清)江永編　(清)戴震訂　清乾隆三十六年(1771)刻本　二冊

110000－0146－0002871　PG/821.84/357
全唐詩話八卷　(宋)尤袤輯　(清)孫濤續輯　清乾隆三十九年(1774)石門孫濤刻本　八冊

110000－0146－0002872　PG/821.84/356
全唐詩話八卷　(宋)尤袤輯　(清)孫濤續輯　清乾隆三十九年(1774)石門孫濤刻本　八冊

110000－0146－0002873　PG/821.1/832
朱飲山千金譜二十九卷朱飲山三韻易知十卷　(清)朱燮編　(清)楊廷茲輯　清乾隆五十五年(1790)治怒齋刻本　十六冊

110000－0146－0002874　PG/821.8/398
全浙詩話五十四卷　(清)陶元藻輯　清嘉慶元年(1796)怡雲閣刻本　二十冊

110000－0146－0002875　PG/802.78/103
句讀敍述二卷經讀考異八卷　(清)武億撰　清嘉慶刻本　二冊

110000－0146－0002876　PG/821.1/333
花薫閣詩述十卷　題(清)雪北山樵纂　清嘉慶刻本　六冊

110000－0146－0002877　PG/821.1/332
花薫閣詩述十卷　題(清)雪北山樵纂　清嘉慶刻本　六冊

110000－0146－0002878　PG/823.11/132
詞鏡平仄圖譜三卷　(清)賴損庵撰　清嘉慶十五年(1810)古閩林棲梧刻朱墨印本　二冊

110000－0146－0002879　PG/802.44/994
四聲易知錄四卷　(清)姚文田撰　清嘉慶十七年(1812)刻光緒八年(1882)補刻本　四冊

110000－0146－0002880　PG/821.86/834
靜志居詩話二十四卷　(清)朱彝尊撰　清嘉慶二十四年(1819)扶荔山房刻本　十二冊

110000－0146－0002881　PG/823.2/732
曲話五卷　(清)梁廷枏撰　清道光刻本　二冊

110000－0146－0002882　PG/821.1/292
律詩四辨四卷　(清)李宗文撰　清道光二年(1822)清溪李氏刻本　二冊

110000－0146－0002883　PG/802.7/715
小方壺彙刻三種　(清)汪如瀾輯　清道光五年(1825)刻本　一冊

110000－0146－0002884　PG/802.41/309
古韻發明不分卷　(清)張耕撰　清道光六年(1826)刻本　六冊

110000－0146－0002885　PG/802.81/292
李氏蒙求補注六卷考證一卷　(唐)李瀚撰　(清)金三俊補注　清道光九年(1829)刻本　二冊

110000－0146－0002886　PG/821.87/692
耐冷譚十六卷　(清)宋咸熙撰　清道光九年(1829)刻本　四冊

110000－0146－0002887　PG/802.81/293
王先生十七史蒙求十六卷　(宋)王令撰　清道光九年(1829)刻本　二冊

110000－0146－0002888　PG/820/885
文心雕龍十卷　(南朝梁)劉勰撰　(清)黄叔琳注　(清)紀昀評　清道光十三年(1833)兩廣節署刻朱墨印本(芸香堂承刊)　四冊

110000－0146－0002889　PG/820/884
文心雕龍十卷　(南朝梁)劉勰撰　(清)黄叔琳注　(清)紀昀評　清光緒翰墨園刻朱墨印本　四冊

110000－0146－0002890　PG/820/886
文心雕龍十卷　(南朝梁)劉勰撰　(清)黄叔琳注　(清)紀昀評　清道光十三年(1833)兩廣節署刻朱墨印本　四册

110000－0146－0002891　PG/820/883
文心雕龍十卷　(南朝梁)劉勰撰　(清)黄叔琳注　(清)紀昀評　清末刻朱墨印本　四册

110000－0146－0002892　PG/802.67/504
葉氏睿吾樓文話十六卷　(清)葉元墀輯　清道光十三年(1833)刻本　四册

110000－0146－0002893　PG/821.8/754
養一齋詩話十卷李杜詩話三卷　(清)潘德輿撰　清道光十六年(1836)刻本　四册

110000－0146－0002894　PG/802.41/704
古韻溯原八卷　(清)安念祖　(清)華湛恩輯　清道光十九年(1839)親仁堂刻本　三册

110000－0146－0002895　PG/823.11/616
碎金詞譜六卷附録一卷碎金詞一卷　(清)謝元淮撰　清道光二十四年(1844)刻朱墨印本　七册

110000－0146－0002896　PG/802.41/994
古音諧八卷首一卷　(清)姚文田撰　清道光二十五年(1845)刻本　六册

110000－0146－0002897　PG/821.87/668
伯山詩話後集四卷續集二卷再續集二卷　(清)康發祥輯　清道光二十七年至咸豐元年(1847－1851)刻本　八册

110000－0146－0002898　PG/821.8/268
筠石山房詩話鈔六卷　(清)楊霈輯　清道光二十七年(1847)粤東糧道署刻本　十二册

110000－0146－0002899　PG/672.7335/294
[宣統]峨眉縣續志十卷圖一卷　(清)李錦成修　(清)朱榮邦纂　趙明松重輯　清宣統三年(1911)刻民國二十四年(1935)補刻本　五册

110000－0146－0002900　PG/802.42/375
廣韻五卷　(宋)陳彭年等撰　清同治十二年(1873)粤東書局刻小學彙函本　八册

110000－0146－0002901　PG/839.21/521
徐州二遺民集十卷　馮煦輯　清光緒十九年(1893)刻民國二年(1913)補刻本　五册

110000－0146－0002902　PG/821.87/257
射鷹樓詩話二十四卷　(清)林昌彝輯　清咸豐元年(1851)福州刻本　三册　存十二卷(一至十二)

110000－0146－0002903　PG/802.81/947
[徐氏三種]　(清)徐士業校刊　清歙西徐士業刻本　三册

110000－0146－0002904　PG/821.8/188
隨園詩話十六卷補遺十卷　(清)袁枚撰　清乾隆五十七年(1792)刻本(補遺十卷爲清嘉慶元年刻)　十册　缺二卷(補遺九至十)

110000－0146－0002905　PG/802.44/603
韻辨一隅八卷補遺一卷續補一卷　(清)諸玉衡撰　清咸豐五年(1855)古楂谿郁氏宜稼堂刻本　二册　缺四卷(五至八)

110000－0146－0002906　PG/821.3/544
聲調四譜圖說十二卷首一卷末一卷　(清)董文涣編　清同治三年(1864)洪洞董氏刻本　六册

110000－0146－0002907　PG/802.44/292
李氏音鑑六卷　(清)李汝珍撰　清同治七年(1868)木樨山房刻本　四册

110000－0146－0002908　PG/823.18/158
聽秋聲館詞話二十卷　(清)丁紹儀撰　清同治八年(1869)無錫丁氏刻本　四册

110000－0146－0002909　PG/802.81/321
萬言肄雅一卷　(清)屈曾發撰　清同治九年(1870)刻本　六册

110000－0146－0002910　PG/821.8/114
帶經堂詩話三十卷首一卷　(清)王士禛撰　(清)張宗柟編　清同治十二年(1873)廣州藏脩堂刻本　十册

110000－0146－0002911　PG/821.8/115

帶經堂詩話三十卷首一卷　(清)王士禛撰　(清)張宗柟編　清同治十二年(1873)廣州藏脩堂刻本　十冊

110000－0146－0002912　PG/802.44/965
唐韻正二十卷附古音表二卷　(清)顧炎武撰　清光緒思賢講舍刻音學五書本　七冊

110000－0146－0002913　PG/802.44/537
增注字類標韻六卷　(清)華綱編　(清)范多玨重訂　清光緒刻本　二冊

110000－0146－0002914　PG/821.3/736
詩韻合璧五卷　(清)湯文潞撰　**虛字韻藪一卷**　(清)潘維城輯　清末鉛印本　五冊

110000－0146－0002915　PG/821.3/830
佩文詩韻釋要五卷　(清)周蓮塘撰　(清)朱蘭輯　清光緒元年(1875)湖北崇文書局刻本　二冊

110000－0146－0002916　PG/802.42/156
集韻十卷　(宋)丁度等撰　清光緒二年(1876)歸安姚覲元川東官舍刻本　十冊

110000－0146－0002917　PG/802.42/157
集韻十卷　(宋)丁度等撰　清光緒二年(1876)歸安姚覲元川東官舍刻本　十冊

110000－0146－0002918　PG/802.4/716
四聲切韻表一卷　(清)江永撰　清光緒二年(1876)潯陽李氏漢臯榷署刻本　一冊

110000－0146－0002919　PG/827/602
紅樓夢偶說二卷　題(清)晶三蘆月草舍居士撰　清光緒二年(1876)簣覆山房刻本　四冊

110000－0146－0002920　PG/821.87/262
樵隱詩話十三卷　(清)林鈞撰　清光緒二年至三年(1876－1877)刻本　六冊

110000－0146－0002921　PG/823.11/523
詞律二十卷　(清)萬樹撰　**詞律拾遺八卷補遺一卷**　(清)徐本立撰　清光緒二年(1876)吳下刻本　十六冊

110000－0146－0002922　PG/802.42/159
附釋文互注禮部韻略五卷　(宋)□□撰　清光緒二年(1876)川東官舍刻本　四冊

110000－0146－0002923　PG/802.42/158
附釋文互注禮部韻略五卷　(宋)□□撰　清光緒二年(1876)川東官舍刻本　五冊

110000－0146－0002924　PG/802.44/627
韻詁五卷附補遺一卷　(清)方濬頤撰　清光緒四年(1878)淮南書局刻本　六冊

110000－0146－0002925　PG/802.44/626
韻詁五卷附補遺一卷　(清)方濬頤撰　清光緒四年(1878)淮南書局刻本　六冊

110000－0146－0002926　PG/802.42/626
集韻考正十卷　(清)方成珪撰　清光緒五年(1879)里安孫氏詒善祠塾刻本　十冊

110000－0146－0002927　PG/802.41/859
唐韻考五卷　(清)紀容舒撰　清光緒六年(1880)定州王氏括齋刻畿輔叢書本　一冊

110000－0146－0002928　PG/825.9/362
四六叢話三十三卷選詩叢話一卷　(清)孫梅輯　清光緒七年(1881)吳下刻本　十二冊

110000－0146－0002929　PG/825.9/361
四六叢話三十三卷選詩叢話一卷　(清)孫梅輯　清光緒七年(1881)吳下刻本　十四冊

110000－0146－0002930　PG/825.9/363
四六叢話三十三卷選詩叢話一卷　(清)孫梅輯　清光緒七年(1881)吳下刻本　十二冊

110000－0146－0002931　PG/821.6/712
杜韓詩句集韻三卷　(清)汪文柏輯　清光緒八年(1882)姑蘇來青閣刻本　六冊

110000－0146－0002932　PG/821.1/112
聲調三譜四卷　(清)王祖源輯　清光緒八年(1882)福山王氏天壤閣刻天壤閣叢書本　二冊

110000－0146－0002933　PG/802.43/172
古今韻會舉要三十卷　(元)熊忠撰　清光緒九年(1883)淮南書局刻本　十冊

110000－0146－0002934　PG/802.41/658

古韻通説二十卷　(清)龍啓瑞撰　清光緒九年(1883)四川尊經書局刻本　三冊

110000－0146－0002935　PG/802.42/436
韻補五卷　(清)吳棫撰　**韻補正一卷**　(清)顧炎武撰　清光緒九年(1883)邵武徐氏刻本　二冊　缺一卷(五)

110000－0146－0002936　PG/802.4/964
音學五書三十八卷　(清)顧炎武撰　清光緒十一年(1885)四明觀稼樓刻本　十二冊

110000－0146－0002937　PG/821.3/739
詩韻合璧五卷　(清)湯文潞編　**虚字韻藪一卷**　(清)潘維城輯　清光緒十二年(1886)上洋公興書局鉛印本　五冊

110000－0146－0002938　PG/821.3/740
詩韻合璧五卷　(清)湯文潞編　**虚字韻藪一卷**　(清)潘維城輯　清光緒十二年(1886)上洋公興書局鉛印本　五冊

110000－0146－0002939　PG/821.3/737
詩韻合璧五卷　(清)湯文潞編　清光緒十二年(1886)上洋公興書局鉛印本　三冊　存三卷(一至三)

110000－0146－0002940　PG/821.3/738
詩韻合璧五卷　(清)湯文潞編　清光緒十二年(1886)上洋公興書局鉛印本　四冊　缺一卷(五)

110000－0146－0002941　PG/802.44/334
韻府鉤沈五卷　(清)雷浚撰　清光緒十三年(1887)刻本　二冊

110000－0146－0002942　PG/802.44/335
韻府鉤沈五卷　(清)雷浚撰　清光緒十三年(1887)刻本　四冊

110000－0146－0002943　PG/802.44/340
韻海大全五種　題(清)仁壽室主人編　清光緒十三年(1887)上海積山書局石印本　六冊

110000－0146－0002944　PG/802.44/120
異同韻辨五卷附錄一卷　(清)王籌撰　清光緒十三年(1887)刻本　六冊

110000－0146－0002945　PG/821.3/677
詩韻海五卷　題(清)文匯館主人輯　清光緒十四年(1888)上海點石齋石印本　八冊

110000－0146－0002946　PG/821.3/678
賦韻海不分卷　題(清)文匯館主人輯　清光緒十四年(1888)上海點石齋石印本　十二冊

110000－0146－0002947　PG/802.4/966
音學五書三十八卷　(清)顧炎武撰　清光緒十六年(1890)長沙思賢講舍刻本　十冊

110000－0146－0002948　PG/802.4/965
音學五書三十八卷　(清)顧炎武撰　清光緒十六年(1890)長沙思賢講舍刻本　十二冊

110000－0146－0002949　PG/802.51/295
輶軒使者絕代語釋別國方言箋疏十三卷校勘記一卷　(清)錢繹撰　清光緒十六年(1890)廣雅書局刻本　四冊

110000－0146－0002950　PG/802.51/296
輶軒使者絕代語釋別國方言十三卷首一卷　(漢)揚雄撰　(晉)郭璞注　**續方言二卷**　(清)杭世駿輯　**續方言補一卷**　(清)程際盛輯　清光緒十七年(1891)思賢講舍刻本　四冊

110000－0146－0002951　PG/802.44/462
聲説二卷　(清)時庸勱撰　清光緒十八年(1892)河南星使行臺刻聽古廬聲學十書本　二冊

110000－0146－0002952　PG/802.44/285
五方元音十二卷　(清)樊騰鳳撰　(清)年希堯增補　清末民國石印本　四冊

110000－0146－0002953　PG/821.85/392
宋詩紀事補遺一百卷紀事小傳補正四卷　(清)陸心源輯　清光緒十九年(1893)刻本　二十四冊

110000－0146－0002954　PG/827/601
紅樓夢廣義二卷紀略一卷　題(清)青山山農撰　清光緒二十八年(1902)味青齋刻本　二冊

110000－0146－0002955　PG/802.81/188
中國歷史歌一卷　(清)袁桐編　清光緒三十二年(1906)上海群學社鉛印本　一册

110000－0146－0002956　PG/821.85/504
石林詩話三卷拾遺一卷附錄一卷附錄補一卷　(宋)葉夢得撰　清光緒三十四年(1908)長沙葉氏觀古堂刻本　一册

110000－0146－0002957　PG/071.7/971
日知錄之餘四卷　(清)顧炎武撰　清宣統二年(1910)風雨樓鉛印本　二册

110000－0146－0002958　PG/823.11/924
白香詞譜箋二卷　(清)舒夢蘭撰　(清)謝朝徵箋　清宣統二年(1910)上海掃葉山房石印本　一册

110000－0146－0002959　PG/821.8/953
星湄詩話二卷　(清)徐傳詩撰　清宣統三年(1911)趙詒深刻峭帆樓叢書本　二册

110000－0146－0002960　PG/821.86/382
明詩紀事一百八十七卷　(清)陳田輯　清光緒二十三年至宣統三年(1897－1911)陳氏聽詩齋刻本　三十八册

110000－0146－0002961　PG/821.86/380
明詩紀事一百八十七卷　(清)陳田輯　清光緒二十三年至宣統三年(1897－1911)陳氏聽詩齋刻本　三十八册

110000－0146－0002962　PG/821.86/381
明詩紀事一百八十七卷　(清)陳田輯　清光緒二十三年至宣統三年(1897－1911)陳氏聽詩齋刻本　三十八册

110000－0146－0002963　PG/802.82/262
中學國文讀本第六册　林紓評選　清宣統三年(1911)上海商務印書館鉛印本　一册

110000－0146－0002964　PG/821.87/988
白嶽盦詩話二卷　(清)余楙撰　清宣統三年(1911)上海國學扶輪社鉛印張氏適園叢書本　一册

110000－0146－0002965　SG/831/112
阮亭選古詩三十二卷　(清)王士禛輯　清康熙三十六年(1697)天藜閣刻本　六册

110000－0146－0002966　PG/831.12/482
凝園讀詩管見十四卷　(清)羅典撰　清刻本　十四册

110000－0146－0002967　SG/831/782
詩詞雜俎十二種　(明)毛晉輯　清初汲古閣刻本　四册　存八種十七卷(眾妙集一卷、剪綃集二卷、石湖詩集一卷、月泉吟社一卷、河汾諸老詩集八卷、漱玉詞一卷、斷腸詞一卷、龍輔女紅余志龍二卷)

110000－0146－0002968　PG/831.117/824
重訂空山堂詩志八卷　(清)牛運震撰　清咸豐至光緒刻本　十册

110000－0146－0002969　PG/830/513
文選六十卷　(南朝梁)蕭統撰　(唐)李善注　清刻本　二十册

110000－0146－0002970　PG/831/960
詩林韶濩二十卷　(清)顧嗣立輯　清康熙刻本　六册

110000－0146－0002971　SG/831.7/120
二家詩鈔二種　(清)邵長蘅選　清康熙刻本　五册

110000－0146－0002972　PG/830/988
文選音義八卷　(清)余蕭客撰　清乾隆二十三年(1758)刻本　四册

110000－0146－0002973　PG/831/155
佩文齋詠物詩選四百八十六卷　(清)汪霦等編　清康熙四十五年(1706)刻本　六十四册

110000－0146－0002974　SG/831/627
瀛奎律髓四十九卷　(宋)方回輯　清康熙五十二年(1713)吳寶芝黃葉邨莊刻本　十六册

110000－0146－0002975　SG/831/708
近光集二十八卷　(清)汪士鋐編　(清)徐修仁注　清康熙五十八年(1719)刻本　八册

110000－0146－0002976　SG/831.1/120
欽定詩經傳說彙纂二十一卷詩序二卷首二卷

（清）王鴻緒等纂　清雍正刻本　二十四冊

110000－0146－0002977　PG/831.1/291
詩所八卷　（清）李光地注　清雍正六年（1728）刻本　四冊

110000－0146－0002978　PG/830.7/466
同人集十二卷　（清）冒襄輯　清乾隆十七年（1752）水繪庵刻本　十二冊

110000－0146－0002979　SG/831.1/504
詩經拾遺十六卷　（清）葉酉撰　清乾隆刻本　二冊

110000－0146－0002980　PG/833.1/347
清綺軒詞選十三卷　（清）夏秉衡選　清乾隆十六年（1751）刻本　五冊

110000－0146－0002981　SG/830.7/313
皇清文穎一百卷首二十四卷目錄六卷　（清）張廷玉等輯　清乾隆十二年（1747）內府刻本　二十八冊

110000－0146－0002982　SG/831/655
歷朝詩選簡金集六卷　（清）章薇輯　清乾隆二十三年（1758）刻本　四冊

110000－0146－0002983　PG/831/113
古詩箋三十二卷　（清）王士禛選　（清）聞人倓箋　清乾隆三十一年（1766）茸城聞人氏芷蘭堂刻本　十二冊

110000－0146－0002984　PG/831.114/949
毛詩名物圖說九卷　（清）徐鼎撰　清乾隆三十六年（1771）刻本　二冊

110000－0146－0002985　SG/830/512
文選六十卷　（南朝梁）蕭統撰　（唐）李善注　清乾隆刻朱墨印本　十二冊

110000－0146－0002986　SG/831.17/192
絜齋毛詩經筵講義四卷　（宋）袁燮撰　清乾隆四十年（1775）武英殿木活字印本　一冊

110000－0146－0002987　PG/830/112
重訂文選集評十五卷首一卷末一卷　（南朝梁）蕭統撰　（清）于光華輯評　清乾隆四十五年（1780）心簡齋刻本　八冊

110000－0146－0002988　PG/831/629
瀛奎律髓刊誤四十九卷　（宋）方回輯　（清）紀昀評點　清嘉慶五年（1800）侯官李光垣刻本　十二冊

110000－0146－0002989　PG/831.15/227
韓詩外傳十卷　（漢）韓嬰撰　清嘉慶四年（1799）味經堂刻本　二冊

110000－0146－0002990　PG/831/628
瀛奎律髓刊誤四十九卷　（宋）方回輯　（清）紀昀評點　清嘉慶五年（1800）侯官李光垣刻本　十冊

110000－0146－0002991　PG/831.116/341
毛詩證讀不分卷讀詩或問一卷　（清）戚學標撰　清嘉慶十年（1805）刻本　四冊

110000－0146－0002992　PG/830/515
文選六十卷　（南朝梁）蕭統撰　（唐）李善注　**考異十卷**　（清）胡克家撰　清嘉慶十四年（1809）鄱陽胡氏刻本　三十六冊

110000－0146－0002993　PG/830/516
文選六十卷　（南朝梁）蕭統撰　（唐）李善注　**考異十卷**　（清）胡克家撰　清嘉慶十四年（1809）鄱陽胡氏刻本　二十四冊

110000－0146－0002994　PG/830.7/545
皇清文穎續編一百八卷首五十六卷目錄十卷　（清）董誥等編　清嘉慶十五年（1810）刻本　一百二十八冊

110000－0146－0002995　PG/831.113/892
嚴氏詩緝補義八卷　（清）劉燦撰　清嘉慶十六年（1811）鎮海劉氏墨莊刻本　十冊

110000－0146－0002996　PG/831.117/138
詩說三卷附錄一卷　（清）惠周惕撰　清嘉慶十七年（1812）璜川吳氏真意堂刻本　一冊

110000－0146－0002997　PG/830/363
續古文苑二十卷　（清）孫星衍輯　清嘉慶十七年（1812）刻本　十冊

110000－0146－0002998　PG/831.117/382
毛詩稽古編三十卷附錄一卷　（清）陳啓源撰

清嘉慶十八年(1813)刻本　八冊

110000－0146－0002999　PG/830.6/150
邱海二公合集二種　(清)賈棠　(清)焦映漢等輯　清乾隆十八年(1753)邱氏可繼堂刻嘉慶二十年(1815)桂林朱棨補修印本　六冊

110000－0146－0003000　PG/831.112/782
毛鄭詩三十卷　(漢)毛亨傳　(漢)鄭玄箋　**詩譜一卷**　(漢)鄭玄撰　**毛詩音義三卷**　(唐)陸德明撰　清嘉慶二十一年(1816)木瀆周氏枕經樓刻本　八冊

110000－0146－0003001　PG/831.112/779
毛詩傳箋三十卷鄭氏詩譜一卷　(漢)毛亨傳　(漢)鄭玄箋　清嘉慶二十一年(1816)木瀆周氏枕經樓刻本　十冊

110000－0146－0003002　PG/831/306
宛鄰書屋古詩錄十二卷　(清)張琦編　清道光南文德齋史鴻德刻宛鄰書屋叢書本　四冊

110000－0146－0003003　PG/830.4/102
唐人三家集三種　(清)秦恩復輯　清道光七年(1827)秦氏石研齋刻本　六冊

110000－0146－0003004　PG/830.4/103
唐人三家集三種　(清)秦恩復輯　清道光七年(1827)秦氏石研齋刻本　八冊

110000－0146－0003005　PG/831.117/840
毛詩禮徵十卷　(清)包世榮撰　清道光七年(1827)小倦游閣刻本　六冊

110000－0146－0003006　SG/831.17/339
詩說考略十二卷　(清)成僎撰　清道光十年(1830)王氏信芳閣木活字印本　六冊

110000－0146－0003007　PG/831.17/384
詩經四家異文考五卷　(清)陳喬樅撰　清道光二十三年(1843)刻本　五冊

110000－0146－0003008　PG/831/965
乾坤正氣集二十卷　(清)顧沅輯　清道光二十三年(1843)長沙顧氏藝海樓刻本　八冊

110000－0146－0003009　PG/831.12/287
詩經傳注八卷　(清)李塨撰　清道光二十四年(1844)刻本　二冊　缺四卷(三至六)

110000－0146－0003010　PG/830/385
文選補遺四十卷　(宋)陳仁子輯　(宋)譚紹烈纂類　清道光二十五年(1845)刻本　十六冊

110000－0146－0003011　PG/830/386
文選補遺四十卷　(宋)陳仁子輯　(宋)譚紹烈纂類　清道光二十五年(1845)刻本　十六冊

110000－0146－0003012　PG/830/384
文選補遺四十卷　(宋)陳仁子輯　(宋)譚紹烈纂類　清道光二十五年(1845)刻本　十二冊

110000－0146－0003013　PG/831.117/787
讀詩考字二卷補編一卷　(清)程大鏞纂　清道光二十五年(1845)叢桂軒刻本　一冊

110000－0146－0003014　PG/831.112/113
毛詩讀三十卷　(清)王劼撰　清咸豐四年(1854)成都刻本　十冊

110000－0146－0003015　PG/831.113/748
毛詩傳箋異義解十六卷　(清)沈鎬撰　清咸豐六年(1856)刻本　四冊

110000－0146－0003016　PG/831/114
漁洋山人古詩選三十二卷　(清)王士禛選　清同治五年(1866)金陵書局刻本　八冊

110000－0146－0003017　PG/831/313
濂洛風雅九卷　(清)張伯行輯　清同治五年(1866)正誼書院刻本　四冊

110000－0146－0003018　PG/831.112/372
詩經繹參四卷　(清)鄧翔撰　清同治六年(1867)孔氏刻朱墨印本　四冊

110000－0146－0003019　PG/830/279
古文詞略六卷　(清)梅曾亮輯　清同治六年(1867)合肥李氏刻本　六冊

110000－0146－0003020　PG/831.1/119
欽定詩經傳說彙纂二十一卷首二卷詩序二卷　(清)王鴻緒等纂　清同治七年(1868)馬新

貽刻本　十六冊

110000－0146－0003021　PG/830/519
文選六十卷　(南朝梁)蕭統撰　(唐)李善注　**考異十卷**　(清)胡克家撰　清同治八年(1869)潯陽萬氏刻本　二十四冊

110000－0146－0003022　PG/830/438
古文約選不分卷　(清)允禮選　(清)方苞訂　清同治八年(1869)盱眙吳棠刻本　十二冊

110000－0146－0003023　PG/830.3/222
六朝四家全集十七卷採輯歷朝詩話一卷附辨訛考異一卷　(清)胡鳳丹輯　清同治九年(1870)永康胡鳳丹退補齋刻本　六冊

110000－0146－0003024　PG/831.12/369
毛詩注疏三十卷　(唐)孔穎達撰　(唐)陸德明音義　清同治十年(1871)刻本　十四冊

110000－0146－0003025　PG/831.112/780
毛詩傳箋二十卷鄭氏詩譜一卷　(漢)毛亨傳　(漢)鄭玄箋　**毛詩音義三卷**　(唐)陸德明撰　清同治十一年(1872)江南書局刻本　六冊

110000－0146－0003026　PG/831.112/781
毛詩傳箋二十卷鄭氏詩譜一卷　(漢)毛亨傳　(漢)鄭玄箋　**毛詩音義三卷**　(唐)陸德明撰　清同治十一年(1872)江南書局刻本　六冊

110000－0146－0003027　PG/830/111
重訂文選集評十五卷首一卷末一卷　(南朝梁)蕭統選　(清)于光華輯評　清同治十一年(1872)江蘇書局刻本　十六冊

110000－0146－0003028　PG/839.8/885
二劉文集二種　(宋)劉安節　(宋)劉安上撰　清同治十二年(1873)里安孫詒讓刻本　二冊

110000－0146－0003029　PG/831/634
樂府詩集一百卷目錄二卷　(宋)郭茂倩輯　清同治十三年(1874)湖北崇文書局刻本　十六冊

110000－0146－0003030　PG/831/981
三十家詩鈔六卷首一卷末一卷　(清)曾國藩輯　(清)王定安增輯　清同治十三年(1874)傳忠書局刻本　六冊

110000－0146－0003031　PG/831.15/228
韓詩外傳十卷　(漢)韓嬰撰　清光緒元年(1875)望三益齋刻本　六冊

110000－0146－0003032　PG/830.4/719
唐人五十家小集不分卷　(清)江標輯　清光緒二十一年(1895)元和江氏靈鶼閣刻本　二十四冊

110000－0146－0003033　PG/831.1/946
詩經貫解四卷　(清)徐壽基集注　清光緒刻本　六冊

110000－0146－0003034　PG/830/754
乾坤正氣集五百七十四卷首一卷　(清)姚瑩等輯　清道光二十八年(1848)涇縣潘氏袁江節署刻光緒元年(1875)涇縣潘氏重印本　二百冊

110000－0146－0003035　PG/830/827
文選集釋二十四卷　(清)朱珔撰　清光緒元年(1875)朱氏梅村家塾刻本　十二冊

110000－0146－0003036　PG/831/842
歷朝二十五家詩錄三十七卷首一卷　(清)鄒湘倜編　清光緒元年(1875)新化鄒氏得頤堂刻本　三十冊

110000－0146－0003037　PG/830/719
文學叢鈔不分卷　(□)□□撰　清末江蘇存古學堂活字印本　二冊

110000－0146－0003038　PG/830.7/504
陸陳二先生詩文鈔二十八卷　(清)葉裕仁輯　清光緒二年(1876)合肥蒯德模安道書院刻本　八冊

110000－0146－0003039　PG/831.114/834
毛詩補禮六卷　(清)朱濂撰　清道光十九年(1839)刻光緒三年(1877)補刻本　二冊

110000－0146－0003040　PG/831.114/833

毛詩補禮六卷 (清)朱濂撰 清道光十九年(1839)刻光緒三年(1877)補刻本 二冊

110000-0146-0003041 PG/831/213
唐宋詩本七編七十六卷目錄八卷 (清)戴第元輯 清乾隆三十八年(1773)覽珠堂刻光緒三年至四年(1877-1878)戴仲和補刻本 四十二冊

110000-0146-0003042 PG/831/947
玉臺新詠十卷 (南朝陳)徐陵輯 清光緒五年(1879)宏達堂刻本 四冊

110000-0146-0003043 PG/830.7/684
辨志文會課藝初集不分卷 (清)宗源瀚輯 清光緒六年(1880)刻本 六冊

110000-0146-0003044 PG/831/115
八代詩選二十卷 王闓運輯 清光緒七年(1881)四川尊經書局刻本 六冊

110000-0146-0003045 PG/830/730
文選旁證四十六卷 (清)梁章鉅撰 清光緒八年(1882)吳下刻本 十二冊

110000-0146-0003046 PG/830.7/465
同人集十二卷 (清)冒襄輯 清光緒八年(1882)刻本 十二冊

110000-0146-0003047 PG/831.112/115
詩問七卷 (清)王照圓撰 清光緒八年(1882)郝氏東路廳署刻本 六冊

110000-0146-0003048 PG/831.113/801
毛詩要義二十卷詩序譜一卷 (宋)魏了翁撰 清光緒八年(1882)獨山莫祥芝上海刻本 十二冊

110000-0146-0003049 PG/831.117/384
詩比興箋四卷 (清)陳沆撰 清光緒九年(1883)長洲彭祖賢刻本 二冊

110000-0146-0003050 PG/831.117/383
毛詩稽古編三十卷附考一卷 (清)陳啓源撰 清光緒九年(1883)上海同文書局石印本 八冊

110000-0146-0003051 PG/830/365
續古文苑二十卷 (清)孫星衍輯 清光緒九年(1883)江蘇書局刻本 六冊

110000-0146-0003052 PG/830.41/994
唐文粹一百卷補遺二十六卷 (宋)姚鉉編 (清)郭麟補編 清光緒九年(1883)江蘇書局刻十一年(1885)江蘇書局增刻本 二十冊

110000-0146-0003053 PG/830/260
東萊集注類編觀瀾文集七十卷 (宋)林之奇編 清光緒十年(1884)碧琳琅館刻本 十二冊

110000-0146-0003054 PG/830/364
續古文苑二十卷 (清)孫星衍輯 清光緒十年(1884)孫溪朱氏槐廬家塾刻本 四冊 存十二卷(九至二十)

110000-0146-0003055 PG/830/608
文選筆記八卷 (清)許巽行撰 清光緒五年至十年(1879-1884)杭州任有容齋刻本 六冊

110000-0146-0003056 PG/830/609
文選筆記八卷 (清)許巽行撰 清光緒五年至十年(1879-1884)杭州任有容齋刻本 六冊

110000-0146-0003057 PG/831.1/384
詩誦五卷 (清)陳僅撰 清光緒十一年(1885)四明陳鼎文則樓木活字印本 二冊

110000-0146-0003058 PG/910/383
聲律通考十卷 (清)陳澧撰 清咸豐十年(1860)番禺陈氏刻鍾山別業叢書本 二冊

110000-0146-0003059 PG/830.51/444
宋文鑑一百五十卷目錄三卷 (宋)呂祖謙輯 清光緒十二年(1886)江蘇書局刻本 二十四冊

110000-0146-0003060 PG/831.113/413
毛詩傳箋通釋三十二卷 (清)馬瑞辰撰 清光緒十四年(1888)廣雅書局刻本 十二冊

110000-0146-0003061 PG/831.113/412
毛詩傳箋通釋三十二卷 (清)馬瑞辰撰 清

光緒十四年(1888)廣雅書局刻本　十二冊

110000－0146－0003062　PG/830/981
經史百家雜鈔二十六卷　(清)曾國藩輯　清光緒十四年(1888)鴻文書局鉛印曾文正公全集本　六冊

110000－0146－0003063　PG/830.52/525
南宋文範七十卷外篇四卷　(清)莊仲方編　清光緒十四年(1888)江蘇書局刻本　十六冊

110000－0146－0003064　PG/830.52/526
南宋文範七十卷外篇四卷　(清)莊仲方編　清光緒十四年(1888)江蘇書局刻本　十六冊

110000－0146－0003065　PG/830.5/555
元文類七十卷目錄三卷　(元)蘇天爵輯　清光緒十五年(1889)江蘇書局刻本　十冊

110000－0146－0003066　PG/830/715
文選理學權輿八卷補一卷　(清)汪師韓撰　(清)孫志祖補　**文選考異四卷文選李注補正四卷**　(清)孫志祖輯　清光緒十五年(1889)番禺陶敦復刻本　八冊

110000－0146－0003067　PG/830/714
文選理學權輿八卷補一卷　(清)汪師韓撰　(清)孫志祖補　**文選考異四卷文選李注補正四卷**　(清)孫志祖輯　清光緒十五年(1889)番禺陶敦復刻本　八冊

110000－0146－0003068　PG/830.6/568
明文在一百卷　(清)薛熙編　(清)何潔輯　清光緒十五年(1889)江蘇書局刻本　十冊

110000－0146－0003069　PG/831/116
八代詩選二十卷　王闓運輯　清光緒十六年(1890)江蘇書局刻本　八冊

110000－0146－0003070　PG/831.1/435
詩經申義十卷　(清)吳士模撰　清光緒十七年(1891)刻本　四冊

110000－0146－0003071　PG/831.112/435
毛詩復古錄十二卷首一卷　(清)吳懋清撰　清光緒二十年(1894)廣州學署刻本　六冊

110000－0146－0003072　PG/830.4/720
唐人五十家小集不分卷　(清)江標輯　清光緒二十一年(1895)元和江氏靈鶼閣刻本　十六冊

110000－0146－0003073　PG/830.7/370
普天忠憤全集十四卷首一卷　(清)孔廣德編　清光緒二十一年(1895)石印本　十二冊

110000－0146－0003074　PG/831/502
韻對千家詩四卷　(清)文成堂輯　清光緒二十一年(1895)文成堂刻本　一冊

110000－0146－0003075　PG/831.117/962
毛詩訂詁八卷附錄二卷　(清)顧棟高撰　清光緒二十二年(1896)江蘇書局刻本　四冊

110000－0146－0003076　PG/831.117/960
毛詩訂詁八卷附錄二卷　(清)顧棟高撰　清光緒二十二年(1896)江蘇書局刻本　四冊

110000－0146－0003077　PG/831.117/961
毛詩訂詁八卷附錄二卷　(清)顧棟高撰　清光緒二十二年(1896)江蘇書局刻本　四冊

110000－0146－0003078　PG/830/723
四忠遺集四種　(清)□□輯　清光緒二十三年(1897)湘南書局刻本　十八冊

110000－0146－0003079　PG/830/518
文選六十卷　(南朝梁)蕭統撰　(唐)李善注　清光緒二十四年(1898)上海古香閣石印本　六冊

110000－0146－0003080　PG/831/610
遙集集前編六卷後編十卷　(清)許貞幹輯　清光緒二十八年至三十四年(1902－1908)味青齋刻本　十六冊

110000－0146－0003081　PG/830/442
涵芬樓古今文鈔一百卷　吳增祺輯　清宣統二年(1910)上海商務印書館鉛印本　一百冊

110000－0146－0003082　PG/831/441
香痕奩影集四卷附閨秀題辭一卷　(清)吳仲輯　清宣統二年(1910)京師國學萃編社鉛印本　五冊

110000－0146－0003083　PG/831.12/646
御纂詩義折中二十卷　(清)傅恒等纂　清宣統三年(1911)上海章福記書局石印本　三冊

110000－0146－0003084　PG/830.4/104
唐人三家集三種　(清)秦恩復輯　清宣統三年(1911)藏古園圖書館刻本　八冊

110000－0146－0003085　SG/831.7/295
蔗塘外集不分卷　(清)查爲仁撰　清乾隆刻本　六冊

110000－0146－0003086　PG/831.41/249
中晚唐詩叩彈集十二卷續集三卷　(清)杜詔　(清)杜庭珠輯　清寶仁堂刻本　三冊

110000－0146－0003087　SG/831.41/987
貫華堂選批唐才子詩甲集七言律八卷　(清)金人瑞評　清初刻本　八冊

110000－0146－0003088　PG/831.41/988
貫華堂選批唐才子詩甲集七言律八卷　(清)金人瑞評　清龍文堂刻本　十二冊

110000－0146－0003089　PG/831.42/748
重訂唐詩別裁集二十卷　(清)沈德潛選　清乾隆二十八年(1763)教忠堂刻本　十冊

110000－0146－0003090　SG/831.5/741
南宋襍事詩七卷　(清)沈嘉轍等撰　清雍正芹香齋刻本　四冊

110000－0146－0003091　PG/831.7/926
欽定熙朝雅頌集一百六卷餘集二卷　(清)鐵保輯　清嘉慶刻本　二十四冊

110000－0146－0003092　PG/831.21/289
漢詩十卷　(清)李因篤輯評　清康熙刻本　四冊

110000－0146－0003093　SG/831.56/630
御訂全金詩增補中州集七十二卷首二卷　(金)元好問撰　(清)郭元釪補輯　清康熙五十年(1711)内府刻本　三十六冊

110000－0146－0003094　PG/831.6/835
明詩綜一百卷　(清)朱彝尊輯　清康熙四十四年(1705)刻本　四十八冊

110000－0146－0003095　PG/831.51/450
宋詩鈔初集不分卷　(清)吳之振等選編　清康熙十年(1671)吳氏鑑古堂刻本　二十四冊

110000－0146－0003096　SG/831.41/113
十種唐詩選十七卷　(清)王士禛選　清康熙三十一年(1692)蘿延齋刻本　二冊

110000－0146－0003097　PG/831.5/383
宋十五家詩選十六卷　(清)陳訏輯　清康熙三十二年(1693)刻本　六冊

110000－0146－0003098　SG/831.57/975
元詩選初集不分卷二集八卷三集八卷首一卷　(清)顧嗣立輯　清康熙顧氏秀野草堂刻本　三十六冊

110000－0146－0003099　PG/831.41/248
中晚唐詩叩彈集十二卷續集三卷　(清)杜詔　(清)杜庭珠輯注　清康熙四十三年(1704)采山亭刻本　十二冊

110000－0146－0003100　PG/831.41/198
山滿樓箋註唐詩七言律六卷　(清)趙臣瑗輯　清乾隆四十九年(1784)刻本　六冊

110000－0146－0003101　SG/831.41/953
御定全唐詩錄一百卷　(清)徐倬　(清)徐元正輯　清康熙四十五年(1706)揚州詩局刻本　二十四冊

110000－0146－0003102　PG/831.41/954
御定全唐詩錄一百卷　(清)徐倬　(清)徐元正輯　清康熙四十五年(1706)刻本　四十八冊

110000－0146－0003103　PG/831.41/157
全唐詩九百卷目錄十二卷　(清)曹寅等輯　清康熙四十六年(1707)刻本　一百十九冊　缺一冊(第二函第三冊)

110000－0146－0003104　PG/831.6/954
本事詩十二卷　(清)徐釚編輯　清雍正承芳堂刻本　四冊

110000－0146－0003105　PG/831.5/145
宋百家詩存二十卷　(清)曹庭棟輯　清乾隆

六年(1741)刻本　二十冊

110000－0146－0003106　SG/831.6/828
明人詩鈔正集十四卷續集十四卷　(清)朱琰編　清乾隆二十五年(1760)刻本　十二冊

110000－0146－0003107　SG/831.7/916
歸田集不分卷　(清)沈德潛撰　清乾隆刻本　二冊

110000－0146－0003108　PG/831.6/748
明詩别裁集十二卷　(清)沈德潛　(清)周準輯　清乾隆四年(1739)刻本　四冊

110000－0146－0003109　PG/831.56/961
金詩選四卷　(清)顧奎光輯　(清)陶玉禾評　清乾隆十六年(1751)刻本　四冊

110000－0146－0003110　PG/831.57/961
元詩選六卷補遺一卷金詩選四卷　(清)顧奎光輯　(清)陶瀚　(清)陶玉禾評　清乾隆十六年(1751)刻本　四冊　缺二卷(金詩選三至四)

110000－0146－0003111　SG/831.7/112
感舊集十六卷　(清)王士禛輯　(清)盧見曾補傳　清乾隆十七年(1752)盧氏雅雨堂刻本　八冊

110000－0146－0003112　SG/831.7/113
感舊集十六卷　(清)王士禛輯　(清)盧見曾補傳　清乾隆十七年(1752)盧氏雅雨堂刻本(卷一第一至十四葉配抄本)　十六冊

110000－0146－0003113　SG/831.7/750
七子詩選十四卷　(清)沈德潛輯　清乾隆十八年(1753)刻本　二冊

110000－0146－0003114　SG/831.7/749
七子詩選十四卷　(清)沈德潛輯　清乾隆十八年(1753)刻本　四冊

110000－0146－0003115　SG/831.7/375
本朝館閣詩二十卷附錄一卷續附錄一卷　(清)阮學浩　(清)阮學濬編　清乾隆二十三年(1758)刻本　十二冊

110000－0146－0003116　SG/831.7/115
薰風協奏集三卷首一卷　(清)王又曾輯　(清)莊鳳翥注　清乾隆二十三年(1758)文映書屋刻本　四冊

110000－0146－0003117　PG/831.7/829
國朝詩萃十二卷　(清)朱豫選　清乾隆三十年(1765)光霽堂刻本　八冊

110000－0146－0003118　PG/831.7/887
國朝六家詩鈔八卷　(清)劉執玉輯　清乾隆三十二年(1767)刻本　八冊

110000－0146－0003119　PG/831.41/924
應試唐詩類釋十九卷　(清)臧岳輯　清乾隆四十年(1775)三樂齋刻本　八冊

110000－0146－0003120　PG/831.7/392
國朝五言長律賡颺集十六卷　(清)陸心齋選　(清)張曰珣　(清)邱先德箋補　清乾隆四十三年(1778)粵秀書院刻本　十四冊

110000－0146－0003121　PG/831.7/436
國朝詩十卷外編一卷補六卷　(清)吳翌鳳輯　清嘉慶新陽趙氏刻本　十冊

110000－0146－0003122　PG/831.7/117
湖海詩傳四十六卷　(清)王昶輯　清嘉慶八年(1803)刻本　八冊

110000－0146－0003123　PG/831.41/291
重訂中晚唐詩主客圖二卷補遺二卷　(清)李懷民輯　清嘉慶十年(1805)邱縣劉氏刻本　二冊

110000－0146－0003124　PG/831.7/114
群雅集四十卷二集九卷　(清)王豫輯　清嘉慶十二年至十六年(1807－1811)刻本　十冊

110000－0146－0003125　PG/831.7/981
朋舊遺詩合鈔二十二卷續鈔一卷　(清)曾燠輯　清嘉慶十年(1805)刻十二年(1807)續刻本　十二冊

110000－0146－0003126　PG/831.7/435
印須集八卷續集六卷又續集五卷附女士詩錄一卷　(清)吳翌鳳輯　清嘉慶十九年(1814)刻本　十冊

110000－0146－0003127　PG/831.7/620
宦游投贈集六卷　(清)謝崇俊輯　清道光六年(1826)刻本　二册

110000－0146－0003128　PG/831.7/687
國朝閨秀正始集二十卷附錄一卷補遺一卷續集十卷附錄一卷補遺一卷　(清)完顔惲珠輯　**紅香館輓詞一卷**　(清)妙蓮保輯　清道光十一年至十六年(1831－1836)紅香館刻本　十册

110000－0146－0003129　PG/831.7/708
清尊集十六卷　(清)汪遠孫輯　清道光十九年(1839)錢塘汪氏振綺堂刻本　八册

110000－0146－0003130　PG/831.7/118
可作集八卷　(清)王慶勳輯　清道光二十九年(1849)刻本　四册

110000－0146－0003131　PG/831.7/526
苔岑集七種　(清)蔣棨渭輯　清道光三十年(1850)刻本　六册

110000－0146－0003132　PG/831.7/846
國朝正雅集九十九卷首一卷　(清)符葆森輯　清咸豐七年(1857)京師半畝園刻本　三十二册

110000－0146－0003133　PG/831.7/287
柳堂師友詩錄不分卷　(清)李長榮輯　清咸豐、同治羊城富文齋刻本　十六册

110000－0146－0003134　PG/831.7/324
鼎吉堂遺書三種　(清)尹繼美編　清同治、光緒刻本　四册

110000－0146－0003135　PG/831.7/311
國朝詩鐸二十六卷首一卷　(清)張應昌輯　清同治八年(1869)永康應氏秀芷堂刻本　十六册

110000－0146－0003136　PG/831.7/312
國朝詩鐸二十六卷首一卷　(清)張應昌選輯　清同治八年(1869)永康應氏秀芷堂刻本　十六册

110000－0146－0003137　PG/831.41/720
唐人萬首絕句選七卷　(宋)洪邁輯　(清)王士禛選　清同治九年(1870)刻本　二册

110000－0146－0003138　PG/831.21/119
漢饒歌釋文箋正一卷　王先謙撰　清同治十一年(1872)長沙王氏虛受堂刻本　一册

110000－0146－0003139　PG/831.6/712
明三十家詩選初集八卷　(清)汪端輯　清同治十二年(1873)蘊蘭吟館刻本　八册

110000－0146－0003140　PG/831.6/713
明三十家詩選初集八卷　(清)汪端輯　清同治十二年(1873)蘊蘭吟館刻本　八册

110000－0146－0003141　PG/831.7/613
國朝閨秀香咳集十卷附錄一卷　(清)許夔臣輯　清光緒上海申報館鉛印本　四册

110000－0146－0003142　PG/831.41/968
河岳英靈集二卷　(唐)殷璠選輯　清光緒四年(1878)賴豐烈揚州刻本　二册

110000－0146－0003143　PG/831.7/102
西泠酬倡集五卷二集五卷三集五卷　(清)秦緗業等撰　清光緒五年(1879)刻本　六册

110000－0146－0003144　PG/831.7/307
七家詩選七卷　(清)張熙宇輯評　(清)張昶注釋　清光緒六年(1880)掃葉山房刻朱墨印本　四册

110000－0146－0003145　PG/831.7/862
館選試帖詩海三十四卷　(清)織墨齋輯　清光緒十年(1884)羊城海墨樓石印本　二册　存二卷(卷一天文部、卷二地理部)

110000－0146－0003146　PG/831.7/828
白田風雅二十四卷　(清)朱彬輯　清光緒十二年(1886)金陵刻本　四册

110000－0146－0003147　PG/831.41/158
全唐詩三十二卷　(清)聖祖玄燁敕編　(清)曹寅等輯　清光緒十三年(1887)上海同文書局石印本　三十二册

110000－0146－0003148　PG/831.41/222
唐四家詩集二十卷拾遺一卷　(清)胡鳳丹輯

清光緒十三年(1887)湖北官書處刻本 五册

110000－0146－0003149 PG/831.57/976
元詩選癸集十卷 (清)顧嗣立輯 (清)席世臣補輯 清光緒十四年(1888)南沙席氏掃葉山房刻本 十六册

110000－0146－0003150 PG/831.41/366
唐詩三百首注釋六卷姓氏小傳一卷續選一卷 (清)孫洙選編 (清)章燮注 清光緒十五年(1889)文寶堂書坊刻本 八册

110000－0146－0003151 PG/831.41/746
唐詩諧律二卷 (清)沈寶青撰 清光緒十六年(1890)溧陽沈氏歸安官舍刻本 二册

110000－0146－0003152 PG/831.7/468
湘社集四卷 易順鼎 程頌萬編 清光緒十七年(1891)長沙刻本 一册

110000－0146－0003153 PG/831.7/796
四友遺詩四種 (清)黎庶昌輯 清光緒二十年(1894)遵義黎氏川東道署刻本 四册

110000－0146－0003154 PG/831.41/114
古唐詩合解十六卷 (清)王堯衢注 清光緒二十年(1894)文成堂刻本 六册

110000－0146－0003155 PG/831.41/115
古唐詩合解十六卷 (清)王堯衢注 清光緒二十年(1894)文成堂刻本 四册

110000－0146－0003156 PG/831.7/622
鄧尉探梅詩四卷 (清)謝家福輯 清光緒二十年(1894)刻本 一册

110000－0146－0003157 PG/831.6/305
弘正四傑詩集四種 (清)張祖同輯 清光緒二十一年(1895)長沙張氏湘雨樓刻本 十六册

110000－0146－0003158 PG/831.6/428
明四子詩集四種 (清)嚴嶽蓮輯 清光緒十五年至三十三年(1889－1907)渭南嚴氏刻本 二十八册

110000－0146－0003159 PG/831.6/932
列朝詩集七集八十一卷 (清)錢謙益選 清宣統二年(1910)上海神州國光社鉛印本 五十六册

110000－0146－0003160 PG/831.7/361
道咸同光四朝詩史甲集八卷首一卷 孫雄輯 清宣統二年(1910)刻本 十册

110000－0146－0003161 PG/802.82/263
中學國文讀本第七册 林紓評選 清宣統二年(1910)上海商務印書館鉛印本 一册

110000－0146－0003162 PG/831.51/329
坡門酬唱二十三卷 (宋)邵浩輯 清宣統三年(1911)劉氏玉海堂刻貴池劉氏玉海堂影宋叢書本 八册

110000－0146－0003163 PG/831.51/330
坡門酬唱二十三卷 (宋)邵浩輯 清宣統三年(1911)劉氏玉海堂刻貴池劉氏玉海堂影宋叢書本 八册

110000－0146－0003164 SG/832.122/109
楚辭十七卷首一卷 (戰國)屈原撰 (漢)劉向編集 (漢)王逸章句 (明)黄省曾校正 明刻本 四册

110000－0146－0003165 SG/832.122/118
楚辭十七卷附錄一卷 (戰國)屈原撰 (漢)劉向編集 (漢)王逸章句 (明)馮紹祖校 明萬曆毛氏汲古閣刻本 六册

110000－0146－0003166 SG/833.1/167
花庵絶妙詞選十卷中興以來絶妙詞選十卷 (宋)黄昇輯 明末清初毛氏汲古閣刻本 四册

110000－0146－0003167 PG/832.17/256
楚辭燈四卷 (清)林雲銘撰 清康熙三十六年(1697)林氏挹奎樓刻本 二册

110000－0146－0003168 PG/832.17/257
楚辭燈四卷 (清)林雲銘撰 清康熙三十六年(1697)林氏挹奎樓刻本 四册

110000－0146－0003169 PG/832.122/113
楚辭十七卷 (戰國)屈原撰 (漢)王逸章句

清中晚期刻本　二冊

110000－0146－0003170　PG/832.2/389
歷朝賦格十五卷　（清）陸棻評選　清康熙刻本　十二冊

110000－0146－0003171　PG/833.1/832
詞綜三十六卷　（清）朱彝尊輯　（清）汪森增定　清康熙十七年（1678）休陽汪氏刻乾隆九年（1744）重修本　十二冊

110000－0146－0003172　SG/832.127/322
楚辭八卷末一卷　（戰國）屈原撰　（清）屈復集注　（清）屈啓賢編　清乾隆三年（1738）居易堂刻本　二冊

110000－0146－0003173　PG/833.1/833
詞綜三十六卷　（清）朱彝尊輯　（清）汪森增定　清康熙十七年（1678）休陽汪氏刻乾隆九年（1744）重修本　八冊

110000－0146－0003174　SG/833.1/782
詞苑英華七種　（明）毛晉輯　清乾隆十七年（1752）刻本　十二冊

110000－0146－0003175　SG/833.1/781
詞苑英華七種　（明）毛晉輯　清乾隆十七年（1752）刻本　十二冊

110000－0146－0003176　SG/832.125/806
楚辭集注八卷　（戰國）屈原撰　（宋）朱熹注　清乾隆五十三年（1788）聽雨齋刻朱墨印本　四冊

110000－0146－0003177　SG/832.127/889
屈子章句七卷　（清）劉夢鵬撰　清乾隆五十四年（1789）藜青堂刻本　二冊

110000－0146－0003178　PG/802.223/878
說文解字注箋十四卷　（清）段玉裁注　（清）徐灝箋　清光緒二十年（1894）桂林刻民國三年（1914）京師補刻本　三十二冊

110000－0146－0003179　PG/782.97/376
阿文成公[桂]年譜三十四卷　（清）那彥成　（清）王昶編　（清）盧蔭溥增修　清嘉慶刻本　二十四冊

110000－0146－0003180　PG/835.7/949
今文偶見四十八卷　（清）徐斐然輯　清嘉慶四年（1799）刻本　八冊

110000－0146－0003181　PG/832.122/112
楚辭十七卷　（戰國）屈原撰　（漢）劉向輯　（漢）王逸章句　清嘉慶六年（1801）刻本　六冊

110000－0146－0003182　PG/835.9/981
國朝駢體正宗十二卷　（清）曾燠輯　清嘉慶十一年（1806）賞雨茆屋刻本　四冊

110000－0146－0003183　PG/832.17/379
屈辭精義六卷　（戰國）屈原撰　（清）陳本禮箋　清嘉慶十七年（1812）陳氏裛露軒刻本　二冊

110000－0146－0003184　PG/830/362
續古文苑二十卷　（清）孫星衍輯　清嘉慶十七年（1812）刻本　六冊

110000－0146－0003185　SG/835.41/544
欽定全唐文一千卷目錄三卷韻編一卷　（清）董誥等編　清嘉慶二十三年（1818）揚州詩局刻本　五百五冊

110000－0146－0003186　PG/835.9/292
皇朝文典七十四卷　（清）李兆洛輯　清嘉慶二十年（1815）李淦刻本　十六冊

110000－0146－0003187　SG/835.41/545
欽定全唐文一千卷目錄三卷　（清）董誥等編　清嘉慶二十三年（1818）揚州詩局刻本　二百二十四冊

110000－0146－0003188　SG/835.6/640
明文鈔二編不分卷　（清）高塘編　清乾隆五十一年（1786）刻本　六冊

110000－0146－0003189　PG/832.2/309
七十家賦鈔六卷　（清）張惠言編　清道光元年（1821）合河康氏家塾刻本　四冊

110000－0146－0003190　PG/832.2/308
七十家賦鈔六卷　（清）張惠言編　清道光元年（1821）合河康氏家塾刻本　四冊

110000－0146－0003191　PG/832.2/307
七十家賦鈔六卷　(清)張惠言編　清道光元年(1821)合河康氏家塾刻本　四冊

110000－0146－0003192　PG/835.7/326
皇朝經世文編一百二十卷姓名目錄二卷　(清)賀長齡輯　清道光七年(1827)刻本　八十冊

110000－0146－0003193　PG/835.7/327
皇朝經世文編一百二十卷姓名目錄二卷　(清)賀長齡輯　清道光七年(1827)刻本　一百冊

110000－0146－0003194　PG/835.7/350
國朝十家文十種　(清)石蘊玉選輯　清道光九年(1829)刻本　十二冊

110000－0146－0003195　PG/835.7/117
湖海文傳七十五卷　(清)王昶輯　清道光十九年(1839)經訓堂刻本　十六冊

110000－0146－0003196　PG/835.7/286
國朝文錄八十二卷　(清)李祖陶輯　清道光十九年(1839)瑞州鳳儀書院刻本　三十六冊

110000－0146－0003197　PG/847.6/503
小庚詞存四卷　(清)葉申薌撰　清道光十四年(1834)天籟軒刻本　一冊

110000－0146－0003198　PG/833.15/504
天籟軒詞選六卷　(清)葉申薌編　清道光十九年(1839)刻本　六冊

110000－0146－0003199　PG/833.15/505
天籟軒詞選六卷　(清)葉申薌編　清道光十九年(1839)刻本　六冊

110000－0146－0003200　PG/835/286
金元明八大家文選五十三卷　(清)李祖陶評點　清道光二十五年(1845)刻本　二十九冊　缺二卷(歸震川先生文選五至六)

110000－0146－0003201　PG/835/352
古文析義十六卷　(清)林雲銘評注　清刻本　十六冊

110000－0146－0003202　PG/835/351
重訂古文釋義新編八卷　(清)余誠評注　清末民國上海錦章圖書局石印本　八冊

110000－0146－0003203　PG/832.18/158
楚辭天問箋一卷　(清)丁晏撰　清光緒廣雅書局刻本　一冊

110000－0146－0003204　PG/833.17/987
十家詞彙十種　(清)金繩武輯　清咸豐六年(1856)評花仙館木活字印本　十冊

110000－0146－0003205　PG/844.14/263
杜詩鏡銓二十卷附錄一卷　(唐)杜甫撰　(清)楊倫編輯　**讀書堂杜工部文集注解二卷**　(唐)杜甫撰　(清)張溍評注　清光緒十八年(1892)上海著易堂鉛印本　六冊

110000－0146－0003206　PG/833.1/834
詞綜三十八卷　(清)朱彝尊輯　(清)汪森增定　**明詞綜十二卷國朝詞綜四十八卷二集八卷**　(清)王昶輯　清同治四年(1865)亦西齋刻本　二十四冊

110000－0146－0003207　PG/835/559
古文雅正十四卷　(清)蔡世遠評選　清同治七年(1868)湘鄉曾氏刻本　八冊

110000－0146－0003208　PG/835.7/287
國朝文錄續編六十三卷附邁堂文略四卷　(清)李祖陶輯　清同治七年(1868)敖陽李氏刻本　三十三冊

110000－0146－0003209　PG/835.9/113
忠雅堂評選四六法海八卷　(清)蔣士銓評選　清同治十年(1871)刻朱墨印本　四冊

110000－0146－0003210　PG/832.122/114
楚辭十七卷　(戰國)屈原撰　(漢)王逸注　(宋)洪興祖補注　清同治十一年(1872)金陵書局刻本　四冊

110000－0146－0003211　PG/835.9/378
唐駢體文鈔十七卷　(清)陳均輯　清同治十二年(1873)譚宗浚刻本　四冊

110000－0146－0003212　PG/833.17/169
國朝詞綜續編二十四卷　(清)黃燮清輯　清

同治十二年(1873)鄂垣刻本　八册

110000－0146－0003213　PG/835/677
古文淵鑒六十四卷　(清)徐乾學等編注　清同治十二年(1873)浙江書局刻本　三十二册

110000－0146－0003214　PG/825/984
鳴原堂論文二卷　(清)曾國藩撰　清同治十二年(1873)勵志齋刻本　一册

110000－0146－0003215　PG/833.1/418
六朝唐賦讀本一卷　(清)馬傳庚選注　清同治十三年(1874)京都馬氏玉燕書巢刻本　二册

110000－0146－0003216　PG/835.7/384
欽取朝考卷不分卷　(清)陳與冏等撰　清光緒刻本　二册

110000－0146－0003217　PG/835.7/358
文苑菁華二集續編六卷　(清)孟廣居輯　清光緒二年(1876)刻本　六册

110000－0146－0003218　PG/835.3/185
南北朝文鈔二卷　(清)彭兆蓀輯　清光緒二年(1876)番禺陳起榮刻本　二册

110000－0146－0003219　PG/835.34/606
六朝文絜四卷　(清)許槤評選　清光緒三年(1877)南海馮焌光讀有用書齋刻朱墨印本　四册

110000－0146－0003220　PG/835.34/607
六朝文絜四卷　(清)許槤評選　清光緒三年(1877)南海馮焌光讀有用書齋刻朱墨印本　二册

110000－0146－0003221　PG/835.41/113
初唐四杰文集二十一卷　(清)項家達輯　清光緒五年(1879)淮南書局刻本　四册

110000－0146－0003222　PG/835.9/994
皇朝駢文類苑十四卷首一卷　(清)姚燮輯　清光緒七年(1881)張壽榮刻本　二十册

110000－0146－0003223　PG/835/914
唐宋十大家全集錄十種　(清)儲欣輯　清光緒八年(1882)江蘇書局刻本　二十七册

110000－0146－0003224　PG/832.122/115
楚辭十七卷　(戰國)屈原撰　(漢)王逸注　(宋)洪興祖補注　清光緒九年(1883)長沙書堂山館刻本　六册

110000－0146－0003225　PG/835.7/200
戴段合刻二種　(清)張榮壽輯　清光緒十年(1884)秋樹根齋刻本　十册

110000－0146－0003226　PG/833.15/409
宋七家詞選七卷　(清)戈載輯　(清)杜文瀾校注　清光緒十一年(1885)曼陀羅華閣刻本　四册

110000－0146－0003227　PG/833.15/408
宋七家詞選七卷　(清)戈載輯　(清)杜文瀾校注　清光緒十一年(1885)曼陀羅華閣刻本　一册

110000－0146－0003228　PG/835/844
八代文粹二百二十卷目錄十八卷　(清)陳崇哲　(清)簡桑編　清光緒十一年(1885)富順考雋堂刻本　六十四册

110000－0146－0003229　PG/833.15/769
宋六十一家詞選十二卷　馮煦輯　清光緒十三年(1887)金壇馮氏冶城山館刻本　四册

110000－0146－0003230　PG/835.7/427
增廣大題文府初集不分卷　題(清)藕湖漁隱撰　清光緒十三年(1887)石印本　七册

110000－0146－0003231　PG/835.7/520
皇朝經世文續編一百二十卷　(清)葛士濬輯　清光緒十四年(1888)上海圖書集成局鉛印本　三十二册

110000－0146－0003232　PG/833.15/782
宋六十名家詞六十一種　(明)毛晉輯　清光緒十四年(1888)錢塘汪氏刻本　三十六册

110000－0146－0003233　PG/833.15/783
宋六十名家詞六十一種　(明)毛晉輯　清光緒十四年(1888)錢塘汪氏刻本　二十四册

110000－0146－0003234　PG/835.34/608
六朝文絜箋注十二卷　(清)許槤評選　(清)

黎經誥箋注　清光緒十五年(1889)枕溢書屋刻本　四册

110000－0146－0003235　PG/835.7/328
皇朝經世文編一百二十卷姓名總目二卷　(清)賀長齡輯　清光緒十六年(1890)上海廣百宋齋鉛印本　二十四册

110000－0146－0003236　PG/832.17/907
屈原賦注七卷通釋二卷音義三卷　(清)戴震撰　清光緒十七年(1891)廣雅書局刻本　一册

110000－0146－0003237　PG/835/429
全上古三代秦漢三國六朝文七百四十一卷　(清)嚴可均輯　清光緒十三年至十九年(1887－1893)廣州廣雅書局刻本　八十七册　缺一百三卷(全三國文一至四十三、全後魏文六十卷)

110000－0146－0003238　PG/835/428
全上古三代秦漢三國六朝文七百四十一卷　(清)嚴可均輯　清光緒十三年至十九年(1887－1893)廣州廣雅書局刻本　一百册

110000－0146－0003239　PG/835/796
續古文辭類纂二十八卷　(清)黎庶昌輯　清光緒二十一年(1895)金陵狀元閣刻本　八册

110000－0146－0003240　PG/835/617
謝疊山先生文章軌範七卷　(宋)謝枋得輯　清光緒二十一年(1895)湖北官書處刻三色套印本　二册

110000－0146－0003241　PG/835.7/381
皇朝經世文三編八十卷　(清)陳忠倚輯　清光緒二十四年(1898)寶文書局石印本　十六册

110000－0146－0003242　PG/833.1/949
小檀欒室彙刻閨秀詞十集閨秀詞鈔十六卷補遺一卷續補遺四卷　徐乃昌編　清光緒二十一年至二十二年(1895－1896)南陵徐乃昌刻宣統元年(1909)增刻本　三十册

110000－0146－0003243　PG/833.1/948
小檀欒室彙刻閨秀詞十集　徐乃昌輯　清光緒二十一年至二十二年(1895－1896)南陵徐乃昌刻本　十册　存五集(一至五)

110000－0146－0003244　PG/835/380
陳太僕批選八家文抄　(清)陳兆崙輯評　清光緒二十六年(1900)天津文美齋石印本　六册

110000－0146－0003245　PG/832.18/119
離騷彙訂不分卷　(清)王邦采撰　清光緒二十六年(1900)廣雅書局刻本　二册

110000－0146－0003246　PG/833.17/118
庚子秋詞二卷　(清)王鵬運等撰　清末刻本　四册

110000－0146－0003247　PG/671.3219/201
[乾隆]新鄉縣志三十四卷首一卷　(清)趙開元修　(清)暢俊纂　清乾隆十二年(1747)刻民國十年(1921)補修本　六册

110000－0146－0003248　PG/835.7/994
國朝文錄八十二卷　(清)姚椿輯　清光緒二十六年(1900)掃葉山房石印本　十六册

110000－0146－0003249　PG/835.7/340
八旗文經五十六卷作者考三卷敘錄一卷　(清)盛昱　楊鍾羲編　清光緒二十七年(1901)武昌刻本　十二册

110000－0146－0003250　PG/835.7/345
皇朝經世文新編三十二卷　(清)麥仲華輯　清光緒二十七年(1901)上海書局石印本　十二册

110000－0146－0003251　PG/835.7/325
皇朝經世文統編一百七卷　(清)邵之棠編　清光緒二十七年(1901)上海寶善齋石印本　五十二册

110000－0146－0003252　PG/610.81/563
論海四種　(清)蔡和鏘輯　清光緒二十八年(1902)思明華英學堂石印本　三十二册

110000－0146－0003253　PG/835.7/380
皇朝經世文三編八十卷　(清)陳忠倚輯　清

光緒二十八年(1902)上海書局石印本　十二冊

110000－0146－0003254　PG/835.7/914
皇朝經世文續新編三十卷　(清)儲桂山輯　清光緒二十八年(1902)義記書局石印本　十二冊

110000－0146－0003255　PG/835.7/521
皇朝經世文續編一百二十卷　(清)葛士濬輯　清光緒二十八年(1902)天章書局石印本　十二冊

110000－0146－0003256　PG/835.7/901
皇朝經世文四編五十二卷　(清)何良棟輯　清光緒二十八年(1902)石印本　十二冊

110000－0146－0003257　PG/835.9/119
駢文類纂四十六卷　王先謙纂輯　清光緒二十八年(1902)思賢書局刻本　二十四冊

110000－0146－0003258　PG/835.9/120
駢文類纂四十六卷　王先謙纂輯　清光緒二十八年(1902)思賢書局刻本　二十四冊

110000－0146－0003259　PG/835.7/382
正氣集三卷　陳慶林輯　清光緒三十年(1904)刻本　三冊

110000－0146－0003260　PG/835.7/860
夢筆生花四編三十二卷　(清)繆良輯　清光緒三十三年(1907)上海書局石印本　八冊

110000－0146－0003261　PG/835/781
古文學餘三十四卷　毛慶蕃評選　清光緒三十四年(1908)木活字印本　十冊

110000－0146－0003262　PG/835.7/425
國朝文匯二百卷總目一卷　上海國學扶輪社輯　清宣統元年(1909)上海國學扶輪社石印本　一百一冊

110000－0146－0003263　PG/833.1/349
歷朝名人詞選十三卷　(清)夏秉衡選　清宣統元年(1909)掃葉山房石印本　六冊

110000－0146－0003264　PG/835/598
古文講授談二編　尚秉和輯　清宣統二年(1910)京師京華印書局鉛印本　一冊

110000－0146－0003265　PG/833.15/410
宋七家詞選七卷　(清)戈載輯　清宣統三年(1911)上海掃葉山房石印本　三冊

110000－0146－0003266　PG/833.1/719
宋元名家詞十五種　(清)江標輯　清光緒二十一年(1895)湖南思賢書局刻本　四冊

110000－0146－0003267　PG/833.17/311
詞壇妙品十卷　(清)張淵懿輯　清宣統三年(1911)石印本　五冊

110000－0146－0003268　PG/910/765
燕樂考原六卷　(清)淩廷堪撰　清嘉慶十六年(1811)張其錦刻本　二冊

110000－0146－0003269　SG/839.23/659
浙西六家詞十一卷　(清)龔翔麟輯　清康熙玉玲瓏閣刻本　二冊

110000－0146－0003270　SG/802.23/906
六書分類十二卷首一卷　(清)傅世垚輯　清乾隆五十四年(1789)聽松閣刻嘉慶元年(1796)印本　十二冊

110000－0146－0003271　PG/839.8/800
寧都三魏全集三種附三種　(清)魏際瑞等撰　清康熙刻本　二十八冊

110000－0146－0003272　SG/802.17/150
澤存堂五種　(清)張士俊編　清康熙張士俊澤存堂刻本　五冊　存三種十五卷(群經音辨七卷、字鑒五卷、佩觿三卷)

110000－0146－0003273　SG/802.29/258
廣金石韻府五卷　(清)林尚葵輯　(清)李根較正　清康熙九年(1670)周亮工賴古堂刻朱墨印本　六冊

110000－0146－0003274　SG/839.21/696
江左十五子詩選十五卷　(清)宋犖選　清康熙四十二年(1703)宋犖刻本　十冊

110000－0146－0003275　PG/839.8/537
范文正公忠宣公全集七十三卷　(宋)范仲淹　(宋)范純仁撰　清康熙四十六年(1707)歲

寒堂刻本　三十冊

110000－0146－0003276　PG/839.34/428
南邦黎獻集十六卷　(清)鄂爾泰輯　清雍正刻本　四冊

110000－0146－0003277　PG/839.12/493
國朝山左詩鈔六十卷　(清)盧見曾輯　清乾隆二十三年(1758)雅雨堂刻本　二十冊

110000－0146－0003278　PG/839.8/344
來氏家藏冠山逸韻十一卷續編十卷　(清)來晼蘭輯　(清)來鴻瑨續輯　清乾隆三十七年至光緒二十六年(1772－1900)會宗堂刻本　五冊

110000－0146－0003279　PG/839.23/660
越風三十卷　(清)商盤輯　清乾隆三十七年(1772)刻本　十冊

110000－0146－0003280　SG/839.23/165
金華詩錄六十卷外集六卷别集四卷書後一卷　(清)黄彬　(清)朱琰輯　清乾隆三十八年(1773)刻本　三十六冊

110000－0146－0003281　PG/839.21/471
吴會英才集二十卷　(清)畢沅編　清嘉慶刻本　四冊

110000－0146－0003282　PG/839.21/472
吴會英才集二十卷　(清)畢沅編　清嘉慶刻本　十冊

110000－0146－0003283　PG/839.21/375
淮海英靈集七集二十二卷　(清)阮元輯　清嘉慶三年(1798)儀徵阮氏小琅嬛仙館刻本　二十冊

110000－0146－0003284　PG/839.14/294
國朝山右詩存二十四卷附集八卷　(清)李錫麟輯　清嘉慶六年(1801)刻本　十六冊

110000－0146－0003285　PG/839.35/192
滇南文略四十七卷首一卷　(清)袁文揆　(清)張登瀛輯　清嘉慶七年(1802)刻本　二十四冊

110000－0146－0003286　SG/839.14/531
晉國垂棘四集二十九卷　(明)范弘嗣輯　(清)范鄗鼎續輯　清康熙刻本　十五冊

110000－0146－0003287　PG/839.21/370
會稽掇英總集二十卷札記一卷　(宋)孔延之編　清道光元年(1821)山陰杜氏浣花宗塾刻本　四冊

110000－0146－0003288　PG/839.8/473
[二申全集]二十八卷　(清)申涵光　(清)申涵盼撰　清道光二十七年(1847)申續曾刻本　十二冊

110000－0146－0003289　PG/839.21/117
海虞詩苑十八卷　(清)王應奎輯　(清)顧士榮校訂　清乾隆二十四年(1759)刻本　六冊

110000－0146－0003290　PG/839.21/114
江蘇詩徵一百八十三卷　(清)王豫輯　清道光元年(1821)刻本　四十冊

110000－0146－0003291　PG/839.11/279
津門詩鈔三十卷　(清)梅成棟輯　清道光四年(1824)刻本　十冊

110000－0146－0003292　PG/839.33/375
學海堂集初集十六卷二集二十二卷三集二十四卷四集二十八卷　(清)阮元等編　清道光五年至光緒十二年(1825－1886)啟秀山房刻本　四十冊

110000－0146－0003293　PG/839.33/376
學海堂集初集十六卷二集二十二卷三集二十四卷四集二十八卷　(清)阮元等編　清道光五年至光緒十二年(1825－1886)啟秀山房刻本　四十冊

110000－0146－0003294　PG/839.8/555
三蘇全集四種　(清)弓翊清等編　清道光七年至十三年(1827－1833)眉州三蘇祠刻本　八十冊

110000－0146－0003295　PG/839.21/981
同岑詩鈔十四卷　(清)曾燠輯　清道光九年(1829)刻本　六冊

110000－0146－0003296　PG/839.8/538

范文正公忠宣公全集七十三卷 (宋)范仲淹 (宋)范純仁撰 清康熙四十六年(1707)歲寒堂刻道光十年(1830)重修本 二十四册

110000 - 0146 - 0003297 PG/839.27/316
蜀詩十五卷 (清)費經虞輯 清道光十三年(1833)鵝溪孫氏古棠書屋刻本 四册

110000 - 0146 - 0003298 PG/839.23/380
東甌先正文錄十五卷補遺一卷志異唱和詩一卷 (清)陳遇春輯 清道光十四年(1834)梧竹山房刻本 十六册

110000 - 0146 - 0003299 PG/839.11/307
三賢文集三種 (清)張斐然等輯 清光緒二十四年(1898)臨安俞廷獻刻二十七年(1901)重修本 十二册

110000 - 0146 - 0003300 PG/839.11/306
三賢文集三種 (清)張斐然等輯 清道光十六年(1836)刻本 十二册

110000 - 0146 - 0003301 PG/839.24/185
易堂九子文鈔九種 (清)彭玉雯輯 清道光十七年(1837)刻本 九册

110000 - 0146 - 0003302 PG/839.27/312
國朝蜀詩略十二卷 (清)張沆輯 (清)蔡壽祺删訂 清咸豐九年(1859)刻本 六册

110000 - 0146 - 0003303 PG/839.8/102
錫山秦氏詩鈔首一卷前集八卷今集十卷 (清)秦彬輯 清道光十九年(1839)刻本 四册

110000 - 0146 - 0003304 PG/839.11/399
國朝畿輔詩傳六十卷 (清)陶樑輯 清道光十九年(1839)刻本 十六册

110000 - 0146 - 0003305 PG/839.12/700
牟平遺香集十六卷 (清)宫卜萬輯 清道光二十年(1840)刻本 八册

110000 - 0146 - 0003306 PG/839.33/907
粵十三家集十三種 (清)伍元薇輯 清道光二十年(1840)南海伍氏詩雪軒刻本 三十册

110000 - 0146 - 0003307 PG/839.33/906
粵十三家集十三種 (清)伍元薇輯 清道光二十年(1840)南海伍氏詩雪軒刻本 四十册

110000 - 0146 - 0003308 PG/839.8/834
金陵朱氏家集四十卷 (清)朱緒曾輯 清道光二十年(1840)刻本 四册

110000 - 0146 - 0003309 PG/839.26/372
沅湘耆舊集二百卷 (清)鄧顯鶴輯 清道光二十三年(1843)新化鄧氏南村草堂刻本 五十六册

110000 - 0146 - 0003310 PG/839.33/904
楚庭耆舊遺詩前集二十一卷後集二十一卷 (清)伍崇曜輯 清道光二十三年(1843)南海伍氏刻本 十六册

110000 - 0146 - 0003311 PG/839.23/348
海陵文徵二十卷 (清)夏荃輯 清道光二十三年(1843)刻本 十册

110000 - 0146 - 0003312 PG/839.13/272
國朝中州詩鈔三十二卷 (清)楊淮輯 清道光二十三年(1843)刻本 十二册

110000 - 0146 - 0003313 PG/839.8/801
寧都三魏全集三種附三種 (清)魏際瑞等撰 清道光二十五年(1845)寧都謝庭綬紱園書塾刻本 五十册

110000 - 0146 - 0003314 PG/839.33/277
古瀛詩苑五卷 (清)陳珏輯 清道光二十七年(1847)世馨堂刻本 二册

110000 - 0146 - 0003315 PG/839.35/164
滇詩嗣音集二十卷附補遺一卷 (清)黄琮輯 清咸豐元年(1851)刻本 六册

110000 - 0146 - 0003316 PG/839.23/710
蓮漪文鈔八卷 (清)汪曰楨輯 清同治二年(1863)刻本 二册

110000 - 0146 - 0003317 PG/839.31/972
國朝全閩詩錄初集二十一卷續十一卷 (清)鄭杰輯 清同治六年(1867)注韓居刻本 十二册

110000 - 0146 - 0003318 PG/839.23/160

西泠五布衣遺著十二種　(清)丁丙編　清同治十二年(1873)錢塘丁氏當歸草堂刻本　八册

110000－0146－0003319　PG/839.36/519
黔詩紀略三十三卷　(清)黎兆勳輯　清同治十二年(1873)遵義唐氏夢研齋金陵刻本　八册

110000－0146－0003320　PG/839.21/765
松陵文錄二十四卷　(清)淩淦輯　清同治十三年(1874)刻本　八册

110000－0146－0003321　PG/839.8/832
新安先集二十卷　(清)朱之榛輯　清同治十三年(1874)蘇州刻本　八册

110000－0146－0003322　PG/839.8/213
瑞芝山房詩鈔八卷文鈔八卷　(清)戴燮元輯　清光緒元年至三年(1875－1877)廣陵丹徒戴氏刻本　十册

110000－0146－0003323　PG/839.22/279
宛雅初編八卷首一卷　(明)梅鼎祚輯　**宛雅二編八卷**　(清)施閏章　(清)蔡蓁春輯　**宛雅三編二十四卷**　(清)施念曾　(清)張汝霖輯　清光緒元年(1875)宛溪劉氏樹本堂刻本　十二册

110000－0146－0003324　PG/839.23/158
國朝杭郡詩續輯四十六卷　(清)吴振棫編　清光緒二年(1876)錢塘丁氏刻本　十四册　缺六卷(一至六)

110000－0146－0003325　PG/839.27/601
蜀秀集九卷　(清)譚宗浚輯　清光緒五年(1879)成都試院刻本　八册

110000－0146－0003326　PG/839.24/981
江西詩徵九十四卷附刻一卷補遺一卷　(清)曾燠編　清光緒五年(1879)棣華書屋刻本　六十四册

110000－0146－0003327　PG/839.23/546
甬上宋元詩略十六卷　(清)董沛輯　清光緒七年(1881)刻本　四册

110000－0146－0003328　PG/839.8/270
海虞三陶先生集合刻四種　(清)楊沂孫輯　清光緒七年(1881)貴池楊同福刻本　八册

110000－0146－0003329　PG/839.12/879
益都先正詩叢鈔八卷補編一卷附一卷　(清)段松苓輯　清光緒十年(1884)刻本　九册

110000－0146－0003330　PG/839.25/348
廣濟耆舊詩集十二卷　(清)夏槐輯　清光緒十三年(1887)松江金山縣署刻本　六册

110000－0146－0003331　PG/839.8/204
趙氏淵源集十卷消暑錄一卷　(清)趙紹祖輯　清光緒十三年(1887)小古墨齋刻本　六册

110000－0146－0003332　PG/839.36/818
黔南六家詩選四卷　(清)周鶴輯　清光緒十三年(1887)刻本　四册

110000－0146－0003333　PG/839.21/168
南菁講舍文集六卷　(清)黄以周輯　清光緒十五年(1889)刻本　四册

110000－0146－0003334　PG/839.27/271
全蜀藝文志六十四卷首一卷　(明)楊慎輯　清光緒十五年(1889)雨餘山房刻本　十六册

110000－0146－0003335　PG/839.21/376
廣陵詩事十卷　(清)阮元輯　清光緒十六年(1890)京師揚州會館刻本　二册

110000－0146－0003336　PG/839.21/250
徐州詩徵八卷　(清)桂中行輯　清光緒十七年(1891)刻本　四册

110000－0146－0003337　PG/839.23/375
兩浙輶軒錄四十卷補遺十卷續錄五十四卷續錄補遺六卷　(清)阮元輯　(清)潘衍桐續編　清光緒十六年至十七年(1890－1891)浙江書局刻本　七十二册

110000－0146－0003338　PG/839.27/269
新繁詩略六卷續編二卷　(清)楊昌翰輯　清光緒二十一年(1895)刻本　四册

110000－0146－0003339　PG/839.21/835
金陵詩徵四十四卷　(清)朱緒曾編　清光緒

十八年(1892)刻本　十四册

110000－0146－0003340　PG/839.21/834
金陵詩徵四十四卷　(清)朱緒曾編　清光緒十八年(1892)刻本　十四册

110000－0146－0003341　PG/839.8/788
金山姚程三先生遺集三種　(清)程國嘉輯　清光緒十九年(1893)金山程氏補讀書齋刻本　四册

110000－0146－0003342　PG/839.23/159
國朝杭郡詩三輯一百卷　(清)丁申　(清)丁丙編　清光緒十九年(1893)刻本　四十册

110000－0146－0003343　PG/839.13/172
國朝中州名賢集十卷首一卷末一卷　(清)黄舒昺編輯　清光緒十九年(1893)中州明道書院刻本　十二册

110000－0146－0003344　PG/839.21/836
國朝金陵詩徵四十八卷續金陵詩徵六卷　(清)朱緒曾編　清光緒十一年至二十年(1885－1894)刻本　二十六册

110000－0146－0003345　PG/839.23/292
竹里詩萃十六卷　(清)李道悠輯　清光緒二十一年(1895)刻本　四册

110000－0146－0003346　PG/839.8/710
汪氏家集四種　(清)汪昌頤輯　清光緒二十一年(1895)上海飛鴻閣書林石印本　七册

110000－0146－0003347　PG/839.21/860
國朝常州詞錄三十一卷　繆荃孫輯　清光緒二十二年(1896)江陰繆氏雲自在龕刻本　十册

110000－0146－0003348　PG/839.21/861
國朝常州詞錄三十一卷　繆荃孫輯　清光緒二十二年(1896)江陰繆氏雲自在龕刻本　十二册　缺一卷(三十一)

110000－0146－0003349　PG/839.21/384
國朝金陵文鈔十六卷首一卷末一卷　(清)陳作霖輯　清光緒二十三年(1897)刻本　十六册

110000－0146－0003350　PG/839.34/820
粵西詞見二卷　況周頤輯　清光緒二十三年(1897)揚州聚文齋刻本　一册

110000－0146－0003351　PG/839.22/439
貴池二妙集五十一卷　劉世珩編　清光緒二十六年(1900)貴池劉氏刻貴池先哲遺書本　十二册

110000－0146－0003352　PG/839.31/971
莆風清籟集六十卷　(清)鄭王臣輯　清乾隆三十七年(1772)刻光緒二十六年(1900)重修本　十册

110000－0146－0003353　PG/847.8/291
李襲侯遺集八卷　(清)李經述撰　清光緒三十年(1904)李氏刻本　四册

110000－0146－0003354　PG/839.13/889
中州名賢文表三十卷　(明)劉昌輯　清光緒三十年(1904)海虞邵氏鴻文書局刻本　六册

110000－0146－0003355　PG/839.13/330
續中州名賢文表六十八卷　(清)邵松年輯　清光緒三十年(1904)鴻文局石印本　二十二册

110000－0146－0003356　PG/839.13/329
續中州名賢文表六十八卷　(清)邵松年輯　清光緒三十年(1904)鴻文局石印本　二十二册

110000－0146－0003357　PG/839.22/953
皖詞紀勝一卷　徐乃昌輯　清光緒三十年(1904)南陵徐氏小檀欒室刻本　一册

110000－0146－0003358　PG/839.8/289
合肥李氏三世遺集三種　(清)李國傑輯　清光緒三十一年(1905)李氏刻本　十二册

110000－0146－0003359　PG/839.21/329
海虞文徵三十卷目錄二卷　(清)邵松年輯　清光緒三十一年(1905)上海鴻文書局石印本　十六册

110000－0146－0003360　PG/839.21/313
京江耆舊集十三卷　(清)張學仁　(清)王豫

輯　清宣統元年(1909)鎮江柳氏刻本　六册　存六卷(一至六)

110000－0146－0003361　PG/839.23/218
續檇李詩繫四十卷　(清)胡昌基輯　清宣統三年(1911)刻本　二十册

110000－0146－0003362　PG/839.36/520
黔詩紀略後編三十卷補三卷　(清)莫庭芝(清)黎汝謙輯　(清)陳田傳證　清宣統三年(1911)筱石氏京師刻本　八册

110000－0146－0003363　PG/839.27/437
蜀十五家詞　吳虞輯　清宣統二年(1910)鉛印本　四册

110000－0146－0003364　PG/839.31/973
閩詩錄甲集六卷乙集四卷丙集二十三卷丁集一卷戊集七卷　(清)鄭杰輯　陳衍補訂　清宣統三年(1911)刻本　十册

110000－0146－0003365　SG/845.22/396
渭南文集五十卷　(宋)陸遊撰　明末清初毛氏汲古閣刻本　十二册

110000－0146－0003366　PG/845.21/172
莆陽知稼翁集二卷　(宋)黄公度撰　明天啓五年(1625)刻清道光九年(1829)重修本　二册

110000－0146－0003367　PG/845.15/384
後山詩十二卷　(宋)陳師道撰　(宋)任淵注　清光緒二十五年(1899)廣州廣雅書局刻本　四册

110000－0146－0003368　SG/845.15/747
范忠宣公集二十卷奏議二卷遺文一卷附錄一卷補編一卷　(宋)范純仁撰　清康熙四十六年(1707)范氏歲寒堂刻本　四册

110000－0146－0003369　PG/845.14/539
范文正公集四十八卷　(宋)范仲淹撰　清康熙四十六年(1707)范氏歲寒堂刻本　十册

110000－0146－0003370　SG/845.26/908
方蛟峰先生文集八卷　(宋)方逢辰撰　清康熙二十一年(1682)刻本　四册

110000－0146－0003371　PG/089.52/390
陸放翁全集[六種]　(宋)陸遊撰　清李氏森寶齋刻本　四十八册

110000－0146－0003372　PG/845.25/423
巽齋文集二十七卷附存一卷　(宋)歐陽守道撰　清廬陵志局刻本　六册

110000－0146－0003373　SG/845.16/554
斜川詩集十卷　(宋)蘇過撰　清木活字印本　三册

110000－0146－0003374　PG/845.6/119
拙軒集六卷　(金)王寂撰　清乾隆翻刻武英殿聚珍版叢書本　一册

110000－0146－0003375　SG/845.14/988
武溪集二十卷首一卷　(宋)余靖撰　清康熙三十六年(1697)廣州芸香堂刻本　四册

110000－0146－0003376　PG/845.21/885
岳忠武王文集八卷首一卷末一卷　(宋)岳飛撰　(清)黄邦寧纂修　清乾隆三十五年(1770)刻本　四册

110000－0146－0003377　PG/121.127/294
周易引經通釋十卷　(清)李鈞簡輯注　清嘉慶十六年(1811)鶴陰書屋刻光緒七年(1881)補刻民國十三年(1924)印本　十册

110000－0146－0003378　SG/845.79/988
余忠宣公青陽山房集五卷　(元)余闕撰(清)張純修校　清康熙刻本　二册

110000－0146－0003379　SG/845.76/199
松雪齋集十卷外集一卷行狀一卷　(元)趙孟頫撰　清康熙清德堂刻本　四册

110000－0146－0003380　SG/845.15/547
施注蘇詩四十二卷目錄二卷續補遺二卷(宋)蘇軾撰　(宋)施元之注　清康熙刻本　十六册

110000－0146－0003381　PG/845.6/127
遺山先生文集四十卷附錄一卷　(金)元好問撰　清康熙四十六年(1707)華希閔刻本　八册

110000－0146－0003382　SG/845.22/382
龍川文集三十卷　(宋)陳亮撰　清康熙四十八年(1709)聚星堂刻本　八册

110000－0146－0003383　SG/845.22/483
羅鄂州小集六卷附郢州墓志一卷　(宋)羅願撰　**郢州遺文一卷**　(宋)羅頌撰　(清)程哲輯　清康熙五十二年(1713)程哲七略書堂刻本　二册

110000－0146－0003384　SG/845.79/920
清閟閣全集十二卷　(元)倪瓚撰　清康熙五十二年(1713)曹培廉城書室刻本　四册

110000－0146－0003385　SG/845.23/383
陳北溪先生文集十四卷　(宋)陳淳撰　(清)張伯行編輯　清康熙五十四年(1715)正誼堂刻本　一册

110000－0146－0003386　SG/845.14/350
徂徠石先生全集二十卷附録一卷　(宋)石介撰　清康熙五十六年(1717)燕山石氏錫慶堂刻本　六册

110000－0146－0003387　PG/845.77/437
吴淵潁先生集十二卷　(元)吴萊撰　(清)王邦采　(清)王繩曾箋注　清康熙六十年(1721)刻本　四册

110000－0146－0003388　PG/845.26/617
謝疊山公文集五卷外集一卷　(宋)謝枋得撰　清康熙六十年(1721)東山謝氏藴德堂刻本　四册

110000－0146－0003389　SG/845.22/114
宋王忠文公文集五十卷目録四卷　(宋)王十朋撰　(清)唐傳鉎重編　清雍正六年(1728)刻本　十册

110000－0146－0003390　SG/845.15/226
安陽集五十卷忠獻韓魏王家傳十卷别録三卷遺事一卷　(宋)韓琦撰　清乾隆五年(1740)蔣緘三刻本　八册

110000－0146－0003391　SG/845.14/303
司馬文正公傳家集八十卷目録二卷年譜一卷附録一卷　(宋)司馬光撰　(清)陳弘謀重訂　清乾隆六年(1741)培遠堂刻本　二十四册

110000－0146－0003392　SG/845.16/894
龍雲先生文集三十二卷　(宋)劉弇撰　清乾隆十三年(1748)刻本　六册

110000－0146－0003393　PG/845.22/223
胡澹庵先生文集三十二卷　(宋)胡銓撰　清乾隆二十二年(1757)練月樓刻本　十二册

110000－0146－0003394　SG/845.15/542
東坡先生編年詩五十卷　(宋)蘇軾撰　(清)查慎行補注　清乾隆二十六年(1761)查開香雨齋刻本　十四册

110000－0146－0003395　SG/845.15/541
東坡先生編年詩五十卷　(宋)蘇軾撰　(清)查慎行補注　清乾隆二十六年(1761)查開香雨齋刻本　二十册　缺三卷(四十八至五十)

110000－0146－0003396　PG/845.15/981
元豐類稿五十卷首一卷　(宋)曾鞏撰　(宋)陳師道輯　清乾隆二十八年(1763)刻本　十二册

110000－0146－0003397　PG/845.15/227
安陽集五十卷忠獻韓魏王家傳十卷别録三卷遺事一卷附録一卷　(宋)韓琦撰　清乾隆三十七年(1772)同安黄邦寧刻本　十册

110000－0146－0003398　SG/845.6/129
元遺山詩集八卷　(金)元好問撰　清乾隆四十三年(1778)萬廷蘭刻本　三册

110000－0146－0003399　PG/845.14/538
范文正公集四十八卷　(宋)范仲淹撰　清康熙四十六年(1707)范氏歲寒堂刻乾隆重修本　十册

110000－0146－0003400　PG/845.15/555
蘇文忠詩合註五十卷首一卷　(宋)蘇軾撰　(清)馮應榴輯　清乾隆五十八年(1793)馮氏踵息齋刻本　十六册

110000－0146－0003401　PG/845.15/557
東坡和陶合箋四卷　(宋)蘇軾撰　(清)溫汝

能纂訂　清嘉慶十二年(1807)聽松閣刻本　四冊

110000－0146－0003402　PG/845.24/235
西山文鈔八卷　(宋)真德秀撰　(清)張伯行編　清嘉慶十六年(1811)留香室刻本　四冊

110000－0146－0003403　PG/845.22/720
盤洲文集八十卷附洪文惠公[适]年譜一卷附錄一卷拾遺一卷　(宋)洪适撰　清嘉慶十八年(1813)宜黃洪氏三瑞堂木活字印本　十六冊

110000－0146－0003404　PG/845.26/623
晞髮集十卷　(宋)謝翺撰　清嘉慶二十一年(1816)留香室刻本　四冊

110000－0146－0003405　PG/845.79/250
鐵厓樂府注十卷逸編注八卷詠史注八卷　(元)楊維楨撰　(清)樓卜瀍注　清乾隆三十九年(1774)聯桂堂刻本　六冊

110000－0146－0003406　PG/845.21/828
韋齋集十二卷　(宋)朱松撰　清道光元年(1821)刻本　四冊

110000－0146－0003407　PG/845.22/399
陸象山先生文集三十六卷　(宋)陸九淵撰　(清)李紱編　清道光三年(1823)金谿陆氏槐堂書屋刻本　二十四冊

110000－0146－0003408　PG/845.73/209
郝文忠公陵川文集三十九卷附錄一卷　(元)郝經撰　**郝文忠公年譜一卷**　(清)王汝楫　(清)秦萬壽撰　(清)張翥補輯　清乾隆三年(1738)刻道光八年至十六年(1828－1836)增補本　十冊

110000－0146－0003409　PG/845.21/293
梁溪全集一百八十卷年譜一卷行狀三卷附錄一卷　(宋)李綱撰　清道光十四年(1834)刻本　四十冊

110000－0146－0003410　PG/845.21/888
屏山全集二十卷　(宋)劉子翬撰　清道光十八年(1838)李廷鈺秋柯草堂刻本　六冊

110000－0146－0003411　PG/845.15/329
宋邵康節先生伊川擊壤集十卷洛陽邵氏三世名賢行實圖像一卷　(宋)邵雍撰　(明)吳瀚注　(明)吳泰增註　清康熙八年(1669)刻乾隆十五年(1750)、道光二十年(1840)、光緒十五年(1889)增補本　六冊

110000－0146－0003412　PG/845.16/667
唐眉山詩集十卷文集十四卷　(宋)唐庚撰　清道光二十一年(1841)丹稜學署刻本　八冊

110000－0146－0003413　PG/845.26/677
廬陵宋丞相信國公文忠烈先生全集十六卷　(宋)文天祥撰　(清)文有煥輯　清雍正三年(1725)文氏五桂堂刻道光二十三年(1843)補刻本　十冊

110000－0146－0003414　PG/845.23/819
廬陵周益國文忠公集二百卷附錄五卷首一卷末一卷　(宋)周必大撰　清道光二十八年(1848)瀛塘別墅刻本　四十冊

110000－0146－0003415　PG/845.16/925
雙峰猥稿九卷首一卷末一卷　(宋)舒邦佐撰　清道光二十九年(1849)刻本　四冊

110000－0146－0003416　PG/845.74/994
牧庵集三十六卷附年譜一卷　(元)姚燧撰　清光緒刻武英殿聚珍版叢書本　八冊

110000－0146－0003417　PG/845.15/561
角山樓蘇詩評注匯鈔二十卷目錄二卷附錄三卷　(宋)蘇軾撰　(清)趙克宜輯訂　清咸豐二年(1852)刻本　十二冊

110000－0146－0003418　PG/845.15/562
角山樓蘇詩評注匯鈔二十卷目錄二卷附錄三卷　(宋)蘇軾撰　(清)趙克宜輯訂　清咸豐二年(1852)刻本　八冊

110000－0146－0003419　PG/089.52/308
張宣公全集三種　(宋)張栻撰　清咸豐四年(1854)緜邑南軒祠刻本　十二冊

110000－0146－0003420　PG/845.22/828
朱子集一百四卷目錄二卷　(宋)朱熹撰　清

同治元年至三年(1862－1864)紫霞洲祠堂刻本　四十冊

110000－0146－0003421　PG/845.16/749
游定夫先生集六卷首一卷末一卷　(宋)游酢撰　清同治六年(1867)和州官舍刻本　二冊

110000－0146－0003422　PG/845.79/989
余忠宣公集六卷　(元)余闕撰　(清)余秉剛編　清同治六年(1867)皖桐李鶴章皖江臬署刻本　二冊

110000－0146－0003423　PG/845.21/720
鄱陽集四卷首一卷末一卷　(宋)洪皓撰　清同治九年(1870)三瑞堂刻本　一冊

110000－0146－0003424　PG/845.79/517
雁門集十四卷附倡和錄一卷　(元)薩都剌撰　(清)薩龍光注　清嘉慶十二年(1807)刻本　八冊

110000－0146－0003425　PG/845.15/556
蘇文忠詩合註五十卷首一卷　(宋)蘇軾撰　(清)馮應榴輯　清乾隆五十八年(1793)馮氏踵息齋刻同治九年(1870)補刻本　二十冊

110000－0146－0003426　PG/845.24/720
平齋文集三十二卷拾遺一卷附錄一卷空同詞一卷　(宋)洪咨夔撰　清同治十一年(1872)杉直櫰清館刻本　四冊

110000－0146－0003427　PG/845.13/255
林和靖詩集四卷拾遺一卷　(宋)林逋撰　清同治十二年(1873)長洲朱氏依抱經堂刻本　二冊

110000－0146－0003428　PG/845.21/884
岳忠武王文集八卷首一卷末一卷　(宋)岳飛撰　(清)劉質慧輯　清同治十二年(1873)述荊堂刻本　四冊

110000－0146－0003429　PG/845.22/385
龍川文集三十卷　(宋)陳亮撰　**龍川文集辨譌考異二卷附錄二卷**　(清)胡鳳丹輯　清光緒元年(1875)湖北崇文書局刻本　十冊

110000－0146－0003430　PG/845.26/641
耻堂存稿八卷　(宋)高斯得撰　清光緒元年(1875)刻本　四冊

110000－0146－0003431　PG/845.15/887
忠肅集二十卷　(宋)劉摯撰　清道光二十七年(1847)福建翻刻武英殿聚珍版叢書本　六冊

110000－0146－0003432　PG/845.79/990
余忠宣青陽山房集五卷附錄一卷　(元)余闕撰　清光緒元年(1875)合肥張氏毓秀堂刻廬陽三賢集本　一冊

110000－0146－0003433　PG/845.16/842
道鄉公文集四十卷補遺一卷附錄一卷　(宋)鄒浩撰　清光緒八年(1882)蘇州寶華山房刻本　十二冊

110000－0146－0003434　PG/845.25/428
樵川二家詩六卷　(宋)嚴羽撰　(清)徐榦輯　清光緒七年(1881)邵武徐榦刻本　二冊

110000－0146－0003435　PG/845.6/130
元遺山先生集四十卷首一卷附錄一卷補載一卷年譜三種四卷新樂府四卷續夷堅志四卷　(金)元好問撰　(清)張穆輯校　**元遺山先生集考證三卷**　(清)趙培因撰　清光緒七年(1881)讀書山房刻本　十七冊

110000－0146－0003436　PG/845.6/131
元遺山先生集四十卷首一卷附錄一卷補載一卷年譜三種四卷新樂府四卷續夷堅志四卷　(金)元好問撰　(清)張穆輯校　**元遺山先生集考證三卷**　(清)趙培因撰　清光緒七年(1881)讀書山房刻本　十七冊

110000－0146－0003437　PG/845.23/503
水心文集二十九卷補遺一卷別集十六卷　(宋)葉適撰　清光緒八年(1882)瑞安孫氏刻本　十六冊

110000－0146－0003438　PG/845.25/312
山中白雲詞八卷附錄一卷　(宋)張炎撰　清光緒八年(1882)仁和許增娛園刻本　二冊

110000－0146－0003439　PG/845.15/116

王臨川全集一百卷目錄二卷 (宋)王安石撰 清光緒九年(1883)溧陽繆氏小岯山館刻本 二十冊

110000－0146－0003440 PG/845.15/382
後山先生集二十四卷首一卷 (宋)陳師道撰 清光緒十一年(1885)番禺陶氏愛廬刻本 四冊

110000－0146－0003441 PG/845.15/381
後山先生集二十四卷首一卷 (宋)陳師道撰 清光緒十一年(1885)番禺陶氏愛廬刻本 六冊

110000－0146－0003442 PG/845.15/383
後山先生集二十四卷首一卷 (宋)陳師道撰 清光緒十一年(1885)番禺陶氏愛廬刻本 四冊

110000－0146－0003443 PG/845.6/115
滹南遺老王先生文集四十五卷續集一卷 (金)王若虛撰 清光緒十二年(1886)刻本 四冊

110000－0146－0003444 PG/845.72/213
剡源文鈔四卷首一卷佚文一卷 (元)戴表元撰 (清)黃宗羲選 清光緒十五年(1889)刻本 二冊

110000－0146－0003445 PG/845.15/554
蘇文忠公詩編注集成四十六卷總案四十五卷附雜綴酌存一卷蘇海識餘四卷韻山堂詩集七卷補遺一卷 (宋)蘇軾撰 (清)王文誥輯 清光緒十四年(1888)浙江書局刻本 二十四冊

110000－0146－0003446 PG/845.74/915
松鄉先生文集十卷 (元)任士林撰 清光緒十六年(1890)刻本 四冊

110000－0146－0003447 PG/845.14/286
盱江先生全集三十七卷 (宋)李覯撰 清光緒十九年(1893)盱江書院刻本 十冊

110000－0146－0003448 PG/845.22/482
羅鄂州小集六卷 (宋)羅願撰 **羅郢州遺文一卷** (宋)羅頌撰 清光緒十九年(1893)黟縣李氏刻本 二冊

110000－0146－0003449 PG/845.14/424
歐陽文忠公全集一百五十三卷首一卷附錄五卷 (宋)歐陽修撰 清光緒十九年(1893)澹雅書局刻本 三十二冊

110000－0146－0003450 PG/845.72/155
湛然居士文集十四卷 (元)耶律楚材撰 清光緒二十一年(1895)漸西村舍刻本 四冊

110000－0146－0003451 PG/845.21/521
丹陽集二十四卷 (宋)葛勝仲撰 清光緒二十二年(1896)武進盛氏思惠齋刻本 三冊

110000－0146－0003452 PG/845.23/925
舒文靖集二卷 (宋)舒璘撰 **附錄三卷** (清)徐時棟輯 **校勘記三卷** (清)孫鏘撰 **舒文靖公事實擬冊一卷** 清光緒二十二年(1896)四明孫氏七千卷樓刻本 四冊

110000－0146－0003453 PG/845.16/482
羅豫章先生集十六卷首一卷 (宋)羅從彥撰 清光緒二十三年(1897)奉新縣署刻本 四冊

110000－0146－0003454 PG/845.15/126
鐔津文集十九卷首一卷 (宋)釋契嵩撰 清光緒二十八年(1902)揚州藏經院刻本 四冊

110000－0146－0003455 PG/845.21/294
李忠定集奏議六十九卷首一卷擬撰表本一卷擬詔書一卷擬制詔四卷 (宋)李綱撰 清光緒二十九年(1903)湖南愛日堂刻本 二十冊

110000－0146－0003456 PG/845.24/439
夢窗甲乙丙丁稿四卷補遺一卷劄記一卷 (宋)吳文英撰 清光緒三十年(1904)臨桂王鵬運四印齋刻本 二冊

110000－0146－0003457 PG/845.24/438
夢窗甲乙丙丁稿四卷補遺一卷劄記一卷 (宋)吳文英撰 清光緒三十年(1904)臨桂王鵬運四印齋刻本 四冊

110000－0146－0003458 PG/845.15/538

蘇東坡全集一百十卷　(宋)蘇軾撰　清光緒三十四年至宣統元年(1908－1909)刻本　四十八册

110000－0146－0003459　PG/845.23/818
方泉先生詩集三卷　(宋)周文璞撰　清宣統元年(1909)國光社影印本　一册

110000－0146－0003460　PG/845.14/540
范文正公集四十八卷　(宋)范仲淹撰　清宣統二年(1910)元和鄒氏刻朱印范文正忠宣二公全集本　十册

110000－0146－0003461　PG/845.15/170
山谷詩集注内集二十卷外集十七卷别集二卷　(宋)黄庭堅撰　(宋)任淵等注　清光緒二十一年至二十五年(1895－1899)陳三立刻宣統二年(1910)傅春官印本　二十册

110000－0146－0003462　PG/845.15/169
山谷詩集注内集二十卷外集十七卷别集二卷　(宋)黄庭堅撰　(宋)任淵等注　清光緒二十一年至二十五年(1895－1899)陳三立刻宣統二年(1910)傅春官印本　二十册

110000－0146－0003463　PG/845.24/801
鶴山文鈔三十二卷附師友雅言一卷　(宋)魏了翁撰　清同治十三年(1874)望三益齋刻宣統二年(1910)官印刷局重修本　十二册

110000－0146－0003464　PG/845.79/248
鐵厓三種二十六卷　(元)楊維楨撰　清宣統二年(1910)上海掃葉山房石印本　十册

110000－0146－0003465　PG/845.21/504
石林居士建康集八卷　(宋)葉夢得撰　清宣統三年(1911)長沙葉德輝觀古堂刻本　二册

110000－0146－0003466　PG/845.14/324
河南先生文集二十七卷附錄一卷　(宋)尹洙撰　清宣統二年(1910)守政書局木活字印本　四册

110000－0146－0003467　PG/845.6/128
遺山先生詩集二十卷補遺一卷　(金)元好問撰　清宣統二年(1910)周肇祥刻本　四册

110000－0146－0003468　PG/845.16/291
姑溪居士集五十卷後集二十卷校勘記一卷　(宋)李之儀撰　清宣統三年(1911)金陵督糧道署刻本　六册

110000－0146－0003469　PG/072.57/398
老學庵筆記二卷　(宋)陸遊撰　清宣統三年(1911)上海掃葉山房石印本　二册

110000－0146－0003470　PG/845.77/609
至正集八十一卷　(元)許有壬撰　清宣統三年(1911)河南教育總會石印本　十册

110000－0146－0003471　SG/844.19/393
唐甫里先生集二十卷　(唐)陸龜蒙撰　明萬曆許自昌刻本　六册

110000－0146－0003472　SG/846.5/875
邊華泉集八卷集稿六卷　(明)邊貢撰　清康熙刻本　四册

110000－0146－0003473　PG/844.14/276
杜詩詳注二十五卷首一卷附編二卷　(唐)杜甫撰　(清)仇兆鰲輯注　清康熙三十二年(1693)刻本　二十八册

110000－0146－0003474　PG/844.14/269
杜律通解四卷　(唐)杜甫撰　(清)李文煒箋釋　清康熙六十年(1721)慈水李氏刻本　二册

110000－0146－0003475　PG/844.16/298
李元賓文集六卷　(唐)李觀撰　清抄本　一册

110000－0146－0003476　SG/843.54/951
徐孝穆全集六卷　(南朝陳)徐陵撰　(清)吴兆宜箋注　清雍正吴郡寶翰樓刻本　三册

110000－0146－0003477　PG/843.54/948
徐孝穆全集六卷　(南朝陳)徐陵撰　(清)吴兆宜箋注　(清)徐文炳補輯　清揚州藝古堂刻本　六册

110000－0146－0003478　PG/843.54/950
徐孝穆全集六卷　(南朝陳)徐陵撰　(清)吴兆宜箋注　清同治、光緒善化經濟書堂刻本

六冊

110000－0146－0003479　PG/843.56/674
庾子山集十六卷總釋一卷　(北周)庾信撰　(清)倪璠注　**庾子山年譜一卷**　(清)倪璠編　清刻本　八冊

110000－0146－0003480　PG/843.56/675
庾子山集十六卷總釋一卷　(北周)庾信撰　(清)倪璠注　**庾子山年譜一卷**　(清)倪璠編　清刻本　十二冊

110000－0146－0003481　PG/843.56/676
庾子山集十六卷總釋一卷　(北周)庾信撰　(清)倪璠注　**庾子山年譜一卷**　(清)倪璠編　清刻本　九冊　缺四卷(十四至十六、總釋一卷)

110000－0146－0003482　SG/844.14/254
杜工部詩集二十卷文集二卷附錄一卷　(唐)杜甫撰　(清)朱鶴齡輯注　清康熙刻本　十二冊

110000－0146－0003483　PG/844.14/267
趙子常選杜律五言註三卷　(唐)杜甫撰　(明)趙汸注　(清)查弘道　(清)金集補注　**虞伯生選杜律七言註三卷**　(唐)杜甫撰　(元)虞集註　(清)查弘道　(清)金集補注　清亦山草堂刻本　二冊

110000－0146－0003484　PG/844.16/247
韓文起十二卷　(唐)韓愈撰　(清)林雲銘評注　清康熙三十二年(1693)晉安林氏建陽刻本　四冊

110000－0146－0003485　PG/844.14/279
杜工部集二十卷　(唐)杜甫撰　(清)錢謙益注　清康熙六年(1667)季氏靜思堂刻本　八冊

110000－0146－0003486　PG/844.14/274
杜詩論文五十六卷　(唐)杜甫撰　(清)吴見思注　(清)潘眉評　清康熙十一年(1672)吴郡寶翰樓刻本　二十三冊　缺二卷(二至三)

110000－0146－0003487　PG/844.14/238
讀杜心解六卷首二卷　(唐)杜甫撰　(清)浦起龍解　清雍正二年至三年(1724－1725)無錫浦氏寧我齋刻本　八冊

110000－0146－0003488　PG/846.4/380
白沙子全集十卷首一卷末一卷　(明)陳獻章撰　清乾隆三十六年(1771)碧玉樓刻本　十冊

110000－0146－0003489　PG/844.14/275
杜詩詳注二十五卷首一卷附編二卷　(唐)杜甫撰　(清)仇兆鰲輯注　清康熙三十二年(1693)刻本　十六冊

110000－0146－0003490　PG/844.16/580
韋蘇州詩集二卷　(唐)韋應物撰　清康熙三十四年(1695)天都汪立名刻唐四家詩本　二冊

110000－0146－0003491　PG/430/119
二如亭群芳譜二十九卷首一卷　(明)王象晉輯　(明)毛晉等校　明崇禎刻清雍正補修本　二十八冊

110000－0146－0003492　SG/844.16/238
昌黎先生詩集注十一卷年譜一卷　(唐)韓愈撰　(清)顧嗣立刪補　清康熙三十八年(1699)長洲顧氏秀野草堂刻本　四冊

110000－0146－0003493　SG/844.18/291
李義山文集十卷　(唐)李商隱撰　(清)徐樹穀箋　(清)徐炯注　清康熙四十七年(1708)刻本　四冊

110000－0146－0003494　PG/844.16/259
韓子粹言一卷　(唐)韓愈撰　(清)李光地輯　清康熙五十二年(1713)刻本　二冊

110000－0146－0003495　SG/844.16/388
唐陸宣公集二十二卷　(唐)陸贄撰　(清)年羹堯重訂　清康熙六十一年(1722)年羹堯刻本　六冊

110000－0146－0003496　PG/844.14/236
讀杜心解六卷首二卷　(唐)杜甫撰　(清)浦起龍解　清雍正二年至三年(1724－1725)無

錫浦氏寧我齋刻本　八册

110000－0146－0003497　PG/844.14/237

讀杜心解六卷首二卷　（唐）杜甫撰　（清）浦起龍解　清雍正二年至三年（1724－1725）無錫浦氏寧我齋刻本　八册

110000－0146－0003498　SG/844.14/314

唐丞相曲江張文獻公集十二卷附錄一卷千秋金鑒錄五卷　（唐）張九齡撰　清雍正十三年（1735）張世緯等刻本　六册

110000－0146－0003499　PG/844.14/270

杜詩集説二十卷末一卷　（唐）杜甫撰　（清）江浩然輯注　**杜工部年譜一卷**　（清）朱鶴齡編　清乾隆刻本　十二册

110000－0146－0003500　PG/844.18/296

玉谿生詩詳注三卷首一卷　（唐）李商隱撰　（清）馮浩注　清乾隆刻本　四册

110000－0146－0003501　SG/844.16/389

唐陸宣公翰苑集二十四卷　（唐）陸贄撰　（清）張佩芳注釋　清乾隆三十三年（1768）希音堂刻本　八册

110000－0146－0003502　PG/844.17/423

唐歐陽先生文集八卷附錄一卷　（唐）歐陽詹著　（明）歐陽彬輯　清乾隆刻本　二册

110000－0146－0003503　PG/844.14/120

王右丞集二十八卷首一卷末一卷　（唐）王維撰　（清）趙殿成箋注　清乾隆刻本　八册

110000－0146－0003504　PG/844.18/735

溫飛卿詩集九卷　（唐）溫庭筠撰　（明）曾益原注　（清）顧予咸補注　（清）顧嗣立重校　清雍正刻本　二册

110000－0146－0003505　PG/844.18/736

溫飛卿詩集九卷　（唐）溫庭筠撰　（明）曾益原注　（清）顧予咸補注　（清）顧嗣立重校　清道光、咸豐刻本　二册

110000－0146－0003506　PG/844.16/287

李長吉歌詩四卷外集一卷首一卷　（唐）李賀撰　（清）王琦彙解　清乾隆二十五年（1760）王氏寶笏樓刻本　三册

110000－0146－0003507　SG/844.14/268

杜律啟蒙十二卷　（唐）杜甫撰　（清）邊連寶集注　清乾隆四十二年（1777）刻本　四册

110000－0146－0003508　SG/844.13/420

駱丞集四卷　（唐）駱賓王撰　清乾隆四十六年（1781）星渚項氏刻初唐四傑集本　四册

110000－0146－0003509　SG/844.18/295

玉谿生詩箋註三卷首一卷樊南文集箋註八卷首一卷　（唐）李商隱撰　（清）馮浩注　清乾隆德聚堂刻本　八册

110000－0146－0003510　SG/844.14/271

杜詩鏡銓二十卷附錄一卷　（唐）杜甫撰　（清）楊倫輯　清乾隆五十七年（1792）九柏山房刻本　十二册

110000－0146－0003511　PG/844.18/293

玉谿生詩詳註三卷首一卷樊南文集詳註八卷首一卷　（唐）李商隱撰　（清）馮浩纂注　清嘉慶元年（1796）刻本　八册

110000－0146－0003512　PG/843.2/405

陶淵明文集十卷　（晉）陶潛撰　清嘉慶十二年（1807）刻本　四册

110000－0146－0003513　PG/844.16/292

協律鉤元四卷外集一卷　（唐）李賀撰　（清）陳本禮箋注　清嘉慶十三年（1808）陳氏裛露軒刻本　二册

110000－0146－0003514　PG/844.16/293

協律鉤元四卷外集一卷　（唐）李賀撰　（清）陳本禮箋注　清嘉慶十三年（1808）陳氏裛露軒刻本　四册

110000－0146－0003515　PG/844.19/394

重刊校正笠澤叢書四卷補遺一卷續補遺一卷　（唐）陸龜蒙撰　清末大疊山房刻本　二册

110000－0146－0003516　PG/844.16/450

呂衡州文集十卷附考證一卷　（唐）呂溫撰　（清）秦恩復考證　清道光七年（1827）秦氏石研齋刻本　三册

110000－0146－0003517　SG/844.14/280
杜工部集二十卷首一卷　（唐）杜甫撰　（明）王世貞等校　清道光十四年（1834）芸葉盦刻五色套印本　八册

110000－0146－0003518　PG/844.16/257
昌黎先生詩集注十一卷　（唐）韓愈撰　（清）顧嗣立删補　（清）朱彝尊　（清）何焯評　**昌黎先生年譜一卷**　（清）顧嗣立編　清道光十六年（1836）膺德堂刻朱墨印本　六册

110000－0146－0003519　PG/844.16/256
昌黎先生詩集注十一卷　（唐）韓愈撰　（清）顧嗣立删補　（清）朱彝尊　（清）何焯評　**昌黎先生年譜一卷**　（清）顧嗣立編　清道光十六年（1836）膺德堂刻朱墨印本　四册

110000－0146－0003520　PG/844.13/379
陳伯玉文集三卷詩集二卷附録一卷　（唐）陳子昂撰　清道光十七年（1837）刻本　四册

110000－0146－0003521　PG/843.56/673
庾子山集十六卷總釋一卷　（北周）庾信撰　（清）倪璠注　**庾子山年譜一卷**　（清）倪璠編　清道光十九年（1839）刻本　八册

110000－0146－0003522　PG/844.14/242
讀書堂杜工部詩集注解二十卷文集注解二卷　（唐）杜甫撰　（清）張溍評注　清道光二十一年（1841）刻本　十二册

110000－0146－0003523　PG/844.16/258
昌黎先生詩集注十一卷　（唐）韓愈撰　（清）顧嗣立删補　（清）朱彝尊　（清）何焯評　**昌黎先生年譜一卷**　（清）顧嗣立編　清道光二十五年（1845）膺德堂刻朱墨印本　四册

110000－0146－0003524　PG/844.16/236
昌黎先生詩增注證訛十一卷　（唐）韓愈撰　（清）顧嗣立删補　（清）黄越證訛　清道光二十八年（1848）二客軒刻本　四册

110000－0146－0003525　PG/844.16/390
唐陸宣公文集四卷首一卷　（唐）陸贄撰　（清）張伯行訂　清同治五年（1866）福州正誼書院刻本　二册

110000－0146－0003526　PG/842.5/604
諸葛武侯文集四卷　（三國蜀）諸葛亮撰　清同治五年（1866）福州正誼書局刻正誼堂全書本　二册

110000－0146－0003527　PG/844.18/294
樊南文集詳注八卷　（唐）李商隱撰　（清）馮浩注　清乾隆四十五年（1780）刻同治七年（1868）桐鄉馮氏重修本　四册

110000－0146－0003528　PG/844.16/285
柳文惠公全集四十三卷别集二卷外集二卷附録一卷　（唐）柳宗元撰　（唐）劉禹錫編　清同治七年（1868）刻本　八册

110000－0146－0003529　PG/842.5/605
諸葛武侯集四卷首一卷　（三國蜀）諸葛亮撰　（清）朱璘編　清同治七年（1868）楚體景萊書室刻本　四册

110000－0146－0003530　PG/844.16/253
昌黎先生集四十卷外集十卷集傳一卷遺文一卷　（唐）韓愈撰　（宋）廖瑩中輯注　**韓集點勘四卷**　（清）陳景雲撰　清同治八年（1869）江蘇書局刻本　十一册

110000－0146－0003531　PG/802.223/879
説文解字注箋十四卷　（清）段玉裁注　（清）徐灝箋　清光緒二十年（1894）桂林刻民國三年（1914）京師補刻本　三十一册

110000－0146－0003532　PG/844.18/297
李義山詩集三卷　（唐）李商隱撰　（清）朱鶴林箋注　（清）沈厚塽輯評　清同治九年（1870）廣州倅署刻三色套印本　四册

110000－0146－0003533　PG/844.18/298
李義山詩集三卷　（唐）李商隱撰　（清）朱鶴林箋注　（清）沈厚塽輯評　清同治九年（1870）廣州倅署刻三色套印本　三册

110000－0146－0003534　PG/844.14/272
杜詩鏡銓二十卷附録一卷　（唐）杜甫撰　（清）楊倫輯　**讀書堂杜工部文集註解二卷**　（清）張溍撰　清同治十一年（1872）望三益齋刻本　十二册

110000－0146－0003535　PG/844.14/273
杜詩鏡銓二十卷附録一卷　(唐)杜甫撰　(清)楊倫輯　**讀書堂杜工部文集註解二卷**　(清)張溍撰　清同治十一年(1872)望三益齋刻本　十二册

110000－0146－0003536　PG/844.11/680
褚亮集一卷　(唐)褚亮撰　清光緒正脩堂刻本　一册

110000－0146－0003537　PG/839.22/887
秋浦雙忠録五種四十卷　劉世珩輯　清光緒二十九年(1903)貴池劉氏刻貴池先哲遺書本　六册

110000－0146－0003538　PG/844.18/288
李文公集十八卷補遺一卷附録一卷　(唐)李翺撰　清光緒元年(1875)南海馮氏讀有用書齋刻本　四册

110000－0146－0003539　PG/843.2/406
陶淵明詩一卷　(晉)陶潛撰　清光緒元年(1875)刻本　一册

110000－0146－0003540　PG/844.16/581
韋蘇州集十卷拾遺一卷　(唐)韋應物撰　清光緒刻本　六册

110000－0146－0003541　PG/844.14/278
杜工部集二十卷首一卷　(唐)杜甫撰　(明)王世貞評　清光緒二年(1876)粤東翰墨園刻五色套印本　十册

110000－0146－0003542　PG/844.16/244
韓昌黎集四十卷外集十卷遺文一卷　(唐)韓愈撰　清光緒二年(1876)毗陵劉氏初日樓刻本　五册

110000－0146－0003543　PG/844.17/872
皇甫持正文集六卷補遺一卷　(唐)皇甫湜撰　清光緒二年(1876)南海馮氏讀有用書齋刻本　一册

110000－0146－0003544　PG/844.17/871
皇甫持正文集六卷補遺一卷　(唐)皇甫湜撰　清光緒二年(1876)南海馮氏讀有用書齋刻本　二册

110000－0146－0003545　PG/843.54/949
徐孝穆全集六卷　(南朝陳)徐陵撰　(清)吴兆宜箋注　清光緒二年(1876)廣東翰墨園刻本　三册

110000－0146－0003546　PG/844.18/290
李衛公會昌一品集二十卷别集十卷外集四卷補遺一卷次柳氏舊聞一卷　(唐)李德裕撰　清光緒五年(1879)定州王氏謙德堂刻畿輔叢書初編本　四册　缺十六卷(别集十卷、外集四卷、補遺一卷、次柳氏舊聞一卷)

110000－0146－0003547　PG/843.2/407
陶淵明集八卷首一卷末一卷　(晉)陶潛撰　清光緒五年(1879)廣州翰墨園刻朱墨印本　二册

110000－0146－0003548　PG/843.2/408
陶淵明集八卷首一卷末一卷　(晉)陶潛撰　清光緒五年(1879)廣州翰墨園刻朱墨印本　二册

110000－0146－0003549　PG/844.14/121
王孟詩評九卷　(唐)王維撰　(唐)孟浩然撰　(宋)劉辰翁評　清光緒五年(1879)巴陵方氏碧琳琅館刻朱墨印本　四册

110000－0146－0003550　PG/843.2/411
靖節先生集十卷首一卷末一卷　(晉)陶潛撰　(清)陶澍集注　**年譜考異二卷**　(清)陶澍撰　清光緒九年(1883)江蘇書局刻本　四册

110000－0146－0003551　PG/843.2/412
靖節先生集十卷首一卷末一卷　(晉)陶潛撰　(清)陶澍集注　**年譜考異二卷**　(清)陶澍撰　清光緒九年(1883)江蘇書局刻本　四册

110000－0146－0003552　PG/843.2/409
靖節先生集十卷首一卷末一卷　(晉)陶潛撰　(清)陶澍集注　**年譜考異二卷**　(清)陶澍撰　清光緒九年(1883)江蘇書局刻本　四册

110000－0146－0003553　PG/843.2/410
靖節先生集十卷首一卷末一卷　(晉)陶潛撰

(清)陶澍集注　**年譜考異二卷**　(清)陶澍撰　清光緒九年(1883)江蘇書局刻本　三冊

110000－0146－0003554　PG/844.12/114
王子安集注二十卷首一卷末一卷　(唐)王勃撰　(清)蔣清翊注　清光緒九年(1883)吳縣蔣氏雙唐碑館刻本　六冊

110000－0146－0003555　PG/844.16/284
宋乾道永州本柳柳州外集一卷　(唐)柳宗元撰　清光緒十三年(1887)寶章閣刻本　一冊

110000－0146－0003556　PG/842.2/564
蔡中郎集十卷外紀一卷外集四卷末一卷　(漢)蔡邕撰　清光緒十六年(1890)番禺陶氏愛廬刻本　五冊

110000－0146－0003557　PG/842.2/565
蔡中郎集十卷外紀一卷外集四卷末一卷　(漢)蔡邕撰　清光緒十六年(1890)番禺陶氏愛廬刻本　五冊

110000－0146－0003558　PG/844.16/294
李長吉集四卷外卷一卷　(唐)李賀撰　(明)黃淳耀　(清)黎簡評點　清光緒十八年(1892)羊城葉氏刻朱墨印本　二冊

110000－0146－0003559　PG/844.17/741
沈下賢文集十二卷　(唐)沈亞之撰　清光緒二十一年(1895)刻本　四冊

110000－0146－0003560　PG/844.18/249
樊川文集二十卷外集一卷別集一卷　(唐)杜牧撰　清光緒二十二年(1896)景蘇園影宋刻本　四冊

110000－0146－0003561　PG/844.16/246
韓文百篇編年三卷　(唐)韓愈撰　(清)劉成忠選評　清光緒二十六年(1900)食舊堂石印本　三冊

110000－0146－0003562　PG/844.14/291
李翰林集三十卷　(唐)李白撰　清光緒三十二年(1906)杭州吳隱刻本　六冊

110000－0146－0003563　PG/844.16/295
李長吉集四卷外卷一卷　(唐)李賀撰　(明)黃淳耀　(清)黎簡評點　清宣統元年(1909)上海掃葉山房朱墨石印本　二冊

110000－0146－0003564　PG/844.16/288
李長吉歌詩四卷外集一卷首一卷　(唐)李賀撰　(清)王琦彙解　清宣統元年(1909)上海掃葉山房石印本　四冊

110000－0146－0003565　PG/844.18/300
李商隱詩集三卷　(唐)李商隱撰　(清)錢謙益寫校　清宣統元年(1909)影印本　二冊

110000－0146－0003566　PG/844.18/299
李商隱詩集三卷　(唐)李商隱撰　(清)錢謙益校　清宣統元年(1909)影印本　二冊

110000－0146－0003567　PG/844.18/360
孫可之文集二卷　(唐)孫樵撰　清宣統二年(1910)守政書局木活字印本　四冊

110000－0146－0003568　PG/844.18/737
溫飛卿詩集九卷　(唐)溫庭筠撰　(明)曾益注　(清)顧予咸補注　(清)顧嗣立重校　清宣統二年(1910)廣益書局影印本　四冊

110000－0146－0003569　PG/844.14/277
杜工部集二十卷　(唐)杜甫撰　(清)錢謙益箋注　清宣統三年(1911)時中書局石印本　八冊

110000－0146－0003570　PG/844.14/924
讀杜小箋三卷二箋二卷　(唐)杜甫撰　(清)錢謙益箋　清宣統三年(1911)上海國學扶輪社石印本　一冊

110000－0146－0003571　PG/844.16/252
昌黎先生集四十卷外集十卷遺文一卷韓集點勘四卷　(唐)韓愈撰　清宣統三年(1911)石印本　十冊

110000－0146－0003572　PG/844.18/287
習之先生文集二卷　(唐)李翺撰　清宣統三年(1911)上海會文堂書局石印本　二冊

110000－0146－0003573　PG/844.16/582
韋蘇州集十卷　(唐)韋應物撰　清宣統三年(1911)石印本　六冊

110000－0146－0003574　PG/846.1/646
青邱高季迪先生詩集十八卷首一卷遺詩一卷扣舷集一卷鳧藻集五卷附錄一卷　(明)高啓撰　(清)金檀輯注　清雍正六年(1728)金檀文瑞樓刻平湖實芸堂印本　十二冊

110000－0146－0003575　PG/846.5/240
竹巖集十八卷補遺一卷續補遺一卷附錄一卷首一卷　(明)柯潛撰　清光緒十四年(1888)刻本　六冊

110000－0146－0003576　PG/846.1/888
太師誠意伯劉文成公集二十卷首一卷　(明)劉基撰　清康熙四十六年(1707)劉孤嶼刻雍正八年(1730)萬里補刻乾隆十一年(1746)劉氏印本　十冊

110000－0146－0003577　SG/846.7/891
劉練江先生集八卷　(明)劉永澄撰　清乾隆寶應劉氏興讓堂刻本　三冊

110000－0146－0003578　PG/846.8/670
鹿忠節公集二十一卷　(明)鹿善繼撰　清刻本　六冊

110000－0146－0003579　PG/846.8/669
鹿忠節公集二十一卷　(明)鹿善繼撰　清刻本　六冊

110000－0146－0003580　PG/846.6/422
旅燕集四卷　(明)歐大任撰　清刻歐虞部集本　一冊

110000－0146－0003581　PG/846.5/120
王文成公全書三十八卷　(明)王守仁撰　清刻本　二十四冊

110000－0146－0003582　PG/846.5/118
王文成公全書三十八卷　(明)王守仁撰　清刻本　二十四冊

110000－0146－0003583　PG/846.7/117
疑雲集四卷　(明)王彥泓撰　清補拙齋石印本　二冊

110000－0146－0003584　PG/846.7/308
新刻張太岳先生文集四十七卷　(明)張居正撰　清道光刻本　十六冊

110000－0146－0003585　PG/846.7/307
新刻張太岳先生文集四十七卷　(明)張居正撰　清道光刻本　十六冊

110000－0146－0003586　SG/846.3/306
商文毅公集六卷　(明)商輅撰　(清)張一魁輯　清順治十四年(1657)商德協刻本　二冊

110000－0146－0003587　PG/846.6/830
山帶閣集三十三卷附錄一卷　(明)朱曰藩撰　清道光刻本　四冊

110000－0146－0003588　PG/846.8/353
左忠毅公集二卷年譜二卷　(明)左光斗撰　清道光二十九年(1849)刻本　三冊

110000－0146－0003589　SG/846.7/501
柴省軒先生文鈔十二卷　(明)柴紹炳撰　清康熙刻本　六冊

110000－0146－0003590　SG/846.8/274
楊忠烈公文集三卷補遺一卷　(明)楊漣撰　清康熙應山楊苞刻本　十一冊

110000－0146－0003591　SG/846.5/483
羅圭峰先生文集三十卷首一卷　(明)羅玘撰　(明)黄端伯編訂　清康熙二十九年(1690)羅美才刻本　十冊

110000－0146－0003592　SG/846.1/112
王忠文公集二十五卷　(明)王禕撰　(明)劉傑編　(清)王廷曾續編　清康熙三十年(1691)會稽王氏刻本　八冊

110000－0146－0003593　SG/846.7/504
羅浮石洞葉絅齋先生文集十六卷詩集二卷　(明)葉春及撰　清康熙三十一年(1692)葉倫刻本　十六冊

110000－0146－0003594　PG/846.6/120
遵巖先生文集四十二卷　(明)王慎中撰　(清)李光墺　(清)李光型編次　清康熙五十年(1711)刻本　二十四冊

110000－0146－0003595　PG/846.1/477
清江貝先生詩集十卷文集三十卷　(明)貝瓊

撰　(清)金檀編　清康熙五十八年(1719)金檀燕翼堂刻本　八册

110000－0146－0003596　PG/846.1/478
清江貝先生文集三十卷　(明)貝瓊撰　(清)金檀編　清康熙五十八年(1719)金檀燕翼堂刻本　四册

110000－0146－0003597　SG/846.6/312
張龍湖先生文集十五卷　(明)張治撰　清雍正四年(1726)彭思眷刻本　四册

110000－0146－0003598　PG/846.1/644
青邱高季迪先生詩集十八卷首一卷遺詩一卷扣舷集一卷鳧藻集五卷附録一卷　(明)高啓撰　(清)金檀輯注　清雍正六年(1728)金檀文瑞樓刻墨華池館後印本　十册

110000－0146－0003599　SG/846.1/645
青邱高季迪先生詩集十八卷首一卷遺詩一卷扣舷集一卷鳧藻集五卷　(明)高啓撰　(清)金檀輯注　清雍正六年(1728)金檀文瑞樓刻本　十六册

110000－0146－0003600　SG/846.6/826
八厓集七卷　(明)周廷用撰　清乾隆十三年(1748)華容周氏刻本　五册

110000－0146－0003601　PG/846.6/899
何大復先生集三十八卷附録一卷　(明)何景明撰　清乾隆十五年(1750)賜策堂刻本　十册

110000－0146－0003602　SG/846.9/172
黄陶庵先生全集二十四卷　(明)黄淳耀撰　清乾隆二十六年(1761)陶澹泉刻本　六册

110000－0146－0003603　SG/846.9/173
黄陶庵先生全集二十四卷　(明)黄淳耀撰　清乾隆二十六年(1761)陶澹泉刻本　八册

110000－0146－0003604　SG/846.6/903
汲古堂集二十八卷　(明)何白撰　清乾隆二十九年(1764)敬勝堂刻本　八册

110000－0146－0003605　SG/846.2/853
解文毅公集十六卷附録一卷首一卷　(明)解縉撰　清乾隆三十二年(1767)吉水解氏敦仁堂刻本　六册

110000－0146－0003606　SG/846.8/704
天全堂集四卷附録一卷　(明)安希范撰　清乾隆四十六年(1781)膠山安吉刻本　二册

110000－0146－0003607　PG/846.3/571
文清公薛先生文集二十四卷　(明)薛瑄撰　清雍正十二年(1734)河津薛氏刻本　十二册

110000－0146－0003608　PG/846.5/667
六如居士全集六種　(明)唐寅撰　(清)唐仲冕編　清嘉慶六年(1801)長沙唐仲冕刻本　六册

110000－0146－0003609　PG/846.6/521
葛端肅公集十八卷附識闕一卷家訓二卷　(明)葛守禮撰　清嘉慶七年(1802)刻本　八册

110000－0146－0003610　PG/846.7/287
懷麓堂集一百卷首一卷　(明)李東陽撰　清嘉慶八年(1803)刻本　二十四册

110000－0146－0003611　PG/846.6/428
鈐山堂集四十卷　(明)嚴嵩撰　清嘉慶十一年(1806)嚴氏刻本　十册

110000－0146－0003612　PG/846.8/363
高陽集二十卷　(明)孫承宗撰　清順治十二年(1655)刻嘉慶十二年(1807)修補本　十二册

110000－0146－0003613　PG/846.6/765
練溪集四卷　(明)凌震撰　清嘉慶二十年(1815)刻本　四册

110000－0146－0003614　PG/846.7/119
王龍谿先生全集二十卷　(明)王畿撰　清道光二年(1822)會稽莫晉刻本　二十四册

110000－0146－0003615　PG/846.7/313
月鹿堂文集八卷　(明)張師繹撰　清道光六年(1826)武進張湄刻本　四册

110000－0146－0003616　PG/846.9/987
金忠節公文集八卷　(明)金聲撰　清道光七

年(1827)刻本　八册

110000－0146－0003617　PG/846.6/233
苑洛集二十二卷　(明)韓邦奇撰　清道光八年(1828)西河謝氏刻本　十册

110000－0146－0003618　PG/846.6/234
苑洛集二十二卷　(明)韓邦奇撰　清道光八年(1828)西河謝氏刻本　十册

110000－0146－0003619　PG/846.9/170
黄漳浦集五十卷目錄二卷補集一卷年譜二卷首一卷　(明)黄道周撰　(清)陳壽祺重編　清道光九年(1829)刻本　二十四册

110000－0146－0003620　PG/652.61/498
明大司馬盧公奏議十卷　(明)盧象昇撰　清道光九年(1829)刻本　二十四册

110000－0146－0003621　PG/846.8/275
楊忠烈公文集十卷末一卷附表忠錄一卷　(明)楊漣撰　清道光十三年(1833)刻本　十二册

110000－0146－0003622　PG/846.4/441
康齋先生集十二卷首一卷　(明)吳與弼撰　清道光十五年(1835)山東王楷刻本　四册　缺二卷(一至二)

110000－0146－0003623　PG/846.7/372
潛學稿十九卷　(明)鄧元錫撰　清乾隆八年(1743)刻道光十七年(1837)重修本　八册

110000－0146－0003624　PG/846.6/290
滄溟先生集三十卷附錄一卷　(明)李攀龍撰　清道光二十七年(1847)景福堂刻本　八册

110000－0146－0003625　PG/846.9/816
九煙先生遺集六卷　(明)黄周星撰　清道光二十九年(1849)周詒樸揚州刻本　二册

110000－0146－0003626　SG/846.6/585
崔東洲集二十卷　(明)崔桐撰　清抄本　四册

110000－0146－0003627　PG/846.6/113
弇山堂別集一百卷　(明)王世貞撰　清光緒廣雅書局刻本　二十册

110000－0146－0003628　PG/846.1/626
方正學先生遜志齋集七卷首一卷　(明)方孝孺撰　清同治三年(1864)刻本　七册

110000－0146－0003629　PG/846.8/856
熊襄愍公集十卷首一卷末一卷　(明)熊廷弼撰　清同治三年(1864)刻本　十册

110000－0146－0003630　PG/846.8/276
楊忠烈公文集十卷末一卷附表忠錄一卷　(明)楊漣撰　清同治四年(1865)刻本　十二册

110000－0146－0003631　PG/846.3/113
西昌王抑庵集四十卷首一卷　(明)王直撰　清同治六年(1867)刻本　八册

110000－0146－0003632　PG/846.9/626
方孩未先生集十六卷　(明)方震孺撰　(清)李兆洛編　清同治七年(1868)刻本　六册

110000－0146－0003633　PG/846.7/196
黎雲館類定袁中郎先生全集二十四卷　(明)袁宏道撰　清同治八年(1869)刻本　十五册

110000－0146－0003634　PG/846.1/627
方正學先生遜志齋集二十四卷拾補一卷外紀一卷　(明)方孝孺撰　清同治十二年(1873)吳縣孫氏刻本　十六册

110000－0146－0003635　PG/846.8/860
從野堂存稿八卷[繆昌期]年譜一卷末一卷外集一卷　(明)繆昌期撰　清同治十三年(1874)海陵別業刻本　四册

110000－0146－0003636　PG/846.9/171
黄漳浦集五十卷首一卷目錄二卷年譜二卷補集一卷　(明)黄道周撰　(清)陳壽祺輯　清末鉛印本　十六册

110000－0146－0003637　PG/846.8/498
明大司馬盧公集十二卷首一卷　(明)盧象昇撰　清光緒元年(1875)會稽施惠刻本　八册

110000－0146－0003638　PG/846.8/642
高子遺書十二卷附錄一卷年譜一卷　(明)高攀龍撰　清光緒二年(1876)無錫東林書院刻

本　八册

110000－0146－0003639　PG/846.6/558
洨濱蔡先生文集十卷首一卷　（明）蔡靉撰　清光緒四年(1878)夏子鎏刻本　二册

110000－0146－0003640　PG/846.8/765
凌忠介公詩集二卷　（明）淩義渠撰　清光緒四年(1878)刻本　二册

110000－0146－0003641　PG/846.7/578
重刻天傭子全集十卷首一卷末一卷　（明）艾南英撰　清光緒五年(1879)刻本　十册

110000－0146－0003642　PG/846.4/883
瓊臺會稿詩文集二十四卷首一卷　（明）丘濬撰　清光緒五年(1879)雁峰書院刻本　十二册

110000－0146－0003643　PG/846.9/309
張忠敏公遺集十卷首一卷附錄六卷　（明）張國維撰　清光緒五年(1879)江蘇書局刻本　六册

110000－0146－0003644　PG/846.8/562
蔡忠烈公遺集四卷　（明）蔡道憲撰　（清）夏獻雲重輯　清光緒六年(1880)閩館蓬萊山房刻本　四册

110000－0146－0003645　PG/846.6/868
震川先生集三十卷别集十卷　（明）歸有光撰　清光緒六年(1880)常熟歸氏刻本　十二册

110000－0146－0003646　PG/846.9/522
續騷堂集一卷　（明）萬泰撰　清光緒十年(1884)翰香居刻本　一册

110000－0146－0003647　PG/846.6/482
羅念庵先生文錄十八卷附錄一卷續編二卷　（明）羅洪先撰　（清）喻震孟編　清光緒十二年(1886)安齋刻本　十册

110000－0146－0003648　PG/846.8/172
餘姚黄忠端公集六卷　（明）黄尊素撰　清光緒十三年(1887)姚江黄氏正氣堂刻本　二册

110000－0146－0003649　PG/846.9/988
金忠節公文集八卷　（明）金聲撰　清光緒十四年(1888)黟縣李氏刻本　四册

110000－0146－0003650　PG/846.1/517
藍山詩集六卷　（明）藍仁撰　**藍澗詩集六卷**　（明）蓝智撰　清光緒十六年(1890)宣敬熙刻本　四册

110000－0146－0003651　PG/846.6/341
止止堂集五卷　（明）戚繼光撰　清光緒十四年(1888)山東書局刻本　四册

110000－0146－0003652　PG/846.5/239
竹巖集十八卷首一卷補遺一卷續補遺一卷附錄一卷　（明）柯潛撰　清光緒十四年(1888)刻本　四册

110000－0146－0003653　PG/846.1/731
新喻梁石門先生集十卷首一卷末一卷　（明）梁寅撰　清光緒十五年(1889)射洪鍾氏刻本　六册

110000－0146－0003654　PG/846.7/129
來禽館集二十九卷　（明）邢侗撰　清光緒十七年(1891)刻本　十二册

110000－0146－0003655　PG/846.9/887
嶧桐文集十卷詩集十卷　（明）劉城撰　清光緒十九年(1893)刻本　八册

110000－0146－0003656　PG/846.8/403
陶元暉中丞遺集二卷首一卷　（明）陶朗撰　清光緒二十四年(1898)蘭州書局鉛印本　一册

110000－0146－0003657　PG/846.1/946
始豐稿十四卷補遺一卷附錄一卷續附錄一卷　（明）徐一夔撰　清光緒二十年(1894)錢塘丁氏嘉惠堂刻本　五册

110000－0146－0003658　PG/846.6/668
唐荊川先生文集十八卷目錄一卷補遺一卷附錄一卷　（明）唐順之撰　清光緒二十一年(1895)武進盛氏思惠齋刻本　四册

110000－0146－0003659　PG/846.8/886
劉文烈公全集十二卷　（明）劉理順撰　清光緒二十四年(1898)刻本　六册

110000－0146－0003660　PG/846.9/524

蒿子先生遺稿不分卷　（明）芮長恤撰　（清）芮佑良編　清光緒二十三年（1897）木活字印本　二册

110000－0146－0003661　PG/846.3/994

姚文敏公遺稿九卷奏議補缺一卷　（明）姚夔撰　清光緒二十四年（1898）水明樓刻本　二册

110000－0146－0003662　PG/846.1/887

太師誠意伯劉文成公集二十卷首一卷　（明）劉基撰　清光緒二十六年（1900）浙江書局刻本　十册

110000－0146－0003663　PG/846.7/311

明張文忠公全集四十八卷　（明）張居正撰　清光緒二十七年（1901）紅藤碧樹山館刻本　十六册

110000－0146－0003664　PG/846.7/312

明張文忠公全集四十八卷　（明）張居正撰　清光緒二十七年（1901）紅藤碧樹山館刻本　十六册

110000－0146－0003665　PG/846.9/348

夏節愍全集十卷首一卷末一卷補遺一卷續補遺一卷　（明）夏完淳撰　（清）莊師洛輯　清光緒二十九年（1903）成都吳氏刻本　二册

110000－0146－0003666　PG/846.8/820

周忠介公燼餘集三卷年譜一卷遺事一卷　（明）周順昌撰　清光緒二十九年（1903）刻本　三册

110000－0146－0003667　PG/846.8/821

周忠介公燼餘集三卷年譜一卷遺事一卷　（明）周順昌撰　清光緒二十九年（1903）刻本　二册

110000－0146－0003668　PG/846.7/116

疑雨集四卷　（明）王彦泓撰　清光緒三十一年（1905）長沙郎園葉氏刻本　二册

110000－0146－0003669　PG/846.6/900

信陽詩集二十六卷　（明）何景明撰　清光緒三十三年（1907）渭南嚴氏刻本　四册

110000－0146－0003670　PG/846.6/114

弇州山人詩集五十二卷目錄八卷　（明）王世貞撰　清光緒三十三年（1907）渭南嚴氏刻本　十六册

110000－0146－0003671　PG/846.8/950

增訂徐文定公集六卷首二卷　（明）徐光啓撰　清宣統元年（1909）上海慈母堂鉛印本　四册

110000－0146－0003672　PG/846.5/106

懷星堂全集（祝枝山全集）三十卷　（明）祝允明撰　清宣統二年（1910）中國書畫會鉛印本　八册

110000－0146－0003673　PG/846.6/662

甫田集三十六卷　（明）文徵明撰　清宣統三年（1911）鉛印本　十二册

110000－0146－0003674　SG/847.2/297

敬業堂詩集五十卷　（清）查慎行撰　清康熙五十八年（1719）刻雍正增刻本　十六册

110000－0146－0003675　PG/847.2/383

湖海樓詩集八卷陳迦陵文集六卷陳迦陵儷體文集十卷詞全集三十卷　（清）陳維崧撰　清康熙患立堂刻後印本　十二册

110000－0146－0003676　SG/847.2/385

湖海樓詩集八卷陳迦陵文集六卷陳迦陵儷體文集十卷　（清）陳維崧撰　清康熙患立堂刻本　八册

110000－0146－0003677　SG/847.2/766

鈍吟老人遺藁（鈍吟全集）九種　（清）馮班撰　明末清初毛氏汲古閣刻康熙七年（1668）陸貽典、四十五年（1706）馮武遞刻本　六册

110000－0146－0003678　PG/847.1/908

四憶堂詩集六卷　（清）侯方域撰　清刻本　二册

110000－0146－0003679　PG/847.2/760

湛園未定稿六卷　（清）姜宸英撰　清刻本　四册

110000－0146－0003680　PG/847.2/292
笠翁一家言全集十六卷　(清)李漁撰　清刻本　十六册

110000－0146－0003681　PG/847.2/797
託素齋文集二卷詩集二卷　(清)黎士弘撰　清康熙刻本　八册

110000－0146－0003682　PG/847.1/387
桴亭先生遺書二十一種　(清)陸世儀撰　清光緒刻本　十九册

110000－0146－0003683　PG/847.1/934
牧齋初學集詩註二十卷有學集詩註十四卷　(清)錢謙益撰　(清)錢曾箋注　清雍正春暉堂刻本　十册　缺七卷(牧齋初學集詩註十四至二十)

110000－0146－0003684　PG/847.1/933
牧齋初學集詩註二十卷有學集詩註十四卷　(清)錢謙益撰　(清)錢曾箋注　清刻本　十四册

110000－0146－0003685　SG/847.1/930
牧齋初學集詩註二十卷有學集詩註十四卷　(清)錢謙益撰　(清)錢曾箋注　清雍正春暉堂刻本　二十八册

110000－0146－0003686　PG/847.1/932
牧齋初學集詩註二十卷有學集詩註十四卷　(清)錢謙益撰　(清)錢曾箋注　清雍正玉詔堂刻本　十二册

110000－0146－0003687　SG/847.2/328
青門詩十卷　(清)邵長蘅撰　清道光信芳閣木活字印本　六册

110000－0146－0003688　PG/847.2/361
溉堂前集九卷續集六卷詩餘二卷文集五卷　(清)孫枝蔚撰　清康熙刻本　八册

110000－0146－0003689　PG/088/478
德州田氏叢書十三種　(清)田雯等撰　清康熙至乾隆刻本　十二册　存五種六十一卷(蒙齋年譜一卷、續一卷、附補一卷,古歡堂集三十六卷,長河志籍考十卷,黔書二卷,長河志籍考十卷)

110000－0146－0003690　PG/847.2/104
漁洋山人精華錄箋注十二卷補注一卷年譜一卷　(清)王士禛撰　(清)金榮箋注　清鳳翽堂刻本　六册

110000－0146－0003691　PG/847.2/103
漁洋山人精華錄箋注十二卷補注一卷年譜一卷　(清)王士禛撰　(清)金榮箋注　清刻本　十二册

110000－0146－0003692　PG/847.2/120
居業堂文集二十卷　(清)王源撰　清光緒刻畿輔叢書本　四册

110000－0146－0003693　PG/847.2/450
梅村集四十卷　(清)吴偉業撰　清刻本　十六册

110000－0146－0003694　PG/847.2/453
吴詩集覽二十卷　(清)吴偉業撰　(清)靳榮藩輯　**吴詩談藪二卷**　(清)靳榮藩輯　清乾隆四十年(1775)刻本　十六册　缺一卷(吴詩談藪下)

110000－0146－0003695　PG/847.2/448
梅村詩集箋注十八卷　(清)吴偉業撰　(清)吴翌鳳注　清嘉慶十九年(1814)嚴榮滄浪吟榭刻本　十册

110000－0146－0003696　PG/847.2/446
梅村集四十卷目錄二卷　(清)吴偉業撰　清刻本　八册

110000－0146－0003697　SG/847.2/430
桂留堂詩集八卷二集十四卷三集七卷　(清)吴之騄撰　清康熙四十三年(1704)刻本　六册

110000－0146－0003698　SG/847.2/356
西堂雜組一集八卷二集八卷三集八卷　(清)尤侗撰　清康熙二十五年(1686)刻本　六册

110000－0146－0003699　PG/847.2/358
西堂全集十七種　(清)尤侗撰　清刻本　二十四册

110000－0146－0003700　PG/847.2/357
西堂全集十七種　(清)尤侗撰　清刻本　二十冊

110000－0146－0003701　SG/847.2/310
蒿庵集三卷附録一卷　(清)張爾岐撰　清乾隆三十八年(1773)刻本　三冊

110000－0146－0003702　SG/847.2/199
萬青閣自訂詩八卷　(清)趙吉士撰　清康熙刻本　一冊

110000－0146－0003703　PG/847.2/828
朱秋厓詩集四卷　(清)朱克生撰　清刻本　二冊

110000－0146－0003704　PG/847.2/840
曝書亭集八十卷　(清)朱彝尊撰　**笛漁小稿十卷**　(清)朱昆田撰　清刻本　十六冊

110000－0146－0003705　PG/847.1/491
尊水園集略十二卷補遺二卷　(清)盧世漼撰　清順治十七年(1660)刻本　八冊

110000－0146－0003706　SG/847.2/384
湖海樓詩集八卷陳迦陵文集六卷陳迦陵儷體文集十卷陳迦陵詞全集三十卷　(清)陳維崧撰　清康熙二十八年(1689)陳氏患立堂刻本　二十二冊

110000－0146－0003707　PG/847.2/641
[高江村全集五種]　(清)高士奇撰　清康熙刻本　五冊

110000－0146－0003708　PG/089.7/210
中山郝中丞全集十四卷首一卷　(清)郝浴撰　清康熙刻本　八冊

110000－0146－0003709　PG/847.2/331
水田居文集五卷　(清)賀貽孫撰　清康熙刻本　五冊

110000－0146－0003710　SG/847.2/294
野香亭集二卷　(清)李孚青撰　清康熙刻本　一冊

110000－0146－0003711　PG/847.2/291
秋錦山房集十卷　(清)李良年撰　清康熙三十五年(1696)刻本　六冊

110000－0146－0003712　SG/847.2/893
葛莊分類詩鈔不分卷　(清)劉廷璣撰　清康熙刻本　四冊

110000－0146－0003713　SG/847.2/781
松皐文集十卷　(清)毛際可撰　清康熙刻本　一冊

110000－0146－0003714　PG/847.2/329
邵子湘全集三十卷　(清)邵長蘅撰　(清)顧景星批點　清康熙刻本　十冊

110000－0146－0003715　PG/847.2/330
邵子湘全集三十卷　(清)邵長蘅撰　清康熙刻本　八冊

110000－0146－0003716　PG/847.1/473
聽山集詩選八卷文集三卷荆園小語一卷荆園進語一卷　(清)申涵光撰　**申鳧盟先生年譜略一卷**　(清)申涵煜　(清)申涵盼撰　**崇祀鄉賢録一卷**　清康熙刻本　六冊

110000－0146－0003717　SG/847.2/701
綿津山人詩集二十四卷楓香詞一卷筠廊偶筆二卷怪石贊一卷漫堂墨品一卷　(清)宋犖撰　**雪堂墨品一卷**　(清)張仁熙撰　**緯蕭草堂詩一卷**　(清)宋至撰　清康熙刻本　六冊

110000－0146－0003718　SG/847.2/702
綿津山人詩集二十九卷楓香詞一卷漫堂說詩一卷筠廊偶筆二卷怪石贊一卷漫堂墨品一卷　(清)宋犖撰　**雪堂墨品一卷**　(清)張仁熙撰　**緯蕭草堂詩三卷**　(清)宋至撰　清康熙刻本　十二冊

110000－0146－0003719　PG/847.2/690
安雅堂全集六種　(清)宋琬撰　清順治至乾隆刻本　十一冊

110000－0146－0003720　SG/847.2/703
緯蕭草堂詩三卷　(清)宋至撰　清康熙刻本　一冊

110000－0146－0003721　PG/847.2/667
志壑堂詩集十二卷文集十二卷詩後集五卷文

後集三卷辛酉同遊倡和詩餘後集二卷阮亭選志壑堂詩十五卷　(清)唐夢賚撰　清康熙刻本　二十冊

110000－0146－0003722　SG/847.2/737
湯子遺書十四卷　(清)湯斌撰　(清)王廷燦編輯　清康熙刻乾隆六年(1741)樹德堂補刻本　十八冊

110000－0146－0003723　PG/847.2/113
青箱堂詩集三十三卷文集十二卷遺稿續刻一卷年譜一卷　(清)王崇簡撰　清康熙刻本　十冊

110000－0146－0003724　SG/847.2/947
憺園文集三十六卷　(清)徐乾學撰　清康熙刻本　十二冊

110000－0146－0003725　SG/847.2/314
空明子文集二卷雜錄一卷　(清)張榮撰　清康熙刻本　三冊

110000－0146－0003726　PG/847.2/313
渠亭山人半部稿四種　(清)張貞撰　清康熙刻本　八冊

110000－0146－0003727　SG/847.2/977
寒村詩文選三十六卷　(清)鄭梁撰　(清)高斗魁　(清)董允璘選訂　清康熙紫蟾山房刻本　十一冊

110000－0146－0003728　SG/847.2/827
笛漁小稿十卷　(清)朱昆田撰　清康熙刻本　一冊

110000－0146－0003729　SG/847.2/108
漁洋山人詩集二十二卷　(清)王士禛撰　清康熙八年(1669)吳郡沂詠堂刻乾隆後印本　四冊

110000－0146－0003730　PG/847.2/116
王北山先生詩文合集十卷　(清)王曰高撰　清雍正五年(1727)刻本　六冊

110000－0146－0003731　PG/847.2/659
定山堂詩集四十三卷詩餘四卷　(清)龔鼎孳撰　清康熙刻本　十四冊

110000－0146－0003732　SG/847.2/382
陳檢討集十二卷詞鈔十二卷　(清)陳維崧撰　清康熙二十二年(1683)天藜閣刻本　六冊

110000－0146－0003733　SG/847.2/381
陳檢討集十二卷　(清)陳維崧撰　清康熙二十二年(1683)天藜閣刻本　八冊

110000－0146－0003734　SG/847.2/392
北墅緒言五卷澄江集一卷玉山詞一卷　(清)陸次雲撰　(清)高士奇　(清)汪霦評　清康熙刻本　三冊

110000－0146－0003735　PG/847.2/602
改亭集十六卷　(清)計東撰　清康熙三十二年(1693)刻本(卷四至五有抄配)　八冊

110000－0146－0003736　PG/847.2/707
堯峰文鈔五十卷　(清)汪琬撰　清康熙三十二年(1693)刻本　十六冊

110000－0146－0003737　PG/847.2/121
五公山人集十六卷　(清)王餘佑撰　(清)李興祖編　清康熙三十四年(1695)刻本　五冊

110000－0146－0003738　SG/847.2/884
玉池生稿五卷　(清)岳端撰　清康熙刻本　六冊

110000－0146－0003739　SG/847.2/804
兼濟堂文集二十四卷　(清)魏裔介撰　(清)魏嘉孚校　清康熙三十九年(1700)魏勷刻本　二十四冊

110000－0146－0003740　SG/847.2/836
燕堂詩鈔八卷　(清)朱經撰　清康熙三十九年(1700)刻本　四冊

110000－0146－0003741　SG/847.2/229
有懷堂詩藁六卷文藁二十二卷　(清)韓菼撰　清康熙四十二年(1703)刻本　六冊

110000－0146－0003742　PG/847.2/964
白茅堂集四十六卷　(清)顧景星撰　清康熙四十三年(1704)刻乾隆二十年(1755)增刻光緒二十八年(1902)補刻本　二十冊

110000－0146－0003743　SG/847.2/306

存誠堂詩集二十五卷應制詩五卷　（清）張英撰　清乾隆、嘉慶刻本　六冊

110000－0146－0003744　SG/847.2/117

王文靖公集二十四卷年譜一卷行狀一卷墓志銘一卷神道碑一卷　（清）王熙撰　清康熙四十六年（1707）宛平王氏刻本　十冊

110000－0146－0003745　SG/847.2/387

午亭文編五十卷　（清）陳廷敬撰　（清）林佶輯錄　清康熙四十七年（1708）侯官林佶刻本　二十四冊

110000－0146－0003746　SG/847.2/533

范忠貞公文集五卷首一卷　（清）范承謨撰　清康熙四十七年（1708）刻本　四冊

110000－0146－0003747　SG/847.2/839

曝書亭集八十卷附笛漁小稿十卷　（清）朱彝尊撰　清康熙刻本　十二冊

110000－0146－0003748　SG/847.2/883

東山草堂文集二十卷首一卷　（清）邱嘉穗撰　清康熙四十九年（1710）刻本　八冊

110000－0146－0003749　SG/847.2/700

西陂類稿五十卷　（清）宋犖撰　清康熙五十年（1711）刻本　十二冊

110000－0146－0003750　SG/847.2/699

西陂類稿五十卷　（清）宋犖撰　清康熙五十年（1711）刻本　十六冊

110000－0146－0003751　SG/847.2/101

帶經堂集九十二卷　（清）王士禛撰　清康熙五十一年（1712）程氏七略書堂刻本　十二冊

110000－0146－0003752　PG/847.2/109

帶經堂集九十二卷　（清）王士禛撰　清康熙五十一年（1712）程氏七略書堂刻本　二十四冊

110000－0146－0003753　SG/847.2/102

帶經堂集九十二卷　（清）王士禛撰　清康熙五十一年（1712）程氏七略書堂刻本　四十八冊

110000－0146－0003754　SG/847.2/532

畫壁遺稿三卷　（清）范承謨撰　清康熙五十七年（1718）刻本　二冊

110000－0146－0003755　SG/847.2/298

敬業堂詩集五十卷續集六卷　（清）查慎行撰　清康熙五十八年（1719）刻雍正增刻乾隆查學、查開續刻本　九冊

110000－0146－0003756　SG/847.2/188

彭燕又先生文集三卷詩集一卷　（清）彭賓撰　（清）李元度評選　清康熙六十一年（1722）彭士超隆署堂刻本　四冊

110000－0146－0003757　SG/847.2/910

在陸草堂文集六卷　（清）儲欣撰　清雍正元年（1723）儲掌文淑慎堂刻本　六冊

110000－0146－0003758　SG/847.2/783

抱犢山房集六卷　（清）嵇永仁撰　清雍正刻本　四冊

110000－0146－0003759　SG/847.2/112

樓邨詩集二十五卷　（清）王式丹撰　清雍正刻本　八冊

110000－0146－0003760　SG/847.2/796

託素齋詩集四卷文集六卷　（清）黎士弘撰　清康熙刻雍正二年（1724）黎致遠增刻乾隆補刻本　十六冊

110000－0146－0003761　SG/847.2/466

夢月巖詩集二十卷詩餘一卷　（清）呂履恒撰　清雍正三年（1725）刻本　八冊

110000－0146－0003762　SG/847.2/316

匠門書屋文集三十卷　（清）張大受撰　清雍正八年（1730）顧詒錄刻本　六冊

110000－0146－0003763　PG/847.2/293

笠翁一家言全集十卷　（清）李漁撰　清雍正八年（1730）芥子園刻本　十二冊

110000－0146－0003764　SG/847.4/169

香屑集十八卷首一卷末一卷　（清）黄之雋輯　清雍正十二年（1734）海寧陳氏刻本　六冊

110000－0146－0003765　SG/847.2/625

春及堂初集一卷二集一卷三集一卷四集一卷

南堂詩鈔一卷 （清）方世舉撰 清乾隆刻本 三册

110000－0146－0003766 SG/847.2/171
黄梨洲先生南雷文約四卷南雷詩曆五卷 （清）黄宗羲撰 （清）鄭性訂 清乾隆鄭氏刻本 五册

110000－0146－0003767 PG/847.2/627
施愚山先生學餘詩集五十卷學餘文集二十八卷外集二卷别集四卷 （清）施閏章撰 **施愚山先生年譜四卷** （清）施念曾編 **施氏家風述略一卷** （清）施閏章輯 **施氏家風述略續編一卷** （清）施彦恪輯 **隨村先生遺集六卷** （清）施瑮撰 清康熙四十七年（1708）曹寅刻乾隆續刻本 十二册

110000－0146－0003768 SG/847.2/118
漁洋山人精華録訓纂十卷目録二卷 （清）王士禛撰 （清）惠棟訓纂 清乾隆惠氏紅豆齋刻本 十二册

110000－0146－0003769 PG/847.2/428
嚴太僕先生集十二卷 （清）嚴虞惇撰 清乾隆元年（1736）嚴有禧繩武堂刻本 二册

110000－0146－0003770 SG/847.2/640
栖雲閣詩十六卷 （清）高珩撰 清乾隆三年（1738）淄川高氏刻本 六册

110000－0146－0003771 SG/847.2/526
斯友堂集八卷 （清）蔣嶟撰 （清）蔣爲概編 清乾隆九年（1744）刻本 二册

110000－0146－0003772 SG/847.2/735
懷清堂集二十卷 （清）湯右曾撰 清乾隆十二年（1747）刻本 六册

110000－0146－0003773 SG/847.2/603
改亭集十六卷詩集六卷 （清）計東撰 清乾隆十三年（1748）刻本 十册

110000－0146－0003774 PG/072.22/171
天禄閣外史八卷 （漢）黄憲撰 （明）鍾惺評 清刻本 四册 缺四卷（五至八）

110000－0146－0003775 SG/847.1/906
傅徵君霜紅龕詩鈔不分卷 （清）傅山撰 清乾隆三十二年（1767）河東劉贄仰止軒刻本 四册

110000－0146－0003776 SG/847.2/366
愛日堂文集八卷詩集二卷附一卷 （清）孫宗彝撰 清乾隆三十五年（1770）刻本 五册

110000－0146－0003777 SG/847.2/114
蓼村集四卷 （清）王苹撰 清乾隆三十八年（1773）刻本 一册

110000－0146－0003778 SG/847.2/115
蓼村集四卷 （清）王苹撰 清乾隆三十八年（1773）刻本 一册

110000－0146－0003779 SG/847.2/185
南畇詩稿二十七卷文稿十二卷 （清）彭定求撰 清康熙刻乾隆三十九年（1774）彭紹升重修本 六册

110000－0146－0003780 PG/847.2/438
林蕙堂全集二十六卷 （清）吳綺撰 清乾隆三十九年（1774）刻本 八册

110000－0146－0003781 SG/847.2/437
蓮洋集二十卷附録一卷 （清）吳雯撰 清乾隆三十九年（1774）刻本 四册

110000－0146－0003782 SG/847.2/451
吳詩集覽二十卷 （清）吳偉業撰 （清）靳榮藩輯 清乾隆四十年（1775）靳榮藩、凌雲亭刻本 十四册

110000－0146－0003783 PG/847.2/452
吳詩集覽二十卷 （清）吳偉業撰 （清）靳榮藩輯 **吳詩談藪二卷** （清）靳榮藩輯 清乾隆四十年（1775）刻本 十六册 缺一卷（吳詩談藪下）

110000－0146－0003784 SG/847.2/769
解春集文鈔十二卷 （清）馮景撰 清乾隆五十七年（1792）刻本 二册

110000－0146－0003785 PG/847.2/301
文貞公集十二卷 （清）張玉書撰 清乾隆五十七年（1792）張氏松蔭堂刻本 六册

110000－0146－0003786　PG/847.2/844
曝書亭集箋註二十三卷　(清)朱彝尊撰　(清)孫銀槎輯注　清嘉慶五年(1800)刻九年(1804)續修本　八册

110000－0146－0003787　PG/847.2/806
寒松堂全集十二卷年譜一卷　(清)魏象樞撰　清嘉慶十六年(1811)蔚州魏氏刻本　十三册

110000－0146－0003788　PG/847.2/447
梅村詩集箋注十八卷　(清)吴偉業撰　(清)吴翌鳳注　清嘉慶十九年(1814)嚴榮滄浪吟榭刻本　二十四册

110000－0146－0003789　PG/847.2/843
曝書亭集詞註七卷　(清)朱彝尊撰　(清)李富孫注　清嘉慶十九年(1814)嘉興李氏校經廎刻本　四册

110000－0146－0003790　PG/847.2/311
蒿菴集三卷蒿菴閑話二卷　(清)張爾岐撰　清嘉慶二十一年(1816)蔣因培刻本　四册

110000－0146－0003791　SG/847.2/110
十笏草堂詩四卷　(清)王士禄撰　清道光信芳閣木活字印本　一册

110000－0146－0003792　PG/847.2/467
泛梗集八卷　(清)吴之章撰　清道光元年(1821)刻本　八册

110000－0146－0003793　SG/847.2/949
畏壘山人詩十卷　(清)徐昂發撰　清道光信芳閣木活字印本　二册

110000－0146－0003794　SG/847.2/820
采山堂詩八卷　(清)周篔撰　清道光信芳閣木活字印本　三册

110000－0146－0003795　PG/847.2/380
獨漉子詩集十五卷文集十五卷續編一卷　(清)陳恭尹撰　清道光五年(1825)刻本　八册

110000－0146－0003796　PG/847.2/786
海日堂集七卷補遺一卷　(清)程可則撰　清道光五年(1825)一經書室刻本　四册

110000－0146－0003797　PG/847.2/270
受祺堂文集四卷續刻四卷　(清)李因篤撰　清道光七年至十年(1827－1830)刻本　八册

110000－0146－0003798　PG/847.2/660
定山堂古文小品二卷　(清)龔鼎孳撰　清道光十四年(1834)刻本　二册

110000－0146－0003799　PG/847.2/739
定峰樂府十卷甲子年定峰山左雜詠一卷　(清)沙張白撰　(清)曹禾評　清道光十八年(1838)刻本　四册

110000－0146－0003800　PG/847.2/697
潛虚先生文集十四卷補遺一卷年譜一卷　(清)戴名世撰　清道光二十一年(1841)刻本　八册

110000－0146－0003801　PG/847.2/696
潛虚先生文集十四卷年譜一卷　(清)戴名世撰　清藍格抄本　十册

110000－0146－0003802　PG/847.2/436
陋軒詩十二卷續二卷　(清)吴嘉紀撰　清道光二十三年(1843)泰州夏氏刻本　五册

110000－0146－0003803　PG/847.2/897
何端簡公集十二卷年譜一卷　(清)何世璂撰　清道光二十四年(1844)澹志堂刻本　六册

110000－0146－0003804　PG/847.2/775
江泠閣文集正編四卷續編二卷　(清)冷士嵋撰　清道光二十四年至二十六年(1844－1846)華峰麟經堂刻本　四册

110000－0146－0003805　PG/847.2/905
傅忠毅公全集八卷首一卷　(清)傅宏烈撰　清咸豐元年(1851)刻本　四册

110000－0146－0003806　PG/847.2/289
二曲全集二十六卷四書反身錄八卷首一卷　(清)李顒撰　清咸豐湘陰蔣氏小嫏嬛山館刻本　十二册

110000－0146－0003807　PG/847.2/248
變雅堂文集四卷　(清)杜濬撰　清咸豐十年

(1860)江夏彭崧毓刻本　四册

110000－0146－0003808　PG/089.7/704
安靜子集五種　(清)安致遠撰　清同治二年(1863)自鉏園刻本　六册

110000－0146－0003809　PG/847.1/626
二知軒詩鈔十四卷續鈔十卷　(清)方濬頤撰　清同治五年(1866)廣州刻本　十二册

110000－0146－0003810　PG/847.2/390
陸稼書先生文集二卷　(清)陸隴其撰　清同治五年(1866)福州正誼書院刻本　一册

110000－0146－0003811　PG/847.2/736
湯潛庵先生集二卷　(清)湯斌撰　清同治五年(1866)福州正誼書院刻本　一册

110000－0146－0003812　PG/847.2/889
七頌堂文集二卷詩集十卷　(清)劉體仁撰　清同治七年至九年(1868－1870)刻本　四册

110000－0146－0003813　PG/847.2/388
三魚堂文集十二卷外集六卷勝言十二卷附錄一卷　(清)陸隴其撰　清同治七年(1868)武林薇署刻本　二十册

110000－0146－0003814　PG/847.2/389
三魚堂文集十二卷首一卷外集六卷勝言十二卷　(清)陸隴其撰　清同治七年(1868)武林薇署刻本　八册

110000－0146－0003815　PG/847.2/332
用六集十二卷附錄一卷　(清)刁包撰　清道光二十三年(1843)順積樓刻同治八年(1869)祁州刁懷瑾補刻本　八册

110000－0146－0003816　PG/847.2/249
變雅堂文集四卷詩集十卷補一卷附錄一卷　(清)杜濬撰　清同治九年(1870)鄂垣劉維楨刻本　八册

110000－0146－0003817　PG/847.1/307
楊園先生全集五十四卷年譜一卷　(清)張履祥撰　清同治十年(1871)江蘇書局刻本　十六册

110000－0146－0003818　PG/847.1/306
楊園先生全集五十四卷年譜一卷　(清)張履祥撰　清同治十年(1871)江蘇書局刻本　十六册

110000－0146－0003819　PG/847.2/287
寒支初集十卷首一卷二集四卷　(清)李世熊撰　清同治十三年(1874)刻本　十四册

110000－0146－0003820　PG/847.2/914
儲遯菴文集十二卷　(清)儲方慶撰　清光緒二年(1876)儲氏刻本　四册

110000－0146－0003821　PG/847.2/915
儲遯菴文集十二卷附錄一卷　(清)儲方慶撰　清光緒二年(1876)儲氏刻本　六册

110000－0146－0003822　PG/847.2/890
匪莪堂文集五卷　(清)劉嚴撰　清光緒二年(1876)刻本　二册

110000－0146－0003823　PG/847.2/962
彈指詞三卷補遺一卷　(清)顧貞觀撰　清光緒四年(1878)枕經葄史齋刻本　二册

110000－0146－0003824　PG/847.2/439
黄葉邨莊詩集八卷續集一卷後集一卷　(清)吳之振撰　清光緒四年(1878)刻本　四册

110000－0146－0003825　PG/847.1/129
石臼前集九卷後集七卷　(清)邢昉撰　清光緒四年(1878)薛城邢氏木活字印本　六册

110000－0146－0003826　PG/847.2/186
南畇文稿十二卷詩稿十卷續十七卷　(清)彭定求撰　清光緒七年(1881)彭祖賢刻本　十二册

110000－0146－0003827　PG/847.2/616
天愚山人詩集十二卷文集十六卷附錄一卷　(清)謝泰宗撰　清光緒六年(1880)靈蕤館刻本　八册

110000－0146－0003828　PG/847.2/684
甌香館集十二卷首一卷末一卷　(清)惲格撰　(清)蔣光煦輯　清光緒七年(1881)刻本　四册

110000－0146－0003829　PG/847.2/826

愧訥集十二卷 （清）朱用純撰　清光緒八年(1882)津河廣仁堂刻本　六册

110000－0146－0003830　PG/847.2/386
蓮窗雜著一卷 （清）陳鶴齡撰　清光緒九年(1883)刻本　一册

110000－0146－0003831　PG/847.2/948
憺園全集三十六卷 （清）徐乾學撰　清光緒九年(1883)嘉興金吳瀾刻本　十六册

110000－0146－0003832　PG/847.2/119
居業堂文集二十卷首一卷 （清）王源撰　清光緒十一年(1885)新城王氏刻畿輔叢書本　四册

110000－0146－0003833　PG/847.1/476
瞿忠宣公集十卷 （清）瞿式耜撰　清光緒十三年(1887)常熟瞿廷韶刻本　四册

110000－0146－0003834　PG/847.2/994
虛直軒文集十卷首一卷外集六卷 （清）姚文然撰　清光緒十三年(1887)姚氏廣仁堂刻本　六册

110000－0146－0003835　PG/847.2/759
姜先生全集三十三卷首一卷 （清）姜宸英撰　清光緒十五年(1889)慈谿馮氏毋自欺齋刻本　十六册

110000－0146－0003836　PG/847.2/758
姜先生全集三十三卷首一卷 （清）姜宸英撰　清光緒十五年(1889)慈谿馮氏毋自欺齋刻本　十八册

110000－0146－0003837　PG/847.1/916
鳴鶴堂文集十卷詩集十一卷 （清）任源祥撰　清光緒十六年(1890)刻本　六册

110000－0146－0003838　PG/847.1/915
鳴鶴堂文集十卷詩集十一卷 （清）任源祥撰　清光緒十六年(1890)刻本　六册

110000－0146－0003839　PG/847.2/621
醉白堂文集四卷續一卷 （清）謝良琦撰　清光緒十九年(1893)臨桂王鵬運刻本　二册

110000－0146－0003840　PG/847.2/198
讀書堂綵衣全集四十六卷 （清）趙士麟撰　清光緒十九年(1893)浙江書局刻本　十二册

110000－0146－0003841　PG/847.2/130
砥齋集十二卷 （清）王弘撰撰　清光緒二十年(1894)敬義堂刻本　六册

110000－0146－0003842　PG/847.2/131
砥齋集十二卷 （清）王弘撰撰　清光緒二十年(1894)敬義堂刻本　六册

110000－0146－0003843　PG/127.4/748
沈余遺書三種 （清）趙舒翹輯　清光緒二十二年(1896)江蘇書局刻本　四册

110000－0146－0003844　PG/847.2/841
曝書亭詞拾遺三卷 （清）朱彝尊撰　（清）翁之潤輯　**曝書亭詞志異一卷** （清）翁之潤纂錄　清光緒二十二年(1896)常熟翁氏刻本　一册

110000－0146－0003845　PG/847.2/307
存誠堂詩集二十五卷應制詩五卷 （清）張英撰　清光緒二十三年(1897)桐城張氏刻本　八册

110000－0146－0003846　PG/847.2/305
篤素堂文集十六卷詩集四卷 （清）張英撰　清光緒二十三年(1897)桐城張氏刻本　八册

110000－0146－0003847　PG/847.1/309
螢芝全集十八卷 （清）張明弼撰　清光緒二十四年(1898)金沙于氏杏林書屋刻本　八册

110000－0146－0003848　PG/847.2/302
文貞公集十二卷首一卷 （清）張玉書撰　清光緒二十七年(1901)木活字印本　十二册

110000－0146－0003849　PG/847.2/902
義門先生集十二卷附錄一卷家書四卷 （清）何焯撰　清宣統元年(1909)平江吳氏廣州刻本　六册

110000－0146－0003850　PG/847.1/909
壯悔堂文集十卷遺稿一卷四憶堂詩集六卷 （清）侯方域編　清宣統元年(1909)上海掃葉山房石印本　六册

110000－0146－0003851　PG/847.2/214

戴南山文鈔六卷首一卷　(清)戴名世撰　清宣統二年(1910)上海國學扶輪社鉛印本　三册

110000－0146－0003852　PG/847.1/931

錢牧齋全集一百六十三卷　(清)錢謙益撰　(清)錢曾箋注　清宣統二年(1910)邃漢齋鉛印本　四十册

110000－0146－0003853　PG/847.2/322

翁山詩外十九卷　(清)屈大均撰　清宣統二年(1910)上海國學扶輪社鉛印本　十二册

110000－0146－0003854　PG/847.2/315

西廬文集四卷　(清)張雋撰　清宣統二年(1910)上海國學扶輪社鉛印本　二册

110000－0146－0003855　PG/847.1/819

春酒堂文集一卷　(清)周容撰　清宣統二年(1910)上海國學扶輪社鉛印本　一册

110000－0146－0003856　PG/847.1/753

偏行堂集十六卷　(清)釋澹歸撰　清宣統三年(1911)上海國學扶輪社鉛印本　八册

110000－0146－0003857　PG/847.1/905

霜紅龕集四十卷附録三卷年譜一卷　(清)傅山撰　清宣統三年(1911)山陽丁氏刻本　十二册

110000－0146－0003858　PG/847.2/170

南雷餘集一卷　(清)黄宗羲撰　清宣統三年(1911)順德鄧氏風雨樓鉛印本　一册

110000－0146－0003859　PG/847.2/288

太白山人槲葉集五卷南游草一卷補遺一卷附刊一卷　(清)李柏撰　清宣統三年(1911)刻本　六册

110000－0146－0003860　PG/847.2/454

梅村家藏稿五十八卷補一卷年譜四卷　(清)吳偉業撰　清宣統三年(1911)武進董氏誦芬室刻本　八册

110000－0146－0003861　SG/847.4/146

香雪文鈔六卷　(清)曹學詩撰　清乾隆刻本　六册

110000－0146－0003862　SG/847.4/383

生香書屋文集四卷　(清)陳浩撰　清乾隆刻本　四册

110000－0146－0003863　PG/847.4/221

綠蘿山莊文集二十四卷　(清)胡浚撰　清乾隆二十一年(1756)刻本　十二册

110000－0146－0003864　PG/847.4/174

唐堂集五十卷補遺二卷續編八卷附錄一卷　(清)黄之雋撰　清刻本　十二册

110000－0146－0003865　PG/847.4/462

岣嶁叢書九種　(清)曠敏本撰　清乾隆曠氏刻本　六册　存四種十一卷(岣嶁刪餘詩草一卷、岣嶁仿古一卷、岣嶁韻語八卷、岣嶁文草雜著一卷)

110000－0146－0003866　PG/847.4/188

芝庭先生集十六卷　(清)彭啓豐撰　清光緒刻本　五册

110000－0146－0003867　PG/847.4/930

香樹齋文集二十八卷文續鈔五卷詩集十八卷續詩集三十六卷　(清)錢陳群撰　清乾隆刻同治九年(1870)補刻本　二十四册

110000－0146－0003868　PG/847.4/929

蘀石齋文集二十六卷　(清)錢載撰　清刻本　六册

110000－0146－0003869　PG/847.4/329

南江文鈔四卷　(清)邵晉涵撰　清嘉慶八年(1803)餘姚邵氏面水層軒刻本　四册

110000－0146－0003870　PG/847.4/331

玉芝堂文集六卷詩集三卷　(清)邵齊燾撰　清乾隆刻本　四册

110000－0146－0003871　PG/847.4/715

汪子文錄十卷　(清)汪縉撰　清道光三年(1823)刻本　二册

110000－0146－0003872　PG/847.3/118

豐川續集三十四卷　(清)王心敬撰　清乾隆刻光緒十三年(1887)鈕福嘉印本　八册　存

十五卷(一至十五)

110000－0146－0003873　PG/847.4/190
小倉山房文集二十四卷　(清)袁枚撰　清乾隆刻本　六册

110000－0146－0003874　PG/847.4/313
蘇門山人詩鈔三卷　(清)張符升撰　清乾隆五十六年(1791)刻本　二册

110000－0146－0003875　PG/847.4/976
板橋詩鈔三卷詞鈔一卷小唱一卷家書一卷題畫一卷　(清)鄭燮撰　清乾隆司徒文膏刻本　四册

110000－0146－0003876　PG/847.4/833
笠亭詩集十二卷　(清)朱琰撰　清乾隆三十八年(1773)刻本　六册

110000－0146－0003877　PG/847.4/837
六峰閣詩稿四卷　(清)朱稻孫撰　清乾隆刻本　二册

110000－0146－0003878　PG/847.3/655
思綺堂文集十卷　(清)章藻功撰　清康熙六十一年(1722)刻本　十册

110000－0146－0003879　SG/847.3/383
滄洲近詩十卷　(清)陳鵬年撰　清乾隆二十七年(1762)刻本　十册

110000－0146－0003880　PG/847.4/278
道古堂詩集二十六卷　(清)杭世駿撰　清乾隆刻本　五册

110000－0146－0003881　SG/847.4/294
貞一齋集十卷　(清)李重華撰　清乾隆刻本　五册

110000－0146－0003882　SG/847.3/418
墨麟詩卷十二卷　(清)馬維翰撰　清乾隆刻本　四册

110000－0146－0003883　SG/847.4/660
質園詩集三十二卷　(清)商盤撰　清乾隆刻本　二十册

110000－0146－0003884　SG/847.4/749
沈歸愚詩文全集　(清)沈德潛撰　清乾隆教忠堂刻本　二十四册

110000－0146－0003885　SG/847.4/743
果堂集十二卷　(清)沈彤撰　清乾隆刻本　四册

110000－0146－0003886　SG/847.4/711
松泉文集二十二卷　(清)汪由敦撰　(清)趙翼編訂　清乾隆刻本　四册

110000－0146－0003887　PG/847.4/110
白田草堂存稿二十四卷　(清)王懋竑撰　清乾隆刻本　六册

110000－0146－0003888　SG/684.4/440
蘭亭志十一卷首一卷敬齋文集十二卷　(清)吳高增撰　清乾隆刻本　四册

110000－0146－0003889　SG/847.4/836
筠園稿三卷刪稿三卷　(清)朱仕玠撰　清乾隆刻本　六册

110000－0146－0003890　SG/847.4/828
朱文端公文集四卷　(清)朱軾撰　清乾隆刻本　四册

110000－0146－0003891　SG/847.4/525
織雲樓詩八卷附詩鈔一卷　(清)莊大中撰　**古綆齋律賦二卷古綆齋試帖二卷**　(清)莊承錢撰　**澹香齋試帖一卷**　(清)莊通敏撰　清乾隆刻本　六册

110000－0146－0003892　SG/847.4/291
汎舟四吟四卷　(清)李旭撰　清乾隆四年(1739)刻本　一册

110000－0146－0003893　SG/847.4/292
穆堂初稿五十卷　(清)李紱撰　清乾隆五年(1740)無怒軒刻本　十册

110000－0146－0003894　PG/847.4/517
藍戶部集二十六卷　(清)藍千秋撰　清乾隆十二年(1747)宜黄藍氏刻本　十二册

110000－0146－0003895　PG/847.4/730
後洋書屋詩鈔二卷補遺一卷　(清)梁文濂撰　清乾隆十三年(1748)刻本　一册

110000－0146－0003896　SG/847.4/315
澄懷園文存十五卷澄懷園語四卷　(清)張廷玉撰　清乾隆十三年(1748)刻本　八冊

110000－0146－0003897　PG/847.4/161
甘莊恪公全集十六卷　(清)甘汝來撰　清乾隆刻本　四冊

110000－0146－0003898　SG/847.3/119
旭華堂文集十四卷補遺一卷續編一卷　(清)王奐曾撰　(清)王何編輯　清乾隆十六年(1751)刻本　六冊

110000－0146－0003899　SG/847.4/198
飴山詩集二十卷　(清)趙執信撰　清乾隆十七年(1752)因園刻本　四冊

110000－0146－0003900　SG/847.4/748
竹嘯軒詩鈔十八卷矢音集三卷　(清)沈德潛撰　清乾隆刻本(卷十八配抄本)　三冊

110000－0146－0003901　PG/847.4/114
詩禮堂古文五卷　(清)王又樸撰　清乾隆十九年(1754)詩禮堂刻本　四冊　缺一卷(五)

110000－0146－0003902　SG/839.8/625
述本堂詩集[□□種]　(清)方觀承輯　清乾隆二十年(1755)桐城方氏刻本　六冊

110000－0146－0003903　SG/847.4/809
最樂堂文集六卷　(清)喬光烈撰　(清)牛運震評　清乾隆二十一年(1756)刻本　四冊

110000－0146－0003904　SG/847.4/117
學耨堂文集七卷　(清)王崇炳撰　清乾隆刻本　六冊

110000－0146－0003905　SG/847.3/384
道榮堂文集六卷首一卷滄洲近詩十卷　(清)陳鵬年撰　清乾隆二十七年(1762)刻本　十冊

110000－0146－0003906　PG/847.4/377
陳司業先生集四種十一卷　(清)陳祖范撰　清乾隆二十九年(1764)刻本　八冊

110000－0146－0003907　PG/847.4/638
佛香閣詩存五卷　(清)郭肇鐄撰　清乾隆三十二年(1767)刻本　二冊

110000－0146－0003908　SG/847.4/271
雲逗樓集不分卷　(清)楊度汪撰　清乾隆三十二年(1767)容與堂刻本　二冊

110000－0146－0003909　PG/847.4/961
雙溪詩集九卷　(清)顧奎光撰　清乾隆三十三年(1768)刻本　四冊

110000－0146－0003910　SG/847.3/860
餘園古今體詩精選四卷　(清)繆沅撰　(清)沈德潛輯　清乾隆三十八年(1773)蘊真堂刻本　四冊

110000－0146－0003911　PG/089.7/459
西澗草堂全集　(清)閻循觀撰　清乾隆三十八年(1773)樹滋堂刻本　四冊

110000－0146－0003912　SG/847.4/199
飴山文集十二卷附錄一卷　(清)趙執信撰　清乾隆刻本　四冊

110000－0146－0003913　SG/847.4/279
道古堂文集四十八卷詩集二十六卷　(清)杭世駿撰　清乾隆四十一年(1776)錢塘汪氏振綺堂刻本　十二冊

110000－0146－0003914　PG/847.4/540
舊雨草堂詩八卷附詩餘一卷　(清)董元度撰　清乾隆四十三年(1778)刻本　四冊

110000－0146－0003915　PG/847.4/834
梅崖居士文集三十卷外集八卷首一卷　(清)朱仕琇撰　清乾隆四十七年(1782)刻本　十六冊

110000－0146－0003916　PG/847.4/835
梅崖居士文集三十卷外集八卷　(清)朱仕琇撰　清乾隆四十七年(1782)刻道光補刻本　十二冊

110000－0146－0003917　PG/847.3/557
二希堂文集十一卷首一卷　(清)蔡世遠撰　清乾隆四十八年(1783)漳浦蔡本崇刻本　六冊

110000－0146－0003918　SG/847.4/307

竹葉庵文集三十三卷　(清)張塤撰　清乾隆五十一年(1786)刻本　八册

110000－0146－0003919　PG/089.52/389

陸放翁全集六種　(宋)陸遊撰　清虞山張氏詩禮堂刻本　四十七册　存三種一百五十三卷(渭南文集五十卷、劍南詩稿八十五卷、南唐書十八卷)

110000－0146－0003920　SG/847.4/295

銅鼓書堂遺稿三十二卷　(清)查禮撰　清乾隆五十七年(1792)刻本　四册

110000－0146－0003921　SG/847.4/212

戴東原集十二卷　(清)戴震撰　清乾隆五十七年(1792)金壇段氏經韻樓刻本　六册

110000－0146－0003922　SG/847.4/269

楊氏全書三十六卷　(清)楊名時撰　清乾隆五十九年(1794)江陰葉廷甲水心草堂刻本　八册

110000－0146－0003923　PG/847.4/661

寶綸堂文鈔八卷詩鈔六卷　(清)齊召南撰　清嘉慶刻本　六册

110000－0146－0003924　PG/652.71/363

孫文定公奏疏十二卷南遊記一卷　(清)孫嘉淦撰　清嘉慶十年(1805)敦和堂刻本　六册

110000－0146－0003925　PG/847.4/306

海嶽集十卷　(清)張開東撰　清嘉慶六年(1801)刻本　四册

110000－0146－0003926　PG/847.4/720

更生齋文甲集四卷乙集四卷詩八卷詩餘二卷　(清)洪亮吉撰　清嘉慶七年(1802)洋川書院刻本　六册

110000－0146－0003927　PG/847.4/289

嘉樹山房文集六卷詩集十八卷　(清)李中簡撰　清嘉慶六年(1801)刻本　六册

110000－0146－0003928　PG/847.4/238

裘文達公文集六卷補遺一卷詩集十八卷奏議一卷　(清)裘日修撰　清嘉慶刻本　十二册

110000－0146－0003929　PG/847.4/328

南江文鈔四卷札記四卷　(清)邵晉涵撰　清嘉慶八年(1803)餘姚邵氏面水層軒刻本　四册

110000－0146－0003930　PG/847.4/444

有正味齋全集七種　(清)吳錫麒撰　清嘉慶十三年(1808)刻本　十册

110000－0146－0003931　PG/847.4/974

吞松閣集四十卷　(清)鄭虎文撰　清嘉慶十三年(1808)秀水鄭氏刻本　十二册

110000－0146－0003932　PG/847.4/145

紫雲山房文鈔一卷　(清)曹學閔撰　清嘉慶十四年(1809)刻本　二册

110000－0146－0003933　PG/847.4/530

燕川集十四卷　(清)范泰恒撰　清嘉慶十四年(1809)顧起廬刻本　六册

110000－0146－0003934　PG/847.4/575

洛間山人詩抄十二卷　(清)薛寧廷撰　清嘉慶十五年(1810)樹德堂刻本　四册

110000－0146－0003935　PG/847.4/334

經笥堂文鈔二卷　(清)雷鋐撰　清嘉慶十六年(1811)伊氏秋水園刻本　四册

110000－0146－0003936　PG/847.4/859

紀文達公遺集文十六卷詩十六卷　(清)紀昀撰　清嘉慶十七年(1812)刻本　十二册

110000－0146－0003937　PG/791.2/390

金石續編二十一卷首一卷　(清)陸耀通纂　(清)陸增祥校訂　清同治十三年(1874)毗陵陸氏雙白燕堂刻民國羅振玉重修本　十六册

110000－0146－0003938　PG/847.4/113

葆淳閣集二十四卷首一卷易說二卷　(清)王傑撰　清嘉慶二十年(1815)刻本　十二册

110000－0146－0003939　PG/847.4/308

船山詩草二十卷　(清)張問陶撰　清嘉慶二十年(1815)刻本　八册

110000－0146－0003940　PG/847.4/376

德蔭堂集十六卷首一卷　(清)阿克敦撰　清嘉慶二十一年(1816)那彥成刻本　四册

110000－0146－0003941　PG/847.4/404
萸江古文存四卷萸江詩存三卷遺集一卷　(清)陶必銓撰　(清)陶澍輯　**印心石屋文鈔十三卷印心石屋詩鈔初集四卷二集三卷蜀輶日記四卷漕河禱冰圖詩錄四卷首一卷印心石屋試律四卷**　(清)陶澍撰　清嘉慶、道光陶澍刻本　六冊

110000－0146－0003942　PG/847.4/309
船山詩草選六卷　(清)張問陶撰　清嘉慶二十二年(1817)刻本　二冊

110000－0146－0003943　PG/847.4/528
讀孟居文集六卷　(清)蔣汾功撰　清嘉慶二十五年(1820)刻本　二冊

110000－0146－0003944　SG/847.4/322
弱水詩八卷　(清)屈復撰　清道光十年(1830)信芳閣木活字印本　四冊

110000－0146－0003945　SG/847.4/321
弱水詩八卷　(清)屈復撰　清道光十年(1830)信芳閣木活字印本　二冊

110000－0146－0003946　PG/847.4/229
理堂文集十卷外集一卷附錄一卷詩集四卷日記八卷　(清)韓夢周撰　清道光三年至四年(1823－1824)靜恒書屋刻本　八冊

110000－0146－0003947　PG/847.4/714
汪子遺書二錄二卷三錄三卷詩錄四卷文錄十卷　(清)汪縉撰　清嘉慶十年至道光三年(1805－1823)刻本　四冊

110000－0146－0003948　PG/847.4/185
一行居集八卷附儒門公案拈題一卷　(清)彭紹升撰　清道光五年(1825)刻本　二冊

110000－0146－0003949　PG/847.4/887
劉文清公遺集十七卷應制詩三卷　(清)劉墉撰　清道光六年(1826)劉氏味經書屋刻本　四冊

110000－0146－0003950　PG/847.4/524
蕉亭閒詠不分卷　(清)芮熊占撰　清道光八年(1828)刻本　一冊

110000－0146－0003951　PG/847.4/290
思樹軒詩稿四卷　(清)李棠撰　清道光十三年(1833)刻本　二冊

110000－0146－0003952　PG/847.4/713
雙池文集十卷　(清)汪紱撰　清道光十四年(1834)一經堂刻本　四冊

110000－0146－0003953　PG/847.4/483
尊聞居士集八卷　(清)羅有高撰　清道光十八年(1838)刻本　二冊

110000－0146－0003954　PG/847.4/493
雅雨堂詩文遺集七卷　(清)盧見曾撰　清道光二十年(1840)德州盧氏刻本　四冊

110000－0146－0003955　PG/847.4/251
晚學集八卷　(清)桂馥撰　清道光二十一年(1841)刻本　二冊

110000－0146－0003956　PG/847.4/736
種松園集十二卷　(清)湯大坊撰　清道光二十二年(1842)刻本　十二冊

110000－0146－0003957　PG/847.4/173
兩當軒集二十卷　(清)黄景仁撰　清咸豐八年(1858)黄氏家塾刻本　六冊　缺四卷(十七至二十)

110000－0146－0003958　PG/847.4/215
石笥山房文集六卷補遺一卷詩集十一卷詩餘一卷詩集補遺二卷詩集續補遺二卷　(清)胡天遊撰　清咸豐二年(1852)刻本　十冊

110000－0146－0003959　PG/847.4/709
述學内篇三卷外篇一卷補遺一卷別錄一卷校勘記一卷　(清)江中撰　清同治八年(1869)揚州書局刻本　二冊

110000－0146－0003960　PG/847.4/710
述學内篇三卷外篇一卷補遺一卷別錄一卷校勘記一卷　(清)江中撰　清同治八年(1869)揚州書局刻本　二冊

110000－0146－0003961　PG/847.4/527
忠雅堂文集十二卷詩集二十七卷補遺二卷附詞集二卷　(清)蔣士銓撰　清同治九年

(1870)蔣志章益州薇署刻本　十二冊

110000－0146－0003962　PG/847.4/360

一松齋集八卷　(清)孫擴圖撰　清同治十年至十一年(1871－1872)任城孫氏刻本　六冊

110000－0146－0003963　PG/847.4/888

海峰文集八卷詩集十一卷　(清)劉大櫆撰　清同治十三年(1874)桐城劉氏刻本　八冊

110000－0146－0003964　PG/847.4/914

存研樓文集十六卷　(清)儲大文撰　清光緒元年(1875)靜遠堂刻本　六冊

110000－0146－0003965　PG/847.4/172

兩當軒集二十二卷附錄四卷　(清)黃景仁撰　清光緒二年(1876)武進黃氏家塾刻本　六冊

110000－0146－0003966　PG/847.4/171

兩當軒集二十二卷附錄四卷　(清)黃景仁撰　清光緒二年(1876)武進黃氏家塾刻本　五冊　缺四卷(附錄四卷)

110000－0146－0003967　PG/847.2/963

彈指詞三卷補遺一卷　(清)顧貞觀撰　清光緒四年(1878)枕經葄史齋刻本　二冊

110000－0146－0003968　PG/847.4/928

撢石齋詩集五十卷　(清)錢載撰　清光緒四年(1878)蘇州府署刻本　八冊

110000－0146－0003969　PG/847.4/330

玉芝堂文集六卷詩集三卷附昭文邵氏聯珠集五種　(清)邵齊燾撰　清光緒五年(1879)湘南節署刻本　四冊

110000－0146－0003970　PG/847.4/186

二林居集二十四卷　(清)彭紹升撰　清光緒七年(1881)彭祖賢刻本　六冊

110000－0146－0003971　PG/847.4/482

尊聞居士集八卷　(清)羅有高撰　清光緒八年(1882)彭祖賢刻本　四冊

110000－0146－0003972　PG/089.57/616

許文正公遺書十二卷首一卷末二卷　(元)許衡撰　清乾隆五十五年(1790)刻本　八冊

110000－0146－0003973　PG/847.4/351

御製圓明園圖詠二卷　(清)高宗弘曆撰　清光緒十三年(1887)天津石印書屋石印本　二冊

110000－0146－0003974　PG/847.4/662

寶綸堂文鈔八卷詩鈔六卷　(清)齊召南撰　清光緒十三年(1887)郭傳璞刻本　四冊

110000－0146－0003975　PG/847.4/312

噉蔗全集文八卷詩八卷附喪禮詳考表一卷周官隨筆一卷　(清)張羲年撰　(清)錢大昕　(清)陳以綱評輯　清光緒十九年(1893)上海著易堂鉛印本　六冊

110000－0146－0003976　PG/847.4/933

錢南園遺集五卷　(清)錢灃撰　清光緒二十一年(1895)刻本　四冊

110000－0146－0003977　PG/847.4/361

文靖公遺集十二卷補遺一卷　(清)寶鋆撰　清光緒二十一年(1895)刻本　六冊

110000－0146－0003978　PG/847.4/989

詩存四卷觀劇絕句一卷鄉賢崇祀錄一卷　(清)金德瑛撰　清光緒二十五年(1899)刻本　二冊

110000－0146－0003979　PG/847.4/889

海峰先生詩集十卷　(清)劉大櫆撰　(清)姚鼐校　清光緒二十五年(1899)蕭穆刻本　二冊

110000－0146－0003980　PG/847.4/362

文靖公遺集十二卷補遺一卷詩鈔八卷　(清)寶鋆撰　清光緒三十四年(1908)羊城刻本　十冊

110000－0146－0003981　PG/847.4/622

謝梅莊先生遺集八卷附西北域記一卷　(清)謝濟世撰　清光緒三十四年(1908)鉛印本　二冊

110000－0146－0003982　PG/847.4/211

戴東原集十二卷年譜一卷札記一卷　(清)戴震撰　清宣統二年(1910)渭南嚴氏孝義家塾

成都刻本　六册

110000－0146－0003983　PG/847.4/216
石笥山房文集五卷補遺一卷　（清）胡天遊撰　清宣統二年（1910）上海國學扶輪社鉛印本　四册

110000－0146－0003984　PG/847.4/861
紀文達公遺集十六卷首一卷　（清）紀昀撰　清宣統二年（1910）上海保粹樓石印本　八册

110000－0146－0003985　PG/847.4/988
全謝山文鈔十六卷　（清）全祖望撰　清宣統二年（1910）上海國學扶輪社鉛印本　八册

110000－0146－0003986　PG/847.4/655
章實齋先生遺書六卷附録一卷　（清）章學誠撰　清宣統二年（1910）鉛印本　四册

110000－0146－0003987　PG/802.2/900
欽定清漢對音字式一卷　（清）高宗弘曆敕編　（清）福隆安等撰　清道光十六年（1836）三槐堂刻本　一册

110000－0146－0003988　PG/847.5/291
童山文集二十卷詩集四十二卷粵東皇華集四卷　（清）李調元撰　清嘉慶四年（1799）刻本　十八册

110000－0146－0003989　PG/847.5/166
一樓集二十卷　（清）黄達撰　清乾隆刻本　六册

110000－0146－0003990　PG/847.5/205
清獻堂集十卷　（清）趙佑撰　清乾隆五十二年（1787）刻嘉慶初增刻本　六册

110000－0146－0003991　SG/847.2/736
懷清堂集二十卷首一卷　（清）湯右曾撰　清乾隆刻本　四册

110000－0146－0003992　PG/847.5/851
山木居士外集四卷　（清）魯仕驥撰　清乾隆四十七年（1782）刻本　二册

110000－0146－0003993　SG/847.5/117
古香堂六種　（清）王初桐撰　清乾隆五十八年（1793）嘉定王氏刻本　二册　存三種八卷（海右集四卷、杯湖欸乃三卷、羹天閣琴趣一卷）

110000－0146－0003994　PG/847.5/288
惜分陰齋詩鈔十六卷　（清）李棨撰　清嘉慶刻本　十二册

110000－0146－0003995　PG/847.5/888
玉磬山房詩集八卷文集二卷　（清）劉大觀撰　清嘉慶刻本　六册

110000－0146－0003996　PG/847.5/392
切問齋集十六卷　（清）陸燿撰　清乾隆五十七年（1792）暉吉堂刻本　六册

110000－0146－0003997　PG/847.5/745
紅茶山館初集三卷　（清）潘恭辰撰　清嘉慶刻本　二册

110000－0146－0003998　PG/847.5/578
容齋詩集二十六卷附古香詞一卷古香文鈔八卷　（清）茹綸常撰　清乾隆三十五年（1770）刻五十二年（1787）、嘉慶四年（1799）遞刻本　八册

110000－0146－0003999　PG/847.5/118
茗香堂集四卷補遺四卷外集八卷　（清）王家相撰　清嘉慶刻本　八册

110000－0146－0004000　SG/847.5/983
復初齋詩集六十二卷　（清）翁方綱撰　清嘉慶刻本　十二册

110000－0146－0004001　PG/847.5/438
聽雨齋詩集十九卷補編一卷別集一卷　（清）吳昭撰　清嘉慶刻本　六册

110000－0146－0004002　PG/847.5/625
樹經堂文集四卷詩初集十五卷詩續集八卷　（清）謝啓昆撰　清嘉慶刻本　八册

110000－0146－0004003　PG/847.5/856
鵠山小隱文集十卷　（清）熊士鵬撰　清嘉慶刻本　四册

110000－0146－0004004　PG/847.5/125
習靜軒文集二卷詩集二十四卷制藝一卷　（清）鰲圖撰　清嘉慶刻本　八册

110000－0146－0004005　PG/847.5/310
蠟味小稿五卷附金牛湖漁唱一卷　(清)張雲璈撰　清嘉慶刻本　四冊

110000－0146－0004006　PG/847.5/106
悦親樓詩集三十卷外集二卷　(清)祝德麟撰　清嘉慶二年(1797)海寧祝氏刻本　十冊

110000－0146－0004007　PG/847.5/430
大昆崙山人稿四卷　(清)單烺撰　清嘉慶三年(1798)高密單氏鑑古堂刻本　四冊

110000－0146－0004008　PG/847.5/471
靈岩山人詩集四十卷　(清)畢沅撰　清嘉慶四年(1799)經訓堂刻本　十二冊

110000－0146－0004009　PG/847.5/366
天真閣集五十四卷外集六卷　(清)孫原湘撰　**長真閣集七卷詩餘一卷**　(清)席佩蘭撰　清嘉慶刻道光增刻本　十冊

110000－0146－0004010　PG/847.5/845
韞山堂詩集十六卷文集八卷　(清)管世銘撰　清嘉慶六年(1801)刻本　六冊

110000－0146－0004011　PG/847.5/385
杏本堂詩古文學製二卷　(清)陳之綱撰　清嘉慶刻本　二冊

110000－0146－0004012　PG/847.5/767
鶴半巢詩續鈔五卷　(清)馮培撰　清嘉慶八年(1803)刻本　一冊

110000－0146－0004013　PG/847.5/114
雙佩齋詩集八卷附補梅書屋詩草一卷文集四卷駢體文一卷　(清)王友亮撰　清嘉慶十年(1805)刻本　八冊

110000－0146－0004014　PG/847.5/379
白雲文集五卷詩集二卷　(清)陳斌撰　清嘉慶十二年(1807)刻本　二冊

110000－0146－0004015　PG/847.5/380
白雲文集五卷詩集二卷續集八卷　(清)陳斌撰　清嘉慶十二年(1807)道光四年(1824)增刻本　六冊

110000－0146－0004016　SG/847.5/171
唾餘草不分卷　(清)黄作求撰　清嘉慶十二年(1807)木活字印本　四冊

110000－0146－0004017　PG/847.5/816
女史百詠不分卷　(清)周日灝撰　清嘉慶十三年(1808)醉吟書屋刻本　一冊

110000－0146－0004018　PG/847.5/170
秋圃詩鈔四卷　(清)黄煇撰　(清)楊芳燦選　清嘉慶十六年(1811)刻本　二冊

110000－0146－0004019　PG/847.5/765
校禮堂文集三十六卷　(清)淩廷堪撰　清嘉慶十八年(1813)宣城張其錦刻本　八冊

110000－0146－0004020　PG/847.5/736
金源紀事詩八卷　(清)湯運泰撰　(清)湯顯業　(清)湯顯幹注　清嘉慶十八年(1813)刻本　四冊

110000－0146－0004021　PG/847.5/437
素修堂詩集二十四卷詩後集六卷補遺一卷小湖田樂府十卷續樂府三卷　(清)吳蔚光撰　清嘉慶十八年(1813)刻本　六冊

110000－0146－0004022　PG/847.5/173
壹齋集二十七卷奏御集二卷　(清)黄鉞撰　清嘉慶二十年(1815)刻道光二年(1822)當塗黄氏增刻本　十二冊

110000－0146－0004023　PG/847.5/172
壹齋集二十七卷賦一卷二十四畫品一卷奏御集二卷　(清)黄鉞撰　清嘉慶二十年(1815)刻道光二年(1822)當塗黄氏增刻本　八冊

110000－0146－0004024　PG/847.5/115
淵雅堂全集十種六十卷　(清)王芑孫撰　清嘉慶八年至二十五年(1803－1820)王氏刻本　二十冊

110000－0146－0004025　PG/847.5/728
頻羅庵遺集十六卷　(清)梁同書撰　清嘉慶二十二年(1817)陸貞一刻本　十二冊

110000－0146－0004026　PG/847.5/102
小峴山人詩集二十八卷文集六卷續文集二卷續文集補編一卷　(清)秦瀛撰　清嘉慶二十

二年(1817)刻本　十六册

110000－0146－0004027　PG/847.5/311
嬰山小園詩集十六卷　(清)張誠撰　清嘉慶二十一年(1816)刻本　六册

110000－0146－0004028　PG/847.5/202
亦有生齋集詩三十二卷詞五卷樂府二卷文二十卷　(清)趙懷玉撰　清嘉慶二十二年(1817)刻本　二十册

110000－0146－0004029　PG/847.5/113
琤玗山房詩稿八卷補遺一卷附唱和詩一卷　(清)王志湉撰　清嘉慶二十三年至道光七年(1818－1827)刻本　四册

110000－0146－0004030　PG/847.5/994
石甫文鈔三卷後湘集九卷　(清)姚瑩撰　清嘉慶二十三年(1818)刻本　六册

110000－0146－0004031　PG/847.5/165
壽花堂詩集八卷　(清)黄模撰　清嘉慶二十四年(1819)錢塘祝德風刻本　四册

110000－0146－0004032　PG/847.5/315
雀硯齋文集八卷詩集八卷試帖一卷　(清)張錫穀撰　清嘉慶二十四年(1819)刻本　六册

110000－0146－0004033　PG/847.5/976
紅葉山房集十四卷外集四卷　(清)鄭祖秋撰　清嘉慶二十五年(1820)刻本　六册

110000－0146－0004034　PG/847.5/222
培蔭軒詩集四卷文集二卷雜記一卷扈從木蘭行程日記一卷　(清)胡季堂撰　清道光二年(1822)光山胡鏻刻本　四册

110000－0146－0004035　PG/847.5/375
揅經室一集十四卷二集八卷三集五卷四集二卷詩四集十一卷續集十一卷再續集六卷外集五卷　(清)阮元撰　清道光三年(1823)文選樓刻本　二十四册　缺五卷(三集五卷)

110000－0146－0004036　PG/847.5/377
揅經室一集十四卷二集八卷三集五卷四集二卷詩四集十一卷續集十一卷再續集六卷外集五卷　(清)阮元撰　清道光三年(1823)文選樓刻本　二十四册

110000－0146－0004037　PG/847.5/378
揅經室一集十四卷二集八卷三集五卷四集二卷詩四集十一卷續集十一卷再續集六卷外集五卷　(清)阮元撰　清道光三年(1823)文選樓刻本　二十册　缺十七卷(續集十一卷、再續集六卷)

110000－0146－0004038　PG/847.5/376
揅經室一集十四卷二集八卷三集五卷四集二卷詩四集十一卷續集十一卷再續集六卷外集五卷　(清)阮元撰　清道光三年(1823)文選樓刻本　十六册　缺一卷(四集二)

110000－0146－0004039　PG/847.5/204
雙琴堂詩集六卷文集三卷　(清)趙春熙撰　清道光三年(1823)趙氏刻本　四册

110000－0146－0004040　PG/847.5/916
雕菰集二十四卷　(清)焦循撰　**蜜梅花館文録一卷詩録一卷**　(清)焦廷琥撰　清道光四年(1824)阮福嶺南節署刻本　八册

110000－0146－0004041　PG/847.5/624
樹經堂詠史詩八卷　(清)謝啓昆撰　清道光五年(1825)吳下刻本　四册

110000－0146－0004042　PG/847.5/889
劉孟塗集四十四卷　(清)劉開撰　清道光六年(1826)桐城姚氏檗山草堂刻本　八册

110000－0146－0004043　PG/847.5/716
借菴詩鈔十二卷　(清)釋清恒撰　清道光六年(1826)刻本　六册

110000－0146－0004044　PG/847.5/504
白鶴山房詩鈔十八卷　(清)葉紹本撰　清道光七年(1827)桂林使廨刻本　五册

110000－0146－0004045　PG/847.5/313
陶園文集八卷詩集二十二卷詩餘二卷　(清)張九鉞撰　清道光七年(1827)刻本　十册

110000－0146－0004046　PG/847.5/289
雲帶樓詩集二卷　(清)李蟠撰　清道光九年(1829)刻本　二册

110000－0146－0004047　PG/847.5/744
欣遇齋詩鈔十六卷　(清)沈峻撰　清道光十一年(1831)天津沈氏刻本　四冊

110000－0146－0004048　PG/847.5/116
晚聞居士遺集九卷首一卷　(清)王宗炎撰　清道光十一年(1831)杭州陸貞一愛日軒刻本　六冊

110000－0146－0004049　PG/847.5/658
賜硯齋集十卷　(清)龍汝言撰　清道光十六年(1836)刻本　十冊

110000－0146－0004050　PG/847.5/659
澹靜齋文鈔六卷文鈔外篇二卷詩鈔六卷　(清)龔景瀚撰　清道光二十年(1840)恩錫堂刻本　八冊

110000－0146－0004051　PG/847.5/314
陶園文集八卷詩集二十四卷詩餘二卷附六如亭傳奇二卷　(清)張九鉞撰　清道光二十三年(1843)賜錦樓刻本　十六冊

110000－0146－0004052　PG/847.5/218
崇雅堂集五種　(清)胡敬撰　清道光二十六年(1846)刻本　六冊　存二種二十卷(崇雅堂文鈔二卷、詩鈔十卷、駢體文鈔四卷、應制存稿一卷、刪餘詩一卷,定鄉雜著二卷)

110000－0146－0004053　PG/847.5/383
惕園全集十一種首一卷　(清)陳庚煥撰　清咸豐元年(1851)有有齋刻本　十冊

110000－0146－0004054　PG/847.5/188
袁文箋正十六卷附錄一卷補注一卷　(清)袁枚撰　(清)石韞玉箋　清道光刻本　六冊

110000－0146－0004055　PG/847.5/613
鑑止水齋集二十卷　(清)許宗彥撰　清咸豐六年(1856)許氏刻本　六冊

110000－0146－0004056　PG/847.5/442
有正味齋駢體文箋二十四卷　(清)吳錫麒撰　(清)王廣業箋　清咸豐九年(1859)青箱塾刻本　六冊

110000－0146－0004057　PG/847.5/719
白圭堂詩鈔八卷續鈔六卷　(清)江之紀撰　清同治三年(1864)刻本　四冊

110000－0146－0004058　PG/847.5/887
尚絅堂集三種　(清)劉嗣綰撰　清同治八年(1869)刻本　十冊

110000－0146－0004059　PG/847.5/306
介軒文集二十卷　(清)張振夔撰　清同治九年(1870)刻本　八冊

110000－0146－0004060　PG/847.5/558
吳歈百絕一卷　(清)蔡雲撰　清同治十一年(1872)刻本　一冊

110000－0146－0004061　PG/847.5/859
雙桂堂古文二卷　(清)紀大奎撰　清同治十一年(1872)刻本　四冊

110000－0146－0004062　PG/847.5/737
金源紀事詩八卷　(清)湯運泰撰　(清)湯顯業　(清)湯顯幹注　清同治十二年(1873)淮南書局刻本　四冊

110000－0146－0004063　PG/847.5/910
留春草堂詩鈔七卷　(清)伊秉綬撰　清光緒六年(1880)刻本　四冊

110000－0146－0004064　PG/847.5/307
茗柯文編初編二卷二編一卷三編一卷四編一卷　(清)張惠言撰　清光緒七年(1881)刻本　二冊

110000－0146－0004065　PG/847.5/435
吳學士詩集五卷文集四卷　(清)吳鼒撰　清光緒八年(1882)江寧藩署刻本　六冊

110000－0146－0004066　PG/847.5/381
籀經堂類稿二十四卷附齊侯罍銘通釋二卷　(清)陳慶鏞撰　清光緒九年(1883)刻本　十二冊

110000－0146－0004067　PG/847.5/441
初月樓四種　(清)吳德旋撰　清光緒八年至九年(1882－1883)蛟川張氏花雨樓刻本　八冊

110000－0146－0004068　PG/847.5/781

西垣詩鈔二卷西垣黔苗竹枝詞一卷 (清)毛貴銘撰 清光緒十年(1884)長沙王氏刻本 一冊

110000－0146－0004069 PG/847.5/743
頤綵堂文集十六卷詩鈔十卷劍舟律賦二卷經進文藁一卷駢體文鈔二卷 (清)沈叔埏撰 **聖禾鄉農詩鈔四卷** (清)沈玨撰 清光緒九年至十年(1883－1884)沈宗濟刻本 十冊

110000－0146－0004070 PG/847.5/440
初月樓文鈔十卷詩鈔四卷 (清)吳德旋撰 清光緒十年(1884)刻本 四冊

110000－0146－0004071 PG/847.5/362
孫淵如先生全集五種 (清)孫星衍撰 清光緒十一年(1885)朱氏槐廬家塾刻本 八冊

110000－0146－0004072 PG/847.5/925
缾水齋詩集十七卷別集二卷詩話一卷 (清)舒位撰 清光緒十二年(1886)刻十七年(1891)增刻本 八冊

110000－0146－0004073 PG/847.5/361
孫淵如先生全集十三種 (清)孫星衍撰 清光緒十年至十二年(1884－1886)吳縣朱氏槐廬家塾刻本 十二冊

110000－0146－0004074 PG/847.5/729
頻羅庵遺集十六卷 (清)梁同書撰 清光緒十三年(1887)蛟川修綆山莊刻本 八冊

110000－0146－0004075 PG/847.5/684
敦夙好齋詩初編十二卷首一卷續編十一卷首一卷 (清)宗稷撰 清光緒十六年(1890)漢陽葉氏刻本 八冊

110000－0146－0004076 PG/847.5/269
芙蓉山館詩鈔八卷詩補鈔一卷詞鈔二卷詞附鈔一卷文鈔八卷 (清)楊芳燦撰 清光緒十七年(1891)木活字印本 八冊

110000－0146－0004077 PG/847.5/819
求志堂存稿彙編八種十六卷 (清)周濟撰 清光緒十八年(1892)刻本 五冊

110000－0146－0004078 PG/847.5/185
小謨觴館詩文集注十六卷 (清)彭兆蓀撰 (清)孫元培輯 清光緒二十年(1894)泉唐汪氏刻本 十冊

110000－0146－0004079 PG/847.5/363
孫淵如先生全集十三種 (清)孫星衍撰 清光緒二十年(1894)湖南思賢書局刻本 十冊

110000－0146－0004080 PG/847.5/186
小謨觴館全集二十一卷附錄四卷 (清)彭兆蓀撰 (清)孫元培等注 清光緒二十二年至三十二年(1896－1906)鎮洋繆氏東倉書庫刻朱印本 二十冊

110000－0146－0004081 PG/847.4/386
培遠堂偶存稿十卷 (清)陳宏謀撰 清刻本 六冊

110000－0146－0004082 PG/847.6/526
七經樓文鈔六卷 (清)蔣湘南撰 清刻本 一冊 缺一卷(五)

110000－0146－0004083 PG/847.6/351
獨學廬初稿八卷二稿三卷三稿六卷四稿四卷五稿九卷餘稿一卷文稿一卷外集一卷 (清)石韞玉撰 清乾隆至道光刻本 十冊

110000－0146－0004084 PG/847.4/359
一松齋集八卷 (清)孫擴圖撰 清同治十年至十一年(1871－1872)任城孫氏刻本 六冊

110000－0146－0004085 PG/847.6/769
紅雪詞四卷詞餘一卷 (清)馮雲鵬撰 清嘉慶五山馮雲鵬掃紅亭刻本 二冊

110000－0146－0004086 PG/847.4/860
紀文達公遺集文十六卷詩十六卷 (清)紀昀撰 清嘉慶十七年(1812)刻本 十八冊

110000－0146－0004087 PG/847.6/466
深省堂集九卷隨筆一卷自箴錄三卷自箴續錄四卷文集一卷 (清)景安撰 清嘉慶刻本 四冊

110000－0146－0004088 SG/847.6/681
思元齋全集九種 (清)裕瑞撰 清嘉慶七年至道光十年(1802－1830)裕瑞匯刻本 十

一册

110000－0146－0004089　PG/847.6/758

三松堂集十六卷　(清)潘奕雋撰　清嘉慶七年(1802)刻本　四册

110000－0146－0004090　PG/847.6/828

知足齋詩集二十卷詩續集四卷文集六卷進呈文稿二卷　(清)朱珪撰　清嘉慶十年(1805)刻本　十四册

110000－0146－0004091　PG/847.6/827

知足齋詩集二十卷詩續集四卷文集六卷進呈文稿二卷　(清)朱珪撰　清嘉慶十年(1805)刻本　十四册

110000－0146－0004092　PG/847.5/190

袁文箋正十六卷　(清)袁枚撰　(清)石韞玉箋　清嘉慶十七年(1812)鶴壽山堂刻本　四册

110000－0146－0004093　PG/847.5/189

袁文箋正十六卷　(清)袁枚撰　(清)石韞玉箋　清嘉慶十七年(1812)鶴壽山堂刻本　三册

110000－0146－0004094　PG/847.6/306

小重山房初稿詩十卷詞三卷賦二卷　(清)張祥河撰　**霞閣小稿一卷**　(清)張昌緒撰　清道光二年(1822)華亭張氏刻本　六册

110000－0146－0004095　PG/847.6/350

獨學廬初稿十三卷二稿十卷三稿十卷外集一卷　(清)石韞玉撰　清乾隆六十年至嘉慶二十二年(1795－1817)刻彙印本　十三册

110000－0146－0004096　PG/847.6/915

有竹居集十六卷　(清)任兆麟撰　清嘉慶二十四年(1819)兩廣節署刻本　六册

110000－0146－0004097　PG/847.6/992

大梅山館集三種　(清)姚燮撰　清道光、咸豐鎮海姚氏刻本　十册　缺一種五卷(疏影樓詞五卷)

110000－0146－0004098　PG/847.6/381

頤道堂詩選二十八卷文鈔十三卷詩外集十卷　(清)陳文述撰　清嘉慶二十二年(1817)刻道光二年(1822)補序本　二十册

110000－0146－0004099　PG/847.6/380

頤道堂詩選十四卷　(清)陳文述撰　清嘉慶二十二年(1817)刻道光二年(1822)補序本　六册

110000－0146－0004100　PG/847.6/294

韋廬詩内集四卷首一卷末一卷外集四卷首一卷末一卷　(清)李秉禮撰　清道光十年(1830)知稼堂刻本　四册

110000－0146－0004101　PG/847.6/292

校經廎文稿十八卷　(清)李富孫撰　清道光元年(1821)讀書臺刻本　六册

110000－0146－0004102　PG/847.6/287

棣懷堂隨筆十一卷　(清)李象鵾撰　清道光刻本　四册　存六卷(一至六)

110000－0146－0004103　PG/847.6/482

嶺南集六卷　(清)羅含章撰　清道光元年(1821)刻本　四册

110000－0146－0004104　PG/847.6/748

幼學堂文稿四卷　(清)沈欽韓撰　清嘉慶十八年(1813)刻本　二册

110000－0146－0004105　PG/847.6/608

雞牕百二稿八卷附杏春詞媵一卷續稿十二卷附寱餘録一卷潛齋詩鈔一卷三續稿十卷四續稿一卷　(清)宋樋撰　清道光刻本　六册

110000－0146－0004106　PG/847.6/693

心鐵石齋存稿四十卷附聯句詩一卷年譜一卷　(清)宋鳴琦撰　清道光十二年(1832)誦梅堂刻本　十册

110000－0146－0004107　PG/847.6/320

是程堂集十四卷二集四卷　(清)屠倬撰　清嘉慶十九年(1814)刻道光元年(1821)杭州屠氏潛園續刻本　五册

110000－0146－0004108　PG/847.6/319

是程堂集十四卷二集四卷耶溪漁隱詞二卷　(清)屠倬撰　清嘉慶十九年(1814)刻道光元

年(1821)杭州屠氏潛園續刻本　六冊

110000－0146－0004109　PG/847.6/715
溪邨詩鈔六卷　(清)汪任撰　清道光、咸豐刻本　四冊

110000－0146－0004110　PG/847.6/433
花簾詞一卷香南雪北詞一卷　(清)吳藻撰　清道光十年至三十年(1830－1850)吳藻刻本　二冊

110000－0146－0004111　PG/847.6/991
大梅山館集三種　(清)姚燮撰　清道光、咸豐鎮海姚氏刻本　十六冊

110000－0146－0004112　PG/847.6/993
邃雅堂集十卷文集續編一卷　(清)姚文田撰　清道光元年至八年(1821－1828)江陰學使署刻本　六冊

110000－0146－0004113　PG/847.6/517
恩福堂詩鈔一卷　(清)英和撰　清道光刻本　一冊

110000－0146－0004114　PG/847.6/300
驂鸞吟稿一卷　(清)張祥河撰　清道光刻本　一冊

110000－0146－0004115　PG/847.6/835
治經堂集二十卷外集四卷日次詩集二卷　(清)朱錦琮撰　清道光刻本　十冊

110000－0146－0004116　PG/847.6/667
陶山文錄十卷詩錄二卷詞鈔一卷續詞鈔一卷　(清)唐仲冕撰　清道光二年(1822)善化唐氏刻本　八冊

110000－0146－0004117　PG/847.6/437
甚德堂文集四卷　(清)吳賢湘撰　清道光二年(1822)刻本　四冊

110000－0146－0004118　PG/847.6/385
秣陵集六卷表一卷圖考一卷　(清)陳文述撰　清道光三年(1823)刻本　四冊

110000－0146－0004119　PG/847.6/434
鳳巢山樵求是錄六卷二錄四卷　(清)吳慈鶴撰　清道光四年(1824)刻本　六冊

110000－0146－0004120　PG/847.6/826
小萬卷齋詩稿三十二卷續稿四卷經進稿四卷　(清)朱琦撰　清道光六年至九年(1826－1829)刻本　十冊

110000－0146－0004121　PG/847.6/230
還讀齋詩稿二十卷續刻三卷　(清)韓崶撰　清道光七年(1827)刻本　八冊

110000－0146－0004122　PG/847.6/231
還讀齋詩稿二十卷　(清)韓崶撰　清道光七年(1827)刻本　十冊

110000－0146－0004123　PG/847.6/891
綠野齋文集四卷　(清)劉鴻翱撰　清道光七年(1827)刻本　四冊

110000－0146－0004124　PG/847.6/388
讀騷樓詩初集四卷　(清)陳逢衡撰　清道光九年(1829)刻本　四冊

110000－0146－0004125　PG/847.6/768
掃紅亭吟稿十四卷　(清)馮雲鵬撰　清道光十年(1830)馮氏刻本　八冊

110000－0146－0004126　PG/847.6/602
富春遊草一卷萍泛草一卷還山草一卷睦州寓草一卷梅花城梅花雜詠一卷　(清)計楠撰　清道光十年(1830)刻本　一冊

110000－0146－0004127　PG/847.6/893
劉禮部集十二卷　(清)劉逢祿撰　清道光十年(1830)思誤齋刻本　六冊

110000－0146－0004128　PG/847.6/759
三松堂集二十卷續集六卷文集四卷自訂年譜一卷　(清)潘奕雋撰　清道光十年(1830)吳縣潘氏刻本　八冊

110000－0146－0004129　SG/847.6/375
修凝齋集六卷續一卷　(清)阮鍾瑗撰　清道光十年至十一年(1830－1831)木活字印本　六冊

110000－0146－0004130　SG/847.6/378
卓廬文稿二卷　(清)陳墉撰　清道光十二年(1832)木活字印本　二冊

110000－0146－0004131　PG/847.6/947
徐石渠文鈔四卷　(清)徐校撰　清道光十二年(1832)刻本　二冊

110000－0146－0004132　PG/847.6/890
雲中集不分卷　(清)劉淳撰　清道光十三年(1833)刻本　二冊

110000－0146－0004133　PG/847.6/816
十六國宫詞二卷　(清)周昇撰注　清道光十四年(1834)都門櫻西書屋刻本　二冊

110000－0146－0004134　PG/847.6/295
篔谷詩鈔二十卷篔谷文鈔十二卷　(清)查揆撰　清道光十五年(1835)海昌查揆菽原堂刻本　十冊

110000－0146－0004135　PG/847.6/303
二竹齋詩鈔六卷文集二卷　(清)張井撰　清道光十五年(1835)賜禮堂刻本　八冊

110000－0146－0004136　PG/847.6/304
小東山草堂駢體文鈔十卷　(清)張泰青撰　清道光十五年(1835)刻本　四冊

110000－0146－0004137　PG/847.6/894
存悔齋集二十八卷　(清)劉鳳誥撰　清道光十七年(1837)刻本　七冊

110000－0146－0004138　PG/847.6/311
豔雪堂詩集四卷　(清)張晉撰　清道光十七年(1837)刻本　四冊

110000－0146－0004139　PG/847.6/310
養素堂文集三十五卷首一卷　(清)張澍撰　清道光十七年(1837)武威張氏棗華書屋刻本　十二冊

110000－0146－0004140　PG/847.6/665
太鶴山人集十三卷　(清)端木國瑚撰　清道光二十年(1840)瑞安洪坤刻本　六冊

110000－0146－0004141　PG/847.6/713
小山泉閣詩存八卷　(清)汪爲霖撰　清道光二十年(1840)如臯汪氏刻本　四冊

110000－0146－0004142　PG/847.6/880
槐軒約言一卷拾餘四種槐軒雜著不分卷　(清)劉沅撰　清道光二十五年(1845)刻本(槐軒雜著不分卷爲清光緒二十七年刻本)　五冊

110000－0146－0004143　PG/847.6/926
香南居士集六卷　(清)崇恩撰　清道光二十二年(1842)刻本　二冊

110000－0146－0004144　PG/847.6/925
適齋居士集四卷　(清)舒敏撰　清道光二十二年(1842)吳門臬署刻本　二冊

110000－0146－0004145　PG/847.6/387
太乙舟文集八卷　(清)陳用光撰　清道光二十三年(1843)孝友堂刻本　六冊

110000－0146－0004146　PG/847.6/892
綠野齋前後合集六卷制藝一卷太湖詩草一卷　(清)劉鴻翺撰　清道光二十四年(1844)刻本　八冊

110000－0146－0004147　PG/847.6/213
戴簡恪公遺集八卷　(清)戴敦元撰　清道光二十六年(1846)吳鍾駿浙江督學使署刻本　四冊

110000－0146－0004148　PG/847.6/165
三長物齋詩略五卷附一卷　(清)黄本驥撰　清道光二十七年(1847)刻本　四冊

110000－0146－0004149　PG/847.6/820
夫椒山館詩集二十二卷　(清)周儀暐撰　清道光二十七年(1847)刻本　四冊

110000－0146－0004150　PG/847.6/313
順安詩草八卷　(清)張廷濟撰　清道光二十八年(1848)刻本　四冊

110000－0146－0004151　PG/847.6/966
思適齋集十八卷　(清)顧千里(顧廣圻)撰　清道光二十九年(1849)上海徐氏刻同治八年(1869)補刻本　四冊

110000－0146－0004152　PG/847.6/754
養一齋集二十六卷首一卷詞三卷劄記九卷　(清)潘德輿撰　清道光二十九年至同治十一年(1849－1872)刻本　十二冊

110000－0146－0004153　PG/847.6/714
實事求是齋遺稿四卷　（清）汪廷珍撰　清道光二十九年（1849）刻本　四册

110000－0146－0004154　PG/847.6/655
今白華堂文集三十二卷詩錄八卷時文一卷試帖一卷關中書院試帖一卷　（清）童槐撰　清同治八年（1869）刻本　八册

110000－0146－0004155　SG/847.6/258
塞上詩一卷塞上竹枝詞一卷回疆竹枝詞一卷珠江竹枝詞一卷　（清）□□撰　清抄本　一册

110000－0146－0004156　PG/847.6/308
張亨甫全集三十三卷首一卷　（清）張際亮撰　清咸豐建寧孔慶衢刻同治六年（1867）李雲誥增刻本　十册

110000－0146－0004157　PG/847.6/312
豔雪堂詩集四卷　（清）張晉撰　清咸豐元年（1851）長子縣學署刻本　四册

110000－0146－0004158　PG/847.6/471
九水山房文存二卷　（清）畢亨撰　**淩次仲複禮三篇**　（清）淩廷堪撰　**張彥惟答方彥聞書三篇**　（清）張成孫撰　**志學箴一卷**　（清）楊以增撰　清咸豐二年（1852）聊城楊氏海源閣刻本　四册

110000－0146－0004159　PG/847.6/881
壎篪集十卷　（清）劉沅撰　清咸豐二年（1852）刻本　四册

110000－0146－0004160　PG/847.6/994
晚學齋文集十二卷　（清）姚椿撰　清咸豐二年（1852）秀水楊象濟刻本　四册

110000－0146－0004161　PG/847.6/755
養一齋詞三卷　（清）潘德輿撰　清咸豐三年（1853）刻本　一册

110000－0146－0004162　PG/847.6/467
晉齋詩存二卷　（清）昇寅撰　清咸豐四年（1854）刻本　二册

110000－0146－0004163　PG/847.6/118
觀齋集十六卷　（清）王澤撰　清咸豐四年（1854）廣東南海縣丞署刻本　二册

110000－0146－0004164　PG/847.6/315
月齋文集八卷詩集四卷　（清）張穆撰　清咸豐八年（1858）刻本　四册

110000－0146－0004165　PG/847.6/316
月齋文集八卷詩集四卷　（清）張穆撰　清咸豐八年（1858）刻本　四册

110000－0146－0004166　PG/847.6/115
慎其餘齋文集二十卷　（清）王贈芳撰　清咸豐九年（1859）留香書屋刻本　六册

110000－0146－0004167　PG/857.08/418
唐代叢書六集一百六十四種　（清）王文誥輯　清嘉慶刻本　三十六册

110000－0146－0004168　PG/847.6/389
句溪雜箸六卷　（清）陳立撰　清同治刻本　四册

110000－0146－0004169　PG/847.6/359
選夢樓詩鈔八卷　（清）豫本撰　清光緒刻本　四册

110000－0146－0004170　PG/847.6/267
步瀛先生詩文稿不分卷　（清）楊士魁撰　清同治二年（1863）楊氏刻本　一册

110000－0146－0004171　PG/847.6/829
吉金樂石山房文集一卷續編一卷詩集二卷　（清）朱士端撰　**棗花書屋詩集一卷**　（清）朱之璣撰　清同治三年至四年（1864－1865）刻本　一册

110000－0146－0004172　PG/847.6/289
李文恭公遺集四十六卷　（清）李星沅撰　清同治四年（1865）湘陰李氏芋香山館刻本　三十四册

110000－0146－0004173　PG/847.6/362
泰雲堂集文集二卷駢體文集二卷詩集十八卷詞集三卷　（清）孫爾準撰　清同治九年（1870）蛟川周巨漣刻本　四册

110000－0146－0004174　PG/847.7/806
古微堂詩集十卷　(清)魏源撰　清同治九年(1870)刻本　四冊

110000－0146－0004175　PG/847.6/360
延釐堂集九卷　(清)孫玉庭撰　清同治十一年(1872)刻本　八冊

110000－0146－0004176　PG/847.6/140
曇雲閣詩集八卷補遺一卷附錄二卷外集一卷詞鈔一卷詞鈔續刻一卷音匏隨筆一卷　(清)曹楙堅撰　清同治十二年(1873)刻本　六冊

110000－0146－0004177　PG/847.6/737
海秋詩集二十六卷後集一卷　(清)湯鵬撰　清同治十二年(1873)益陽湯氏刻本　十冊

110000－0146－0004178　PG/847.6/285
咄咄吟二卷　(清)貝青喬撰　清光緒元年(1875)不懼無悶齋刻本　二冊

110000－0146－0004179　PG/847.6/747
補讀書齋遺稿十卷　(清)沈維鐈撰　清光緒元年(1875)嘉興沈氏富文齋刻本　四冊

110000－0146－0004180　PG/847.6/736
琴隱園詩集三十六卷詞集四卷　(清)湯貽汾撰　清光緒元年(1875)刻本　八冊

110000－0146－0004181　PG/847.6/391
崇百藥齋文集二十卷續集四卷三集十二卷附五真閣吟稿一卷合肥學舍札記十二卷　(清)陸繼輅撰　清光緒四年(1878)興國州署刻本　十六冊

110000－0146－0004182　PG/847.6/392
崇百藥齋文集二十卷續集四卷三集十二卷附五真閣吟稿一卷合肥學舍札記十二卷　(清)陸繼輅撰　清光緒四年(1878)興國州署刻本　十六冊

110000－0146－0004183　PG/847.6/394
雙白燕堂文集二卷外集八卷　(清)陸耀通撰　清光緒四年(1878)興國州署刻本　四冊

110000－0146－0004184　PG/847.6/393
雙白燕堂文集二卷外集八卷　(清)陸耀通撰　清光緒四年(1878)興國州署刻本　四冊

110000－0146－0004185　PG/847.6/845
因寄軒文集初集十卷二集六卷補遺一卷　(清)管同撰　清光緒五年(1879)刻九年(1883)合肥張氏補刻本　四冊

110000－0146－0004186　PG/847.6/561
證嚮齋詩集八卷　(清)蔡鑾揚撰　清光緒六年(1880)刻本　四冊

110000－0146－0004187　PG/847.6/934
衎石齋記事稿十卷續稿十卷　(清)錢儀吉撰　清光緒六年(1880)錢彝甫刻本　十冊

110000－0146－0004188　PG/847.6/935
衎石齋記事稿十卷續稿十卷旅逸小稿二卷刻楮集四卷　(清)錢儀吉撰　清光緒六年(1880)錢彝甫刻本　十二冊

110000－0146－0004189　PG/847.6/290
養一齋文集二十卷詩集四卷附錄二卷　(清)李兆洛撰　清光緒四年至八年(1878－1882)刻本　十二冊

110000－0146－0004190　PG/847.6/384
秣陵集六卷　(清)陳文述撰　清光緒十年(1884)淮南書局刻本　三冊

110000－0146－0004191　PG/847.6/383
秣陵集六卷　(清)陳文述撰　清光緒十年(1884)淮南書局刻本　三冊

110000－0146－0004192　PG/847.6/209
曬書堂文集十二卷外集二卷別集一卷閨中文存一卷筆記二卷筆錄六卷時文一卷詩鈔二卷試帖一卷詩餘一卷和鳴集一卷　(清)郝懿行撰　清光緒十年(1884)東路廳署刻本　十六冊

110000－0146－0004193　PG/847.6/185
無近名齋文鈔四卷二編二卷雜著二卷二編一卷外編一卷　(清)彭翊撰　清光緒十年(1884)刻本　四冊

110000－0146－0004194　PG/847.6/990
癸巳存稿十五卷　(清)俞正燮撰　清光緒十

年(1884)刻本　八册

110000－0146－0004195　PG/847.6/989
癸巳存稿十五卷　(清)俞正燮撰　清光緒十年(1884)刻本　六册

110000－0146－0004196　PG/847.6/821
櫝山類稿五種　(清)周鎬撰　清光緒十年(1884)榮汝楫木活字印本　八册

110000－0146－0004197　PG/847.6/830
妙吉祥室詩鈔十三卷附錄二卷　(清)朱葵之撰　清光緒十年(1884)刻本　五册

110000－0146－0004198　PG/847.6/428
鐵橋漫稿八卷　(清)嚴可均撰　清光緒十一年(1885)長洲蔣氏心矩齋刻心矩齋叢書本　四册

110000－0146－0004199　PG/847.6/626
萬善花室文稿六卷續編一卷附錄一卷　(清)方履籛撰　清光緒十二年(1886)溧陽繆氏小岯山館刻本　四册

110000－0146－0004200　PG/847.6/257
雲左山房詩鈔八卷附一卷詩餘一卷試帖一卷　(清)林則徐撰　清光緒十二年(1886)侯官林氏福州刻本　二册

110000－0146－0004201　PG/847.6/256
雲左山房詩鈔八卷附一卷詩餘一卷　(清)林則徐撰　清光緒十二年(1886)侯官林氏福州刻本　二册

110000－0146－0004202　PG/847.6/382
西泠閨詠十六卷　(清)陳文述撰　清光緒十三年(1887)西泠翠螺閣刻本　六册

110000－0146－0004203　PG/847.6/960
拜石山房詞鈔四卷　(清)顧翰撰　清光緒十五年(1889)仁和許氏刻榆園叢刻本　二册

110000－0146－0004204　PG/847.6/896
劉氏遺書八卷　(清)劉台拱撰　清光緒十五年(1889)廣雅書局刻本　二册

110000－0146－0004205　PG/847.6/895
劉氏遺書八卷　(清)劉台拱撰　清光緒十五年(1889)廣雅書局刻本　二册

110000－0146－0004206　PG/847.6/102
虹橋老屋遺稿九卷　(清)秦緗業撰　清光緒十五年(1889)刻本　三册

110000－0146－0004207　PG/847.6/204
小松石齋詩集五卷文集五卷　(清)趙允懷撰　清光緒十五年(1889)刻本　四册

110000－0146－0004208　PG/847.6/390
東塾集六卷　(清)陳澧撰　清光緒十八年(1892)刻本　三册

110000－0146－0004209　PG/847.5/846
韞山堂文集八卷詩集十六卷　(清)管世銘撰　清光緒二十年(1894)讀雪山房刻本　五册

110000－0146－0004210　PG/847.6/305
積石文稿十八卷詩存四卷附南池唱和詩存一卷鱠餘編一卷　(清)張履撰　清光緒二十年(1894)刻本　八册

110000－0146－0004211　PG/847.6/656
定盦文集三卷續集四卷文集補五卷補編四卷　(清)龔自珍撰　清光緒二十三年(1897)萬本書堂刻本　六册

110000－0146－0004212　PG/847.4/890
海峰先生詩集十卷　(清)劉大櫆撰　清光緒二十五年(1899)蕭穆刻本　一册

110000－0146－0004213　PG/847.7/807
古微堂外集八卷　(清)魏源撰　清宣統元年(1909)上海國學扶輪社鉛印本　五册

110000－0146－0004214　PG/847.6/279
梅氏遺書七卷附年譜一卷　(清)梅鍾澍撰　清宣統三年(1911)莓田古屋刻本　三册

110000－0146－0004215　PG/847.7/683
大雲山房文稿初集四卷二集四卷　(清)惲敬撰　清嘉慶二十年(1815)刻本　八册

110000－0146－0004216　PG/847.7/181
松風閣詩鈔二十六卷　(清)彭蘊章撰　清同治長洲彭氏刻彭文敬公全集本　四册

110000－0146－0004217　PG/847.7/180
歸樸龕叢稿十二卷　(清)彭蘊章撰　清道光二十八年(1848)刻本　三冊

110000－0146－0004218　PG/847.7/884
屺雲樓集四種四十二卷　(清)劉存仁撰　清咸豐、同治刻本　十四冊

110000－0146－0004219　PG/847.7/482
羅忠節公遺集八卷首一卷　(清)羅澤南撰　清咸豐、同治刻本　三冊

110000－0146－0004220　PG/847.7/483
羅忠節公遺集八卷首一卷　(清)羅澤南撰　清咸豐、同治刻本　三冊

110000－0146－0004221　PG/847.7/519
郘亭遺文八卷　(清)莫友芝撰　清光緒刻本　一冊

110000－0146－0004222　PG/847.7/123
茂陵秋雨詞二卷　(清)王錫振撰　清末石印本　一冊

110000－0146－0004223　PG/847.7/348
重鐫少嵒賦草四卷　(清)夏思沺撰　清道光四年(1824)刻本　二冊

110000－0146－0004224　PG/847.7/272
惜味齋存稿十四卷　(清)楊炳撰　清咸豐元年(1851)刻本　六冊

110000－0146－0004225　PG/847.7/684
躬恥齋文鈔二十卷後編六卷詩鈔十四卷首一卷後編七卷制義一卷　(清)宗稷辰撰　清咸豐六年(1856)越峴山館刻本　三十一冊

110000－0146－0004226　PG/847.7/685
躬恥齋詩鈔十四卷附躬恥齋逸詩代删述首一卷　(清)宗稷辰撰　清咸豐杕杜軒刻本　七冊

110000－0146－0004227　PG/847.7/520
郘亭詩鈔六卷　(清)莫友芝撰　清咸豐二年(1852)湘川講舍刻同治五年(1866)江寧三山客舍補刻本　四冊

110000－0146－0004228　PG/847.6/832
蕉聲館集八卷首一卷　(清)朱爲弼撰　清咸豐二年(1852)刻本　八冊

110000－0146－0004229　PG/847.7/370
心嚮往齋詩集壬癸詩錄一卷于南詩錄二卷用陶韻詩二卷　(清)孔繼鑅撰　清咸豐四年(1854)刻本　二冊

110000－0146－0004230　PG/847.7/818
越詠二卷　(清)周調梅撰　清咸豐四年(1854)刻本　四冊

110000－0146－0004231　PG/847.7/279
柏梘山房集三十一卷　(清)梅曾亮撰　清咸豐六年(1856)刻同治三年(1864)補刻本　八冊

110000－0146－0004232　PG/847.7/455
全史宫詞二十卷　(清)史夢蘭撰　清咸豐六年(1856)樂亭史氏刻本　四冊

110000－0146－0004233　PG/847.7/856
[讀書延年堂全集]六十一卷　(清)熊少牧撰　清咸豐七年至光緒三年(1857－1877)刻本　二十四冊

110000－0146－0004234　PG/847.7/851
魯氏遺著四種附二種　(清)魯一同撰　清咸豐九年(1859)刻本　八冊　缺二種二卷(右軍[王羲之]年譜一卷、補過軒四書文一卷)

110000－0146－0004235　PG/847.7/942
未灰齋文集八卷外集一卷　(清)徐鼒撰　清咸豐十一年(1861)刻本　四冊

110000－0146－0004236　PG/847.7/974
補學軒文集駢體二卷　(清)鄭獻甫撰　清咸豐十一年(1861)刻本　二冊

110000－0146－0004237　SG/847.7/377
鴛鴦宜福館吹月詞二卷　(清)陳元鼎撰　清末抄本　一冊

110000－0146－0004238　PG/847.7/901
守默齋雜著不分卷　(清)何應祺著　清同治刻本　三冊

110000－0146－0004239　PG/847.7/290

南園集二卷　（清）李光榮撰　清同治元年(1862)刻本　一册

110000－0146－0004240　PG/847.7/893
存吾春齋文鈔十卷續鈔二卷詩鈔十三卷（清）劉繹撰　清同治、光緒刻本　八册

110000－0146－0004241　PG/847.7/113
顧齋詩録二卷　（清）王軒撰　清同治元年(1862)歸安沈秉成刻本　二册

110000－0146－0004242　PG/847.7/949
煙嶼樓集四種　（清）徐時棟撰　清同治、光緒刻本　十四册

110000－0146－0004243　PG/847.7/310
舒藝室隨筆六卷續筆一卷餘筆三卷雜著甲編二卷雜著乙編二卷雜著賸稿一卷詩存七卷索笑詞二卷　（清）張文虎撰　清同治十三年至光緒七年(1874－1881)金陵冶城賓館刻本　十二册

110000－0146－0004244　PG/847.7/973
鄭小谷先生全集六種　（清）鄭獻甫撰　清光緒五年(1879)黔南節署刻本　三十二册

110000－0146－0004245　PG/847.7/771
子良詩録二卷附録一卷　（清）馮詢撰　清同治二年(1863)廣州寶華坊刻本　二册

110000－0146－0004246　PG/847.7/365
遜學齋詩鈔十卷文鈔十卷　（清）孫衣言撰　清同治三年至十二年(1864－1873)刻本　六册

110000－0146－0004247　PG/847.7/124
龍壁山房詩草十七卷茂陵秋雨詞四卷　（清）王錫振(王拯)撰　清咸豐九年(1859)刻同治三年(1864)增刻本　六册

110000－0146－0004248　PG/847.7/885
醒予山房文存八卷師友贈言一卷　（清）劉愚撰　清同治四年(1865)刻本　五册

110000－0146－0004249　PG/847.7/614
玉井山館詩十五卷詩餘一卷文略五卷文續二卷附西行日記一卷　（清）許宗衡撰　清同治四年至九年(1865－1870)刻本　五册

110000－0146－0004250　PG/847.7/613
玉井山館詩十五卷詩餘一卷文略五卷文續二卷附西行日記一卷　（清）許宗衡撰　清同治四年至九年(1865－1870)刻本　五册

110000－0146－0004251　PG/847.7/850
桐華舸詩鈔八卷續鈔八卷明季詠史詩鈔一卷褒忠詩鈔一卷末一卷　（清）鮑瑞駿撰　清同治五年(1866)刻光緒三年(1877)續刻本　十册

110000－0146－0004252　PG/847.7/959
孟晉齋文集五卷　（清）顧壽楨撰　清同治五年(1866)見素抱樸齋刻本　三册

110000－0146－0004253　PG/847.7/435
求自得之室文鈔十二卷尚絅廬詩存二卷（清）吳嘉賓撰　清同治五年(1866)廣州刻本　六册

110000－0146－0004254　PG/847.7/948
敦艮吉齋詩存二卷文存四卷附一卷　（清）徐子苓撰　清同治五年(1866)刻本　六册

110000－0146－0004255　PG/847.7/213
習苦齋詩集八卷文集四卷　（清）戴熙撰　清同治六年(1867)刻本　四册

110000－0146－0004256　PG/847.7/904
東洲草堂詩鈔三十卷詩餘一卷文鈔二十卷（清）何紹基撰　清同治六年(1867)長沙無園刻光緒增刻本　十三册

110000－0146－0004257　PG/847.7/903
東洲草堂詩鈔二十七卷詩餘一卷　（清）何紹基撰　清同治六年(1867)長沙無園刻本　六册

110000－0146－0004258　PG/847.7/994
中復堂遺稿五卷續編二卷附録一卷　（清）姚瑩撰　清同治六年(1867)姚濬昌安福縣署刻中復堂全集本　三册

110000－0146－0004259　PG/847.6/628
儀衛軒文集十二卷外集一卷詩集五卷　（清）

方東樹撰　**方儀衛先生[東樹]年譜一卷**　(清)鄭福照輯　清同治七年(1868)刻本　六冊

110000－0146－0004260　PG/847.7/526
嘯古堂文集八卷　(清)蔣敦復撰　清同治七年(1868)刻本　二冊

110000－0146－0004261　PG/847.7/935
存素堂詩稿十四卷文稿四卷補遺一卷頤壽老人[錢寶琛]年譜二卷續編四卷壬癸志稿二十八卷　(清)錢寶琛撰　清同治七年至光緒六年(1868－1880)刻本　十三冊

110000－0146－0004262　PG/847.7/934
存素堂詩稿十四卷文稿四卷補遺一卷頤壽老人[錢寶琛]年譜二卷續編四卷壬癸志稿二十八卷　(清)錢寶琛撰　清同治七年至光緒六年(1868－1880)刻本　十三冊

110000－0146－0004263　PG/847.7/746
沈文忠公集十卷自訂年譜一卷　(清)沈兆霖撰　清同治八年(1869)刻本　四冊

110000－0146－0004264　PG/847.7/198
強項雜記一卷　(清)趙培桂撰　清同治八年(1869)刻本　一冊

110000－0146－0004265　PG/847.7/801
也居山房文集八卷詩集十卷　(清)魏承祝撰　清同治九年(1870)刻本　五冊

110000－0146－0004266　PG/847.7/172
木雞書屋文鈔五集三十卷　(清)黃金臺撰　清同治十年(1871)刻本　八冊

110000－0146－0004267　PG/847.7/173
木雞書屋文鈔五集三十卷　(清)黃金臺撰　清同治十年(1871)刻本　八冊

110000－0146－0004268　PG/847.7/443
拙修集十卷　(清)吳廷棟撰　清同治十年(1871)六安求我齋刻本　四冊

110000－0146－0004269　PG/847.7/442
拙修集十卷　(清)吳廷棟撰　清同治十年(1871)六安求我齋刻本　四冊

110000－0146－0004270　PG/847.7/675
傒月軒詩集十六卷　(清)奕詢撰　清同治十一年(1872)刻本　四冊

110000－0146－0004271　PG/847.7/194
適園叢稿十二卷　(清)袁學瀾撰　清同治十一年(1872)香溪草堂刻本　六冊

110000－0146－0004272　PG/847.7/263
桐蔭書屋詩草二卷　(清)楚炳然撰　清同治十二年(1873)木活字印本　一冊

110000－0146－0004273　PG/847.7/392
儀顧堂集十六卷　(清)陸心源撰　清同治十三年(1874)福州刻本　四冊

110000－0146－0004274　PG/847.7/525
楓南山館遺集七卷末一卷　(清)莊受祺撰　清同治十三年(1874)刻本　二冊

110000－0146－0004275　PG/847.7/988
豸華堂文鈔八卷文鈔甲部十二卷首一卷　(清)金應麟撰　清光緒元年(1875)刻本　六冊

110000－0146－0004276　PG/839.8/741
吳興長橋沈氏家集五種　沈家本撰　清末沈氏刻本　十冊　存二種二十四卷(春星草堂集二十二卷、看山樓草二卷)

110000－0146－0004277　PG/847.7/667
唐確慎公集十卷首一卷末一卷　(清)唐鑑撰　清光緒元年(1875)善化賀瑗刻本　六冊

110000－0146－0004278　PG/847.7/980
面城樓集鈔四卷　(清)曾釗撰　清光緒刻學海堂叢書本　二冊

110000－0146－0004279　PG/847.7/768
顯志堂稿十二卷　(清)馮桂芬撰　清光緒二年(1876)校邠廬刻本　七冊

110000－0146－0004280　PG/089.7/980
曾文正公全集十三種　(清)曾國藩撰　清光緒二年(1876)傳忠書局刻本　一百二十冊

110000－0146－0004281　PG/847.7/965
悔過齋文集七卷劄記一卷續集七卷補遺一卷

（清）顧廣譽撰　清光緒三年（1877）刻本　四册

110000－0146－0004282　PG/847.7/964
悔過齋文集七卷劄記一卷續集七卷補遺一卷　（清）顧廣譽撰　清光緒三年（1877）刻本　四册

110000－0146－0004283　PG/847.7/889
養晦堂文集十卷詩集二卷　（清）劉蓉撰　清光緒三年（1877）思賢講舍刻本　六册

110000－0146－0004284　PG/847.7/984
知止齋詩集十六卷　（清）翁心存撰　清光緒三年（1877）刻本　四册

110000－0146－0004285　PG/847.7/941
敝帚齋遺書四種　（清）徐鼒撰　清光緒三年（1877）刻本　五册　存二種九卷（未灰齋文集八卷、未灰齋外集一卷）

110000－0146－0004286　PG/847.7/200
趙忠節公遺墨一卷　（清）趙景賢撰　清光緒三年（1877）春明寓齋刻本　一册

110000－0146－0004287　PG/847.7/658
經德堂集二十二卷　（清）龍啓瑞撰　清光緒四年（1878）京師刻本　九册

110000－0146－0004288　PG/847.7/454
止園筆談八卷　（清）史夢蘭撰　清光緒四年（1878）刻本　二册

110000－0146－0004289　PG/847.7/808
古微堂集内集三卷外集七卷　（清）魏源撰　清光緒四年（1878）淮南書局刻本　四册

110000－0146－0004290　PG/847.7/970
四書翼註論文十二卷　（清）鄭獻甫撰　清光緒五年（1879）黔南節署刻鄭小谷先生全集本　十二册

110000－0146－0004291　PG/847.7/287
寶韋齋類稿一百卷　（清）李垣撰　清光緒六年至十七年（1880－1891）武林趙寶墨齋刻本　三十八册

110000－0146－0004292　PG/847.5/933
述古堂文集十二卷　（清）錢兆鵬撰　清光緒七年（1881）刻本　四册

110000－0146－0004293　PG/847.8/645
高陶堂遺集八卷　（清）高心夔撰　清光緒八年（1882）平湖朱氏經注經齋刻本　四册

110000－0146－0004294　PG/847.7/292
李文清公遺書八卷首一卷附志節編二卷　（清）李棠階撰　清光緒八年（1882）河北分守道署刻本　四册

110000－0146－0004295　PG/847.7/291
李文清公遺書八卷首一卷附志節編二卷　（清）李棠階撰　清光緒八年（1882）河北分守道署刻本　四册

110000－0146－0004296　PG/847.7/505
歸盦文稿八卷　（清）葉裕仁撰　清光緒八年（1882）蔣銘勳刻本　四册

110000－0146－0004297　PG/847.7/504
歸盦文稿八卷　（清）葉裕仁撰　清光緒八年（1882）蔣銘勳刻本　四册

110000－0146－0004298　PG/847.7/309
仰蕭樓文集一卷　（清）張星鑑撰　清光緒九年（1883）刻本　一册

110000－0146－0004299　PG/847.7/927
甘泉鄉人稿二十四卷餘稿二卷年譜一卷附二卷　（清）錢泰吉撰　清光緒十一年（1885）嘉興錢氏刻本　七册

110000－0146－0004300　PG/847.7/691
水流雲在館詩鈔六卷　（清）宋晉撰　清光緒十二年（1886）刻本　二册

110000－0146－0004301　PG/847.7/952
薝蔔花館詩集二卷補遺一卷　（清）徐鴻謨撰　清光緒十二年（1886）刻本　二册

110000－0146－0004302　PG/847.7/842
志遠堂文集十卷　（清）鄒鍾撰　清光緒十二年（1886）山東省城德華堂王少南刻本　六册

110000－0146－0004303　PG/847.7/188
邃懷堂全集三十八卷　（清）袁翼撰　清光緒

十三年至十四年(1887－1888)刻本　十三册　缺十四卷(邃懷堂駢文箋注三至十六)

110000－0146－0004304　PG/847.7/189
邃懷堂全集三十八卷　(清)袁翼撰　清光緒十三年至十四年(1887－1888)刻本　二十册

110000－0146－0004305　PG/847.7/621
會稽山齋全集四種　(清)謝應芝撰　清光緒十四年(1888)陽湖謝氏刻本　六册

110000－0146－0004306　PG/847.7/682
大雲山房文稿初集四卷二集四卷　(清)惲敬撰　清光緒十四年(1888)官書處刻本　八册

110000－0146－0004307　PG/089.7/352
左文襄公全集　(清)左宗棠撰　清光緒十六年至十八年(1890－1892)刻本　八十五册

110000－0146－0004308　PG/847.7/530
問園遺集一卷空山夢二卷　(清)范元亨撰　**憶秋軒詩鈔一卷續鈔一卷補遺一卷**　(清)范淑撰　清光緒十七年(1891)九江范履福良鄉縣官廨刻本　三册

110000－0146－0004309　PG/847.7/359
大小雅堂詩集一卷詩餘一卷　(清)承齡撰　清光緒十八年(1892)刻本　二册

110000－0146－0004310　PG/847.7/635
養知書屋文集二十八卷詩集十五卷　(清)郭嵩燾撰　清光緒十八年(1892)刻本　十六册

110000－0146－0004311　PG/847.7/634
養知書屋文集二十八卷　(清)郭嵩燾撰　清光緒十八年(1892)刻本　十二册

110000－0146－0004312　PG/847.7/985
來雲閣詩六卷　(清)金和撰　清光緒十八年(1892)丹陽束氏刻本　二册

110000－0146－0004313　PG/847.7/391
意苕山館詩稿十六卷　(清)陸嵩撰　清光緒十八年(1892)京師刻本　六册

110000－0146－0004314　PG/847.7/110
百柱堂全集内集三十四卷外集十九卷　(清)王柏心撰　**彤雲閣遺藁詩一卷文一卷**　(清)王家仕撰　清光緒十八年(1892)刻本　十册　缺二十卷(内集一至二十)

110000－0146－0004315　PG/847.7/441
柈湖文集十二卷　(清)吳敏樹撰　清光緒十九年(1893)思賢講舍刻本　四册

110000－0146－0004316　PG/847.7/429
香雪齋詩鈔四卷　(清)嚴銒撰　清光緒十九年(1893)桐谿嚴氏刻本　二册

110000－0146－0004317　PG/847.7/888
蔚廬文集四卷詩稿一卷騷賦銘贊一卷　(清)劉人熙撰　清光緒二十二年(1896)大梁刻本　三册

110000－0146－0004318　PG/847.7/833
朱九江先生集十卷首四卷　(清)朱次琦撰　清光緒二十三年(1897)順德簡氏讀書草堂刻本　四册

110000－0146－0004319　PG/847.7/306
擁書堂詩集四卷　(清)張璿華撰　**傳硯堂詩存一卷**　(清)張允垂撰　清光緒二十四年(1898)刻本　一册

110000－0146－0004320　PG/847.7/372
小雅樓詩集八卷首一卷遺文二卷　(清)鄧方撰　清光緒二十六年(1900)廣州刻本　五册

110000－0146－0004321　PG/847.7/951
思補齋詩鈔遺稿二卷試帖存稿一卷年譜一卷　(清)徐廣縉撰　清光緒二十六年(1900)鹿邑徐氏刻本　四册

110000－0146－0004322　PG/847.6/883
悦雲山房詩存六卷風泉館詞存一卷　(清)劉敦元撰　清光緒二十八年(1902)天津徐氏刻本　二册

110000－0146－0004323　PG/847.7/329
半巖廬遺集不分卷　(清)邵懿辰撰　清光緒三十四年(1908)刻本　二册

110000－0146－0004324　PG/847.7/358
秋根書室詩文集十四卷西行紀程二卷西征集一卷　(清)孟傳鑄撰　清宣統二年(1910)綠

野堂鉛印本　八冊

110000 - 0146 - 0004325　PG/847.7/307
張靖達公雜著一卷　(清)張樹聲撰　清宣統二年(1910)鉛印本　一冊

110000 - 0146 - 0004326　PG/847.8/754
小鷗波館詩鈔十卷詞鈔一卷　(清)潘曾瑩撰　清道光二十五年(1845)刻本　四冊

110000 - 0146 - 0004327　PG/848.3/987
陶廬雜憶一卷續詠一卷續憶一卷補詠一卷後憶一卷五憶一卷　金武祥撰　清光緒二十四年至宣統三年(1898 - 1911)刻本　四冊

110000 - 0146 - 0004328　PG/847.8/122
一鏡堂詩鈔二卷　(清)瑞璸撰　清末刻本　二冊

110000 - 0146 - 0004329　PG/847.8/791
有恒心齋集五種　(清)程鴻詔編　清同治刻本　十冊

110000 - 0146 - 0004330　PG/847.7/428
仙舫詩存五卷　(清)嚴正基撰　清同治二年(1863)刻本　一冊

110000 - 0146 - 0004331　PG/847.8/967
樂餘靜廉齋文稿一卷詩稿初集一卷二集一卷海風簫詞一卷蜀桐絃詞一卷游華山詩一卷　(清)顧復初撰　清同治三年至六年(1864 - 1867)刻本　五冊

110000 - 0146 - 0004332　PG/847.7/897
悔餘菴集三種　(清)何栻撰　清同治四年(1865)鳩江戎幄刻本　十二冊

110000 - 0146 - 0004333　PG/847.7/898
悔餘菴集三種　(清)何栻撰　清同治四年(1865)鳩江戎幄刻本　十冊　缺一種二卷(衲蘇集二卷)

110000 - 0146 - 0004334　PG/740.9/677
乘查筆記一卷海國勝遊草一卷天外歸帆草一卷　(清)斌椿撰　清同治七年至八年(1868 - 1869)刻本　三冊

110000 - 0146 - 0004335　PG/847.8/267
褎遺草堂集二十五卷　(清)楊翰撰　清同治十年至光緒二年(1871 - 1876)羊城九曜山房刻本　十二冊

110000 - 0146 - 0004336　PG/847.8/200
青草堂集十二卷二集十六卷　(清)趙國華撰　清同治十一年(1872)豐潤趙國華濟南刻光緒八年(1882)續刻本　十冊

110000 - 0146 - 0004337　PG/847.8/123
癡花館恥存草一卷　(清)瑞泉撰　清同治十二年(1873)刻本　一冊

110000 - 0146 - 0004338　PG/847.8/377
後樂堂文鈔九卷　(清)陳玉樹撰　清光緒二十五年(1899)鉛印本　四冊

110000 - 0146 - 0004339　PG/847.8/545
莜芬書屋文稿一卷　(清)董恂撰　清光緒甘泉董氏刻本　二冊

110000 - 0146 - 0004340　PG/847.8/705
藕香館文錄一卷宧吳稟牘一卷　(清)竇鎮山撰　清光緒三十年(1904)河內竇氏刻本　三冊

110000 - 0146 - 0004341　PG/089.7/632
郭氏叢刻十三種　(清)郭柏蒼撰　清光緒刻本　十二冊　缺二種十一卷(海錯百一錄五卷、閩產錄異六卷)

110000 - 0146 - 0004342　PG/847.8/223
壺盦類稿十三種　(清)胡念修撰　清光緒二十七年(1901)杭州鵠齋刻本　十冊　存五種二十六卷(靈芝仙館詩鈔十二卷、卷秋亭詞鈔二卷、息園舊德錄一卷、四家纂文敘錄彙編四卷附錄一卷、問湘樓駢文初稿六卷)

110000 - 0146 - 0004343　PG/847.8/334
道福堂詩集四卷乃有廬雜著一卷　(清)雷濬撰　清光緒二十年至二十一年(1894 - 1895)刻本　二冊

110000 - 0146 - 0004344　PG/847.8/797
拙尊園叢稿六卷　(清)黎庶昌撰　清光緒李光明莊刻本　四冊

110000－0146－0004345　PG/847.8/423
盤山詩草十卷補錄一卷　(清)歐陽輔之撰　清光緒刻本　三冊

110000－0146－0004346　PG/847.8/940
明宫雜詠二十卷　(清)饒智元撰　清光緒刻湘淥館叢書本　六冊

110000－0146－0004347　PG/847.8/604
復堂類集八種　(清)譚獻撰　清光緒刻本　十冊

110000－0146－0004348　PG/847.8/603
復堂類集七種　(清)譚獻撰　清光緒刻本　八冊

110000－0146－0004349　PG/847.8/271
碧琅玕館詩鈔四卷　(清)楊光儀撰　清光緒元年(1875)刻本　四冊

110000－0146－0004350　PG/847.8/270
碧琅玕館詩鈔四卷　(清)楊光儀撰　清光緒元年(1875)刻本　二冊

110000－0146－0004351　PG/847.8/827
佩弦齋文存二卷首一卷律賦一卷雜存二卷　(清)朱一新撰　清光緒二十二年(1896)順德龍氏葆真堂刻拙庵叢稿本　二冊

110000－0146－0004352　PG/847.8/209
漱六山房文集十二卷詩集十二卷　(清)郝植恭撰　清光緒四年至六年(1878－1880)刻本　八冊

110000－0146－0004353　PG/847.8/919
雪鴻偶鈔詩四卷詞一卷　(清)倪世珍撰　清光緒四年(1878)吳縣倪氏刻本　二冊

110000－0146－0004354　PG/847.8/521
春鸝詞二卷　(清)葛湘撰　清光緒五年(1879)刻本　一冊

110000－0146－0004355　PG/847.8/720
龍岡山人詩鈔十五卷　(清)洪良品撰　清光緒五年(1879)刻本　六冊

110000－0146－0004356　PG/847.8/436
小西腴山館詩集八卷文集十二卷年譜二卷　(清)吳大廷撰　清光緒五年(1879)刻本　八冊

110000－0146－0004357　PG/847.8/319
南蘭文集六卷　(清)張恕撰　清光緒五年(1879)刻本　二冊

110000－0146－0004358　PG/847.8/443
樫華館全集十二卷　(清)路德撰　清光緒七年(1881)解梁閻氏刻本　十冊

110000－0146－0004359　PG/847.5/934
述古堂文集十二卷　(清)錢兆鵬撰　清光緒七年(1881)刻本　四冊

110000－0146－0004360　PG/847.8/706
汪梅村先生集四十卷　(清)汪士鐸撰　清光緒七年至九年(1881－1883)合肥張氏味古齋刻本　八冊

110000－0146－0004361　PG/847.8/108
縵雅堂駢體文八卷　(清)王詒壽撰　清光緒六年(1880)仁和許增娱園刻本　四冊

110000－0146－0004362　PG/847.8/621
湘谷初稿八卷吟稿四卷　(清)謝庭蘭撰　清光緒七年(1881)刻本　四冊

110000－0146－0004363　PG/847.8/646
高陶堂遺集八卷　(清)高心夔撰　清光緒八年(1882)平湖朱氏經注經齋刻本　四冊

110000－0146－0004364　PG/847.8/488
函樓詩鈔八卷詞鈔一卷　(清)易佩紳撰　清光緒八年(1882)刻本　四冊

110000－0146－0004365　PG/847.8/315
濂亭文集八卷　(清)張裕釗撰　清光緒八年(1882)蘇州查氏木漸齋刻本　二冊

110000－0146－0004366　PG/847.8/643
拙吾詩稿四卷附一卷　(清)高鼎撰　清光緒八年(1882)刻本　四冊

110000－0146－0004367　PG/847.8/502
荔雨軒文集六卷　(清)華翼綸撰　清光緒九年(1883)刻本　二冊

110000－0146－0004368　PG/847.8/891
青溪舊屋文集十一卷　（清）劉文淇撰　清光緒九年(1883)刻本　二册

110000－0146－0004369　PG/847.8/964
眉綠樓詞九卷　（清）顧文彬撰　清光緒十年(1884)吳下刻本　六册

110000－0146－0004370　PG/847.8/337
樊榭山房集十卷文集八卷續集十卷集外詩三卷集外詞四卷集外曲二卷集外詩一卷集外詞一卷集外文一卷　（清）厲鶚撰　清光緒十年(1884)錢塘汪氏振綺堂刻本　十册

110000－0146－0004371　PG/847.8/292
植庵集十卷　（清）李慎傳撰　清光緒十年(1884)刻本　五册

110000－0146－0004372　PG/847.8/329
願學堂詩存二十二卷　（清）邵亨豫撰　清光緒十年(1884)琴川刻本　四册

110000－0146－0004373　PG/089.7/564
庸庵全集十種　（清）薛福成撰　清光緒刻本　十八册　存六種十九卷（庸盦文編四卷、庸盦續編二卷、庸盦外編四卷、庸盦海外文編四卷、庸盦籌洋芻議一卷、浙東籌防錄四卷）

110000－0146－0004374　PG/847.8/106
哀生閣集七卷　（清）王大經撰　清光緒十一年(1885)刻本　六册

110000－0146－0004375　PG/847.8/105
哀生閣集七卷　（清）王大經撰　清光緒十一年(1885)刻本　六册

110000－0146－0004376　PG/847.8/562
津門徵獻詩八卷　（清）華鼎元撰　清光緒十二年(1886)刻本　四册

110000－0146－0004377　PG/847.8/285
求志居存稿六卷　（清）李再榮撰　清光緒十四年(1888)鉛印本　一册

110000－0146－0004378　PG/847.8/928
松壺畫贅二卷　（清）錢杜撰　清光緒十四年(1888)仁和許增榆園刻本　一册

110000－0146－0004379　PG/847.8/203
向湖邨舍詩初集十二卷　（清）趙藩撰　清光緒十四年(1888)長沙刻本　三册

110000－0146－0004380　PG/847.8/813
思益堂集十九卷　（清）周壽昌撰　清光緒十四年(1888)刻本　六册

110000－0146－0004381　PG/847.8/109
笙月詞五卷花影詞一卷　（清）王詒壽撰　清光緒十五年(1889)刻本　二册

110000－0146－0004382　PG/847.8/118
養拙齋詩十四卷　（清）王必達撰　清光緒十六年至十九年(1890－1893)刻本　四册

110000－0146－0004383　PG/847.8/946
誦芬詠烈編八十卷總目二卷首二十五卷　（清）徐琪輯　清光緒十六年(1890)刻本　二十册

110000－0146－0004384　PG/847.8/193
漸西村人詩十三卷安般簃詩續鈔七卷　（清）袁昶撰　清光緒十六年(1890)鉛印本　五册

110000－0146－0004385　PG/847.8/192
安般簃集十卷春闈雜詠一卷　（清）袁昶撰　清光緒十六年(1890)小漚巢刻本　三册

110000－0146－0004386　PG/847.8/941
十國雜事詩十七卷敘目二卷　（清）饒智元撰　清光緒十七年(1891)刻竹素齋叢書本　四册

110000－0146－0004387　PG/847.8/364
師鄭堂集六卷　（清）孫同康撰　清光緒十七年(1891)無錫文苑閣木活字印本　四册

110000－0146－0004388　PG/847.8/857
恥不逮齋集三卷首一卷附錄一卷補遺一卷　（清）熊其英撰　清光緒十七年(1891)蘇州五畝園刻本　四册

110000－0146－0004389　PG/847.8/627
退一步齋詩集十六卷文集四卷蕉軒續錄二卷　（清）方濬師撰　（清）呂景端編　清光緒十八年(1892)鉛印本　十二册

110000－0146－0004390　PG/847.8/287
畹蘭齋文集四卷　（清）李楨撰　清光緒十八年（1892）刻本　二册

110000－0146－0004391　PG/847.8/272
冠悔堂詩鈔八卷駢體文鈔六卷賦鈔四卷楹語三卷附録一卷　（清）楊浚撰　清光緒十八年至二十年（1892－1894）刻本　二十一册

110000－0146－0004392　PG/847.8/796
拙尊園叢稿六卷　（清）黎庶昌撰　清光緒十九年（1893）上海醉六堂石印本　二册

110000－0146－0004393　PG/847.8/630
澤雅堂文集八卷　（清）施補華撰　清光緒十九年（1893）刻本　二册

110000－0146－0004394　PG/847.8/435
攜雪堂全集　（清）吴可讀撰　清光緒十九年（1893）刻本　三册

110000－0146－0004395　PG/089.7/987
曾惠敏公遺集十七卷　（清）曾紀澤撰　清光緒十九年（1893）江南製造總局鉛印本　八册

110000－0146－0004396　PG/089.7/986
曾惠敏公遺集十七卷　（清）曾紀澤撰　清光緒十九年（1893）江南製造總局鉛印本　八册

110000－0146－0004397　PG/847.8/308
寒松閣詩四卷　（清）張鳴珂撰　清光緒十九年（1893）刻本　二册

110000－0146－0004398　PG/847.8/889
思補齋文集四卷　（清）劉星煒撰　清光緒二十年（1894）武進劉氏刻本　四册

110000－0146－0004399　PG/847.8/697
賦梅書屋詩六集　（清）宋廷樑撰　清光緒二十年（1894）西江刻本　一册　缺一集（一）

110000－0146－0004400　PG/847.8/989
劬書室遺集十六卷　（清）金錫齡撰　清光緒二十一年（1895）刻本　五册

110000－0146－0004401　PG/847.8/317
濂亭遺文五卷遺詩二卷　（清）張裕釗撰　清光緒二十一年（1895）遵義黎氏刻本　二册

110000－0146－0004402　PG/847.8/110
函雅堂集四十卷　王詠霓撰　清光緒二十二年（1896）刻本　八册　存二十四卷（一至二十四）

110000－0146－0004403　PG/847.8/565
庸盦海外文編四卷　（清）薛福成撰　清光緒二十二年（1896）上海醉六堂石印本　二册

110000－0146－0004404　PG/847.6/657
定盦文集三卷續集四卷文集補五卷補編四卷　（清）龔自珍撰　清光緒二十三年（1897）萬本書堂刻朱墨印本　四册

110000－0146－0004405　PG/847.8/290
越縵堂駢體文四卷附散體文一卷　（清）李慈銘撰　清光緒二十三年（1897）刻虚霩居叢書本　四册

110000－0146－0004406　PG/847.8/273
縈清樓集四卷　（清）楊毓秀撰　清光緒二十三年（1897）東湖黄氏刻本　四册

110000－0146－0004407　PG/847.8/719
知白齋詩鈔五卷雙橋小築詞存五卷集餘一卷　（清）江人鏡撰　清光緒二十四年（1898）刻本　四册

110000－0146－0004408　PG/847.8/412
適可齋記言四卷紀行六卷　（清）馬建忠撰　清光緒二十四年（1898）上海著易堂石印本　二册

110000－0146－0004409　PG/847.8/566
庸庵文編四卷續編二卷外編四卷海外文編四卷　（清）薛福成撰　清光緒二十四年（1898）長沙鑄新齋刻本　八册

110000－0146－0004410　PG/847.8/307
知退齋稿七卷古文補刊一卷　（清）張瑛撰　清光緒二十四年（1898）刻二十八年（1902）補刻本　四册

110000－0146－0004411　PG/847.8/159
松夢寮詩稿六卷　（清）丁丙撰　清光緒二十五年（1899）刻本　二册

110000－0146－0004412　PG/847.8/373
扃善齋文存二卷詩存一卷　（清）鄧嘉緝撰　清光緒二十七年（1901）刻本　三冊

110000－0146－0004413　PG/847.8/372
扃善齋文存二卷詩存一卷　（清）鄧嘉緝撰　清光緒二十七年（1901）刻本　三冊

110000－0146－0004414　PG/847.8/903
潛穎詩十卷文四卷　（清）何維棣撰　清光緒二十七年（1901）刻本　四冊

110000－0146－0004415　PG/847.8/860
藝風堂文集七卷外篇一卷　繆荃孫撰　清光緒二十七年（1901）刻本　四冊

110000－0146－0004416　PG/847.8/104
南岡草堂文存二卷　（清）秦際唐撰　清光緒二十七年（1901）刻本　二冊

110000－0146－0004417　PG/847.8/116
也儂詩草十卷　（清）王慶善撰　清光緒二十七年（1901）金陵宜春閣木活字印本　四冊

110000－0146－0004418　PG/847.8/922
巴里客餘生詩草（庚子都門紀事詩）六卷首一卷末一卷　延清撰　清光緒二十七年（1901）石印本　二冊

110000－0146－0004419　PG/847.8/340
鬱華閣遺集四卷　（清）盛昱撰　清光緒二十八年（1902）留垞武昌刻朱印本　一冊

110000－0146－0004420　PG/847.8/117
也儂遺稿四卷　（清）王慶善撰　清光緒二十八年（1902）金陵宜春閣木活字印本　四冊

110000－0146－0004421　PG/847.8/994
一枝山房詩集四卷附詞稿一卷　（清）姚官澄撰　**唫香閣詩集一卷**　（清）田蓮瑞撰　清光緒二十八年（1902）刻本　五冊

110000－0146－0004422　PG/847.8/869
曠廬詩集十卷　（清）白永修撰　清光緒二十九年（1903）膠東逸園刻本　四冊

110000－0146－0004423　PG/089.7/984
曾忠襄公全集　（清）曾國荃撰　（清）蕭榮爵編輯　清光緒二十九年（1903）刻本　二十四冊　存二十七卷（文集二卷、奏議一至二，批牘五卷、書札一至十八）

110000－0146－0004424　PG/847.8/982
曾忠襄公文集二卷　（清）曾國荃撰　清光緒二十九年（1903）刻本　二冊

110000－0146－0004425　PG/847.8/626
退一步齋文集四卷　（清）方濬師撰　（清）呂景端編　清光緒三十年（1904）刻本　四冊

110000－0146－0004426　PG/847.8/684
四松草堂詩略四卷　（清）宗韶撰　清光緒三十年（1904）上海新昌書局鉛印本　四冊

110000－0146－0004427　PG/847.8/341
鬱華閣遺集四卷　（清）盛昱撰　清光緒三十一年（1905）上海有正書局刻本　一冊

110000－0146－0004428　PG/847.8/102
劍虹居古文詩集四卷　（清）秦煥撰　清光緒三十一年（1905）刻本　四冊

110000－0146－0004429　PG/847.8/995
補籬遺稿八卷　（清）姚福均撰　清光緒三十一年（1905）木活字印本　四冊

110000－0146－0004430　PG/847.8/455
俞俞齋文稿初集四卷詩稿初集二卷詩餘一卷　（清）史念祖撰　清光緒三十二年（1906）廣陵刻本　六冊

110000－0146－0004431　PG/847.8/509
敬孚類稿十六卷　（清）蕭穆撰　清光緒三十三年（1907）刻本　四冊

110000－0146－0004432　PG/847.8/534
范伯子詩集十九卷　（清）范當世撰　清光緒三十四年（1908）刻本　四冊

110000－0146－0004433　PG/847.8/458
式古訓齋文集二卷外集一卷　（清）閔萃祥撰　清光緒三十四年（1908）海上刻本　三冊

110000－0146－0004434　PG/847.8/103
乖庵文錄二卷　秦樹聲撰　清光緒三十四年（1908）刻本　一冊

110000－0146－0004435　PG/847.8/696
懺花盦文存六卷　(清)宋澤元撰　清光緒三十四年(1908)刻本　五冊

110000－0146－0004436　PG/847.8/835
清芬閣集十二卷　(清)朱采撰　清光緒三十四年(1908)歸安趙濱彥鉛印本　八冊

110000－0146－0004437　PG/847.8/905
寶彝堂文存二卷　(清)傅澤鴻撰　清宣統元年(1909)壺天傅氏刻本　一冊

110000－0146－0004438　PG/847.8/318
張廉卿先生文集八卷　(清)張裕釗撰　清宣統元年(1909)五色古文山房刻本　四冊

110000－0146－0004439　PG/847.8/316
濂亭文集八卷　(清)張裕釗撰　清宣統元年(1909)上海掃葉山房石印本　一冊　存四卷(一至四)

110000－0146－0004440　PG/847.8/358
秋根書室詩文集十四卷西行紀程二卷西征集一卷　(清)孟傳鑄撰　清宣統二年(1910)綠野堂鉛印本　八冊

110000－0146－0004441　PG/847.8/828
介石山房遺文二卷遺詩一卷　(清)朱培源撰　清宣統二年(1910)新陽朱氏刻本　二冊

110000－0146－0004442　PG/847.6/730
白石山館詩一卷　(清)陳秋舫撰　**清夜齋詩稿一卷**　(清)魏源撰　清宣統三年(1911)陳曾則石印本　一冊

110000－0146－0004443　PG/088/158
項城袁氏家集六種　丁振鐸輯　清宣統三年(1911)清芬閣鉛印本　五十六冊

110000－0146－0004444　PG/848.1/120
虛受堂文集十六卷詩存十七卷書札二卷　王先謙撰　清光緒刻本　十二冊

110000－0146－0004445　PG/847.9/268
蘇盦集十六卷　(清)楊葆光撰　清光緒九年(1883)杭州刻本　五冊

110000－0146－0004446　PG/848.1/896
食舊悳齋雜著二卷　劉嶽雲撰　清光緒二十二年(1896)刻本　二冊

110000－0146－0004447　PG/848.1/111
湘綺樓文集八卷　王闓運撰　清光緒二十六年(1900)烝陽刻本　四冊

110000－0146－0004448　PG/848.1/110
湘綺樓文集八卷　王闓運撰　清光緒二十六年(1900)烝陽刻本　四冊

110000－0146－0004449　PG/847.9/222
蘭福堂詩集一卷苾芻館詞集五卷　(清)胡延撰　清光緒二十七年(1901)刻本　四冊

110000－0146－0004450　PG/848.1/121
虛受堂詩存十五卷　王先謙撰　清光緒二十八年(1902)平江蘇氏刻本　四冊

110000－0146－0004451　PG/848.1/903
鞮芬室詞甲稿一卷　何震彝撰　**櫻雲閣詞一卷**　李家瓚撰　清光緒三十二年(1906)鉛印本　一冊

110000－0146－0004452　PG/848.1/114
湘綺樓詩集十四卷　王闓運撰　清光緒三十三年(1907)東州講舍刻本　四冊

110000－0146－0004453　PG/848.2/138
花萼交輝閣集八卷　曹福元撰　清光緒三十四年至民國七年(1908－1918)刻本　四冊

110000－0146－0004454　PG/848.4/361
鄭齋漢學文編六卷　孫雄撰　清光緒三十四年(1908)鉛印師鄭叢書本　二冊

110000－0146－0004455　PG/848.1/945
花磚日影集十卷　徐琪撰　清光緒三十四年(1908)刻本　五冊

110000－0146－0004456　PG/848.2/340
通雅齋叢稿八卷　成本璞撰　清宣統元年(1909)武林刻本　四冊

110000－0146－0004457　PG/848.4/339
澹堪詩草一卷　成多祿撰　清宣統元年(1909)刻本　一冊

110000－0146－0004458　PG/848.1/530
策軒文編六卷　蔣寶誠撰　清宣統元年(1909)刻本　四册

110000－0146－0004459　PG/848.1/526
柘湖宦遊録三卷　蔣清瑞撰　清宣統元年(1909)歸安蔣氏月河草堂刻月河草堂叢稿本　三册

110000－0146－0004460　PG/848.3/864
河海昆侖録四卷　裴景福撰　清宣統元年(1909)鉛印本　四册

110000－0146－0004461　PG/848.2/389
可園詩存二十八卷詞存四卷文存十六卷　陳作霖撰　清宣統二年(1910)刻本　八册

110000－0146－0004462　PG/848.3/260
畏廬文集一卷　林紓撰　清宣統二年(1910)商務印書館鉛印本　一册

110000－0146－0004463　PG/848.3/259
畏廬文集一卷　林紓撰　清宣統二年(1910)商務印書館鉛印本　一册

110000－0146－0004464　PG/848.6/380
松壽堂詩鈔十卷　陳夔龍撰　清宣統三年(1911)京師刻本　四册

110000－0146－0004465　PG/848.1/962
訥盦叢稿八種十二卷　顧鳴鳳撰　清宣統三年(1911)刻本　四册　缺二種二卷(念蘐池館文存卷一、蝸巢聯語一卷)

110000－0146－0004466　PG/848.3/661
南海先生詩集四卷　康有為撰　梁啟超書　清宣統三年(1911)影印本(原闕卷五至十三)　一册

110000－0146－0004467　PG/848.1/746
吉林紀事詩四卷首一卷末一卷　沈兆禔撰注　清宣統三年(1911)金陵湯明林聚珍書局鉛印本　二册

110000－0146－0004468　PG/848.1/745
吉林紀事詩四卷首一卷末一卷　沈兆禔撰注　清宣統三年(1911)金陵湯明林聚珍書局鉛印本　二册

110000－0146－0004469　PG/848.2/118
平養堂文編十卷　王龍文撰　清宣統三年(1911)思賢書局刻本　四册

110000－0146－0004470　PG/848.2/119
容膝軒文稿八卷詩草八卷槐窗雜録二卷　王榮商撰　清光緒二十一年至民國三年(1895－1914)鎮海王氏刻本　五册

110000－0146－0004471　PG/848.5/348
綺秋閣文選四卷　夏紹笙撰　清宣統三年(1911)金陵刻本　二册

110000－0146－0004472　PG/848.4/981
蠡菴集十八卷首一卷　曾廉撰　清宣統三年(1911)曾氏會輔堂刻本　十二册

110000－0146－0004473　PG/856.8/430
增訂一夕話新集六卷　(清)咄咄夫撰　(清)嗤嗤子增訂　清刻本　四册

110000－0146－0004474　PG/853.637/583
雷峰塔傳奇二卷　(清)方成培撰　(清)海棠巢客點校　清刻本　四册

110000－0146－0004475　PG/853.3/522
紅雪樓九種曲(清容外集)十四卷　(清)蔣士銓撰　清刻本　八册

110000－0146－0004476　PG/853.3/523
紅雪樓九種曲(清容外集)十四卷　(清)蔣士銓撰　清刻本　八册

110000－0146－0004477　PG/853.3/524
紅雪樓九種曲(清容外集)十四卷　(清)蔣士銓撰　清刻本　十二册

110000－0146－0004478　PG/853.3/525
紅雪樓九種曲(清容外集)十四卷　(清)蔣士銓撰　清刻本　十一册

110000－0146－0004479　PG/853.637/526
空谷香傳奇二卷　(清)蔣士銓撰　清刻本　二册

110000－0146－0004480　PG/853.637/292

笠翁十種曲二十卷　(清)李漁撰　清刻本　二十册

110000－0146－0004481　PG/853.637/291
意中緣傳奇二卷　(清)李漁撰　清刻本　二册

110000－0146－0004482　PG/853.637/723
巧團圓傳奇二卷三十三齣　(清)李漁編次　清刻本　一册

110000－0146－0004483　PG/853.636/376
詠懷堂新編十錯認春燈謎記四卷　(明)阮大鋮撰　清抄本　四册

110000－0146－0004484　PG/856.5/374
回文類聚四卷織錦回文圖一卷　(宋)桑世昌纂輯　回文續編十卷　(清)朱象賢集　清[麟玉堂]刻本　四册

110000－0146－0004485　PG/853.637/741
沈蕡漁四種曲八卷　(清)沈起鳳撰　清古香林刻本　六册　缺一種二卷(文星榜二卷)

110000－0146－0004486　PG/853.636/736
牡丹亭還魂記八卷　(明)湯顯祖撰　清玉振堂刻本　六册

110000－0146－0004487　PG/853.535/105
第六才子書八卷才子西廂文一卷　(元)王實甫撰　(清)金人瑞評　清刻本　六册

110000－0146－0004488　SG/856.16/112
明人尺牘選四卷　(清)王元勳　(清)程化騄輯　清康熙四十四年(1705)刻本　四册

110000－0146－0004489　PG/853.537/356
西堂樂府六種　(清)尤侗撰　清刻本　二册　缺一種(鈞天樂)

110000－0146－0004490　PG/856.5/375
回文類聚四卷織錦回文圖一卷　(宋)桑世昌纂輯　回文續編十卷　(清)朱象賢集　清[麟玉堂]刻本　四册

110000－0146－0004491　PG/853.535/103
雲林別墅繪像妥註第六才子書六卷首一卷(元)王實甫撰　(清)鄒聖脈妥注　清刻本四册

110000－0146－0004492　SG/856.17/916
薈珍集不分卷　(□)□□輯　清原稿剪貼輯本　三册

110000－0146－0004493　SG/856.17/716
[清代函札手稿不分卷]　(□)□□輯　清稿剪貼匯輯本　四十四册

110000－0146－0004494　SG/853.2/916
嘉慶甲子新訂時調昆腔摘錦集初編不分卷(清)□□輯　清抄本　二册

110000－0146－0004495　PG/856.27/145
繡虎軒尺牘三集二十四卷　(清)曹煜撰　清康熙傳萬堂刻本　十二册

110000－0146－0004496　SG/856.9/928
雅趣藏書不分卷　(清)錢書編訂　清康熙刻朱墨印本　四册

110000－0146－0004497　PG/856.17/947
分類尺牘新語二十四卷　(清)徐士俊　(清)汪淇評箋　清康熙刻本　十册

110000－0146－0004498　PG/853.636/643
繪風亭評第七才子書琵琶記六卷釋義一卷(明)高明撰　(明)毛綸評　清書林龍文堂刻本　六册

110000－0146－0004499　PG/856.1/818
賴古堂尺牘新鈔三選結隣集十六卷　(清)周在浚等輯　清康熙九年(1670)賴古堂刻本六册

110000－0146－0004500　PG/853.637/522
空青石傳奇二卷　(清)萬樹撰　(清)吳棠禎評　清康熙二十五年(1686)粲花別墅刻本二册

110000－0146－0004501　SG/856.17/965
歸錢尺牘五卷　(清)顧椷輯　清康熙三十八年(1699)虞山如月樓刻本　六册

110000－0146－0004502　PG/853.535/100
芥子園繪像第六才子書(西廂記)八卷　(元)王實甫撰　(清)金人瑞評　清康熙五十九年

(1720)芥子園刻本　十冊

110000－0146－0004503　PG/853.535/106
舟山堂繪像第六才子書八卷　(元)[王實甫]撰　(清)[金人瑞]評點　清雍正十一年(1733)刻本　六冊

110000－0146－0004504　SG/853.637/165
石榴記傳奇四卷　(清)黄振撰　清乾隆三十七年(1772)柴灣村舍刻本　四冊

110000－0146－0004505　PG/853.535/101
貫華堂第六才子書八卷才子西廂文一卷　(元)王實甫撰　(清)金人瑞評點　清乾隆十五年(1750)古吳三樂齋刻本　十二冊

110000－0146－0004506　SG/853.637/309
夢中緣二卷　(清)張漱石填詞　(清)楊古林評點　清乾隆刻玉燕堂四種曲本　四冊

110000－0146－0004507　PG/856.27/976
板橋家書一卷紫瓊巗近鈔一卷　(清)鄭燮撰　清乾隆十六年(1751)刻本　一冊

110000－0146－0004508　SG/853.637/349
新曲六種十二卷　(清)夏綸撰　清乾隆十七年(1752)錢唐夏綸世光堂刻本　十二冊

110000－0146－0004509　SG/853.637/348
無瑕璧傳奇二卷　(清)夏綸撰　清乾隆十七年(1752)夏綸世光堂刻本　四冊

110000－0146－0004510　PG/853.535/104
貫華堂註釋第六才子書六卷　(元)王實甫撰　(清)金人瑞評　清乾隆三十四年(1769)刻本　六冊

110000－0146－0004511　PG/853.2/504
納書楹曲譜正集四卷續集四卷外集二卷補遺四卷四夢全譜八卷　(清)葉堂撰　清乾隆五十七年(1792)長洲葉氏納書楹刻本　二十一冊

110000－0146－0004512　PG/853.3/120
綴白裘新集合編十二集　(清)玩花主人輯　(清)錢德蒼續輯　清嘉慶十五年(1810)五柳居刻本　四十八冊

110000－0146－0004513　PG/856.3/759
窺豹軒詞翰法程八卷　(清)姜棨輯　清嘉慶二十四年(1819)刻本　八冊

110000－0146－0004514　PG/853.637/385
紅樓夢傳奇八卷　(清)陳鍾麟撰　清道光十五年(1835)汗青齋刻本　八冊

110000－0146－0004515　PG/856.6/731
楹聯叢話十二卷續話四卷　(清)梁章鉅輯　清道光二十年(1840)福州梁氏桂林署齋刻二十三年(1843)南浦寓齋續刻本　六冊

110000－0146－0004516　PG/856.6/730
楹聯叢話十二卷續話四卷　(清)梁章鉅輯　清道光二十年(1840)福州梁氏桂林署齋刻二十三年(1843)南浦寓齋續刻本　四冊

110000－0146－0004517　PG/853.61/781
六十種曲十二集一百二十卷　(明)毛晉輯　清道光二十五年(1845)同德堂刻本　一百二十冊

110000－0146－0004518　PG/853.637/170
帝女花二卷　(清)黄爕清填詞　清道光十三年(1833)刻本　二冊

110000－0146－0004519　PG/853.43/503
紅樓夢散套十六卷　(清)荊石山民填詞　清光緒元年(1875)抄本　一冊

110000－0146－0004520　SG/856.18/916
[名人信札]不分卷　王秉恩輯　清末民國原稿剪貼本　十五冊

110000－0146－0004521　PG/853.637/783
揚州夢二卷三十齣　(清)嵇永仁撰　清同治刻本　四冊

110000－0146－0004522　PG/856.27/383
培遠堂手札節存三卷　(清)陳宏謀撰　清同治十一年(1872)江蘇書局刻本　一冊

110000－0146－0004523　SG/856.25/361
宋孫仲益内簡尺牘十卷　(宋)孫覿撰　(宋)李祖堯編注　清乾隆十二年(1747)錫山蔡氏刻本　六冊

110000－0146－0004524　PG/856.27/267
息柯牋事六卷雜著五卷　（清）楊翰撰　清同治十二年（1873）羊城九曜山房刻本　四册　缺二卷（息柯雜著一至二）

110000－0146－0004525　PG/847.6/288
棣懷堂隨筆十一卷首一卷末一卷　（清）李象鵾撰　清同治十三年（1874）刻本　六册　缺二卷（三至四）

110000－0146－0004526　PG/835.7/385
朝考卷一卷　（清）傅世煒等撰　清光緒刻本　一册

110000－0146－0004527　PG/853.637/476
鶴歸來傳奇二卷　（清）瞿頡撰　清光緒湖北官書處刻本　二册

110000－0146－0004528　PG/653.8/465
冒氏公牘七卷　（清）冒澄　（清）冒沅撰　清光緒刻本　四册

110000－0146－0004529　PG/856.9/860
文章遊戲初編八卷二編八卷三編八卷四編八卷　（清）繆艮選　清光緒二年（1876）刻本　二十四册

110000－0146－0004530　PG/853.637/613
風雲會傳奇二卷　（清）許善長撰　（清）梅谿逸叟訂譜　清光緒三年（1877）碧聲吟館刻本　二册

110000－0146－0004531　PG/853.637/614
瘞雲巖傳奇二卷碧聲吟館倡酬録一卷　（清）許善長撰　清光緒三年（1877）碧聲吟館刻本　二册

110000－0146－0004532　PG/856.27/982
曾文正公家書十卷　（清）曾國藩撰　清光緒五年（1879）傳忠書局刻本　十册

110000－0146－0004533　PG/854.41/988
庶幾堂今樂二十八種　（清）余治編次　清光緒六年（1880）刻本　十一册

110000－0146－0004534　PG/853.637/517
極樂世界傳奇八卷　（清）觀劇道人撰　（清）試香女史參評　清光緒七年（1881）京都聚珍堂木活字印本　七册

110000－0146－0004535　PG/857.17/118
椒生隨筆八卷　（清）王之春撰　清光緒七年（1881）上洋文藝齋刻本　二册　存四卷（一至四）

110000－0146－0004536　PG/857.17/117
椒生隨筆八卷　（清）王之春撰　清光緒七年（1881）上洋文藝齋刻本　四册

110000－0146－0004537　PG/856.27/949
適軒尺牘八卷　（清）徐菊生撰　清光緒八年（1882）京都琉璃廠刻本　四册

110000－0146－0004538　PG/853.636/735
牡丹亭還魂記二卷　（明）湯顯祖撰　清光緒十二年（1886）同文書局石印本　四册

110000－0146－0004539　PG/856.27/439
兩罍軒尺牘十二卷　（清）吳雲撰　清光緒十二年（1886）歸安吳氏刻本　六册

110000－0146－0004540　PG/853.637/949
梨花雪（白霓裳）十二折首一折尾一折　（清）徐鄂撰　清光緒十二年（1886）大同書局石印誦荻齋曲本　四册

110000－0146－0004541　PG/853.637/948
白頭新六折　（清）徐鄂撰　（清）楊彥深評點　清光緒十三年（1887）大同書局石印誦荻齋曲本　一册

110000－0146－0004542　PG/856.9/213
敬簡堂學治雜録四卷　（清）戴傑撰　清光緒十四年（1888）刻本　四册

110000－0146－0004543　PG/853.637/542
芝龕記六卷　（清）董榕撰　清光緒十五年（1889）資中刻本　六册

110000－0146－0004544　PG/853.637/541
芝龕記六卷　（清）董榕撰　清光緒十五年（1889）資中刻本　六册

110000－0146－0004545　PG/853.535/108
增像第六才子書五卷首一卷　（元）王實甫撰

(清)金人瑞評點　清光緒十五年(1889)上海鴻寶齋石印本　六册

110000－0146－0004546　PG/856.27/860
詳註嚶求集二卷　(清)繆艮撰　清光緒十六年(1890)上海文盛書局石印本　四册

110000－0146－0004547　PG/853.2/119
遏雲閣曲譜不分卷　(清)王錫純輯　清光緒十九年(1893)著易堂鉛印本　十二册

110000－0146－0004548　PG/853.2/118
遏雲閣曲譜不分卷　(清)王錫純輯　清光緒十九年(1893)著易堂鉛印本　八册

110000－0146－0004549　PG/853.637/312
梅花夢二卷　(清)張道撰　清光緒二十年(1894)刻本　二册

110000－0146－0004550　PG/853.636/976
繪圖目蓮救母全傳四卷一百折　(明)鄭之珍編　清光緒二十年(1894)上海書局石印本　四册

110000－0146－0004551　PG/856.26/856
熊襄愍公尺牘四卷　(明)熊廷弼撰　(清)洪良品　(清)饒登逵校　清光緒二十一年至二十二年(1895－1896)京師刻本　四册

110000－0146－0004552　PG/853.637/907
異方便淨土傳燈歸元鏡三祖實錄二卷　(清)釋智達拈頌　(清)釋德日閱錄　清光緒二十三年(1897)廣陵藏經禪院刻本　一册

110000－0146－0004553　PG/853.535/107
增像第六才子書四卷　(元)王實甫撰　(清)金人瑞評點　清光緒二十七年(1901)上海書局石印本　四册

110000－0146－0004554　PG/853.637/371
桃花扇傳奇四卷首一卷　(清)孔尚任撰　清光緒二十一年(1895)蘭雪堂刻三十三年(1907)補修本　五册

110000－0146－0004555　PG/853.637/370
桃花扇傳奇四卷首一卷　(清)孔尚任撰　清光緒二十一年(1895)蘭雪堂刻三十三年(1907)補修本　五册

110000－0146－0004556　PG/853.637/158
滄桑豔二卷附錄一卷　(清)丁傳靖撰　清光緒三十四年(1908)刻朱印豹隱廬雜著本　一册

110000－0146－0004557　PG/856.26/857
熊襄愍公尺牘四卷　(明)熊廷弼撰　清光緒三十四年(1908)武昌璞園刻本　四册

110000－0146－0004558　PG/856.26/868
歸震川先生尺牘二卷　(明)歸有光撰　清宣統元年(1909)中國書畫會石印本　二册

110000－0146－0004559　PG/856.27/994
惜抱先生尺牘八卷　(清)姚鼐撰　清宣統元年(1909)小萬柳堂刻本　四册

110000－0146－0004560　PG/856.27/996
惜抱先生尺牘八卷　(清)姚鼐撰　清宣統元年(1909)小萬柳堂刻本　四册

110000－0146－0004561　PG/856.27/995
惜抱先生尺牘八卷　(清)姚鼐撰　清宣統元年(1909)小萬柳堂刻本　二册

110000－0146－0004562　PG/856.1/819
賴古堂全集三種　(清)周在浚等輯　清宣統二年(1910)國學扶輪社石印本　十六册

110000－0146－0004563　PG/847.4/170
香屑集十八卷首一卷末一卷　(清)黄之雋集　(清)古愚校注　清宣統二年(1910)掃葉山房石印本　四册

110000－0146－0004564　PG/853.636/370
批點燕子箋二卷　(明)阮大鋮撰　清宣統二年(1910)貴池劉世珩暖紅室刻彙刻傳奇本　二册

110000－0146－0004565　PG/856.17/442
國朝名人書札二卷　吳曾祺編　清宣統二年(1910)商務印書館鉛印本　四册

110000－0146－0004566　PG/856.17/404
昭代名人尺牘續集二十四卷　陶湘輯　清宣統三年(1911)天寶石印局石印本　二十四册

110000－0146－0004567　PG/856.27/983
翁松禪手札不分卷　(清)翁同龢撰書　清宣統三年(1911)石印本　十冊

110000－0146－0004568　PG/856.27/984
翁松禪手札不分卷　(清)翁同龢撰書　清宣統三年(1911)石印本　十冊

110000－0146－0004569　PG/683.22/432
九華山志十二卷　(清)喻成龍　(清)李燦輯　清乾隆刻本　四冊

110000－0146－0004570　PG/072.7/723
槐廳載筆二十卷　(清)法式善編　清刻本　六冊

110000－0146－0004571　PG/857.26/769
增智囊補二十八卷　(明)馮夢龍補　清刻本　一冊　存四卷(三至四、七至八)

110000－0146－0004572　PG/857.16/848
情史類略二十四卷　(明)馮夢龍輯　清刻本　十六冊

110000－0146－0004573　PG/857.16/850
情史類略二十四卷　(明)馮夢龍輯　清刻本　八冊

110000－0146－0004574　PG/857.14/643
珍席放談二卷　(宋)高晦叟撰　清抄本　一冊

110000－0146－0004575　PG/857.17/198
簷曝雜記六卷　(清)趙翼撰　清光緒壽考堂刻本　二冊

110000－0146－0004576　PG/857.17/818
因樹屋書影十卷　(清)周亮工撰　清嘉慶十九年(1814)周恒福刻本　六冊

110000－0146－0004577　PG/857.25/351
鬼董五卷　(宋)沈□撰　(清)鮑廷博輯　清乾隆五十一年(1786)刻知不足齋叢書本　二冊

110000－0146－0004578　SG/857.17/115
今世説八卷　(清)王晫撰　清康熙霞舉堂刻本　四冊

110000－0146－0004579　PG/857.27/953
新刻黃掌綸先生評訂神仙鑑二十二卷　(清)徐衢纂　清康熙刻本　十二冊

110000－0146－0004580　PG/857.17/312
虞初新志二十卷　(清)張潮輯　清康熙刻本　八冊

110000－0146－0004581　SG/857.17/113
池北偶談二十六卷　(清)王士禛撰　清康熙三十九年(1700)臨汀郡署刻本　八冊

110000－0146－0004582　PG/857.27/826
觚賸八卷續編四卷　(清)鈕琇撰　清康熙四十一年(1702)臨野堂刻本　三冊

110000－0146－0004583　PG/857.08/436
説鈴三集六十種　(清)吳震方輯　清康熙刻乾隆印本　二十四冊

110000－0146－0004584　SG/857.08/660
稗海七十四種　(明)商濬輯　(清)李孝源重訂　明萬曆會稽商氏半埜堂刻清康熙補刻乾隆十六年(1751)增修本　八十冊

110000－0146－0004585　SG/857.15/288
太平廣記五百卷目錄十卷　(宋)李昉等撰　清乾隆二十年(1755)黃晟槐蔭草堂刻本　四十冊

110000－0146－0004586　SG/857.3/365
北夢瑣言二十卷　(宋)孫光憲撰　清乾隆二十一年(1756)雅雨堂刻本　四冊

110000－0146－0004587　PG/857.14/114
唐摭言十五卷　(五代)王定保撰　清乾隆二十一年(1756)雅雨堂刻本　二冊

110000－0146－0004588　PG/857.13/893
世説新語補二十卷　(南朝宋)劉義慶撰　(南朝梁)劉孝標注　(宋)劉應登評　(明)何良俊增　(明)王世貞刪定　清乾隆二十七年(1762)黃汝琳刻本　八冊

110000－0146－0004589　PG/857.25/721
夷堅志十集二十卷　(宋)洪邁撰　清乾隆四十三年(1778)耕煙草堂刻本　二十冊

110000－0146－0004590　PG/857.17/217
雋塵談四卷　(清)胡承譜撰　清乾隆五十三年(1788)刻本　四冊

110000－0146－0004591　PG/857.27/716
聽雨軒雜紀一卷續紀一卷餘紀一卷贅紀一卷　(清)清涼道人撰　清嘉慶十一年(1806)刻本　八冊

110000－0146－0004592　PG/857.27/517
姑妄聽之四卷　(清)紀昀撰　清乾隆五十八年(1793)刻本　四冊

110000－0146－0004593　PG/857.17/949
柳崖外編八卷　(清)徐昆撰　清乾隆五十八年(1793)刻本　四冊

110000－0146－0004594　PG/857.08/437
説鈴二集五十三種　(清)吳震方輯　清嘉慶四年(1799)刻本　二十四冊

110000－0146－0004595　PG/857.17/377
定香亭筆談四卷　(清)阮元撰　清嘉慶五年(1800)揚州阮氏琅環仙館刻本　四冊

110000－0146－0004596　PG/857.27/858
閲微草堂筆記二十四卷　(清)紀昀撰　清嘉慶二十一年(1816)北平盛氏刻本　十冊

110000－0146－0004597　PG/072.7/917
易餘籥錄二十卷　(清)焦循撰　清嘉慶二十四年(1819)刻本　三冊

110000－0146－0004598　PG/857.27/520
墨餘書異八卷　(清)蔣知白撰　清嘉慶二十五年(1820)三益堂刻本　八冊

110000－0146－0004599　PG/857.17/731
浪跡叢談十一卷續談八卷　(清)梁章鉅撰　清刻本　五冊

110000－0146－0004600　PG/857.17/730
浪跡叢談十一卷　(清)梁章鉅撰　清刻本　八冊

110000－0146－0004601　PG/857.08/387
古今説海四部一百三十五種　(明)陸楫輯　清道光元年(1821)苕溪邵氏酉山堂刻本　二十四冊

110000－0146－0004602　PG/857.17/754
思補齋筆記八卷　(清)潘世恩撰　清道光會文齋鄭家刻字鋪刻本　二冊

110000－0146－0004603　PG/857.17/296
秦淮畫舫錄二卷畫舫餘譚一卷三十六春小譜四卷　(清)捧花生撰　清道光六年(1826)刻本　四冊

110000－0146－0004604　PG/857.17/990
夢厂雜著十卷　(清)俞蛟撰　清道光八年(1828)刻本　八冊

110000－0146－0004605　PG/857.17/988
熙朝新語十六卷　(清)余金輯　清道光十二年(1832)刻本　八冊

110000－0146－0004606　PG/857.27/741
諧鐸十二卷　(清)沈起鳳撰　清道光十三年(1833)刻本　六冊

110000－0146－0004607　PG/857.27/859
閲微草堂筆記二十四卷　(清)紀昀撰　清道光十五年(1835)紀樹馥刻本　十二冊

110000－0146－0004608　PG/857.17/726
兩般秋雨盦隨筆八卷　(清)梁紹壬撰　清道光十七年(1837)刻本　八冊

110000－0146－0004609　PG/857.17/733
歸田瑣記八卷　(清)梁章鉅撰　清道光二十五年(1845)刻本　三冊

110000－0146－0004610　PG/857.17/732
歸田瑣記八卷　(清)梁章鉅撰　清道光二十五年(1845)刻本　一冊

110000－0146－0004611　SG/857.15/873
廣卓異記二十卷　(宋)樂史撰　清道光二十七年(1847)黄氏仙屏書屋泥活字印本　四冊

110000－0146－0004612　PG/857.27/295
常談叢錄九卷　(清)李元復撰　清道光二十八年(1848)刻本　八冊

110000－0146－0004613　PG/857.27/737

翼駉稗編八卷　(清)湯用中撰　(清)徐廷華評　清道光二十九年(1849)刻本　八冊

110000－0146－0004614　PG/857.15/930
南部新書十卷　(宋)錢易撰　清道光三十年(1850)南海伍氏刻粵雅堂叢書本　二冊

110000－0146－0004615　PG/072.7/625
夢園叢説外篇八卷　(清)方浚頤撰　清同治十三年至光緒元年(1874－1875)揚州刻本　四冊

110000－0146－0004616　PG/857.27/399
蛙階外史四卷　(清)□□撰　清咸豐十年(1860)刻本　二冊

110000－0146－0004617　PG/857.27/603
明齋小識十二卷　(清)諸聯撰　清同治四年(1865)刻本　六冊

110000－0146－0004618　PG/857.17/940
明僮合錄不分卷　(清)碧里生編　清同治六年(1867)擷芷館刻本　一冊

110000－0146－0004619　PG/857.27/736
翼駉稗編八卷　(清)湯用中撰　(清)徐廷華評　清同治八年(1869)刻本　八冊

110000－0146－0004620　PG/857.17/769
談屑四卷　(清)馮晟撰　清同治九年(1870)刻本　八冊

110000－0146－0004621　PG/857.17/781
對山書屋墨餘錄十六卷　(清)毛祥麟撰　清同治九年(1870)湖州吴氏醉六堂刻本　四冊

110000－0146－0004622　PG/857.17/933
履園叢話二十四卷　(清)錢泳撰　清同治九年(1870)錢日壽刻本　十二冊

110000－0146－0004623　PG/857.08/940
宋人小説類編四卷補鈔一卷　(清)秋紅晚翠軒餘叟編　清同治十年(1871)刻本　五冊

110000－0146－0004624　PG/857.27/714
坐花誌果八卷　(清)汪道鼎撰　清同治十年(1871)香山鄭陶齋刻本　六冊　缺二卷(七至八)

110000－0146－0004625　PG/857.17/873
耳食錄初編十二卷二編八卷　(清)樂鈞撰　清同治十年(1871)刻本　十冊

110000－0146－0004626　PG/857.27/726
池上草堂筆記八卷　(清)梁恭辰撰　清同治十二年(1873)聽鸝館刻本　八冊

110000－0146－0004627　PG/072.7/624
夢園叢説内篇八卷外篇八卷　(清)方浚頤撰　清同治十三年至光緒元年(1874－1875)揚州刻本　四冊

110000－0146－0004628　PG/857.17/384
郎潛紀聞十四卷　(清)陳康祺撰　清末掃葉山房石印掌故叢編本　一冊　存二卷(三至四)

110000－0146－0004629　PG/916/273
琴學叢書六種二十四卷　楊宗稷撰　清宣統三年至民國八年(1911－1919)楊宗稷舞胎仙館刻本　八冊

110000－0146－0004630　PG/857.17/226
無事爲福齋隨筆二卷　(清)韓泰華撰　清光緒吴縣潘氏刻功順堂叢書本　一冊

110000－0146－0004631　PG/857.08/987
硯雲甲編八帙乙編八帙　(清)金忠淳編　清光緒上海申報館鉛印本　十二冊

110000－0146－0004632　PG/857.17/293
吾廬筆談八卷　(清)李佐賢輯　清光緒元年(1875)利津李氏刻本　二冊

110000－0146－0004633　PG/857.17/728
兩般秋雨盦隨筆八卷　(清)梁紹壬撰　清末著易堂鉛印本　二冊　存四卷(一至四)

110000－0146－0004634　PG/857.17/893
廣陽雜記五卷　(清)劉獻廷撰　清光緒潘祖蔭刻功順堂叢書本　十二冊

110000－0146－0004635　PG/857.27/530
詳注聊齋志異圖詠十六卷　(清)蒲松齡撰　(清)呂湛恩注　清末天寶書局石印本　一冊

110000－0146－0004636　PG/857.17/110

甕牖餘談八卷　(清)王韜撰　清光緒元年(1875)上海申報館鉛印本　四冊

110000－0146－0004637　PG/857.27/440
客窗閒話八卷　(清)吳熾昌撰　清光緒元年(1875)刻本　四冊

110000－0146－0004638　PG/857.27/441
續客窗閒話八卷　(清)吳熾昌撰　清光緒元年(1875)刻本　四冊

110000－0146－0004639　PG/857.17/995
竹葉亭雜記八卷　(清)姚元之撰　清末石印掌故叢編本　一冊　存四卷(一至四)

110000－0146－0004640　PG/857.27/993
蕉軒摭錄十二卷　(清)俞夢蕉撰　清光緒上海申報館鉛印本　四冊

110000－0146－0004641　PG/857.17/213
藤陰雜記十二卷　(清)戴璐撰　清光緒三年(1877)刻本　一冊　存六卷(一至六)

110000－0146－0004642　PG/689.33/887
粵屑四卷　(清)劉世馨輯　清光緒三年(1877)上海申報館鉛印本　二冊

110000－0146－0004643　PG/857.27/527
聊齋志異新評十六卷　(清)蒲松齡撰　(清)王士禛評　清光緒三年(1877)兩餘堂刻朱墨印本　十六冊

110000－0146－0004644　PG/689.31/628
閩雜記十二卷　(清)施鴻保撰　清光緒四年(1878)上海申報館鉛印本　四冊

110000－0146－0004645　PG/857.27/713
音釋坐花誌果八卷　(清)汪道鼎撰　(清)鶩峰樵者音釋　清光緒四年(1878)刻本　四冊

110000－0146－0004646　PG/857.27/742
澆愁集八卷　(清)鄒弢撰　清光緒四年(1878)上海申報館鉛印本　四冊

110000－0146－0004647　PG/857.17/996
笑笑錄六卷　(清)獨逸窩退士編　清光緒五年(1879)申報館鉛印本　四冊

110000－0146－0004648　PG/857.25/720
重刊宋本夷堅志甲志二十卷乙志二十卷丙志二十卷丁志二十卷　(宋)洪邁撰　清光緒五年(1879)吳興陸氏十萬卷樓刻本　十六冊

110000－0146－0004649　PG/857.17/607
里乘十卷　(清)許奉恩撰　清光緒五年(1879)刻本　十冊

110000－0146－0004650　PG/857.17/381
郎潛紀聞十四卷二筆十六卷　(清)陳康祺撰　清光緒六年至七年(1880－1881)刻本　十四冊

110000－0146－0004651　PG/857.17/307
息影偶錄八卷　(清)張埏輯　清光緒八年(1882)翠筠山房刻本　四冊

110000－0146－0004652　PG/071.7/257
札樸十卷　(清)桂馥撰　清光緒九年(1883)長洲蔣氏心矩齋刻本　六冊

110000－0146－0004653　PG/847.4/456
華陽散稿二卷　(清)史震林撰　清光緒九年(1883)王韜鉛印弢園叢書本　二冊

110000－0146－0004654　PG/857.17/383
郎潛紀聞十四卷二筆十六卷　(清)陳康祺撰　清光緒十年至十一年(1884－1885)校經山房刻本　十二冊

110000－0146－0004655　PG/857.17/727
兩般秋雨盦隨筆八卷　(清)梁紹壬撰　清光緒十年(1884)許氏吉華室刻本　八冊

110000－0146－0004656　PG/857.27/114
淞隱漫錄十二卷　(清)王韜撰　清光緒十年(1884)石印本　六冊

110000－0146－0004657　PG/857.17/347
壺天錄三卷　(清)百一居士撰　清光緒十一年(1885)上海申報館鉛印本　二冊　存二卷(上、下)

110000－0146－0004658　PG/857.27/629
譚史志奇八卷　(清)姚彥臣編　清光緒十四年(1888)五知堂刻本　四冊

110000－0146－0004659　PG/857.27/113
後聊齋志異圖說十二卷　(清)王韜撰　清光緒十七年(1891)上海鴻文書局石印本　八册

110000－0146－0004660　PG/857.17/947
宋豔十二卷　(清)徐士鑾輯　清光緒十七年(1891)天津徐氏蝶園刻本　六册

110000－0146－0004661　PG/857.27/291
醉茶誌怪四卷　(清)李慶辰撰　清光緒十八年(1892)津門刻本　四册

110000－0146－0004662　PG/857.14/118
唐語林八卷　(宋)王讜撰　**校勘記一卷**　(清)錢熙祚撰　清光緒十九年(1893)湖北官書處刻本　三册

110000－0146－0004663　PG/857.17/994
竹葉亭雜記八卷　(清)姚元之撰　清光緒十九年(1893)桐城姚氏刻本　二册

110000－0146－0004664　PG/857.17/442
情天寶鑑十八卷　(清)吳人龍撰　清光緒二十年(1894)上海石印本　六册

110000－0146－0004665　PG/857.17/862
行素齋雜記二卷　(清)繼昌撰　清光緒二十七年(1901)湖南臬署刻本　二册

110000－0146－0004666　PG/857.27/529
詳注聊齋志異圖詠十六卷　(清)蒲松齡撰　(清)呂湛恩注　清光緒二十一年(1895)上海書局石印本　八册

110000－0146－0004667　PG/857.27/990
茶香室四鈔二十九卷　(清)俞樾撰　清光緒二十四年(1898)刻本　二十册

110000－0146－0004668　PG/857.17/376
定香亭筆談四卷　(清)阮元撰　清光緒二十五年(1899)浙江書局刻本　四册

110000－0146－0004669　PG/857.17/375
小滄浪筆談四卷　(清)阮元撰　清光緒二十六年(1900)江蘇書局刻本　二册

110000－0146－0004670　PG/857.37/391
巡城瑣記一卷　(清)陸毅撰　清光緒三十一年(1905)刻本　一册

110000－0146－0004671　PG/857.17/650
瓊林霏屑八卷　(清)望海樓主人編　清光緒三十二年(1906)灌文書局石印本　八册

110000－0146－0004672　PG/857.27/991
右台仙館筆記十六卷　(清)俞樾撰　清光緒刻本　八册

110000－0146－0004673　PG/857.15/166
青樓集一卷　(元)黄雪蓑撰　**板橋雜記三卷**　(清)余懷撰　**吳門畫舫錄一卷**　(清)西溪山人編　清光緒三十四年(1908)長沙葉氏郎園刻雙梅景闇叢書本　一册

110000－0146－0004674　PG/857.14/504
避暑録話二卷　(宋)葉夢得撰　清宣統元年(1909)葉氏觀古堂刻本　二册

110000－0146－0004675　PG/857.08/958
顧氏四十家小說　(明)顧元慶編　清宣統三年(1911)上海國學扶輪社鉛印本　八册

110000－0146－0004676　PG/627.75/923
揚州劫餘小志一卷　(清)臧穀撰　**餘生紀略一卷**　(清)劉貴曾口述　(清)劉壽曾編録　清末民國抄本　二册

110000－0146－0004677　PG/857.26/279
青泥蓮花記十三卷　(明)梅鼎祚輯　清宣統二年(1910)北京自強書局石印本　四册

110000－0146－0004678　PG/857.27/992
右台仙館筆記十六卷　(清)俞樾撰　清宣統二年(1910)上海朝記書莊石印本　八册

110000－0146－0004679　PG/857.41/301
今古奇觀四十卷　(清)抱甕老人輯　清同文堂刻本　十二册　缺三卷(三十六至三十八)

110000－0146－0004680　PG/857.47/111
增評加批金玉緣圖說十六卷一百二十回首一卷　(清)曹雪芹撰　(清)高鶚續撰　(清)蝶薌仙史評訂　清末石印本　十六册

110000－0146－0004681　PG/857.47/383
水滸後傳八卷四十回首一卷　(清)陳忱撰

(清)蔡奡評　清刻本　十六冊

110000－0146－0004682　PG/857.47/380
品花寶鑑六十回　(清)陳森撰　清刻本　二十四冊

110000－0146－0004683　PG/857.46/137
東西晉全傳十二卷　(明)陳氏尺蠖齋評釋　清慎德堂刻本　十冊

110000－0146－0004684　PG/857.47/825
新刻天花藏批評平山冷燕四卷二十回　(清)荻岸散人編次　清文光堂刻本　四冊

110000－0146－0004685　PG/857.46/626
新鐫批評出像通俗奇俠禪真逸史八卷四十回　(明)清溪道人編次　(明)心心僊侶評定　清文新堂刻本　八冊

110000－0146－0004686　PG/857.41/824
西湖佳話古今遺蹟十六卷　(清)墨浪子輯　清刻本　八冊

110000－0146－0004687　PG/857.47/719
臺灣外記十卷　(清)江日昇撰　清求無不獲齋刻本　九冊　缺一卷(三)

110000－0146－0004688　PG/857.47/286
水石緣六卷三十段　(清)李春榮撰　清刻本　六冊

110000－0146－0004689　PG/857.47/151
後續大宋楊家將文武曲星包公狄青初傳十四卷六十八回　(清)李雨堂撰　清羊城長慶堂刻本　四冊

110000－0146－0004690　PG/857.46/471
映旭齋增訂北宋三遂平妖全傳十八卷四十回　(明)羅本撰　(明)馮夢龍增訂　清刻本　六冊

110000－0146－0004691　PG/857.46/470
鐫玉茗堂批點殘唐五代史演義六卷六十回　(明)羅貫中撰　(明)湯顯祖批評　清刻本　一冊

110000－0146－0004692　PG/857.47/555
新史奇觀演義全傳四卷二十二回　(清)蓬蒿子編　清刻本　四冊

110000－0146－0004693　PG/857.47/935
增訂精忠演義說本全傳二十卷八十回　(清)錢彩編　(清)金豐增訂　清奎元堂刻本　十冊

110000－0146－0004694　PG/857.47/993
新刻異說南唐演義全傳十卷一百回　(清)如蓮居士撰　清姑蘇刻本　十冊

110000－0146－0004695　PG/857.47/453
異說後唐傳三集薛丁山征西樊梨花全傳十卷八十八回　(清)如蓮居士撰　清刻本　五冊

110000－0146－0004696　PG/857.45/620
評論出像水滸傳二十卷七十回　(元)施耐庵撰　(清)金人瑞評　清刻本　二十冊

110000－0146－0004697　PG/857.47/142
新刻批評繡像後西遊記四十回　(清)天花才子評點　清刻本　二十冊

110000－0146－0004698　PG/857.47/141
快心編初集十回二集十回三集十二回　(清)天花才子編輯　(清)四橋居士評點　清課花書屋刻本　十六冊

110000－0146－0004699　PG/857.46/624
西遊真詮一百回　(清)陳士斌詮解　清刻本　二十冊

110000－0146－0004700　PG/857.47/442
第十才子書六卷二十四回　(清)吳航野客編　(清)水箬散人評閱　清刻本　四冊

110000－0146－0004701　PG/857.47/484
濟顛大師醉菩提全傳二十回　(清)西湖墨浪子撰　清刻本　六冊

110000－0146－0004702　PG/857.46/952
繡像京本雲合奇蹤玉茗英烈全傳十卷八十回首一卷　(明)徐渭撰　清刻本　十冊

110000－0146－0004703　PG/857.46/614
新刻鍾伯敬先生批評封神演義二十卷一百回　(明)許仲琳撰　清刻本　二十冊

110000－0146－0004704　PG/857.46/351
繡像南北宋志傳二十卷一百回　(明)研石山樵訂正　(明)織里畸人校閱　清體元堂刻本　十冊

110000－0146－0004705　PG/857.46/350
新鐫玉茗堂批評按鑑參補南宋志傳十卷北宋志傳十卷　(明)研石山樵訂正　(明)織里畸人校閱　清刻本　十二冊

110000－0146－0004706　PG/857.46/770
東周列國全志二十三卷一百八回　(明)馮夢龍撰　(清)蔡界評點　清刻本　二十四冊

110000－0146－0004707　PG/857.47/333
草木春秋演義五卷三十二回　(清)雲間子撰　清大文堂刻本　二冊

110000－0146－0004708　PG/857.46/148
新刻劍嘯閣批評西漢演義八卷　(明)甄偉撰　(明)鍾惺評　清善成堂刻本　八冊

110000－0146－0004709　PG/857.47/764
新刻燈月傳四卷二十回　(清)□□撰　清刻本　四冊

110000－0146－0004710　PG/857.47/862
新刻異説綠牡丹六卷六十四回　(清)□□撰　清道光十一年(1831)京都文善堂刻本　六冊

110000－0146－0004711　PG/857.47/945
後紅樓夢三十回首一卷附刻詩二卷　(清)□□撰　清文德堂刻本　十二冊

110000－0146－0004712　PG/857.47/948
新編批評繡像後七國樂田演義四卷十八回　(清)□□撰　清雨儀堂刻本　四冊

110000－0146－0004713　PG/857.47/827
畫圖緣全傳四卷十六回　(清)□□撰　清積經堂刻本　二冊

110000－0146－0004714　PG/857.46/360
孫龐演義四卷二十回　(清)□□撰　清刻本　四冊

110000－0146－0004715　PG/857.47/239
檮杌閒評五十卷五十回　(清)□□撰　清刻本　十冊

110000－0146－0004716　PG/857.47/160
新鐫後續繡像五虎平南狄青演傳六卷四十二回　(清)□□撰　清刻本　六冊

110000－0146－0004717　PG/857.46/615
新刻鍾伯敬先生批評封神演義十九卷一百回　(明)許仲琳撰　清康熙三十四年(1695)四雪草堂刻本　二十冊

110000－0146－0004718　PG/857.46/622
西遊真詮一百回　(清)陳士斌詮解　清貴文堂刻本　二十冊

110000－0146－0004719　PG/857.47/995
説唐前傳十卷六十八回　(清)如蓮居士撰　清乾隆刻本　十冊

110000－0146－0004720　PG/857.47/384
雪月梅傳十卷五十回　(清)陳朗撰　(清)董孟汾評釋　清乾隆四十年(1775)刻本　六冊

110000－0146－0004721　PG/857.47/591
第八才子書白圭志四卷十六回　(清)崔象川編　清嘉慶十年(1805)繡文堂刻本　四冊

110000－0146－0004722　PG/857.47/860
紅樓復夢一百回　(清)小和山樵南陽氏編輯　(清)武陵女史月文氏校閱　清嘉慶十年(1805)刻本　二十四冊

110000－0146－0004723　PG/857.47/377
燕山外史二卷　(清)陳球撰　清嘉慶刻本　四冊

110000－0146－0004724　PG/857.47/269
鬼谷四友志三卷　(清)楊景淐撰　清道光五年(1825)刻本　三冊

110000－0146－0004725　PG/857.47/161
新鐫異説五虎平西珍珠旗演義狄青前傳十四卷一百二十回　(清)□□撰　清道光十六年(1836)刻本　八冊

110000－0146－0004726　PG/857.47/162
新鐫異説五虎平西珍珠旗演義狄青前傳十四

卷一百二十回　（清）□□撰　清道光十六年(1836)刻本　十四册

110000－0146－0004727　PG/857.47/395

林蘭香八卷六十四回　（清）隨緣下士編輯　（清）寄旅散人評點　清道光十八年(1838)刻本　十二册

110000－0146－0004728　PG/857.47/214

雙鳳奇緣傳二十卷八十回　（清）雪樵主人撰　清道光二十七年(1847)本立堂刻本　十册

110000－0146－0004729　PG/857.47/163

新刊五美緣全傳八十回　（清）□□撰　清道光二十八年(1848)授受堂刻本　八册

110000－0146－0004730　PG/857.47/379

品花寶鑑六十回　（清）陳森撰　清道光二十九年(1849)幻中了幻齋刻本　二十四册

110000－0146－0004731　PG/857.47/854

英雲夢傳八卷　（清）松雲氏撰　清寶華順刻本　四册

110000－0146－0004732　PG/857.47/716

新刻批評東漢演義八卷三十二回　（清）清遠道人重編　清善成堂刻本　六册

110000－0146－0004733　PG/848.4/695

問琴閣文二卷詩錄一卷詞錄一卷三唐詩品三卷　宋育仁撰　清末刻本　三册

110000－0146－0004734　PG/857.47/627

施案奇聞八卷九十七回　（清）□□撰　清嘉慶刻本　四册

110000－0146－0004735　PG/857.46/769

東周列國全志二十三卷一百八回　（明）馮夢龍撰　（清）蔡界評點　清咸豐四年(1854)書成山房刻朱墨印本　二十四册

110000－0146－0004736　PG/857.47/990

結水滸全傳七十卷末一卷　（清）俞萬春撰　（清）范辛來　（清）邵祖恩評　清同治十年(1871)俞濩刻本　二十册

110000－0146－0004737　PG/857.47/112

增評加批金玉緣圖説十六卷一百二十回首一卷　（清）曹雪芹撰　（清）高鶚續撰　（清）蝶薌仙史評訂　清末石印本　十六册

110000－0146－0004738　PG/857.47/293

繪圖官場現形記五編六十卷　（清）李寶嘉撰　（清）歐陽淦增注　清光緒二十九年(1903)崇本堂石印本　十七册

110000－0146－0004739　PG/857.47/294

繪圖官場現形記五編六十卷　（清）李寶嘉撰　（清）歐陽淦增注　清光緒二十九年(1903)石印本　十七册

110000－0146－0004740　PG/857.46/484

第一才子書六十卷一百二十回首一卷　（明）羅本撰　（清）毛宗崗評　清光緒上海鴻文書局石印本　十二册

110000－0146－0004741　PG/857.47/539

常言道四卷十六回　（清）落魄道人編　清光緒元年(1875)得成堂刻本　四册　缺一卷(四)

110000－0146－0004742　PG/857.47/140

快心編初集十回二集十回三集十二回　（清）天花才子編輯　（清）四橋居士評點　清光緒元年(1875)申報館鉛印本　十册

110000－0146－0004743　PG/857.47/152

繪芳錄八十回　（清）西泠野樵撰　清光緒申報館鉛印本　十六册

110000－0146－0004744　PG/857.47/858

增像續小五義六卷一百二十四回　（清）□□撰　清光緒鉛印本　五册　缺一卷二十四回(卷六:一百一至一百二十四回)

110000－0146－0004745　PG/857.47/382

水滸後傳四十回　（清）陳忱撰評　清光緒三年(1877)上海申報館鉛印本　十册

110000－0146－0004746　PG/857.47/378

燕山外史注釋八卷　（清）陳球撰　（清）若騤子輯注　清光緒五年(1879)東甌師古齋刻本　四册

110000－0146－0004747　PG/857.47/350

俠義傳二十四卷一百二十回 (清)石玉崑述 清光緒九年(1883)京都老二酉堂刻本 二十四冊

110000－0146－0004748 PG/857.47/917

海遊記六卷三十回 (清)□□撰 清光緒十年(1884)刻本 四冊

110000－0146－0004749 PG/857.47/810

風月夢三十二回 (清)邗上蒙人撰 清光緒十二年(1886)聚盛堂刻本 六冊

110000－0146－0004750 PG/857.45/621

評注圖像水滸傳七十五卷七十回 (元)施耐庵撰 (清)金聖歎評 清光緒十二年(1886)上海同文書局石印本 八冊

110000－0146－0004751 PG/857.46/771

東周列國全志二十三卷一百八回 (明)馮夢龍撰 (清)蔡界評點 清光緒十二年(1886)上海江左書林刻本 十二冊

110000－0146－0004752 PG/857.46/772

東周列國全志二十三卷一百八回 (明)馮夢龍撰 (清)蔡界評點 清光緒十三年(1887)東昌書業德刻本 二十冊

110000－0146－0004753 PG/857.47/292

繪圖鏡花緣一百回 (清)李汝珍撰 清光緒十四年(1888)上海點石齋石印本 六冊

110000－0146－0004754 PG/857.47/806

花月痕全書十六卷五十二回 (清)魏秀仁編次 (清)棲霞居士評閱 清光緒十四年(1888)刻本 十六冊

110000－0146－0004755 PG/857.47/677

兒女英雄傳評話四十回 (清)文康撰 (清)董恂評 清光緒十四年(1888)上海蜚英館石印本 六冊

110000－0146－0004756 PG/857.47/113

增評補像全圖金玉緣一百二十回首一卷 (清)曹雪芹撰 (清)高鶚續撰 清光緒十五年(1889)上海同文書局石印本 十六冊

110000－0146－0004757 PG/857.46/483

第一才子書六十卷一百二十回首一卷 (明)羅本撰 (清)毛宗崗評 清光緒十六年(1890)上海圖書集成局鉛印本 十二冊

110000－0146－0004758 PG/857.47/820

鐵冠圖八卷五十回 (清)松排山人編 清光緒十六年(1890)刻本 四冊

110000－0146－0004759 PG/857.47/916

小五義一百二十四回 (清)□□撰 清光緒十六年(1890)文光樓書坊刻本 二十四冊

110000－0146－0004760 PG/857.47/911

新刊繡像昇仙傳演義八卷五十六回 (清)倚雲氏撰 清光緒十八年(1892)三義堂刻本 四冊

110000－0146－0004761 PG/857.46/477

繡像三國演義續編十二卷 (清)陳氏尺蠖齋評釋 清光緒十九年(1893)上海廣百宋齋鉛印本 八冊

110000－0146－0004762 PG/857.47/991

新刊繡像全圖永慶昇平後傳二十五卷一百回 (清)貪夢道人撰 清光緒二十年(1894)上海書局石印本 六冊

110000－0146－0004763 PG/857.47/150

繡像醒世姻緣傳一百回 (清)西周生著 清光緒二十年(1894)上海書局石印本 十二冊

110000－0146－0004764 PG/857.47/680

四雪草堂重訂通俗隋唐演義二十卷一百回 (清)褚人獲編 清光緒二十二年(1896)賞奇齋石印本 十冊

110000－0146－0004765 PG/857.47/807

繪圖花月因緣十六卷五十二回 (清)魏秀仁編次 (清)棲霞居士評閱 清光緒二十二年(1896)文運書局石印本 六冊

110000－0146－0004766 PG/857.47/824

續兒女英雄全傳三十二回 (清)□□撰 清光緒二十四年(1898)京都宏文書局石印本 六冊

110000－0146－0004767 PG/857.47/841

繪圖湘軍平逆傳四卷八回　(清)醴泉居士撰　清光緒二十五年(1899)上海書局石印本　四冊

110000－0146－0004768　PG/857.47/154
海上塵天影六十章　(清)司香舊尉編　清光緒三十年(1904)石印本　十二冊

110000－0146－0004769　PG/857.47/678
兒女英雄傳評話八卷四十回　(清)文康撰　(清)董恂評　清光緒三十二年(1906)石印本　五冊

110000－0146－0004770　PG/857.47/114
增評補像全圖金玉緣一百二十回　(清)曹雪芹撰　(清)高鶚續撰　清光緒三十四年(1908)求不負齋石印本　十六冊

110000－0146－0004771　PG/857.41/912
景宋殘本五代平話八卷　董康輯　清宣統三年(1911)董氏誦芬室刻本　二冊

110000－0146－0004772　PG/857.4/504
唐人小說六種九卷　葉德輝輯　清宣統三年(1911)葉氏觀古堂刻本　一冊

110000－0146－0004773　PG/857.4/505
唐人小說六種九卷　葉德輝輯　清宣統三年(1911)葉氏觀古堂刻本　二冊

110000－0146－0004774　PG/016.98/561
皇清經解檢目八卷通用表一卷　(清)蔡啟盛編　清光緒十二年(1886)武林刻本　二冊

110000－0146－0004775　PG/857.47/155
新刻二度梅奇說全集六卷四十回　(清)惜陰堂主人編　清光緒十七年(1891)文興堂刻本　六冊

110000－0146－0004776　PG/857.47/826
新刻天花藏批評玉嬌梨四卷　(清)狄岸散人撰　清刻本　三冊

110000－0146－0004777　PG/858.61/150
賈鳧西鼓詞一卷　(清)賈鳧西撰　清光緒刻本　一冊

110000－0146－0004778　PG/858.51/344
來生福彈詞三十六回　(清)橘中逸叟編　清刻本　二十冊

110000－0146－0004779　PG/858.419/912
三世脩行黃氏寶卷二卷　(清)倪秀章　(清)倪之端訂　清昭慶寺刻本　一冊

110000－0146－0004780　PG/858.51/913
錦上花四十八回　(清)修目閣主人撰　清同治十三年(1874)學餘堂刻本　八冊

110000－0146－0004781　PG/858.51/121
百美圖彈詞四十八卷　(清)玉樓居士輯　清拌花居士抄本　十二冊

110000－0146－0004782　PG/858.51/919
新刻瓦車蓬血書牙痕記三十卷　(清)□□撰　清維揚三餘堂刻本　四冊

110000－0146－0004783　PG/858.51/910
新編玉鴛鴦五集　(清)□□撰　清碧梧亭刻本　六冊

110000－0146－0004784　PG/858.51/918
新刻瓦車蓬血書牙痕記八卷　(清)□□撰　清刻本　二冊

110000－0146－0004785　PG/858.51/917
鳳凰山七十二卷　(清)□□撰　清刻本　三十二冊

110000－0146－0004786　PG/858.4/161
巧姻緣十卷　(清)□□撰　清抄本　二十四冊

110000－0146－0004787　PG/802.257/524
說文古籀疏證六卷原目一卷　(清)莊述祖撰　清光緒二十年(1894)津郡明文堂刻民國十五年(1926)印本　六冊

110000－0146－0004788　PG/858.51/776
繡像何必西廂(梅花夢)三十七卷　(清)心鐵道人撰　(清)和松居士譜訂　清嘉慶五年(1800)刻本　二十冊

110000－0146－0004789　PG/858.51/383
繡像芙蓉洞全傳十卷　(清)陳遇乾撰　清道光十六年(1836)刻本　十冊

110000－0146－0004790　PG/858.51/382
繡像芙蓉洞全傳十卷　(清)陳遇乾撰　清道光十六年(1836)刻本　十冊

110000－0146－0004791　PG/858.51/911
新刻玉釧緣全傳三十二卷　(清)□□撰　清道光二十二年(1842)靜觀齋刻本　六十四冊

110000－0146－0004792　PG/858.51/139
繡像九美圖全傳十二卷　(清)曹春江編　清道光二十三年(1843)四友軒刻本　十二冊

110000－0146－0004793　PG/861.8/365
琉球詩錄四卷　(清)孫衣言輯　清道光二十四年(1844)刻本　二冊

110000－0146－0004794　PG/858.51/824
安邦誌二十卷　(清)□□撰　清道光二十九年(1849)學海堂刻本　四十冊

110000－0146－0004795　PG/858.419/165
衆喜寶卷五卷　(清)□□撰　清光緒二十六年(1900)杭州刻本　四冊　缺一卷(四)

110000－0146－0004796　PG/858.51/221
新造秦鳳蘭忠義亭十卷　(清)□□撰　清末潮州李萬利刻本　四冊

110000－0146－0004797　PG/858.51/222
新造轆龍鏡下棚紅書劍十卷　(清)□□撰　清末潮州李萬利刻本　二冊

110000－0146－0004798　PG/858.51/223
新造玉針記六卷　(清)□□撰　清末潮州李萬利刻本　二冊

110000－0146－0004799　PG/858.51/224
新造雙錯誤奇中奇歌五卷　(清)□□撰　清末潮州李萬利刻本　一冊

110000－0146－0004800　PG/858.51/225
新造三國劉皇叔招親下全歌十三卷　(清)□□撰　清末潮州李萬利刻本　三冊

110000－0146－0004801　PG/858.51/226
新造木廷仙雙玉魚十集　(清)□□撰　清末潮州李萬利刻本　十冊

110000－0146－0004802　PG/858.51/227
新造崔鳴鳳子全歌十五卷　(清)□□撰　清末潮州李萬利刻本　三冊

110000－0146－0004803　PG/858.51/230
新造挽面案六卷　(清)□□撰　清末潮州李萬利刻本　一冊

110000－0146－0004804　PG/858.51/231
新造劉成美忠節全歌二十卷　(清)□□撰　清末潮州李萬利刻本　四冊

110000－0146－0004805　PG/858.51/232
新造小英雄掃北四卷　(清)□□撰　清末潮州李萬利刻本　一冊

110000－0146－0004806　PG/858.51/233
新造綠牡丹二十八卷　(清)□□撰　清末潮州李萬利刻本　六冊

110000－0146－0004807　PG/858.51/234
新造梨花征西二集二十八卷　(清)□□撰　清末潮州李萬利刻本　四冊

110000－0146－0004808　PG/858.51/235
新造李春鳳十八卷　(清)□□撰　清末潮州李萬利刻本　三冊

110000－0146－0004809　PG/858.51/236
新造玉鴛鴦珠衫記六卷　(清)□□撰　清末潮州李萬利刻本　二冊

110000－0146－0004810　PG/858.51/237
新造雙玉鐲二十六卷　(清)□□撰　清末潮州李萬利刻本　六冊

110000－0146－0004811　PG/858.51/219
新造再合鴛鴦二卷　(清)□□撰　清末潮州李萬利刻本　一冊

110000－0146－0004812　PG/858.51/239
新造秦雪梅下全歌十三卷　(清)□□撰　清末潮州李萬利刻本　三冊

110000－0146－0004813　PG/858.51/240
新造柳樹春八美圖十八卷　(清)□□撰　清末潮州李萬利刻本　三冊

110000－0146－0004814　PG/858.51/241
新造八仙圖十卷　(清)□□撰　清末潮州李萬利刻本　二册

110000－0146－0004815　PG/858.51/242
新造六奇陣十二卷　(清)□□撰　清末潮州李萬利刻本　二册

110000－0146－0004816　PG/858.51/243
新造玉盒仙琴金寶扇八卷　(清)□□撰　清末潮州李萬利刻本　二册

110000－0146－0004817　PG/858.51/244
新造反唐十九卷　(清)□□撰　清末潮州李萬利刻本　九册

110000－0146－0004818　PG/858.51/245
新造潘葛子六卷　(清)□□撰　清末潮州李萬利刻本　二册

110000－0146－0004819　PG/858.51/246
新造白綾像四卷　(清)□□撰　清末潮州李萬利刻本　二册

110000－0146－0004820　PG/858.51/247
新造吳忠恕九卷　(清)□□撰　清末潮州李萬利刻本　二册

110000－0146－0004821　PG/858.51/248
新造玉麒麟雙狀元五卷　(清)□□撰　清末潮州李萬利刻本　二册

110000－0146－0004822　PG/858.51/249
新造四美圖九卷　(清)□□撰　清末潮州李萬利刻本　三册

110000－0146－0004823　PG/858.51/250
新造雙鳳釵四卷　(清)□□撰　清末潮州李萬利刻本　二册

110000－0146－0004824　PG/858.51/251
新造紙容記九卷　(清)□□撰　清末潮州李萬利刻本　三册

110000－0146－0004825　PG/858.51/252
錦香亭綾帕記四卷　(清)□□撰　清末潮州李萬利刻本　二册

110000－0146－0004826　PG/858.51/253
新造五星圖八卷　(清)□□撰　清末潮州李萬利刻本　二册

110000－0146－0004827　PG/858.51/254
新造蔣興哥重會珍珠衫四卷　(清)□□撰　清末潮州李萬利刻本　一册

110000－0146－0004828　PG/858.51/238
新造昇仙圖五卷　(清)□□撰　清末潮州李萬利刻本　二册

110000－0146－0004829　PG/858.51/256
新造臨江樓四卷　(清)□□撰　清末潮州李萬利刻本　二册

110000－0146－0004830　PG/858.51/257
新造十二寡婦征西番四卷　(清)□□撰　清末潮州李萬利刻本　一册

110000－0146－0004831　PG/858.51/258
新造龍井渡頭殘瓦記四卷　(清)□□撰　清末潮州李萬利刻本　一册

110000－0146－0004832　PG/858.51/259
新造乾隆君遊山東五卷　(清)□□撰　清末潮州李萬利刻本　一册

110000－0146－0004833　PG/858.51/260
新撰玉釧環續再生緣初集二集三集三十卷　(清)□□撰　清末潮州李萬利刻本　六册

110000－0146－0004834　PG/858.51/261
新造雙退婚鸞鳳圖二十二卷　(清)□□撰　清末潮州李萬利刻本　四册

110000－0146－0004835　PG/858.51/262
新造宋朝明珠記全歌五卷　(清)□□撰　清末潮州李萬利刻本　一册

110000－0146－0004836　PG/858.51/263
新造麒麟圖上棚十卷　(清)□□撰　清末潮州李萬利刻本　二册

110000－0146－0004837　PG/858.51/264
新造雙退婚下紫荊亭八卷　(清)□□撰　清末潮州李萬利刻本　二册

110000－0146－0004838　PG/858.51/265
新造劉成美下截全歌十六卷　（清）□□撰　清末潮州李萬利刻本　三冊

110000－0146－0004839　PG/858.51/266
新造劉龍圖騎竹馬全歌十二卷　（清）□□撰　清末潮州李萬利刻本　二冊

110000－0146－0004840　PG/858.51/267
新刊秦國和十卷　（清）□□撰　清末潮州李萬利刻本　二冊

110000－0146－0004841　PG/858.51/268
新造玉沙蛺全歌四卷　（清）□□撰　清末潮州李萬利刻本　一冊

110000－0146－0004842　PG/858.51/269
新造三國劉皇叔招親全歌四卷　（清）□□撰　清末潮州李萬利刻本　一冊

110000－0146－0004843　PG/858.51/270
新造秦世美六卷　（清）□□撰　清末潮州李萬利刻本　一冊

110000－0146－0004844　PG/858.51/271
新造省城滴水記四卷　（清）□□撰　清末潮州李萬利刻本　一冊

110000－0146－0004845　PG/858.51/255
新造小紅袍黃元豹全歌四卷　（清）□□撰　清末潮州李萬利刻本　一冊

110000－0146－0004846　PG/858.51/273
新造梅良玉下棚兩度星十四卷　（清）□□撰　清末潮州李萬利刻本　三冊

110000－0146－0004847　PG/858.51/274
張翼鵬王秀珍男貞烈香毬記二卷　（清）□□撰　清末潮州李萬利刻本　一冊

110000－0146－0004848　PG/858.51/275
新造尼姑案五卷　（清）□□撰　清末潮州李萬利刻本　二冊

110000－0146－0004849　PG/858.51/276
新造忠義節七卷　（清）□□撰　清末潮州李萬利刻本　一冊　缺三卷（一至三）

110000－0146－0004850　PG/858.51/277
新造賜綠袍八卷　（清）□□撰　清末潮州李春記書坊刻本　四冊

110000－0146－0004851　PG/858.51/278
新造五虎平西珍珠旗二十七卷　（清）□□撰　清末潮州李春記書坊刻本　八冊

110000－0146－0004852　PG/858.51/279
新造乾隆君遊江南全歌十卷　（清）□□撰　清末潮州李春記書坊刻本　二冊

110000－0146－0004853　PG/858.51/280
新造陰陽雙寶扇十卷　（清）□□撰　清末潮州李春記書坊刻本　二冊　缺三卷（八至十）

110000－0146－0004854　PG/858.51/285
新刻金狗精八卷　（清）□□撰　清末潮州李春記書坊刻本　四冊

110000－0146－0004855　PG/858.51/282
新造柳世清雙鼉魚全歌十卷　（清）□□撰　清末潮州李春記書坊刻本　二冊

110000－0146－0004856　PG/858.51/283
新造秦雪梅歌八卷　（清）□□撰　清末潮州李春記書坊刻本　二冊

110000－0146－0004857　PG/858.51/284
新抄兩度梅蟹針記九卷　（清）□□撰　清末潮州李春記書坊刻本　三冊

110000－0146－0004858　PG/858.51/281
新造陰陽雙寶扇十卷　（清）□□撰　清末潮州刻本　三冊

110000－0146－0004859　PG/858.51/286
新造玉如意下棚六卷　（清）□□撰　清末潮州王生記刻本　一冊

110000－0146－0004860　PG/858.51/287
最新饒安案全歌八卷　（清）□□撰　清末潮州王生記刻本　二冊

110000－0146－0004861　PG/858.51/288
新造李旦仔八卷　（清）□□撰　清末潮州王生記刻本　二冊

110000－0146－0004862　PG/858.51/272
新造雙如意六卷　(清)□□撰　清末潮州李萬利刻本　一册

110000－0146－0004863　PG/858.51/290
新造狄元平東包公出世十二卷　(清)□□撰　清末潮州刻本　三册

110000－0146－0004864　PG/858.51/291
新造趙匡胤下南唐收余鴻十八卷　(清)□□撰　清末潮州刻本　四册

110000－0146－0004865　PG/858.51/229
新造雙駙馬六卷　(清)□□撰　清末潮州李萬利刻本　二册

110000－0146－0004866　PG/858.51/228
新造五美緣二集二十八卷　(清)□□撰　清末潮州李萬利刻本　六册

110000－0146－0004867　PG/858.51/203
新造萬花樓十二卷　(清)□□撰　清末潮州李萬利刻本　四册

110000－0146－0004868　PG/858.51/202
新造轘龍鏡韓廷美三十三卷　(清)□□撰　清末潮州李萬利刻本　十一册

110000－0146－0004869　PG/858.51/204
新造珊瑚寶十卷　(清)□□撰　清末潮州李萬利刻本　三册

110000－0146－0004870　PG/858.51/205
新造陰陽會鐵扇記六卷　(清)□□撰　清末潮州李萬利刻本　二册

110000－0146－0004871　PG/858.51/206
新造雙玉鳳十五卷　(清)□□撰　清末潮州李萬利刻本　五册

110000－0146－0004872　PG/858.51/207
新造伯皆子香羅帕記四卷　(清)□□撰　清末潮州李萬利刻本　二册

110000－0146－0004873　PG/858.51/208
新造八寶金鐘全歌八卷　(清)□□撰　清末潮州李春記書坊刻本　二册

110000－0146－0004874　PG/858.51/210
新造三合奇三卷　(清)□□撰　清末潮州李萬利刻本　一册

110000－0146－0004875　PG/858.51/209
新造度三娘三卷　(清)□□撰　清末潮州李萬利刻本　一册

110000－0146－0004876　PG/858.51/211
新造雙奇緣三卷　(清)□□撰　清末潮州李萬利刻本　一册

110000－0146－0004877　PG/858.51/212
新造黃雙孝瓊花記六卷　(清)□□撰　清末潮州李萬利刻本　二册

110000－0146－0004878　PG/858.51/213
新造金釵羅帕記三卷　(清)□□撰　清末潮州李萬利刻本　一册

110000－0146－0004879　PG/858.51/214
新造雙金龍六卷　(清)□□撰　清末潮州李萬利刻本　三册

110000－0146－0004880　PG/858.51/215
新造白扇記二卷　(清)□□撰　清末潮州李萬利刻本　一册

110000－0146－0004881　PG/858.51/216
新造金燕媒十卷　(清)□□撰　清末潮州李萬利刻本　三册

110000－0146－0004882　PG/858.51/217
新造雙玉魚佩六卷　(清)□□撰　清末潮州李萬利刻本　二册

110000－0146－0004883　PG/858.51/218
新造白狗精二卷　(清)□□撰　清末潮州李萬利刻本　一册

110000－0146－0004884　PG/858.51/201
新造狄龍狄虎下棚平北二十九卷　(清)□□撰　清末潮州李萬利刻本　七册

110000－0146－0004885　PG/858.51/220
新造行樂圖二卷　(清)□□撰　清末潮州李萬利刻本　一册

110000－0146－0004886　PG/858.51/289
新造雙狀元英臺子十卷　（清）□□撰　清末潮州刻本　三冊

110000－0146－0004887　PG/858.51/100
繡像文武香球十二卷七十二回　（清）二西室主人編　清同治二年（1863）刻本　十二冊

110000－0146－0004888　PG/858.51/380
繡像義妖全傳二十八卷五十四回　（清）陳遇乾撰　清同治八年（1869）刻本　八冊

110000－0146－0004889　PG/858.51/577
繡像全圖再生緣全傳二十卷　（清）侯芝撰　清末民國上海錦章圖書局石印本　十冊

110000－0146－0004890　PG/858.51/387
繡像説唱麒麟豹傳十卷六十回　（清）陸士珍撰　（清）廢閑主人重編　清光緒元年（1875）玉積山房刻本　十冊

110000－0146－0004891　PG/858.4/107
新刻潘必正陳妙常村歌　（清）□□撰　清末民國聚新堂刻本　一冊

110000－0146－0004892　PG/858.4/108
新刻連江縣錢順姐全卷　（清）□□撰　清末民國聚新堂刻本　一冊

110000－0146－0004893　PG/858.4/109
雙頭驢　（清）□□撰　清末民國懿文堂刻本　一冊

110000－0146－0004894　PG/858.4/110
新編時調洋歌夢中悟全本　（清）□□撰　清末民國刻本　一冊

110000－0146－0004895　PG/858.4/111
新刻播間祭曲本全節　（清）□□撰　清末民國刻本　一冊

110000－0146－0004896　PG/858.4/112
新編時調洋歌上門守節　（清）□□撰　清末民國刻本　一冊

110000－0146－0004897　PG/858.4/103
新刻同窗梁山伯還魂重整姻緣傳　（清）□□撰　清光緒福州聚新堂刻本　一冊

110000－0146－0004898　PG/858.51/294
新造花會歌全本六卷　（清）□□撰　清末民國潮州刻本　三冊

110000－0146－0004899　PG/858.51/293
新造鬧侯府打破玉花瓶二卷　（清）□□撰　清末民國潮州刻本　一冊

110000－0146－0004900　PG/858.4/113
簫笛合譜　（清）□□撰　清末聚盛堂刻本　一冊

110000－0146－0004901　PG/858.4/104
江西賣雜貨　（清）□□撰　清末民國刻本　一冊

110000－0146－0004902　PG/858.4/105
新刻賣楊桃全本　（清）□□撰　清末民國刻本　一冊

110000－0146－0004903　PG/858.4/106
新刻花名寶卷　（清）□□撰　清末民國揚州聚盛堂刻本　一冊

110000－0146－0004904　PG/858.51/292
新造方提臺大人歌十八卷　（清）□□撰　清末民國潮州刻本　三冊

110000－0146－0004905　PG/858.51/381
繡像義妖全傳二十八卷五十四回　（清）陳遇乾撰　清光緒二年（1876）刻本　十二冊

110000－0146－0004906　PG/858.51/838
新鐫繡像描金鳳十二卷　（清）竹亭居士重編　清光緒二年（1876）刻本　十二冊

110000－0146－0004907　PG/858.4/101
新編新本許狀元祭塔　（清）□□撰　清光緒二年（1876）刻本　一冊

110000－0146－0004908　PG/858.51/441
三笑新編十二集四十八回　（清）周秋帆批評　清光緒四年（1878）刻本　十二冊

110000－0146－0004909　PG/858.51/915
繡像八美圖五卷二十二回　（清）□□撰　清光緒四年（1878）刻本　四冊

110000－0146－0004910　PG/858.51/751
繡像倭袍傳十二卷　(清)海芝濤撰　清刻本　十二冊

110000－0146－0004911　PG/858.4/723
陰陽寶扇二十卷　(清)□□撰　清光緒十四年(1888)景豐抄本　二十冊

110000－0146－0004912　PG/858.51/104
繡像雙珠鳳全傳十二卷八十回　(清)一葉主人撰　清光緒十八年(1892)淨雅書屋刻本　十二冊

110000－0146－0004913　PG/858.51/515
繡像夢影緣四十八回　(清)夔下生撰　清光緒二十一年(1895)竹簡齋石印本　十六冊

110000－0146－0004914　PG/858.4/100
食酒糕訢牌一卷　(清)□□撰　清光緒二十一年(1895)集興堂刻本　一冊

110000－0146－0004915　PG/858.51/788
新編鳳雙飛前後全傳四十二回　(清)程蕙英撰　清光緒二十四年(1898)怡怡軒主人石印本　二十冊

110000－0146－0004916　PG/858.419/893
太華山紫金鎮兩世修行劉香寶卷全集二卷　(清)□□撰　清光緒二十四年(1898)吴氏蘇城瑪瑙經房刻本　二冊

110000－0146－0004917　PG/858.51/185
繪圖繡像四雲亭新書全傳二十四卷　(清)彭靚娟撰　清光緒二十五年(1899)鉛印本　八冊

110000－0146－0004918　PG/857.08/461
香艷小品八種　沈宗畸輯　清宣統元年(1909)番禺沈氏石印本　五冊

110000－0146－0004919　PG/858.51/854
新刻九巧傳六卷　(清)□□撰　清光緒二十八年(1902)刻本　六冊

110000－0146－0004920　PG/858.4/102
新刻平講曲紫玉釵　(清)□□撰　清光緒三十年(1904)九慶堂刻本　一冊

110000－0146－0004921　PG/858.51/914
巧奇寃十卷　(清)□□撰　清光緒三十二年(1906)京都琉璃廠刻本　十冊

110000－0146－0004922　PG/082.9/481
玉簡齋叢書二十二種　羅振玉輯　清宣統二年(1910)上虞羅氏刻本　二十冊

110000－0146－0004923　PG/857.08/460
香艷小品八種　沈宗畸輯　清宣統元年(1909)番禺沈氏石印本　五冊

110000－0146－0004924　SG/943.4/832
文字會寶不分卷　(明)朱文治輯　明萬曆三十六年(1608)刻本　九冊

110000－0146－0004925　PG/943.32/634
芳堅館題跋三卷　(清)郭尚先撰　(清)郭籛齡　(清)許祖涝輯　清刻本　一冊

110000－0146－0004926　PG/945.9/113
芥子園畫傳五卷　(清)王概繪　清康熙十八年(1679)刻彩色套印本　二冊　存二卷(一、五)

110000－0146－0004927　SG/940/113
王氏畫苑十卷畫苑補益四卷王氏書苑十卷書苑補益十二卷　(明)王世貞輯　(明)詹景鳳補輯　明萬曆十九年(1591)刻本　二十冊

110000－0146－0004928　SG/916/946
澄鑒堂琴譜不分卷指法二卷　(清)徐常遇輯　清康熙五十七年(1718)澄鑒堂刻本　四冊

110000－0146－0004929　PG/941.3/541
畫禪室隨筆四卷　(明)董其昌撰　清康熙五十九年(1720)刻本　三冊

110000－0146－0004930　PG/911/233
重刻恭簡公志樂二十卷　(明)韓邦奇撰　清乾隆十一年(1746)薛宗泗刻本　十二冊

110000－0146－0004931　PG/941.7/211
鐵網珊瑚二十卷　(明)都穆撰　清乾隆二十三年(1758)刻本　四冊

110000－0146－0004932　PG/941.2/362
庚子銷夏記八卷附閒者軒帖考一卷　(清)孫

承澤撰　清乾隆二十六年(1761)刻本　四冊

110000－0146－0004933　PG/911/220
樂律表微八卷　(清)胡彥昇撰　清乾隆二十八年(1763)刻本　四冊

110000－0146－0004934　PG/943.2/118
淳化秘閣法帖考正十卷附二卷釋文二卷　(清)王澍撰　(清)沈宗騫校定　清乾隆三十三年(1768)刻本　十二冊

110000－0146－0004935　PG/916/440
自遠堂琴譜十二卷　(清)吳灴輯　清嘉慶七年(1802)自遠堂刻本　五冊　存六卷(一、三至四、六、八、十一)

110000－0146－0004936　PG/911.25/114
琵琶譜二卷　(清)王君錫　(清)陳牧夫傳譜　(清)華文彬訂正　清嘉慶二十四年(1819)刻本　二冊

110000－0146－0004937　PG/931.081/965
篆學瑣著(篆學叢書)三十種　(清)顧湘輯　清道光虞山顧氏刻本　八冊

110000－0146－0004938　PG/997/238
七嬉二卷　(清)棲雲野客編　清道光十七年(1837)三味堂刻本　一冊

110000－0146－0004939　PG/943.2/983
蘇米齋蘭亭考八卷　(清)翁方綱撰　清道光二十五年(1845)淮陽張氏刻本　四冊

110000－0146－0004940　SG/943.4/294
翰苑遺芳　(清)□□輯　清道光、咸豐稿本　一冊

110000－0146－0004941　PG/945.8/911
卅三劍客圖　(清)任熊繪　(清)蔡容莊雕　清咸豐六年(1856)刻本　四冊

110000－0146－0004942　PG/911/860
庚癸原音二種　(清)繆闐撰　清同治五年(1866)蕪湖繆氏刻本　一冊

110000－0146－0004943　PG/911/861
音調定程一卷弦徽宣秘一卷　(清)繆闐撰　清同治五年(1866)蕪湖繆氏刻本　一冊

110000－0146－0004944　PG/943.5/731
御刻三希堂石渠寶笈法帖三十二冊　(清)梁詩正輯　清末民國影印本　三十二冊

110000－0146－0004945　PG/941.7/626
夢園書畫錄二十五卷　(清)方濬頤輯　清光緒三年(1877)定遠方氏錦城柏署刻本　十二冊

110000－0146－0004946　PG/945.8/912
[任渭長二種]　(清)任熊繪　清光緒三年(1877)張牧九刻本　七冊

110000－0146－0004947　PG/944.1/102
畫學心印八卷桐陰論畫三編六卷首一卷附錄一卷　(清)秦祖永評輯　清同治三年至光緒八年(1864－1882)刻朱墨印本　十二冊

110000－0146－0004948　PG/945.5/218
十竹齋書畫譜八種　(清)胡正言摹　(清)張學耕校　清光緒五年(1879)元和邱瑞麟刻彩色套印本　八冊

110000－0146－0004949　PG/911/719
律呂新義四卷附錄一卷　(清)江永撰　清光緒七年(1881)刻本　四冊

110000－0146－0004950　PG/916/312
琴學入門二卷　(清)張鶴輯　清光緒七年(1881)刻本　四冊

110000－0146－0004951　PG/911/713
樂經律呂通解五卷　(清)汪烜輯　清光緒九年(1883)婺源紫陽書院刻本　五冊

110000－0146－0004952　PG/945.8/910
列仙酒牌一卷　(清)任熊繪　清光緒十二年(1886)上海同文書局石印本　一冊

110000－0146－0004953　PG/943.4/619
有明名賢遺翰二卷　(清)張廷濟輯　清光緒十三年(1887)刻本　四冊

110000－0146－0004954　PG/944.3/213
習苦齋畫絮十卷　(清)戴熙撰　(清)惠年輯　清光緒十九年(1893)惠年杭州刻本　六冊

110000－0146－0004955　PG/916/818

山門新語二卷　(清)周贇撰　清光緒十九年(1893)六聲草堂刻本　二冊

110000－0146－0004956　PG/931.7/436
封泥攷略十卷　(清)吳式芬　(清)陳介祺輯　清光緒三十年(1904)上海石印本　十冊

110000－0146－0004957　PG/940/311
論畫集刻二卷　(清)張祥河輯　清光緒三十三年(1907)自怡堂鉛印本　二冊

110000－0146－0004958　PG/943.4/292
李文忠公臨蘭亭聖教序真蹟　(清)李鴻章書　清光緒三十四年(1908)李國傑石印本　一冊

110000－0146－0004959　PG/943.4/130
國朝名家遺墨　李其光輯　清光緒三十四年(1908)天津西普文石印書局影印本　一冊

110000－0146－0004960　PG/943.5/732
御刻三希堂石渠寶笈法帖第六冊　(清)梁詩正輯　清末石印本　一冊

110000－0146－0004961　PG/942.9/333
國朝書人輯略十一卷首一卷　(清)震鈞輯　清光緒三十四年(1908)金陵刻本　八冊

110000－0146－0004962　PG/943.4/972
板橋先生真墨　(清)鄭燮書　清光緒三十四年(1908)吳縣鄭熙上海影印本　一冊

110000－0146－0004963　PG/945.6/436
吳友如畫寶十二集　(清)吳友如繪　清宣統元年(1909)上海璧園石印本　二十四冊

110000－0146－0004964　PG/944.1/311
四銅鼓齋論畫集刻十二種　(清)張祥河輯　清宣統元年(1909)會文齋刻本　四冊

110000－0146－0004965　PG/941.7/389
吳越所見書畫錄六卷　(清)陸時化撰　清宣統二年(1910)順德鄧氏風雨樓鉛印本　六冊

110000－0146－0004966　PG/931.7/965
小石山房印譜四卷歸去來辭一卷集名刻一卷　(清)顧湘　(清)顧浩輯　清宣統三年(1911)石印本　五冊　缺一卷(小石山房印譜四)

110000－0146－0004967　PG/997.4/886
廿四家隱語二卷　(清)劉玉才等撰　清宣統三年(1911)鉛印本　二冊

110000－0146－0004968　PG/911/883
律音彙考八卷補正一卷附崇祀鄉賢錄一卷琴旨申邱一卷　(清)邱之稑撰　清宣統三年(1911)鉛印本　四冊

110000－0146－0004969　PG/916/272
琴粹四卷首一卷　楊宗稷撰　清宣統三年(1911)刻琴學叢書本　一冊

110000－0146－0004970　PG/856.17/440
昭代名人尺牘二十四卷小傳二十四卷　(清)吳修輯　清光緒三十四年(1908)上海集古齋石印本　十四冊

110000－0146－0004971　PG/941.4/627
碧簡介壽圖一卷　施肇熙撰書　清光緒二十二年(1896)稿本　一冊

110000－0146－0004972　PG/081.3/791
漢魏叢書八十六種　(明)何鏜原輯　(清)王謨重輯　清乾隆五十七年(1792)金谿王氏刻本　一百冊

110000－0146－0004973　PG/081.3/792
漢魏叢書八十六種　(明)何鏜原輯　(清)王謨重輯　清光緒二年(1876)紅杏山房刻民國四年(1915)蜀南馬湖盧樹柟補刻本　一百冊

110000－0146－0004974　PG/082.5/851
知不足齋叢書三十集　(清)鮑廷博輯　(清)鮑志祖續輯　清乾隆至道光長塘鮑氏刻本　二百四十冊

110000－0146－0004975　PG/098.1/529
省吾堂四種　(清)蔣光弼輯　清刻本　五冊　存三種二十四卷(五經同異三卷、九經古義十六卷、周易本義辨證五卷)

110000－0146－0004976　PG/098.1/528
省吾堂四種　(清)蔣光弼輯　清刻本　八冊

110000－0146－0004977　PG/082.6/295

惜陰軒叢書續編五種　（清）李錫齡輯　清咸豐八年（1858）刻本　十冊

110000－0146－0004978　PG/082.6/296
惜陰軒叢書續編五種　（清）李錫齡輯　清咸豐八年（1858）刻本　十冊

110000－0146－0004979　PG/072.7/357
硯秥緒錄十六卷　（清）林昌彝撰　清同治五年（1866）廣州刻本　八冊

110000－0146－0004980　PG/082.5/362
岱南閣叢書十八種　（清）孫星衍輯　清乾隆、嘉慶蘭陵孫氏刻本　八十冊

110000－0146－0004981　PG/082.4/493
雅雨堂叢書十二種　（清）盧見曾輯　清乾隆二十一年（1756）德州盧見曾雅雨堂刻本　二十八冊

110000－0146－0004982　PG/857.08/910
古今秘書八十種　（明）□□輯　明末刻清康熙印本（目錄補配）　十二冊

110000－0146－0004983　PG/082.4/495
雅雨堂叢書　（清）盧見曾輯　清乾隆二十一年（1756）德州盧見曾雅雨堂刻本　二十一冊

110000－0146－0004984　PG/082.4/392
奇晉齋叢書　（清）陸烜輯　清乾隆三十四年（1769）平湖陸氏奇晉齋刻本　八冊

110000－0146－0004985　PG/082.4/471
經訓堂叢書二十一種　（清）畢沅輯　清乾隆鎮洋畢氏刻本　三十二冊

110000－0146－0004986　PG/082.4/818
貸園叢書初集十二種　（清）周永年輯　清乾隆青州李文藻刻五十四年（1789）歷城周永年竹西書屋印本　十二冊

110000－0146－0004987　PG/082.4/418
龍威秘書十集一百六十八種　（清）馬俊良輯　清乾隆五十九年（1794）石門馬氏大酉山房刻本　八十冊

110000－0146－0004988　PG/082.4/438
藝海珠塵八集一百六十四種　（清）吳省蘭輯　清嘉慶南匯吳省蘭聽彝堂刻本　六十四冊

110000－0146－0004989　PG/082.5/312
學津討原二十集一百七十二種　（清）張海鵬輯　清嘉慶十一年（1806）虞山張氏曠照閣刻本　二百十冊　缺四種七卷（儀禮逸經傳二卷、爾雅鄭注三卷、耒耜經一卷、忠經一卷）

110000－0146－0004990　PG/690/817
春融堂雜記八種　（清）王昶撰　清嘉慶十三年（1808）刻本　二冊

110000－0146－0004991　PG/082.5/377
湖海樓叢書十二種　（清）陳春輯　清嘉慶二十四年（1819）蕭山陳氏湖海樓刻本　三十二冊

110000－0146－0004992　PG/082.5/435
［真意堂刻書八種］　（清）吳志忠輯　清嘉慶二十五年（1820）璜川吳氏刻本　十六冊

110000－0146－0004993　PG/082.6/327
五經歲徧齋校書三種　（清）翟雲升校輯　清道光東萊翟雲升五經歲徧齋刻本　十冊

110000－0146－0004994　PG/082.6/765
［淩氏傳經堂叢書十九種］　（清）（淩鎬）（清）（淩鏞）輯　清道光吳興淩氏刻本　二十二冊

110000－0146－0004995　PG/082.6/353
宜稼堂叢書十一種　（清）郁松年輯　清道光二十年至二十二年（1840－1842）上海郁氏刻本　六十四冊

110000－0146－0004996　PG/082.8/861
對雨樓叢書四種　繆荃孫輯　清光緒江陰繆氏刻朱印本　四冊

110000－0146－0004997　PG/082.4/859
［紀批四種］　（清）紀昀評　（清）［盧坤］輯　清光緒廣州翰墨園刻朱墨暨五色套印本　三十冊

110000－0146－0004998　PG/082.6/166
漢學堂叢書二百十五種附高密遺書十一種　（清）黃奭輯　清道光甘泉黃氏刻光緒十九年

(1893)補刻本　一百六十册

110000－0146－0004999　PG/082.6/165
漢學堂叢書□□種　(清)黄奭輯　清道光甘泉黄氏刻光緒十九年(1893)補刻本　十册
存二十六種二十六卷(眾家晉史一卷、張霸尚書百兩篇一卷、鄭眾國語解詁一卷、賈逵國語注一卷、唐固國語注一卷、王肅國語章句一卷、孔晁國語注一卷、孔衍春秋後語一卷、陸賈楚漢春秋一卷、伏侯古今注一卷、王粲英雄記一卷、司馬彪戰略一卷、司馬彪九州春秋一卷、傅暢晉諸公讚一卷、荀綽後略一卷、盧綝晉八王故事一卷、盧綝晉四王遺事一卷、王肅喪服要記一卷、趙岐王三輔決錄一卷、劉向孝子傳一卷、蕭廣濟孝子傳一卷、師覺授孝子傳一卷、唐明皇月令注解一卷、晉太康三年地記一卷、王隱晉書地道記一卷、括地志一卷)

110000－0146－0005000　PG/082.6/261
春暉堂叢書十一種　(清)徐渭仁輯　清道光、咸豐上海徐氏刻同治補刻本　十册

110000－0146－0005001　PG/082.6/754
海山仙館叢書五十六種　(清)潘仕成輯　清道光、咸豐番禺潘氏刻光緒增刻本　一百二十册

110000－0146－0005002　PG/082.6/294
惜陰軒叢書三十四種　(清)李錫齡輯　清道光十四年至二十六年(1834－1846)李錫齡惜陰軒刻本　一百十册

110000－0146－0005003　PG/082.6/271
連筠簃叢書十二種　(清)楊尚文輯　清道光二十八年(1848)靈石楊氏連筠簃刻本　三十册

110000－0146－0005004　PG/082.7/906
粵雅堂叢書二十集一百二十種續集五十種　(清)伍崇曜輯　清咸豐三年(1853)南海伍氏刻本　三百四十册

110000－0146－0005005　PG/082.7/525
長恩書室叢書甲集十種乙集十種　(清)莊肇麟輯　清咸豐四年(1854)新昌莊肇麟過客軒刻本　十六册

110000－0146－0005006　PG/082.7/158
當歸草堂叢書八種　(清)丁丙輯　清同治錢塘丁氏刻本　六册

110000－0146－0005007　PG/082.7/754
滂喜齋叢書五十種　(清)潘祖蔭輯　清同治、光緒吳縣潘氏京師刻本　三十二册

110000－0146－0005008　PG/082.8/343
蔦園叢書　(清)平步青輯　清同治、光緒山陰平氏安越堂刻本　八册

110000－0146－0005009　PG/082.8/608
榆園叢刻十五種　(清)許增輯　清同治、光緒仁和許增榆園刻本　十六册

110000－0146－0005010　PG/082.8/607
榆園叢刻二十八種　(清)許增輯　清光緒十九年(1893)仁和許增榆園刻本　十六册

110000－0146－0005011　PG/082.2/313
正誼堂全書六十三種續刻五種　(清)張伯行輯　清同治五年(1866)福州正誼書院刻九年(1870)續刻本　二百册

110000－0146－0005012　PG/082.5/964
藝苑捃華四十八種　(清)顧之逵輯　清同治七年(1868)務本堂刻本　二十四册

110000－0146－0005013　PG/082.8/889
述古叢鈔四集二十九種　(清)劉晚榮輯　清同治九年至光緒五年(1870－1879)古岡劉氏藏修書屋刻本　四十册

110000－0146－0005014　PG/082.7/966
小石山房叢書四十一種　(清)顧湘輯　清同治十三年(1874)虞山顧氏刻本　二十册

110000－0146－0005015　PG/082.7/965
小石山房叢書四十一種　(清)顧湘輯　清同治十三年(1874)虞山顧氏刻本　十四册

110000－0146－0005016　PG/082.8/288
木犀軒叢書二十三種　李盛鐸輯　清光緒德化李氏刻本　七十册

110000－0146－0005017　PG/082.6/528

別下齋叢書二十八種　(清)蔣光煦輯　清光緒武林竹簡齋影印本　二十四册

110000－0146－0005018　PG/082.6/526

涉聞梓舊二十五種　(清)蔣光煦輯　清光緒武林竹簡齋影印本　二十四册

110000－0146－0005019　PG/082.8/664

廣雅書局叢書　(清)廣雅書局輯　清光緒廣雅書局刻本　十四册　存十三種三十九卷(禮記天算釋一卷,毛詩天文考一卷,爾雅補注殘本一卷,釋穀四卷,漢碑徵經一卷,水經注西南諸水考三卷,三統術詳說四卷,句溪雜箸六卷,楚漢諸侯疆域志三卷,史記天官書補目一卷,史漢駢枝一卷,人表考九卷、補一卷、附錄一卷,先聖生卒年月日考二卷)

110000－0146－0005020　PG/082.8/583

正覺樓叢刻二十九種　(清)李瀚章輯　清光緒崇文書局刻本　三十六册

110000－0146－0005021　PG/082.8/755

潘刻五種　(清)潘祖蔭輯　清光緒九年(1883)吳縣潘祖蔭刻二十九年(1903)京都翰文齋重印本　四册

110000－0146－0005022　PG/082.8/754

功順堂叢書十八種　(清)潘祖蔭輯　清光緒吳縣潘氏刻本　二十四册

110000－0146－0005023　PG/082.8/947

邵武徐氏叢書二集二十二種　(清)徐榦輯　清光緒邵武徐氏刻本　四十册

110000－0146－0005024　PG/082.9/952

積學齋叢書二十種　徐乃昌輯　清光緒南陵徐氏刻本　十六册

110000－0146－0005025　PG/082.9/951

積學齋叢書二十種　徐乃昌輯　清光緒南陵徐氏刻本　二十册

110000－0146－0005026　PG/082.8/610

榆園叢刻二十八種　(清)許增輯　清光緒十九年(1893)仁和許增榆園刻本　十六册

110000－0146－0005027　PG/082.8/506

雙梅景闇叢書十七種　葉德輝輯　清末長沙葉德輝郎園刻本　四册　存十種十八卷(青樓集一卷、板橋雜記三卷、吳門畫舫錄一卷、燕蘭小譜五卷、海漚小譜一卷、檜門觀劇詩三卷、木皮散人鼓詞一卷、萬古愁曲一卷、乾嘉詩壇點將錄一卷、東林點將錄一卷)

110000－0146－0005028　PG/082.8/655

式訓堂叢書　(清)章壽康輯　清光緒會稽章氏刻本　二十八册

110000－0146－0005029　PG/082.2/312

昭代叢書十一集　(清)張潮原輯　(清)楊復吉　(清)沈楙德增輯　清道光吳江沈氏世楷堂刻光緒二年(1876)蘇州瑪瑙經房後印本　一百八十册

110000－0146－0005030　PG/082.8/360

檇李遺書二十八種　(清)孫福清輯　清光緒四年(1878)孫氏望雲仙館刻本　二十四册

110000－0146－0005031　PG/082.5/850

知不足齋叢書三十集　(清)鮑廷博輯　清光緒八年(1882)嶺南芸林仙館刻本　二百四十册

110000－0146－0005032　PG/082.4/291

函海一百五十九種　(清)李調元輯　清光緒七年至八年(1881－1882)廣漢鍾登甲樂道齋刻本　一百六十册

110000－0146－0005033　PG/082.8/601

半厂叢書　(清)譚獻輯　清光緒刻本　十六册

110000－0146－0005034　PG/082.8/994

咫進齋叢書三集三十七種　(清)姚覲元輯　清光緒九年(1883)歸安姚氏咫進齋刻本　二十四册

110000－0146－0005035　PG/082.8/995

咫進齋叢書三集三十七種　(清)姚覲元輯　清光緒九年(1883)歸安姚氏咫進齋刻本　二十四册

110000－0146－0005036　PG/082.8/526
鐵華館叢書　(清)蔣鳳藻輯　清光緒十年(1884)長洲蔣鳳藻刻本　六册

110000－0146－0005037　PG/082.5/363
平津館叢書十集三十八種　(清)孫星衍輯　清光緒十一年(1885)吴縣朱氏槐廬家塾刻本　四十八册

110000－0146－0005038　PG/082.8/432
傳硯齋叢書十種　(清)吴丙湘輯　清光緒十一年(1885)儀徵吴氏孱守山莊刻本　四册

110000－0146－0005039　PG/082.5/440
重刊拜經樓叢書七種　(清)吴騫輯　清光緒十一年(1885)會稽章氏鄂渚刻本　八册

110000－0146－0005040　PG/082.8/197
新陽趙氏叢刻　(清)趙元益輯　清光緒十一年(1885)新陽趙氏刻本　六册

110000－0146－0005041　PG/082.8/696
懺花盦叢書三十五種　(清)宋澤元輯　清光緒十三年(1887)山陰宋澤元懺花盦刻本　六十册

110000－0146－0005042　PG/082.8/723
崇文書局叢書三十三種　(清)湖北崇文書局輯　清光緒三年(1877)湖北崇文書局刻本　八十册

110000－0146－0005043　PG/082.8/832
槐廬叢書二編二十二種　(清)朱記榮輯　清光緒吴縣朱氏槐廬刻本　三十二册

110000－0146－0005044　PG/082.7/215
琳琅秘室叢書四集三十種　(清)胡珽輯　清光緒十四年(1888)會稽董氏取斯堂木活字印本　二十四册

110000－0146－0005045　PG/082.8/119
南菁書院叢書八集四十一種　王先謙　繆荃孫輯　清光緒十四年(1888)江陰南菁書院刻本　四十册

110000－0146－0005046　PG/082.8/609
娱園叢刻十種　(清)許增輯　清光緒十五年(1889)仁和許增娱園刻本　四册

110000－0146－0005047　PG/082.8/717
南菁札記十四種　溥良輯　清光緒二十年(1894)江陰使署刻本　六册

110000－0146－0005048　PG/082.8/718
南菁札記十四種　溥良輯　清光緒二十年(1894)江陰使署刻本　六册

110000－0146－0005049　PG/082.5/441
重校拜經樓叢書十種　(清)吴騫輯　(清)朱記榮補輯　清光緒十一年(1885)會稽章氏刻二十年(1894)吴縣朱氏校經堂增刻本　十册

110000－0146－0005050　PG/082.5/442
重刊拜經樓叢書十種　(清)吴騫輯　清光緒十一年(1885)會稽章氏刻二十年(1894)吴縣朱氏校經堂增刻本　十二册

110000－0146－0005051　PG/082.8/309
暢園叢書　(清)張邁輯　清光緒二十年(1894)始豐張氏四明刻本　四册

110000－0146－0005052　PG/082.8/719
靈鶼閣叢書四集四十五種　(清)江標輯　清光緒元和江氏湖南使院刻本　二十八册

110000－0146－0005053　PG/082.4/315
武英殿聚珍板叢書一百四十八種别行八種　(清)高宗弘曆敕編　(清)譚鍾麟　(清)黄毓恩增輯　清乾隆四十二年(1777)福建刻道光、同治遞修光緒二十一年(1895)增補本　一千册

110000－0146－0005054　PG/082.8/860
雲自在龕叢書五集三十六種　繆荃孫輯　清光緒二十五年(1899)江陰繆荃孫刻本　三十一册

110000－0146－0005055　PG/082.9/954
無齋叢書二十種　徐乃昌輯　清光緒二十六年(1900)南陵徐氏刻本　十六册

110000－0146－0005056　PG/082.8/308
聽雨堂叢刻三十五種三十七卷　(清)張承燮輯　清光緒二十六年至二十七年(1900－

1901)膠州聽雨何時軒刻本　十二冊

110000－0146－0005057　PG/082.8/505
觀古堂彙刻書二集二十一種　葉德輝輯　清光緒二十八年至二十九年(1902－1903)湘潭葉氏觀古堂刻本　十六冊

110000－0146－0005058　PG/082.8/504
觀古堂彙刻書十三種　葉德輝輯　清光緒二十八年(1902)湘潭葉氏刻本　十一冊

110000－0146－0005059　PG/082.8/887
聚學軒叢書五集六十種　劉世珩輯　清光緒貴池劉世珩刻本　一百冊

110000－0146－0005060　PG/082.8/289
集虛草堂叢書甲集　李國松輯　清光緒三十年至三十二年(1904－1906)合肥李氏集虛草堂刻本　二十四冊

110000－0146－0005061　PG/082.8/503
麗廔叢書　葉德輝輯　清光緒長沙葉氏刻本　八冊

110000－0146－0005062　PG/082.9/950
隨庵徐氏叢書十種　徐乃昌輯　清光緒三十四年(1908)刻本　十二冊

110000－0146－0005063　PG/082.8/747
晨風閣叢書二十二種　沈宗畸輯　清宣統元年(1909)番禺沈宗畸刻本　十六冊

110000－0146－0005064　PG/082.8/746
晨風閣叢書二十二種　沈宗畸輯　清宣統元年(1909)番禺沈宗畸刻本　十六冊

110000－0146－0005065　PG/082.9/712
振綺堂叢書初集十種　(清)汪康年輯　清宣統二年(1910)泉唐汪氏京師鉛印本　六冊

110000－0146－0005066　PG/082.9/953
懷豳雜俎十二種　徐乃昌輯　清光緒三十三年至宣統三年(1907－1911)南陵徐氏刻本　八冊

110000－0146－0005067　PG/082.8/315
張氏適園叢書初集七種　張鈞衡輯　清宣統三年(1911)上海國學扶輪社鉛印本　十二冊

110000－0146－0005068　PG/084/120
鄭氏遺書　(漢)鄭玄撰　(清)王復輯　清嘉慶二年(1797)刻本　四冊

110000－0146－0005069　PG/084/117
漢魏遺書鈔一百零八種　(清)王謨輯　清嘉慶三年(1798)金溪王氏刻本　二十冊

110000－0146－0005070　PG/084/575
十種古逸書　(清)茆泮林輯　清道光二十二年(1842)高郵茆氏梅瑞軒刻本　十冊

110000－0146－0005071　PG/084/414
玉函山房輯佚書　(清)馬國翰輯　清同治十年(1871)濟南皇華館書局刻本　七十八冊

110000－0146－0005072　PG/084/131
佚存叢書十六種　(日本)林衡輯　清光緒八年(1882)滬上黄潤生木活字印本　三十六冊

110000－0146－0005073　PG/084/415
玉函山房輯佚書　(清)馬國翰輯　清光緒九年(1883)長沙嫏環館刻本　一百四冊

110000－0146－0005074　PG/084/860
藕香零拾三十九種　繆荃孫輯　清光緒二十二年至宣統二年(1896－1910)江陰繆氏刻本　三十二冊

110000－0146－0005075　PG/086.23/691
台州叢書甲集七種　(清)宋世犖輯　清嘉慶、道光臨海宋氏刻本　二十冊

110000－0146－0005076　PG/086.31/106
浦城宋元明儒遺書(浦城遺書)　(清)祝昌泰輯　清嘉慶祝氏留香閣刻本　二十二冊

110000－0146－0005077　PG/086.23/365
永嘉叢書　(清)孫衣言輯　清同治、光緒瑞安孫氏刻本　三十八冊

110000－0146－0005078　PG/846.6/722
湛甘泉先生文集三十二卷　(明)湛若水撰　清同治五年(1866)刻本　十冊

110000－0146－0005079　PG/089.52/760
白石道人四種　(宋)姜夔撰　清同治十年(1871)桂林倪鴻刻本　二冊

110000－0146－0005080　PG/089.52/759
白石道人四種　(宋)姜夔撰　清同治十年(1871)桂林倪鴻刻本　二冊

110000－0146－0005081　PG/086.23/158
武林掌故叢編二十六集　(清)丁丙輯　清光緒錢塘丁氏嘉惠堂刻本　二百八冊

110000－0146－0005082　PG/086.23/392
湖州叢書十二種　(清)陸心源輯　清光緒湖城義塾刻本　二十冊

110000－0146－0005083　PG/089.7/309
寒松閣集　(清)張鳴珂撰　清光緒嘉興張鳴珂刻本　六冊

110000－0146－0005084　PG/082.8/996
咫進齋叢書三集三十七種　(清)姚覲元輯　清光緒九年(1883)歸安姚氏咫進齋刻本　二十四冊

110000－0146－0005085　PG/089.7/326
求益齋全集五種　(清)強汝詢撰　清光緒二十四年(1898)江蘇書局刻本　八冊

110000－0146－0005086　PG/086.11/118
畿輔叢書初編　(清)王灝編　陶湘重輯　清光緒定州王氏匯刻民國二年(1913)武進陶湘匯印本　四百二十二冊

110000－0146－0005087　PG/086.22/205
涇川叢書　(清)趙紹祖輯　清嘉慶涇縣趙氏古墨齋刻本　二十四冊

110000－0146－0005088　PG/086.33/906
嶺南遺書　(清)伍元薇　(清)伍崇曜輯　清道光十一年至同治二年(1831－1863)南海伍氏粵雅堂刻本　八十八冊

110000－0146－0005089　PG/088/788
二程全書七種　(宋)程頤　(宋)程顥撰　清星沙小娜嬛山館刻本　十六冊

110000－0146－0005090　PG/089.52/828
朱子遺書二刻六種　(宋)朱熹撰　清禦兒呂氏寶誥堂刻本　十二冊

110000－0146－0005091　PG/088/129
[王氏四種]　(清)王念孫　(清)王引之撰　清嘉慶、道光高郵王氏刻本　六十冊

110000－0146－0005092　PG/088/150
賈氏叢書甲集九種　(清)賈臻輯　清道光至同治賈氏躬自厚齋刻本　十二冊

110000－0146－0005093　PG/088/312
張氏叢書(二酉堂叢書)　(清)張澍輯　清道光元年(1821)武威張氏二酉堂刻本　十冊

110000－0146－0005094　PG/089.6/378
歸雲別集十種七十四卷　(明)陳士元撰　清道光十三年(1833)應城吳毓梅刻本　二十四冊

110000－0146－0005095　PG/089.6/815
周孟侯先生全書五種　(明)周拱辰撰　清道光二十六年(1846)周氏刻本　十二冊

110000－0146－0005096　PG/088/789
二程全書　(宋)程頤　(宋)程顥撰　清同治十年(1871)河南嵩邑兩程故里影堂刻本　十八冊

110000－0146－0005097　PG/088/383
新城二陳所著書四種　(清)陳溥撰　清光緒刻本　一冊

110000－0146－0005098　PG/089.6/998
[趙南星全集]十一種　(明)趙南星撰　清咸豐至宣統刻本　十六冊

110000－0146－0005099　PG/089.6/965
顧端文公遺書十五種附刻三種　(明)顧憲成撰　清光緒三年至十二年(1877－1886)刻本　十八冊

110000－0146－0005100　PG/089.6/365
孫文恭公遺書六種附錄一卷　(明)孫應鼇撰　清光緒六年(1880)獨山莫氏刻本　六冊

110000－0146－0005101　PG/088/715
叢睦汪氏遺書十九種　(清)汪簠輯　清光緒十二年(1886)錢唐汪氏長沙刻本　三十六冊

110000－0146－0005102　PG/088/626
桐城方氏七代遺書二十種　(清)方昌翰輯

清光緒十四年(1888)桐城方氏刻本　十冊

110000-0146-0005103　PG/089.6/446
呂新吾全集二十一種　(明)呂坤撰　明萬曆呂氏刻清同治、光緒補修本　三十二冊

110000-0146-0005104　PG/088/786
甯鄉程氏全書(十髮居士全集)(十髮盦類稿)　程頌萬撰輯　清光緒十七年至民國二十年(1891-1931)寧鄉程氏刻本　十九冊

110000-0146-0005105　PG/088/787
十髮盦叢書　(清)程霖壽　程頌萬撰　清光緒二十七年(1901)寧鄉程氏刻本　七冊

110000-0146-0005106　PG/089.52/504
石林遺書十種　(宋)葉夢得撰　葉德輝輯　清宣統元年(1909)長沙葉氏觀古堂刻本　十四冊

110000-0146-0005107　PG/669/947
大興徐氏三種　(清)徐松撰　清道光刻本　三冊

110000-0146-0005108　PG/847.7/914
倭文端公遺書十一卷首二卷　(清)倭仁撰　清光緒二十年(1894)山東書局刻本　八冊

110000-0146-0005109　PG/089.7/383
培遠堂全集　(清)陳宏謀撰　清中晚期彙刻本　九十冊

110000-0146-0005110　PG/089.7/965
顧亭林先生遺書十種　(清)顧炎武撰　清蓬瀛閣刻本　八冊

110000-0146-0005111　PG/089.7/291
榕村全書三十二種附十種　(清)李光地撰　清道光安溪李維迪刻本　八十冊　缺十四種七十五卷(中庸四記一卷,詩所一至二,春秋毁餘四卷,性理一卷,榕村韻書五卷,榕村詩選八卷、首一卷,程墨前選二卷,名文前選六卷,易義前選五卷,周禮纂則二十一卷,文貞公年譜二卷,儀禮纂録二卷,榕樹譜録合考二卷,道南講授十三卷)

110000-0146-0005112　PG/089.7/781
西河合集　(清)毛奇齡撰　清蕭山書留草堂刻本　一百冊

110000-0146-0005113　PG/089.7/916
燕禧堂五種　(清)任大椿撰　清刻本　八冊

110000-0146-0005114　PG/089.7/518
鹿洲全集八種　(清)藍鼎元撰　清雍正十年(1732)刻光緒五年(1879)藍謙補刻本　二十冊

110000-0146-0005115　PG/089.7/517
鹿洲全集八種附鹿洲藏稿一卷　(清)藍鼎元撰　清雍正十年(1732)刻光緒五年(1879)藍謙補刻本　二十七冊

110000-0146-0005116　PG/089.7/713
古愚老人消夏録十七種　(清)汪汲撰　清乾隆、嘉慶古愚山房刻本　二十四冊

110000-0146-0005117　PG/089.7/380
文道十書四種　(清)陳景雲撰　清乾隆十九年(1754)陳黄中樸茂齋刻本　二冊

110000-0146-0005118　PG/089.7/199
甌北全集七種　(清)趙翼撰　清乾隆、嘉慶陽湖趙氏湛貽堂刻本　四十二冊

110000-0146-0005119　PG/089.7/278
杭大宗七種叢書　(清)杭世駿撰　清乾隆杭賓仁羊城刻本　十冊

110000-0146-0005120　PG/089.7/377
左海全集十種　(清)陳壽祺撰　清嘉慶、道光三山陳氏刻本　二十四冊

110000-0146-0005121　PG/089.7/785
通藝録　(清)程瑤田撰　清嘉慶刻本　十四冊

110000-0146-0005122　PG/089.7/293
見蒼錦官録八種　(清)李錫書撰　清嘉慶、道光静樂李錫書蘂石山房刻本　十二冊

110000-0146-0005123　PG/089.7/294
見蒼錦官録八種　(清)李錫書撰　清嘉慶、道光静樂李錫書蘂石山房刻本　十二冊

110000－0146－0005124　PG/089.7/725
清白士集六種附一種　(清)梁玉繩撰　清嘉慶刻本　十册

110000－0146－0005125　PG/089.7/254
竹柏山房十五種　(清)林春溥編　清嘉慶、咸豐侯官林春溥竹柏山房刻本　四十册

110000－0146－0005126　PG/089.7/526
珍埶宧遺書十五種　(清)莊述祖撰　清嘉慶、道光武進莊氏脊令舫刻本　二十册

110000－0146－0005127　PG/089.7/928
[錢氏二種]　(清)錢坫撰　清嘉慶二年(1797)刻本　六册

110000－0146－0005128　PG/089.7/370
顨軒孔氏所著書六十卷　(清)孔廣森撰　清嘉慶曲阜孔氏刻本　二十册

110000－0146－0005129　PG/089.7/879
經韻樓叢書　(清)段玉裁撰　清道光元年(1821)經韻樓刻本　十八册

110000－0146－0005130　PG/089.7/306
經笥質疑　(清)張瓚昭撰　清道光七年至十年(1827－1830)蘭朋堂刻光緒十一年(1885)續刻本　九册　缺二卷(經笥質疑書義原古一至二)

110000－0146－0005131　PG/089.7/858
多識錄　(清)練恕撰　清道光十八年(1838)連平練氏上海官舍刻本　二册

110000－0146－0005132　PG/089.7/742
蛾術堂集　(清)沈豫撰　清道光十八年(1838)刻本　六册

110000－0146－0005133　PG/089.7/743
蛾術堂集　(清)沈豫撰　清道光十八年(1838)刻本　八册

110000－0146－0005134　PG/089.7/315
拙盦叢稿　(清)朱一新撰　清光緒二十二年(1896)順德龍氏葆真堂刻本　十六册

110000－0146－0005135　PG/089.7/104
授堂遺書九種　(清)武億撰　清道光二十三年(1843)刻本　十七册

110000－0146－0005136　PG/089.7/103
授堂遺書八種　(清)武億撰　清道光二十三年(1843)刻本　十四册

110000－0146－0005137　PG/089.7/261
脩本堂叢書十種　(清)林伯桐撰　清道光二十四年(1844)番禺林世懋刻本　十三册

110000－0146－0005138　PG/089.7/952
敦艮齋遺書九種十七卷　(清)徐潤第撰　清道光二十八年(1848)徐繼畬刻本　五册

110000－0146－0005139　PG/089.7/387
番禺陳氏東塾叢書五種　(清)陳澧撰　清咸豐至光緒番禺陳氏刻本　九册

110000－0146－0005140　PG/089.7/167
倚晴樓集五種　(清)黃燮清撰　清咸豐、同治彙刻本　十册

110000－0146－0005141　PG/089.7/521
影山草堂六種　(清)莫友芝撰　清咸豐至光緒獨山莫氏刻本　六册

110000－0146－0005142　PG/089.7/348
景紫堂全書十一種　(清)夏炘撰　清咸豐、同治刻同治元年(1862)王光甲匯印本　二十二册

110000－0146－0005143　PG/089.7/978
鄭子尹遺書　(清)鄭珍撰　清咸豐、同治刻本　十册

110000－0146－0005144　PG/089.7/888
古桐書屋六種　(清)劉熙載撰　清同治、光緒刻本　八册

110000－0146－0005145　PG/089.7/887
古桐書屋六種　(清)劉熙載撰　清同治、光緒刻本　十册

110000－0146－0005146　PG/089.7/313
覆瓿集　(清)張文虎撰　清同治十三年至光緒十九年(1874－1893)刻本　十二册

110000－0146－0005147　PG/089.7/314

覆瓿集 (清)張文虎撰 清同治十三年至光緒七年(1874－1881)刻本 八册 存八種二十四卷(舒藝室隨筆六卷、續筆一卷、餘筆三卷,舒藝室雜著甲編二卷、乙編二卷、剩稿一卷,舒藝室詩存七卷、索笑詞二卷)

110000－0146－0005148 PG/089.7/120

船山遺書五十九種附校勘記二卷 (清)王夫之撰 清同治四年(1865)湘鄉曾氏金陵節署刻本 一百册

110000－0146－0005149 PG/089.7/121

船山遺書五十九種附校勘記二卷 (清)王夫之撰 清同治四年(1865)湘鄉曾氏金陵節署刻本 一百册

110000－0146－0005150 PG/089.7/123

船山遺書五十九種附校勘記二卷 (清)王夫之撰 清同治四年(1865)湘鄉曾氏金陵節署刻本 六十八册 缺十五種四十八卷(周易内傳六卷、周易内傳發例一卷、周易大象解一卷、周易稗疏四卷、周易考異一卷、周易外傳七卷、書經稗疏四卷、尚書引義六卷、詩經稗疏四卷、詩經考異一卷、詩經葉韻辨一卷、詩廣傳五卷、薑齋詩分體稿四卷、薑齋編年稿一卷、薑齋文集補遺二卷)

110000－0146－0005151 PG/089.7/122

船山遺書五十九種附校勘記二卷 (清)王夫之撰 清同治四年(1865)湘鄉曾氏金陵節署刻本 一百册 缺三種十二卷(讀四書大全説十卷、四書稗疏一卷、四書考異一卷)

110000－0146－0005152 PG/089.7/349

夏氏三書 (清)夏炘撰 清同治五年(1866)刻本 六册

110000－0146－0005153 PG/089.7/994

惜抱軒全集 (清)姚鼐撰 清同治五年(1866)省心閣刻本 十册

110000－0146－0005154 PG/089.7/545

董方立遺書 (清)董祐誠撰 清同治八年(1869)董貽清成都刻本 六册

110000－0146－0005155 PG/089.7/736

湯文正公全集四種三十九卷 (清)湯斌撰 清同治九年(1870)湯氏祠堂刻本 十六册 缺一種十一卷(湯子遺書十卷、首一卷)

110000－0146－0005156 PG/089.7/990

春在堂全書 (清)俞樾撰 清同治十年(1871)刻光緒十五年(1889)增修本 一百册

110000－0146－0005157 PG/089.7/841

安吴四種 (清)包世臣撰 清同治十一年(1872)刻光緒十四年(1888)重印本 十六册

110000－0146－0005158 PG/089.7/840

安吴四種 (清)包世臣撰 清同治十一年(1872)刻光緒十四年(1888)重印本 十六册

110000－0146－0005159 PG/089.7/245

桐華閣叢書六種 (清)杜貴墀撰 清光緒刻本 十册

110000－0146－0005160 PG/089.7/720

洪北江全集八種 (清)洪亮吉撰 清乾隆、嘉慶刻本 六十四册

110000－0146－0005161 PG/089.7/735

蕙風叢書六種 況周頤輯 清光緒刻民國十五年(1926)上海中國書店印本 十二册

110000－0146－0005162 PG/089.7/334

雷刻八種附刻二種 (清)雷浚撰 清光緒吴县雷氏刻本 十册

110000－0146－0005163 PG/089.7/392

潛園總集六種 (清)陸心源撰 清光緒吴興陸氏匯刻本 十五册

110000－0146－0005164 PG/089.7/754

香禪精舍集 (清)潘鍾瑞撰 清光緒刻本 十六册

110000－0146－0005165 PG/089.7/373

皮氏叢書 (清)皮錫瑞撰 清光緒思賢書局刻本 十四册

110000－0146－0005166 PG/089.7/711

汪龍莊先生遺書四種 (清)汪輝祖撰 清光緒山東書局刻本 六册

110000－0146－0005167　PG/089.7/712
汪龍莊先生遺書八種　(清)汪輝祖撰　清光緒八年至十二年(1882－1886)山東書局刻本　六冊

110000－0146－0005168　PG/089.7/119
紫薇花館集十九種二十七卷　(清)王廷鼎撰　清光緒刻本　十冊

110000－0146－0005169　PG/089.7/981
曾文正公全集十六種　(清)曾國藩撰　清光緒二年(1876)傳忠書局刻本　一百六十冊

110000－0146－0005170　PG/089.7/917
焦氏遺書　(清)焦循撰　清光緒二年(1876)衡陽魏氏刻本　四十八冊

110000－0146－0005171　PG/089.7/721
授經堂重刊遺集　(清)洪亮吉撰　清光緒三年至五年(1877－1879)陽湖洪用懃授經堂彙刻本　八十四冊

110000－0146－0005172　PG/089.7/307
務實勝窩彙稿　(清)張楚鍾撰　清光緒三年(1877)刻本　八冊

110000－0146－0005173　PG/089.7/995
惜抱軒遺書三種　(清)姚鼐撰　清光緒五年(1879)桐城徐氏刻本　八冊

110000－0146－0005174　PG/098.37/504
確山所著書二種　(清)宋世犖撰　清光緒六年(1880)津門徐士鑾刻本　二冊

110000－0146－0005175　PG/089.7/209
郝氏遺書二十三種　(清)郝懿行撰　清光緒八年(1882)山東東路廳署刻本　六十冊

110000－0146－0005176　PG/089.7/828
朱氏群書　(清)朱駿聲撰　清光緒八年(1882)刻本　四冊

110000－0146－0005177　PG/089.7/936
武陵山人遺書　(清)顧觀光撰　清光緒九年(1883)獨山莫祥芝刻民國十四年(1925)高均匯印本　十二冊

110000－0146－0005178　PG/089.7/807
魏稼孫先生集　(清)魏錫曾撰　清光緒九年(1883)羊城刻本　十四冊

110000－0146－0005179　PG/089.7/929
嘉定錢氏潛研堂全書　(清)錢大昕撰　清光緒十年(1884)長沙龍氏家塾刻本　八十冊

110000－0146－0005180　PG/089.7/385
養志居僅存稿　(清)陳宗起撰　清光緒十一年(1885)丹徒陳氏刻本　八冊

110000－0146－0005181　PG/089.7/946
志學齋集　(清)徐壽基撰　清光緒十一年至十三年(1885－1887)武進徐氏刻本　十冊

110000－0146－0005182　PG/089.7/449
觀象廬叢書二十五種　(清)呂調陽撰　清光緒十四年(1888)刻本　六十一冊

110000－0146－0005183　PG/089.7/608
古均閣遺著三卷　(清)許槤撰　清光緒十四年(1888)刻本　一冊

110000－0146－0005184　PG/089.7/625
毋不敬齋全書三十一卷附錄三卷　(清)方潛撰　清光緒十五年(1889)方敦吉濟南刻本　十七冊

110000－0146－0005185　PG/089.7/139
篋經室叢書　(清)曹元忠輯　清光緒十九年至二十年(1893－1894)吳縣曹元忠篋經室刻本　三冊

110000－0146－0005186　PG/089.7/985
曾惠敏公遺集十七卷　(清)曾紀澤撰　清光緒十九年(1893)江南製造總局鉛印本　八冊

110000－0146－0005187　PG/089.7/168
儆季雜箸　(清)黃以周撰　清光緒二十年至二十一年(1894－1895)江蘇南菁講舍刻本　十冊

110000－0146－0005188　PG/089.7/388
陸子全書十八種　(清)陸隴其撰　(清)許仁沐輯　清光緒二十一年(1895)刻本　十二冊
存八種三十九卷(古文尚書考一卷,戰國策去毒二卷,蒞政摘要二卷、首一卷,讀朱隨筆

四卷、首一卷，三魚堂剩言十二卷、首一卷，學術辯一卷，問學錄四卷，三魚堂日記十卷）

110000－0146－0005189　PG/089.7/714
浙刻雙池遺書八種　（清）汪紱撰　清光緒二十一年至二十二年（1895－1896）刻本　八冊

110000－0146－0005190　PG/089.7/382
耐安類稿五種　（清）陳偉撰　清光緒二十二年（1896）刻本　六冊

110000－0146－0005191　PG/089.7/165
得一齋雜著四種　（清）黃楙材撰　清光緒二十二年（1896）刻本　四冊

110000－0146－0005192　PG/089.7/765
［淩氏遺書］五種　（清）淩廷堪撰　清嘉慶、道光刻本　十四冊

110000－0146－0005193　PG/089.7/626
抗希堂十六種全書　（清）方苞撰　清光緒二十四年（1898）瑯嬛閣刻本　四十三冊　存九種（周官析疑三十六卷、考工記析疑四卷、春秋直解十二卷、春秋通論四卷、春秋比事目錄四卷、禮記析疑四十八卷、儀禮析疑十七卷、左傳義法舉要一卷、望溪先生文偶抄不分卷）

110000－0146－0005194　PG/089.7/292
李氏五種合刊　（清）李兆洛撰　清光緒二十四年（1898）掃葉山房石印本　八冊

110000－0146－0005195　PG/089.7/250
海嶽軒叢刻十種　杜俞撰　清光緒二十六年（1900）申江鉛印本　九冊

110000－0146－0005196　PG/089.7/991
春在堂全書　（清）俞樾撰　清光緒二十八年（1902）德清俞氏增刻滙印本　一百六十冊

110000－0146－0005197　PG/089.7/440
桐城吳先生全書七種　（清）吳汝綸撰　清光緒三十年（1904）吳氏刻本　二十冊

110000－0146－0005198　PG/089.7/441
桐城吳先生全書七種　（清）吳汝綸撰　清光緒三十年（1904）吳氏刻本　二十冊

110000－0146－0005199　PG/089.7/621
賭棋山莊筆記五種　（清）謝章鋌撰　清光緒刻本　十冊

110000－0146－0005200　PG/089.7/173
黃梨洲遺書十種　（清）黃宗羲撰　清光緒三十一年（1905）杭州羣學社石印本　十二冊

110000－0146－0005201　PG/089.7/251
海嶽軒叢刻九種　杜俞撰　清光緒三十三年（1907）江蘇省印刷總局鉛印本　八冊

110000－0146－0005202　PG/089.7/170
梨洲遺著彙刊二十一種首一卷　（清）黃宗羲撰　清宣統二年（1910）上海時中書局鉛印本　二十冊

110000－0146－0005203　PG/089.7/118
如諫果室叢刻四種　（清）王延釗撰　清宣統二年（1910）京師益森書館鉛印本　一冊

110000－0146－0005204　PG/089.8/505
觀古堂所著書二集十六種　葉德輝撰　清光緒湘潭葉氏刻本　十六冊

110000－0146－0005205　PG/089.8/468
哭盦叢書　易順鼎撰　清光緒刻本　八冊

110000－0146－0005206　PG/089.8/112
陶廬叢刻　王樹枏撰　清光緒至民國文莫室刻本　四十四冊

110000－0146－0005207　PG/089.8/504
觀古堂所著書　葉德輝撰　清光緒湘潭葉氏刻本　十四冊

110000－0146－0005208　PG/098.37/138
九經古義十六卷　（清）惠棟撰　清蔣氏省吾堂刻本　四冊

110000－0146－0005209　PG/098.1/527
省吾堂五種　（清）蔣光弼輯　清嘉慶蔣氏省吾堂刻本　十二冊

110000－0146－0005210　PG/098.36/526
五經蠡測六卷　（明）蔣悌生撰　清通志堂刻本　四冊

110000－0146－0005211　PG/098.37/365

松源經說四卷　(清)孫之騄撰　清乾隆刻本　八册

110000－0146－0005212　PG/098.55/270
六經圖考六卷　(宋)楊甲撰　清康熙六十一年(1722)潘宋鼎禮耕堂刻本　十二册

110000－0146－0005213　PG/098.67/987
古經解鈎沉三十卷　(清)余蕭客撰　清道光刻本　六册

110000－0146－0005214　PG/098.67/988
古經解鈎沉三十卷　(清)余蕭客撰　清刻本　八册

110000－0146－0005215　PG/098.37/834
經義考三百卷目録二卷　(清)朱彝尊撰　清乾隆二十年(1755)盧氏刻本(原缺卷二百八十六、二百九十九至三百)　四十八册

110000－0146－0005216　PG/094.6/917
群經宫室圖二卷　(清)焦循撰　清嘉慶、道光江都焦氏半九書塾刻本　二册

110000－0146－0005217　PG/090.8/375
十三經註疏校勘記　(清)阮元輯　清嘉慶刻本　六十八册

110000－0146－0005218　PG/098.37/522
萬充宗先生經學五書　(清)萬斯大撰　清嘉慶元年(1796)刻本　六册

110000－0146－0005219　PG/098.67/813
十三經音略　(清)周春撰　清嘉慶刻本　二册

110000－0146－0005220　PG/098.57/440
經義圖說四卷　(清)吳寶謨輯　清嘉慶四年(1799)吳氏墨花軒刻本　四册

110000－0146－0005221　PG/098.37/923
經義雜記三十卷敘録一卷　(清)臧琳撰　清嘉慶四年(1799)武進臧氏拜經堂刻本　八册

110000－0146－0005222　PG/091.7/934
新鐫經苑　(清)錢儀吉輯　清道光、咸豐刻本　七十八册

110000－0146－0005223　PG/098.37/917
六經補疏　(清)焦循撰　清道光六年(1826)江都焦氏半九書塾刻本　六册

110000－0146－0005224　PG/098.37/291
群經識小八卷　(清)李惇撰　清道光六年(1826)高郵李氏刻本　四册

110000－0146－0005225　PG/090.8/376
重刊宋本十三經註疏附校勘記　(清)阮元輯　(清)盧宣旬摘録　清道光六年(1826)刻本　一百六十册

110000－0146－0005226　PG/098.37/113
經義述聞三十二卷　(清)王引之撰　清道光七年(1827)京師壽藤書屋刻本　十六册

110000－0146－0005227　PG/098.1/429
皇清經解一千四百八卷　(清)阮元輯　清道光九年(1829)學海堂刻咸豐十一年(1861)補刻本　三百六十册

110000－0146－0005228　PG/098.1/428
皇清經解一千四百八卷首一卷　(清)阮元輯　清道光九年(1829)學海堂刻咸豐十一年(1861)補刻本　三百六十册

110000－0146－0005229　PG/098.37/828
經傳考證八卷　(清)朱彬撰　清道光十六年(1836)刻本　二册

110000－0146－0005230　PG/098.37/115
鄂宰四稿四卷　(清)王筠撰　清咸豐二年(1852)鄉寧賀氏刻本　二册

110000－0146－0005231　PG/098.37/116
鄂宰四稿四卷　(清)王筠撰　清咸豐二年(1852)鄉寧賀氏刻本　二册

110000－0146－0005232　PG/098.37/910
五經補綱不分卷　(清)伊樂堯編　清咸豐四年(1854)晉江黄氏刻本　二册

110000－0146－0005233　PG/090.8/113
十三經古注　(明)金蟠　(明)葛鼒校　明崇禎十二年(1639)永懷堂刻清同治八年(1869)浙江書局重修本　四十八册

110000－0146－0005234　PG/098.67/990
群經平議三十五卷　（清）俞樾撰　清同治、光緒刻本　十二冊

110000－0146－0005235　PG/098.1/948
通志堂經解一百三十九種　（清）納蘭成德編　清同治十二年（1873）粵東書局刻本　四百八十三冊

110000－0146－0005236　PG/098.1/937
古經解彙函十六種小學彙函十四種　（清）鍾謙鈞輯　清同治十二年（1873）粵東書局刻本　六十三冊

110000－0146－0005237　PG/098.1/938
古經解彙函十六種　（清）鍾謙鈞輯　清同治十二年（1873）粵東書局刻本　三十五冊

110000－0146－0005238　PG/098.37/213
經考五卷　（清）戴震撰　清光緒南陵徐氏刻本　二冊

110000－0146－0005239　PG/098.37/974
愚一錄十二卷　（清）鄭獻甫撰　清光緒二年（1876）黔南衙署刻本　六冊

110000－0146－0005240　PG/098.37/832
十三經札記二十二卷　（清）朱亦棟撰　清光緒四年（1878）武林竹簡齋刻本　六冊

110000－0146－0005241　PG/098.37/384
群經質二卷　（清）陳僅撰　清光緒十一年（1885）文則樓陳氏木活字印陳餘山先生所著書本　二冊

110000－0146－0005242　PG/098.37/746
沈氏經學六種　（清）沈淑撰　清光緒八年（1882）後知不足齋刻本　八冊

110000－0146－0005243　PG/098.37/524
味經齋遺書十一種　（清）莊存與撰　清光緒八年（1882）陽湖莊氏刻本　十冊

110000－0146－0005244　PG/098.37/525
味經齋遺書十一種　（清）莊存與撰　清光緒八年（1882）陽湖莊氏刻本　十冊

110000－0146－0005245　PG/098.37/523
匏瓜錄十卷　（清）芮長恤撰　清光緒十年（1884）毗陵懷永堂惲氏刻本　六冊

110000－0146－0005246　PG/098.1/430
皇清經解一百九十卷附正訛記一卷　（清）阮元輯　清光緒十一年（1885）上海點石齋石印本　二十四冊

110000－0146－0005247　PG/098.1/832
孫谿朱氏經學叢書初編　（清）朱記榮輯　清光緒十二年（1886）朱氏行素草堂刻本　十二冊

110000－0146－0005248　PG/090.8/290
御纂七經　（清）聖祖玄燁輯　清光緒十四年（1888）戶部江南書局刻本　一百四十一冊

110000－0146－0005249　PG/098.37/118
尊經書院初集十二卷　王闓運輯　清光緒十四年（1888）刻本　八冊　存八卷（一至八）

110000－0146－0005250　PG/098.1/119
皇清經解續編一千四百三十卷　王先謙編　清光緒十四年（1888）江陰南菁書院刻本　三百十五冊

110000－0146－0005251　PG/098.37/119
古經疑言八卷　（清）王廷植撰　清光緒十五年（1889）長沙思賢講舍刻本　四冊

110000－0146－0005252　PG/098.1/120
皇清經解續編一千四百三十卷　王先謙編　清光緒十五年（1889）上海蜚英館石印本　三十二冊

110000－0146－0005253　PG/098.37/370
通德遺書所見錄十九種　（清）孔廣林輯　清光緒十六年（1890）山東書局刻本　四冊

110000－0146－0005254　PG/098.37/371
說經五稿三十六卷附一卷　（清）孔廣林輯　清光緒十六年（1890）山東書局刻本　七冊

110000－0146－0005255　PG/098.37/435
吳氏遺箸五卷　（清）吳夌雲撰　清光緒十七年（1891）廣雅書局刻本　二冊

110000－0146－0005256　PG/098.37/273

素行室經說二卷　(清)楊譽龍撰　清光緒二十三年(1897)刻本　二冊

110000－0146－0005257　PG/098.37/994
惜抱軒九經說十二卷　(清)姚鼐撰　清嘉慶二年(1797)刻本　二冊

110000－0146－0005258　PG/098.37/383
經傳繹義五十卷　(清)陳煒撰　清嘉慶九年(1804)校字齋刻本　二十冊

110000－0146－0005259　PG/098.67/111
香草校書二十八卷　(清)于鬯撰　清末刻本　十四冊

110000－0146－0005260　PG/652.71/485
[內務府奏稿]不分卷　(清)內務府編　清末民國鉛印本　四冊

110000－0146－0005261　PG/567.92/101
山東膠州即墨縣現行簡明賦役全書一卷　(清)□□編　清光緒三十二年(1906)刻本　一冊

110000－0146－0005262　PG/567.92/102
山東膠州即墨縣收併鰲山雄崖浮山大嵩肆衙所現行賦役全書一卷　(清)□□編　清光緒三十二年(1906)刻本　一冊

110000－0146－0005263　PG/782.6/100
即墨縣憲綱冊一卷　(清)□□編　清宣統二年(1910)抄本　一冊

110000－0146－0005264　PG/997.2/650
益智圖二卷　(清)童葉庚繪　清光緒四年(1878)童氏睫巢刻本　二冊

110000－0146－0005265　PG/856.17/172
蘇東坡黃山谷尺牘合編五卷　(清)黃始輯　清光緒三十四年(1908)上海著易堂石印本　四冊

110000－0146－0005266　PG/830/522
文選六十卷　(南朝梁)蕭統輯　(唐)李善注　**考異十卷**　(清)胡克家撰　清末上海著易堂石印本　十六冊

110000－0146－0005267　PG/681.2/722
中俄交界全圖三十五幅　洪鈞製　清末民國印本　三十五幅

110000－0146－0005268　PG/681.2/841
[中俄交界圖]　□□製　清末武昌亞新地學社印製　十一幅

110000－0146－0005269　PG/190/400
西洋倫理學史要二卷　(英國)西額惟克撰　王國維抄譯　清光緒教育世界社出版所刻教育叢書本　一冊

110000－0146－0005270　PG/599.4/100
戶部奏開海防事例章程一卷　(清)戶部編　清光緒木活字印本　一冊

110000－0146－0005271　PG/669.1/100
省圖格式　(清)□□編　清末抄本　一幅

110000－0146－0005272　PG/671.3203/119
[道光]武陟縣志三十六卷　(清)王榮陛修　(清)方履籛纂　清道光九年(1829)刻本　一冊　存三卷(四至六)

110000－0146－0005273　PG/802.79/100
通問便集二卷　(清)南沙子盧氏輯　清光緒鉛印本　一冊　存一卷(下)

110000－0146－0005274　PG/857.47/861
綠野仙踪八十回　(清)李百川撰　清道光十年(1830)刻本　十六冊

110000－0146－0005275　PG/857.47/341
第一奇書野叟曝言二十卷一百五十二回　(清)夏敬渠撰　清光緒七年(1881)毘陵彙珍樓木活字印本　二十冊

110000－0146－0005276　PG/857.47/340
野叟曝言二十卷一百五十四回　(清)夏敬渠撰　清光緒八年(1882)石印本　二十冊

110000－0146－0005277　PG/671.3/479
[乾隆]續河南通志八十卷首四卷　(清)阿思哈　(清)嵩貴纂修　清乾隆三十二年(1767)刻光緒十八年(1892)、光緒二十八年(1902)、民國三年(1914)補刻本　二十四冊

110000－0146－0005278　PG/802.24/994

說文聲系十四卷末一卷　(清)姚文田撰　清嘉慶九年(1804)粵東督學使者署刻光緒七年(1881)歸安姚覲元重修民國十五年(1926)蘇州振新書社印本　二册

110000－0146－0005279　PG/671.1211/213
[咸豐]慶雲縣志三卷首一卷末一卷　(清)戴絅孫　(清)崔光笏纂修　清咸豐五年(1855)刻民國二十三年(1934)重印本　三册

110000－0146－0005280　PG/071.7/377
六九齋饌述稿三卷　(清)陳瑑撰　清光緒心矩齋刻民國蘇州文學山房後印本　一册

110000－0146－0005281　PG/089.7/288
李厚岡集　(清)李榮陞撰　清嘉慶二十年(1815)亙古齋刻本　二十册

110000－0146－0005282　PG/089.7/918
焦氏遺書　(清)焦循撰　清嘉慶、道光江都焦氏雕菰樓刻民國上海古受堂書店重印本　四十册

110000－0146－0005283　PG/621.227/946
尚書句解考正六卷　(清)徐天璋撰　清光緒二十七年(1901)刻本　六册

110000－0146－0005284　PG/671.2427/310
[乾隆]濰縣志六卷首一卷末一卷　(清)張耀璧修　(清)王誦芬等纂　清乾隆二十五年(1760)刻民國二十年(1931)濰縣志局重印本　六册

110000－0146－0005285　PG/845.24/307
南軒先生詩集八卷　(宋)張栻撰　清雍正十年(1732)冠英堂刻本　一册　存三卷(一至三)

110000－0146－0005286　PG/845.24/308
南軒文集八卷　(宋)張栻撰　清乾隆三年(1738)四益堂刻本　二册

110000－0146－0005287　PG/671.3/478
[雍正]河南通志八十卷　(清)田文鏡等修　(清)孫灝等纂　清雍正十三年(1735)刻乾隆三十二年(1767)、道光六年至光緒二十八年(1826－1902)遞修民國三年(1914)補刻本　四十册

110000－0146－0005288　PG/573.53/100
欽定宮中現行則例四卷　(清)□□編　清末鉛印本　四册

110000－0146－0005289　PG/839.11/398
國朝畿輔詩傳六十卷　(清)陶樑輯　清道光十九年(1839)刻本　二十册

110000－0146－0005290　PG/802.82/261
中學國文讀本第三册　林紓評選　清宣統二年(1910)上海商務印書館鉛印本　一册

[illegible]（1760）刻本[illegible]（1793）[illegible]
[illegible]

110000－0146－000[illegible]28[illegible] 24/307
[illegible]（[illegible]）[illegible]
[illegible]（1732）[illegible]

110000－0146－000528[illegible] P[illegible] 24/308
[illegible]
（1755）[illegible]

110000－0146－000[illegible]287 [illegible]
[illegible]十卷 [illegible]
[illegible]（1765）[illegible]
[illegible]八年
（1826－1835）[illegible]

[illegible]

110000－0146－00[illegible]289 [illegible]
[illegible]六十卷 [illegible]
[illegible]（1874）[illegible]

110000－0146－000[illegible]
[illegible]
[illegible]（1910）[illegible]

[illegible]十四[illegible]一卷 [illegible]（[illegible]）
[illegible]（1851）[illegible]
1851）[illegible]
[illegible]

110000－0146－000529[illegible] [illegible]/25
[illegible]一卷 [illegible]
[illegible]（[illegible]）[illegible]
[illegible]（1911）[illegible]

110000－0146－000[illegible]50 [illegible]/27
[illegible]三卷 [illegible]
[illegible]一冊

110000－0146－00[illegible] [illegible]/28
[illegible]
（1875）[illegible]

110000－014[illegible]
[illegible]

110000－0146－000[illegible] [illegible]/2[illegible]
[illegible]
[illegible]（1910）[illegible]

110000－0146－000[illegible]
[illegible]
[illegible]

書名筆畫字頭索引

一畫

二畫

三畫

四畫

五畫

六畫

七畫

八畫

九畫

十畫

十一畫

十二畫

十三畫

十四畫

十五畫

十七畫

十八畫

十九畫

二十畫

二十一畫

二十二畫

二十三畫

二十四畫

二十八畫

書名筆畫索引

一畫

二畫

三畫

四畫

五畫

六畫

七畫

八畫

九畫

十畫

十一畫

十二畫

十三畫

十四畫

十五畫

十七畫

十八畫

十九畫

二十畫

二十一畫

二十二畫

二十三畫

二十四畫

二十八畫